청소년들을 위한

성교육과 상담

이론과 실제

이해경 방기연 공저

양서원

저자의 말

최근 인터넷 음란물을 모방한 성폭력 및 성범죄, 청소년성매매, 10대 미혼부모와 입양아 문제 등은 모두 청소년들과 관련되어 있으며 특히 성문제와 관련이 있어 교육적으로 사회적으로 절실한 개입이 요구되고 있다. 청소년들의 성교육에 대한 사회적 관심이 커지면서 성교육지침서, 문서 및 시청각 자료들이 다양하게 꾸며져 왔고, 학교에서도 제5차, 6차 교육과정에 이어 2000년 개정된 제7차 교육과정 속에서도 각 교과별로 혹은 과외활동을 통해 성교육을 실시할 것을 권장하고 있다.

그러나 학교교육에서 여전히 체계적이고 지속적인 성교육은 이루어지지 못하고 있는 실정이다. 또한 청소년들이 당면하는 성고민 및 상담의 요구는 폭증하고 있지만 이에 대한 예방교육이 이루어지기보다는 문제가 발생했을 때 대책마련의 형태를 취하는 것이 대부분이다.

2001년 교육인적자원부에서는 유아, 초등, 중학교, 고등학교의 체계적인 성교육을 위해 [교사용 성교육 지도지침서]를 개발하여 전국 일선학교에 배포한 바 있다. 이런 노력의 일환으로 2004년 교육인적자원부의 지원을 받아 [청소년 성상담과 교육]이라는 원격교육 강의컨텐츠 개발이 이루어졌고, 대학교재의 필요성에 따라 2005, 2007년에 이어「청소년들을 위한 성교육과 상담 -이론과 실제-」책을 새로 출판되게 이르렀다.

「청소년들을 위한 성교육과 상담 -이론과 실제-」교재는 총 14장으로 구성되어 있다. 각 장은 2~3개의 소주제로 구성되어 있으며, 각 장의 주제는 청소년들이 성문제에서 가장 관심 있어 하며 실제 알아야 할 주제들로 구성되어 있다. 각 주제 속에서는 '이론강의'와 '상담사례'로 구성되어 있고, 각 상담사례는 단회 상담을 기본 모형으로 하고 있다. 단회 상담은 전화상담과 사이버상담 등에서 많이 활용되며, 내담자를 단 한 번 만나게 되는 상황을 전제로 작성되었다. 내담자와의 일회 만남을 가정하기 때문에 라포 형성 단계에서부터 새로운 행동에 대한 제안까지 포함하고 있다. 성상담은 일반적으로 자신에게 문제가 발생한 것은 아닐까 하는 불안이 올라올 때 순간적인 안정을 찾기 위해서나 필요한 정보를 원하는 경우가 많으며, 청소년의 경우 근본적인 문제 해결이나 자기 성찰로 이어지는 노력은 적은 편이다. 따라서 단회 상담으로 작성된 상담 사례들을 면대면 상담의 경우에 적용하여도 무리는 없을 것이다.

「청소년들을 위한 성교육과 상담 -이론과 실제-」은 다음과 같은 몇 가지 특징들을 갖고 있다.

첫째, 이 책은 기존의 성교육 지도지침서에서 다루고 있는 내용과 성 상담기관에서 내담자들이 주로 호소하는 성고민 및 문제를 추출하여 '장' 과 주제로 나누었다.

둘째, 이 책은 성교육과 상담의 대상 중에서도 성문제와 고민을 가장 많이 하는 대상, 즉 '청소년용' 으로 구성되어 있어 초등 고학년, 중학생, 고등학생, 대학생까지 활용할 수 있게 하였다.

셋째, 이 책은 기존의 성교육 교재와 달리 '이론강의' 뿐만 아니라 '상담사례' 를 함께 다루고 있어 일선의 청소년 성 상담에 실질적인 도움을 주고자 하였다.

넷째, 청소년 성상담을 위한 사례는 일선 상담기관에서 실제 청소년들이 가장 많이 호소하고 있는 상담내용을 직접 재구성하여 흥미와 실용성을 높이고자 하였다.

다섯째, 각 장과 주제에 적합한 그림과 표를 가능한 많이 포함하였고, 또한 각 장마다 관련된 상담사례 및 기사, 통계 등의 내용을 풍부하게 포함하고 있다.

여섯째, 각 장별로 학습정리, 학습평가, 용어설명을 함께 제공하고 있어 교육현장에서의 활용도를 높이고자 하였다.

일곱째, 이 교재는 청소년 본인뿐만 아니라, 청소년을 둔 학부모, 청소년 지도와 교육을 담당하는 일선 교사와 상담자들을 위한 성교육과 상담의 종합지침서로 구성되었다.

「청소년들을 위한 성교육과 상담 -이론과 실제-」 교재가 개발되기까지 여러 분의 도움이 있었다. 「함께 풀어가는 성이야기」, 「함께 배우는 성」에서 다룬 내용들의 일부를 이 책에서 사용하도록 흔쾌히 허락해준 호서대학교 김혜원 교수님께 감사드린다. 촉박한 출판 기간에도 불구하고 흔쾌히 출판을 허락해준 양서원 출판그룹의 회장님 이하 편집부 직원들께 감사드린다.

저자 일동

차 례

1장 나의 성, 너의 성

최근 들어 청소년들의 인터넷을 통한 음란물중독, 청소년성매매, 10대 미혼부모의 문제가 심각한 사회적 문제로 등장하고 있다. 이런 청소년들의 성문제의 심각성에도 불구하고 성에 대한 문제에 대한 성상담이나 성교육은 청소년들의 요구에 미치지 못하고 있다. 이 장에서는 먼저 청소년기 성상담과 성교육의 필요성에 대한 문제의식을 제기하고자 한다.

또한 이 장에서는 본격적인 성교육 프로그램을 시작하기 위한 도입단계로서, 청소년들이 성교육 프로그램에 참가하기 전에 자신이 갖고 있는 성에 대한 인식, 태도, 신념, 가치관 등을 알아보고 타인과의 관점 차이를 수용하게 함으로써 성에 대한 바른 의식과 태도를 갖도록 한다.

● 학습내용

- 주제 1 : 청소년기 성상담과 교육
- 주제 2 : '성'이란 무엇인가?
- 주제 3 : 나의 성! 너의 성!

● 학습목표

1. 청소년들을 위한 성상담 및 교육의 필요성과 목표를 이해한다.
2. 성sex, 성gender, 성sexuality의 차이점을 안다.
3. 성에 대한 자신의 생각을 솔직하게 표현한다.
4. 성에 대한 자신의 태도와 성차를 인식한다.

주제 1. 청소년기 성상담과 교육

1-1-1. 이론강의

1. 청소년 성교육 및 상담의 필요성

청소년기는 성호르몬의 영향으로 성적발달이 급격히 증가하고 이로 인한 성 고민과 문제가 급격히 증가하는 시기이다. 발달의 가속화에 따른 몽정과 월경의 시작연령은 과거에 비해 더 빨라지고 있다. 또한 사회문화적으로는 서구 성개방풍조의 만연, 우리 사회의 잘못된 성문화, 남녀의 불평등적인 성역할과 성 고정관념이 성 고민과 문제를 부추기는 경향이 있다.

실제 최근 전국의 중고등학생 72,060명을 대상으로 한 온라인조사자료에 따르면(질병관리본부, 2014) 청소년들이 갖는 성관계 경험 비율(5.3%)은 높아지고 있지만, 성관계 경험자의 44%만이 피임을 실천하고 있고, 성인성 질환에 걸린 경우도 11%에 달하고 있다. 또한 성관계 경험은 임신(청소년 인구의 0.2%)과 인공임신중절수술(청소년 인구의 0.2%)을 경험과 이어져 청소년들의 성교육이 절실히 요청된다. 그러나 실제 청소년들이 갖는 성교육의 비율은 72%에 달하고 있지만, 실제 청소년들의 성관련 문제에 대한 실질적인 성교육은 이루어지지 못하고 있는 것이 현실이다(그림 1-1, 1-2 참조). 더욱이 10년간의 성관계 경험률 추이(그림 1-2)를 살펴보면, 2005년에는 청소년들의 성관계 경험률이 4.8%인 것에서 2014년에는 5.3%로 증가하고 있는 것으로 나타났다.

더욱이 최근 사회적 문제가 되고 있는 인터넷을 창구로 일어나고 있는 청소년성매매 문제, 음란물중독에 의한 모방 범죄와 성폭력 문제, 10대 미혼부모와 입양아의 문제 등은 청소년들의 성교육과 상담의 필요성을 제기하고 있다.

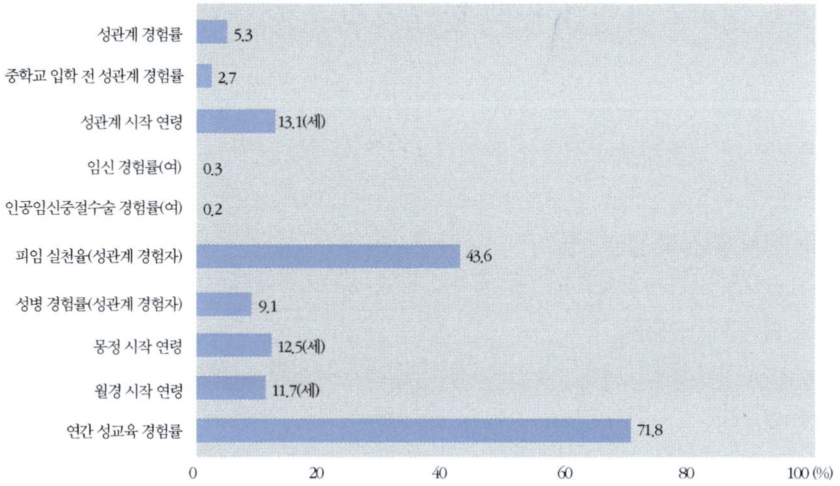

그림 1-1 청소년들의 성행태 영역(질병관리본부, 2014)

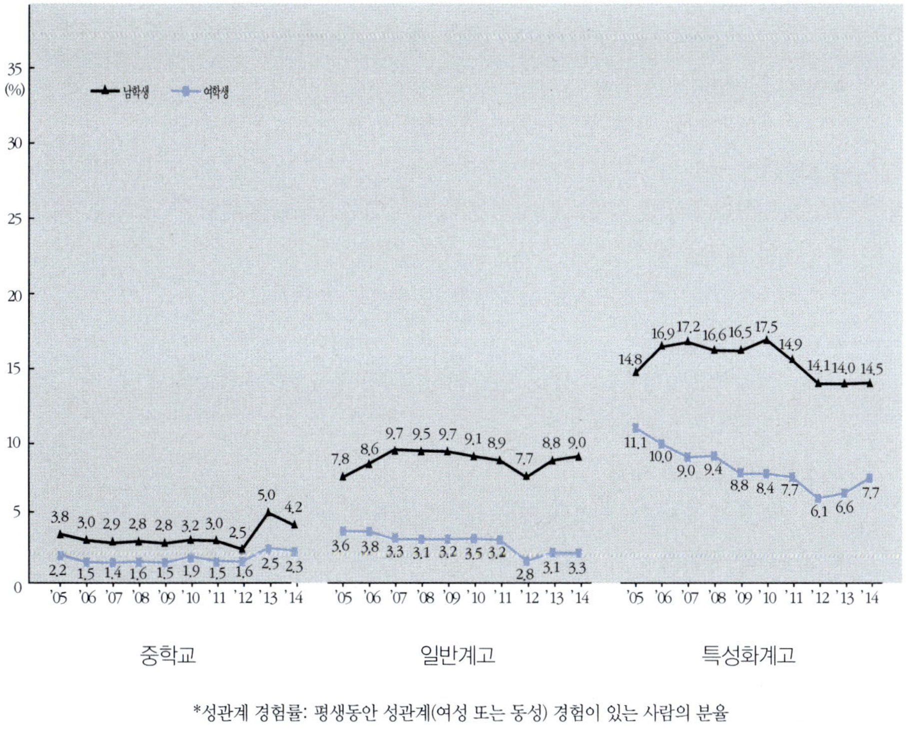

그림 1-2 '05~'14년 성관계 경험률 추이

2. 청소년 성교육 및 상담이 필요한 영역 및 주제

청소년을 대상으로 하는 상담소의 상담 현황 및 성교육 요구도 조사 결과에 따르면 다음과 같은 성교육 및 상담 주제가 선정될 수 있다.

- **신체 및 성적 발달**
  – 성적발달, 성호르몬의 영향, 월경과 몽정, 성관련 콤플렉스.
- **성욕구와 성충동**
  – 인간과 동물의 성욕구의 차이, 남여의 성욕구의 차이, 자위행위의 성차 및 허와 실.
- **성건강**
  – 일상에서의 남녀 생식기 위생, 성인성 질환, 에이즈.
- **이성교제와 사랑**
  – 이성교제 경험과 장단점, 매력 남녀의 조건, 사랑의 유형과 결정 요인.
- **성적 의사결정과 행동**
  – 성과 사랑의 관계, 청소년들의 혼전 임신과 영향, 주체적인 성적 의사결정과 방법.
- **성교와 성반응**
  – 성교와 성반응, Good Sex와 Bad Sex, 성기능 장애와 원인.
- **임신과 낙태**
  – 임신의 원리와 과정, 출산, 인공임신중절의 문제.
- **피임**
  – 피임원리와 방법, 피임의 실제, 피임에 대한 바른 태도와 가치관.
- **사이버 세계와 성**
  – 성상품화와 인터넷, 인터넷과 음란물, 인터넷과 사이버섹스.
- **비정상적인 성행동**
  – 비정상적인 성행동의 진단과 기준, 비정상적인 성행동의 유형과 대처, 비정상적인 성행동의 오해.
- **성폭력의 심리와 대처**
  – 성희롱과 성폭력의 개념 및 유형, 데이트 성폭력, 근친상간.
- **성문화와 성심리**
  – 다양한 성문화와 윤리, 청소년 성매매, 동성애와 성전환.
- **성차 및 성역할**
  – 성역할 정체감, 성역할 사회화, 성정형화의 폐해.

성교
여자의 질속에 남자의 음경을 삽입하는 행위

임신
수정란이 자궁내막에 착상하여 모체로부터 영양을 공급받으면서 태아로 발육을 계속 하는 현상. 임신은 수정으로 시작하여 출산으로 끝남.

낙태
임신한 태아를 강제적으로 물리적으로 자궁 밖으로 끌어내 임신을 중지시킴(인공임신중절)

피임
인위적으로 임신되지 않도록 조치하는 일로 인공피임과 자연피임이 있음

3. 청소년 성교육 및 상담 목표

청소년들의 성교육 및 상담에서의 목표는 다음과 같이 설정하는 것이 바람직하다.

① 청소년들의 성문제와 고민에 대한 현명한 대처능력을 키운다.
② 올바른 성지식을 습득한다.
③ 성문제를 예방한다.
④ 성적 의사결정능력을 키운다.
⑤ 성표현물에 대한 비판적 안목을 키운다.
⑥ 생명에 대한 존엄의식을 갖는다.
⑦ 양성 평등 의식을 키운다.

(과거: 양성불평등적 성교육)

오늘날: 양성평등적 성교육

출처: 김혜원, 이해경(2001). 함께 풀어가는 성 이야기-고등학교-. 교육인적자원부.

그림해설 과거에 성교육은 남녀가 따로 받는 성교육이었으며, 또한 여자는 순결교육을 강조하고 남자의 성욕구와 성충동은 당연한 것으로 강조하는 양성불평등적인 성교육이었다. 반면 오늘날 남녀 성교육은 남녀가 함께 받는 성교육이며, 여성 또한 성욕구가 있는 존재이며, 남성은 성욕구를 참을 수 있다는 점을 강조하며, 성행동에서 남녀 상호간 책임을 강조하는 양성평등적 성교육이 이루어져야 한다.

1-1-2. 상담사례

1-1-2-1. 성교육의 필요성에 대해 알고 싶습니다. (여학생, 17세)

성고민 및 문제

학교에서 일년에 한두 번 성교육시간이라는 것이 있는데, 저는 왜 필요한지 모르겠습니다. 이미 웬만한 것은 다 알고 있고, 모르는 것이 있으면 인터넷으로 찾아볼 수도 있는데, 괜히 시간만 낭비하는 것 같네요. 없앴으면 좋겠는데, 정말 우리한테 성교육이 더 필요한 건가요?

상담자 답변

내담자 맞아들이기

나는 이미 다 알고 있는데 하는 마음이 생기나 보군요. 아마 생리도 시작하고 피임하는 방법 등에 대해서도 알고 있다고 생각할 수 있겠습니다. 그런데 성교육은 단순한 성관련 지식만을 전달하는 것은 아니랍니다. 그리고 청소년들은 다 알고 있다고 생각하지만 막상 의사결정을 해야 할 때에는 알고 있는 지식을 활용하지 못하는 경우들이 있기 때문에 성교육은 꼭 필요합니다.

성교육의 의미

성교육이란 바람직한 성행동을 하도록 가르치는 것입니다. 바람직한 성행동은 생리적인 측면뿐만 아니라 사회적, 심리적 측면을 지니고 있으므로 성교육은 그에 대한 교육을 포함해야 합니다. 인간은 사회적 관계 속에서 살아가는 존재이므로 성의 사회, 심리, 윤리적 측면은 더욱 중요하다고 할 수 있습니다.

성교육의 내용

성교육의 내용은 크게 두 가지로 나누어질 수 있는데, 하나는 성에 관한 체계적인 지식이고, 또 하나는 바람직한 성가치관과 태도입니다. 예를 들면 이성 간의 성 행위를 통하여 수정이 이루어지고, 임신을 거쳐 출산하기까지의 생리적 과정은 지식에 해당합니다. 그러나 그 임신과 출산이 어떤 관계에서 일어나는가에 따라 기쁨과 행복의 시작일 수도 고통과 불행의 시작일 수도 있습니다. 성교육은 인간관계 교육이며, 인간 교육이라는 점에서 강조되어야 합니다.

성교육의 필요성 및 효과

그렇다면 성교육을 함으로써 얻게 되는 좋은 점은 무엇일까요?

첫째, 성에 대한 학습을 통해 자신의 몸에서 일어나는 변화를 알게 되어 불안을 줄이며 변화에 잘 적응할 수 있습니다. 청소년들은 정신적으로나 육체적으로 성장하고, 내적으로나 외적으로 새로운 사람이 되고 있습니다. 육체의 변화와 함께 감정의 변화도 일어납니다. 사춘기가 언제 시작되는지는 개인마다 다르지만, 이러한 변화가 왜, 언제 일어나는지 안다면 그에 따른 혼란은 덜할 것입니다. 모든 사람들은 자기가 경험하는 것이 정상인지, 그리고 이러한 시기에 다른 사람들도 자신과 같은 변화를 겪는지 알고 싶어 합니다.

둘째, 이성을 잘 이해할 수 있고, 자연스럽고 편안하게 느낄 수 있습니다. 소녀의 입장에서 소녀들은 종종 어리석고, 지나치게 감정적인 것으로 보입니다. 더 어른스러운 것처럼 행동하고, 잘난 척하는 것 같다고 느낍니다. 반면에 소녀들은 소년들이 종종 시끄럽고, 거칠고 난폭하며, 공격적이고 무신경하다고 느낍니다. 성교육을 통해서 이렇게 서로 다른 감정이나 행동에 대해서 이해할 수 있을 것입니다.

셋째, 성에 대한 올바른 언어 사용을 배울 수 있습니다. 우리는 누구나 신체에 대한, 또는 성적인 행동에 대한 은어를 들어 왔습니다. 인간의 성을 이야기할 때는 사회적으로 수용될 수 있는 언어를 사용하는 것이 중요합니다. 성에 대한 용어를 배우고 사용하는 훈련을 받게 되면 성에 대한 대화나 토론은 훨씬 쉬워질 것입니다.

넷째, 성과 관련된 사회문제를 예방할 수 있습니다. 어떤 성행동은 개인적으로나 사회적으로 문제를 초래합니다. 성병, 성폭력, 미혼모, 매매춘, 근친 강간 등이 그러한 것입니다. 무엇보다도 성교육을 통해 자신의 성행동에 대해 보다 현명한 결정을 하도록 도와줄 수 있다는 것입니다. 성행동을 결정하는 기준을 세워 나가는 궁극적인 책임은 바로 자신에게 있습니다.

상담 종결

성상담의 의미, 내용, 그리고 효과에 대하여 말씀드렸는데, 다른 사람에게 설명하시기에 충분한 답변이 되었으면 합니다.

1-1-2-2. 자녀의 성교육을 어떻게 시키는 것이 좋나요? (학부모, 남, 42세)

성고민 및 문제

안녕하세요? 중학교 2학년, 초등학교 6학년짜리를 둔 40대 초반의 아버지입니다. 아이들의 성교육을 해야 한다고는 알고 있는데, 그것이 쉽지가 않습니다. 자녀의 성교육을 어떻게 해야 할지 알려 주세요.

상담자 답변

내담자 맞아들이기

우선 아버님이 아이들의 성교육을 해야 한다는 자각을 가지고 계시군요. 부모의 개입없이 성교육을 하기 어려운데 반가운 마음이 듭니다.

성교육의 전제 조건

성교육 또한 교육이기 때문에 교육자로서 인정받을 만한 모범적인 행동이 있어야 합니다. 다시 말하면 민주적인 가정이 전제되어야 합니다. 매일 부부 싸움을 하면서 혹은 아버지가 어머니를 때리면서 어떻게 성교육을 할 수 있겠습니까? 남성과 여성이 인격적으로 동등하다는 것이 전제되어야 올바른 성교육이 이루어지는 것입니다.

정보제공: 연령별 성교육의 내용

유아기의 성교육은 생식기 명칭에 대한 교육이 대부분입니다. 성기에 대해 만져보거나 그림을 그려가며 설명하는 것이 좋습니다. 어른 생식기와의 비교하여 남녀 생식기 차이에 대한 질문에 대해 진지하게 설명하면서 장난치거나 흉보는 것이 아닌 귀중한 것이라는 개념을 심어 주세요. 성기를 만지거나 성행위를 흉내내는 놀이를 할 경우 야단치지 말아야 합니다. 아이들은 부모의 태도와 자세를 보고 느낌으로 알기 때문에 이상하게 대하면 자위행위에 집착할 수 있습니다.

초등학교 저학년의 성교육은 먼저 생식기에 대한 정확한 명칭을 알려주면서 생식기 기능에 대해 설명하고 몸의 귀중함을 느끼도록 해주세요. 남성, 여성의 차이에 대해서 생식기 차이와 함께 인격적으로 같다는 것도 강조되어야 합니다. 여성의 생명성과 어머니의 위대함을 설명하면서 장난치거나 폭행하는 문제와 연관시켜 여성을 보호해야 한다는 것을 인지시켜 주세요.

초등학생 고학년 아이의 신체는 어른이라는 전제를 두고 교육에 들어가야 합니다. 실제 초경과 몽정을 하고 임신 능력도 있는 나이입니다. 성교육을 해보면 다양한 질문들이 나오는데, 피임, 불임에 대해서도 질문을 합니다. 초등학교 고학년의 나이가 되면 발달이 빠른 아이는 사춘기가 시작되므로, 생리와 몽정에 대한 설명을 계기로 성교육의 장을 열어야 합니다.

성관계에 대한 설명을 생리적 현상으로 설명해 주면 가르치기가 쉽습니다. 이 시기에는 성행위에 대한 구체적인 대답을 듣기 원하는데, 성행동을 임신과 출산이라는 생명의 탄생 과정과 연결해서 구체적으로 설명을 해주세요. 그림이나 성교육 비디오를 활용해 남녀 신체의 차이를 알려주며, 이성교제, 사랑, 결혼에 대해서도 부모님의 상황을 연결하여 설명해 주세요.

중, 고등학생의 시기에는 성에 대한 욕구, 성충동, 이성교제, 사랑에 대한 대화가 이루어지면 좋습니다. 부모의 경험을 이야기해 주면서 자연스러운 일이라는 것을 알려주어야 앞으로 대화가 가능합니다. 남성, 여성 호르몬의 차이와 그로 인한 관심과 충동의 차이에 대해 설명해 주세요. 자위 행위에 대한 이해와 건전한 문화생활과 취미생활, 운동 등을 통해 성적인 욕구를 승화시킬 수 있는 방법도 같이 모색하는 것이 필요합니다. 실제 일어나는 성폭행이나 장난에 대해서 설명할 때는 왜 성폭행이나 장난을 치면 안 되는지를 가르쳐 주고 자신에겐 재미있는 일이 타인에게는 고통이 된다는 점을 인식시켜 상대방을 존중하는 교육이 되도록 합니다. 성폭행을 막아내는 방법과 몸가짐에 대해서도 교육해야 합니다.

상담 종결

효과적인 성교육을 위해서는 아버님 혼자 교육하실 것이 아니라, 어머니도 동참해야 하며, 부모님들이 아이들 성교육의 교과서라는 사실을 잊지 마시기 바랍니다.

주제 2. '성'이란 무엇인가?

1-2-1. 이론강의

1. '성'의 다양한 의미

'성'과 관련된 용어는 다양하다. 우선 이들의 정확한 의미와 차이점들을 정리하면 다음과 같다(김혜원, 이해경, 2001).

● 성 sex

보통 '생물학적인 면에서 남녀'를 구분할 경우 사용하며 이는 개인이 태어나면서부터 구분된 선천적인 성별을 뜻한다. 이후 18세기부터는 그 의미가 다소 변형되어 종족보존의 과정, 구체적으로 성기 또는 성기의 접촉에 의한 행위를 포함하고 있다.

● 성 gender

sex가 생물학적 차원을 의미라면 gender는 정신적인 면에서 남녀를 구분하는 용어이다. 이는 개인이 출생한 이후에 '사회적, 문화적, 심리적인 환경에 의해 학습되어진 후천적으로 주어진 남녀의 특성'을 의미한다.

● 성 sexuality

sex가 원래의 의미에서 변질된 것과 구분하기 위해 19세기에는 섹슈얼리티sexuality라는 용어가 등장하였다. 이 용어는 개인의 성격, 감정, 행동뿐만 아니라 성적인 존재 및 성별 등을 나타내주는 포괄적인 의미이다.

● 성정체감 sex identity

해부학적으로 개인이 남성male인가 여성female인가를 나타낼 때의 주체성은 sex identity라는 용어를 적용시킨다.

● 성정체감 gender identity

한 개인이 소속된 사회문화권에 통용되는 남성다움(masculinity, 남성성)이나 여성다움(femininity, 여성성)을 나타낼 때에는 gender identity라는 용어를 적용한다.

참고자료

성역할과 성고정관념 : 남성성masculinity, 여성성femininity

사회는 그 구성원들에 대해 남성과 여성이라는 신체적 구분에 상응하는 사고, 정서, 행동들을 보이기를 기대하고 이러한 요구와 기대를 성역할gender role이라 한다. 사회가 요구하고 기대하는 이러한 역할에 동일시하는 정도에 따라 개인은 자신이 성역할 정체감genderrole identity을 형성하게 된다.

우리 사회에서는 주로 남성적 특성은 도구적instrumental이어서, 이성적, 객관적, 독립적, 목표지향적인 특징을 지니는 반면, 여성은 남성과 달리 표현적expressive이어서 감성적, 주관적, 의존적이며 수동적이라고 설명한다. 이러한 남성성과 여성성에 대한 고정관념에 따라 남성은 경쟁과 활동성이 필요한 사회적 역할에 적합한 반면 여성은 타인을 배려하고 돌보는 역할에 적합함이 강조되어 왔다. 성에 관한 고정관념은 비교적 범문화적이어서 여러 문화에 걸쳐 남성성과 여성성에 대한 의견은 크게 다르지 않은 것으로 밝혀졌다. 그러나 한편 남녀의 성격은 사회문화적 요구에 따라 달라진다고 주장한다. Mead의 뉴기니아 세부족 연구에 따르면 아가페쉬족은 남녀 모두 여성적(협동적)인 반면에, 먼더거머족은 남녀 모두 남성적(공격성과 비반응성), 챔불리족은 여자는 남성적 특징을, 남자는 여성적 특징을 갖는 것으로 나타나 남녀의 성격이 사회문화적 요구에 따라 달라짐을 보여주었다.

*출처: 김혜원, 이해경(2001). 함께 풀어가는 성이야기. 교육인적자원부.

2. '성' 교육과 상담에서 '성'

'성' 교육과 상담에서 '성' 의 의미를 일반적으로 sex(성교)의 의미로 해석하기 때문에 성교육은 낯뜨거운 것이라고 생각하는 오해가 생긴다. '성' 의 의미를 sex(성교), gender(사회문화적 성), sexuality(성성)로 해석함에 따라 성상담과 성교육의 내용이 달라진다.

섹스Sex
성. 남녀, 즉 개인이 태어나면서부터 구분된 선천적인 성별 혹은 남녀 성행위를 뜻함

성교육이라고 할 때, '성' 의 의미는 섹슈얼리티sexuality의 의미로 해석하는 것이 가장 바람직하다. 즉, 성교육에서는 성에 대한 개인의 태도, 신념, 가치관, 감정, 행동뿐만 아니라, 성교 및 생물학적 성, 사회문화적 성을 모두 포함하는 교육을 뜻한다.

따라서 성교육에서의 '성' 은 섹슈얼리티sexuality의 의미로 해석되어야 바람직한 것이다. 그런 의미에서 **성교육**이란, **성에 대한 가치관, 태도, 신념, 행동 등을 포함한 상담 및 교육**을 뜻한다.

1-2-2. 상담사례

1-2-2-1. 섹스, 젠더, 섹슈얼리티의 의미는 각각 어떻게 다른가요? (대학생, 여)

섹슈얼리티 sexuality
성성. 개인의 성격, 감정, 행동뿐만 아니라, 성적인 존재 및 성별을 나타내는 포괄적인 의미의 성

젠더 gender
성. 사회문화적 의미에서 남성 또는 여성적인 특성을 의미

성고민 및 문제

요즘에 성을 sex라고 표현하기도 하지만 gender라고도 표현하는 것을 보았습니다. 특히 여성 인권주의자들이 gender라는 표현을 사용하자고 주장한다는 말을 들었는데요, sex와 gender의 차이는 무엇이고 gender라는 것은 어떨 때 쓰이는 것인가요? 또 sexuality라는 말도 많이 나오는데, 이 세 가지 용어에 대해 자세히 알려 주시면 감사하겠습니다.

상담자 답변

내담자 맞아들이기

sex, gender, sexuality는 혼용해서 쓰기도 하지만, 정확한 용어를 사용하는 것은 대화의 효용성을 높이는 방안이 되지요.

용어해설

Sex

보통 생물학적인 면에서 남녀를 구분할 경우에 섹스sex라는 용어를 사용하는데, 이는 개인이 태어나면서부터 구분된 선천적인 성별을 뜻합니다.

Gender

생물학적 차원의 섹스와는 달리 정신적 면에서 남녀를 구분하는 경우 젠더라는 용어를 사용합니다. 이를 섹스와 동의어로 사용하는 사람도 있지만. 이는 개인이 출생한 이후에 사회적, 문화적, 심리적인 환경에 의해 학습되어진 후천적으로 주어진 남녀의 특징을 의미하지요. 즉, 섹스는 개인의 남성, 여성 또는 중성으로서의 개인의 신분을 의미하고, 젠더는 신체적으로 행동적인 기준에 따른 개인의 남성 또는 여성적인 특성을 의미하는 방향으로 구분되어 사용됩니다.

Sexuality

인간의 성 행동은 물론이고 개인이 갖는 성에 대한 환상, 꿈, 행동, 태도, 사고, 감정, 가치관, 신념, 이해심 및 개인의 존재의미 등의 모든 것을 지칭하는 표현이 한마디로 섹슈얼리

티입니다.

최근에는 섹스라는 단어의 의미도 더욱 확장되어 남녀의 해부학적 구조와 생리적 기능을 망라한 종족보존과정의 생물학적인 면을 언급할 때 사용되고 있습니다. 즉, 정자 및 난자세포의 생성에서부터 성적 흥분, 교배, 임신 등의 생물학적 기제 등을 의미합니다.

반면에 섹슈얼리티는 종족보존은 물론 성적 쾌락의 추구 등 성 행동과 관련된 심리적, 문화적 요소까지 포함하므로 그 의미에서 섹스를 포함하고 있습니다. 예를 들면 개인의 성적 감정이나 종족보존과 상관없는 자위행위는 섹슈얼리티의 일부에 해당된다고 할 수 있지요. 역시 젠더라는 의미도 문화적이고 심리학적 특성을 나타내므로 섹슈얼리티에 속한다고 할 수 있습니다.

상담 종결

성에 대한 용어를 살펴보았는데, 가장 중요한 것은 나 자신을 성적으로 어떻게 의미화하고 있는가 하는 것을 자각하는 것입니다.

주제 3. 나의 성! 너의 성!

1-3-1. 이론강의

1. 성에 대한 다양한 관점 이해의 중요성

개인마다 다양한 성에 대한 관점을 갖고 있다. 그러나 일상에서 자신의 성의 관점을 확인하는 기회는 드물다. 더욱이 관심있게 타인의 성에 대한 관점을 확인할 기회는 드물며, 타인의 관점을 수용하기란 더욱 어렵다. 이성교제에서의 갈등은 성에 대한 상호 간의 관점 차이에서 비롯되기 쉽다.

성에 대한 자신의 관점을 이해한다는 것은 자신의 심신에 대한 여러 정보뿐만 아니라, 성격과 정서, 가치관 및 행동 등에 관하여 현실적으로 이해하는 것을 말한다. 우리 자신을 정확히 이해한다는 것은 이것을 곧 자신의 것으로 인정하고 수용할 수 있을 뿐만 아니라 있는 그대로의 자기를 개방할 수 있음을 의미하는 것이다. 자신의 수용과 개방은 곧 상대방을 이해하고 수용할 수 있는 기본 태도를 형성하는 것이며 인간관계를 창조하는 출발점이 될 수 있을 것이다.

2. 활동: 나의 성! 너의 성!

활동 1 자신을 드러내기

■ **목적:** 성교육 강의를 본격적으로 듣기 전에 자신의 성에 대한 생각을 부담없이 표현할 기회를 통해 자신을 드러내게 한다.

① 「성행동」 전지에 적힌 행동들 중에서 각자가 성행동하면 떠오르는 행동 한 가지씩에 스티커를 붙힌다.

♠ **자료 : 성행동**

당신은 "성행동"하면 가장 먼저 어떤 행동이 떠오릅니까? 혹은 어떤 행동을 가장 대표적인 "성행동"이라고 생각합니까?

손잡기	손허리, 어깨에 손얹기	키스	애무	패팅 (진한 애무)	성교

해설 성행동하면 가장 대표적으로 먼저 떠오르는 생각에는 남녀 성차가 있다. 일반적으로 남자들은 '성'을 '성교'로 떠올리는 반면에 여성은 '성교'가 아닌 '키스' 정도의 가벼운 성행동을 떠올리는 경향이 있다.

② 「성행동 태도」에 대한 자신의 의견을 역시 스티커를 붙임으로서 자신의 의견을 표현한다.

♠ **자료 : 성행동에 대한 태도**

"성행동"하면 당신은 어떤 생각이 듭니까? 각 항목에 대해 한 번호씩 표시해 보십시오.

나쁜	1	2	3	4	5	.... 좋은
어색한	1	2	3	4	5	.... 자연스러운
감추고 싶은	1	2	3	4	5	.... 드러내고 싶은
추한	1	2	3	4	5	.... 아름다운
더러운	1	2	3	4	5	.... 깨끗한

해설 성에 대한 태도에서 '3' 점을 기준으로 왼쪽에 대체로 위치하면 성에 대한 부정적 관점을 갖고 있는 것을 의미하며, 오른쪽에 대체로 위치하면 성에 대한 긍정적 관점을 갖는 것을 의미한다. 따라서 성에 대해 긍정적 관점에서 보는 사람은 타인에 대한 성행동 또한 '긍정적으로' 보는 경향이 있으며, 성에 대해 부정적 관점에서 보는 사람은 타인에 대한 성행동 또한 '부정적 관점에서 보는 것을 의미한다.

활동 2 자신이 바라보는 성

■ **목적:** 성이 개인에 따라 다르게 인식될 수 있음을 확인하고, 자신의 성에 대한 생각과 태도가 어떠한지를 객관적으로 바라보게 한다.

① 성이란 나에게 무엇인가?

- 「성이란 무엇인가?」의 아래 표를 각자 채우도록 한다.
- '성' 하면 생각나는 것, 그에 따른 '느낌'을 명사, 형용사, 동사 형태로 적는다.

♠ **자료** :「성이란 무엇인가?」

번호	'성' 하면 생각나는 것	느 낌
1		
2		
3		
4		
5		
6		
7		
8		
9		
10		

해설 '성' 에 대한 의견조사결과(이해경, 2004)에 따르면, 여성들은 '성' 을 성정체감, 남녀, 사랑, 성교, 트렌스젠더, 결혼, 성별 등으로 생각하는 반면에 남성들은 성관계, Love, 성교, 키스, 애무 등으로 여성보다 성행동과 관련된 단어를 더 많이 연상하는 것으로 나타났다.

1-3-2. 상담사례

1-3-2-1. 이성교제가 무의미하고 한편 불안해요 (고등학생, 여)

성고민 및 문제

안녕하세요. 궁금한 게 있어서 전화 드렸거든요. 전 고등학생인데요. 요즘 한창 학교나 친구들끼리 모이면 남학생들 얘기, 어젠 누구누구 만났는데 멋지더라 하면서 남자친구랑 데이트한 얘기, 싸운 얘기 등등 근데 전 도대체 관심이 없고 나랑 상관없는 얘기로만 느껴지더라구요. 그러다 보니 그 동안 별로 친구도 없었는데 애들이랑 어울리지도 못하고 더 멀어지게만 되서 이젠 영화나 쇼핑도 혼자 다니게 되구요. 어차피 인간은 고독한 존재라고 하잖아요. 그런 생각으로 절 위로해요. 또 별로 외롭지도 않구요.

한편으로 사람과 사람이 특히 이성일 경우 끝까지 서로를 좋아한다는 것에 대해 회의적이고 이성친구에게 잘 보이기 위해 긴장해야 되고 또 그러다가 헤어지면 상처받게 되는 것이 피곤하게 느껴지더라구요. 차라리 속 편하게 약간 외롭더라도 그냥 지내는 게 좋을 것 같기도 한데…사람 사귀는 것에 대해 제가 불안한 것 같기도 하고… 하여튼 제 생각에 애들과 좀 다른 것 같기도 한데, 잘 모르겠어요. 그래서 혹시 제가 문제가 있는 것인지… 인간관계에 적응을 잘 못하는 것 같기도 하고, 친구관계나 이성관계에 있어서 참 어렵거든요. 애들도 저를 이해하지 못하는 것 같구요.

상담자 답변

내담자 맞아들이기

학교에 가면 애들이 주로 이성교제에 관한 이야기를 많이 나누는데 그러한 대화가 무의미하게 느껴지니 고독할 수도 있겠다 느껴집니다.

이성교제에 대한 가치

이성교제라고 생각하기 보다는 인간관계라는 시각을 가져야 합니다. 성은 인간이 살아가는 삶의 한 부분이므로 이를 소중히 여겨야 하며, 건강한 이성교제는 자신의 삶을 윤택하게 할 수 있습니다. 남녀의 교제는 넓은 의미에서 인간관계라고 할 수 있습니다.

인간관계의 중요성

인간 관계에 가치를 두는 정도는 개인에 따라 다르지만, 인간관계는 삶의 활력소가 됩니다. 어떤 사람들은 인간관계가 삶에 있어서 중요하지 않으며 실상 무의미하다고 생각하는 사람들이 있습니다. 인간관계보다는 학문이나 공부, 예술 혹은 종교활동이 중요하다고 믿는 사람들입니다. 따라서 인간관계에 시간을 들여 신경 쓰는 것이 헛된 낭비라고 생각합니다.

하지만 인간은 기본적으로 애정이 필요하며 인간관계 속에서 애정을 공급받지 못하면 삶의 의욕이 저하될 수밖에 없습니다. 고독한 기간이 장기화되면 이유 없는 권태감이나 무력감에 빠지는 경우가 많습니다. 사는 것이 재미가 없고 활기를 잃게 됩니다. 삶에 대해서 허무주의나 비관주의로 흐르는 경향이 생겨납니다.

적응적 태도를 활성화

사실 우리 인간은 누구나 완벽하지 않기 때문에 누구나 부적응적 인간관세의 요소를 조금씩 지니고 살아가는 것이 사실입니다. 다만 인간관계 속에서 스스로 불편감을 느끼거나 효율적 인간관계를 맺지 못할 때 이러한 인간관계를 부적응적이라 부르는 것입니다. 우리는 누구나 부적응적 인간관계를 경험할 수 있으며 이러한 인간관계의 부적응은 노력을 통해 개선될 수 있습니다. 스스로 자신의 인간관계를 살펴보고 다른 사람과 다른 자신의 가치관이 현실적이고 합리적인 것인지 아니면 자신이 쌓아온 자신의 틀에 의한 가치관인지 살펴보는 것도 필요합니다.

상담 종결

꼭 문제가 있는 것은 아니지만 앞으로 보다 효율적인 친구관계나 이성관계를 위해서 자신과 타인에 대한 이해의 폭을 넓혀 가는 것이 좋습니다. 가능하면 가까운 상담기관을 찾아 구체적으로 자신의 성향과 가치관에 대해 탐색해서 좋은 것은 신장시키고 보완할 것도 좋으리라 생각합니다.

학·습·정·리

✲ 주제 1 청소년기 성상담과 교육

- 청소년기는 성호르몬의 영향으로 성적발달이 급격히 증가하고 이로 인한 성 고민과 문제가 급격히 증가한다. 또한 사회문화적으로는 서구 성개방풍조의 만연, 우리 사회의 잘못된 성문화, 남녀의 불평등적인 성역할과 성 고정관념이 성 고민과 문제를 부추기는 경향이 있다.
- 더욱이 최근 들어 청소년들의 성문제가 사회적인 문제로 등장하기도 한다. 즉, 인터넷을 통한 음란물의 범람으로 인해 잘못된 성지식을 받아들이기 쉬우며, 10대 미혼부모의 문제, 청소년 성매매 등은 청소년들의 성상담 및 성교육의 필요성이 제기되고 있다.
- 청소년 성교육 및 상담을 위한 바람직한 목표는 다음과 같다.
  - 청소년들의 성문제와 고민에 대한 현명한 대처능력을 키운다.
  - 올바른 성지식을 습득한다.
  - 성문제를 예방한다.
  - 성적 의사결정능력을 키운다.
  - 성표현물에 대한 비판적 안목을 키운다.
  - 생명에 대한 존엄의식을 갖는다.
  - 양성 평등 의식을 키운다.

✲ 주제 2 '성'이란 무엇인가?

- 성교육에서의 **'성'의 의미**를 일반적으로 sex(성교)의 의미로 해석하기 때문에 성교육은 낯 뜨거운 것이라고 생각하는 오해가 생긴다. '성'의 의미를 sex(성교), gender(사회문화적 성), sexuality(성성)로 해석함에 따라 성교육의 내용은 달라질 수 있다.
- **성교육**이라고 할 때, '성'의 의미는 섹슈얼리티sexuality의 의미로 해석하는 것이 가장 바람직하다. 즉, 성교육에서는 성에 대한 개인의 태도, 신념, 가치관, 감정, 행동뿐만 아니라, 성교 및 생물학적 성, 사회문화적 성을 모두 포함하는 교육을 뜻한다.

✲ 주제 3 나의 성! 너의 성!

- 개인마다 다양한 **성에 대한 관점**을 갖고 있다. 그러나 일상에서 자신의 성의 관점을 확인하는 기회는 흔하지 않다. 더욱이 관심 있게 타인의 성에 대한 관점을 확인할 기회는 드물며, 더욱이 타인의 관점을 수용하기란 더욱 어렵다. 이성교제에서의 갈등은 성에 대한 상호 관점의 차이에서 비롯되기 쉽다.

학•습•평•가

※ 다음 질문에 대해 알맞은 답을 고르시오.

1. "성(sex)"에 대해 올바르게 설명한 내용은? (　　)
   ① 사회적, 문화적, 심리적 환경에 의해 학습되어진 성
   ② 개인의 성격, 감정, 행동뿐만 아니라, 성적인 존재 및 성별을 나타내는 포괄적인 의미
   ③ 생물학적 성의 남녀 성별, 성교
   ④ 해부학적으로 남성(male), 여성(female)을 의미

2. "성(gender)"에 대해 올바르게 설명한 내용은? (　　)
   ① 사회적, 문화적, 심리적 환경에 의해 학습되어진 성
   ② 생물학적 성의 남녀 성별, 성교
   ③ 개인이 소속된 사회문화권에 통용되는 남성다움(masculinity, 남성성)과 여성다움(femininity, 여성성)을 의미
   ④ 해부학적으로 남성(male), 여성(female)을 의미

3. "개인의 성격, 감정, 행동뿐만 아니라, 성적인 존재 및 성별을 나타내는 포괄적인 의미의 성"을 나타내는 말은? (　　)
   ① 성(sex)
   ② 성(gender)
   ③ 성성(sexuality)
   ④ 성정체감(sex identity)

4. "개인이 소속된 사회문화권에 통용되는 남성다움(masculinity, 남성성)과 여성다움(femininity, 여성성)을 의미"하는 용어는? (　　)
   ① 성(sex)
   ② 성성(sexuality)
   ③ 성정체감(sex identity)
   ④ 성정체감(gender identity)

5. "성정체감(sex identity)"에 대해 올바르게 설명한 내용은? (　　)
   ① 개인의 성격, 감정, 행동뿐만 아니라, 성적인 존재 및 성별을 나타내는 포괄적인 의미
   ② 생물학적 성의 남녀 성별, 성교
   ③ 개인이 소속된 사회문화권에 통용되는 남성다움(masculinity, 남성성)과 여성다움(femininity, 여성성)을 의미
   ④ 해부학적으로 남성(male), 여성(female)을 의미

☞ 정답은 p.378에서 확인하세요.

2장 성 발달과 성 심리

사춘기의 성호르몬의 작용은 청소년들의 신체 및 성적 발달이 급격히 증가되면서 생식기 구조의 변화와 더불어 남자는 몽정을, 여자는 초경을 경험하게 된다. 사춘기의 갑작스럽고 급격한 신체 및 성적인 발달에 따라 청소년들은 여러 가지 심리적 혼란과 부적응을 경험하게 된다.

이 장은 청소년들이 신체 및 성적발달에 대한 올바른 지식의 습득과 동시에 신체 및 성적발달의 개인차를 이해하여, 심리적 혼란과 부적응을 줄이고 사춘기의 변화에 적응하는데 도움을 주고자 한다.

● 학습내용

- 주제 1 : 신체 및 성적 발달
- 주제 2 : 월경과 몽정
- 주제 3 : 성 발달과 고민

● 학습목표

1. 사춘기의 신체 및 성적발달의 특징을 이해한다.
2. 성호르몬의 역할과 기능에 대해 설명할 수 있다.
3. 사춘기 성적 발달의 순서를 이해하고 자신의 경우에 적용한다.
4. 신체발달의 개인차를 이해한다.
5. 신체 및 성적 발달에 의한 변화를 긍정적이고 개방적으로 받아들일 수 있다.
6. 성기 크기 콤플렉스와 처녀막 콤플렉스를 바르게 이해한다.

주제 1. 신체 및 성적 발달

2-1-1. 이론강의

사춘기
청소년의 신체 및 성적 발달이 급격히 변화가 일어나는 시기

테스토스테론
중요한 남성 호르몬(안드로겐)으로 고환에서 생산된다. 남성의 성욕과 성성, 2차 성징에 관여된다.

에스트로겐
여성 호르몬의 일종. 뇌하수체에서 분비된 성 호르몬의 영향으로 난소에서 에스트로겐을 분비한다.

성선
여성의 난소나 남성의 고환을 가리킨다.

1. 청소년기 신체적, 성적 발달

(1) 신체 발달

사춘기에는 신장과 체중이 급격히 증가한다. 대체로 여자 10~11세, 남자 12~13세에 시작되는 사춘기에는 신장과 체중의 폭발적인 증가가 나타난다(제2차 성장 급등기). 청소년기 때 신장은 성인이 된 후의 키의 약 98%에까지 성장한다(Tanner, 1978).

(2) 성적 발달

Q 인간의 성적 발달은 어디서 시작되는가?

☞ 뇌에서 성선 자극 호르몬의 분비로 시작된다.

호르몬과 성적 발달

사춘기의 성적 변화는 내분비계의 호르몬에 의해 영향을 받는다. 성과 관계되는 내분비선은 뇌하수체, 부신피질, 성선 등이다(그림 2-1). 호르몬을 총지휘하는 뇌하수체(시상하부의 바로 밑에 위치) 전엽에서 성선자극 호르몬인 난포자극 호르몬과 황체형성 호르몬이 조절되고, 이러한 호르몬에 의해 성선(남성에게는 고환, 여성에게는 난소)이 자극된다. 이에 따라 여성의 난소에서는 대표적인 성 호르몬인 **에스트로겐**과 **프로제스테론**이 분비되고, 남성의 고환에서는 테스토스테론이 분비되면서 여러 가지 성적 발달을 가능케 한다.

■ 사춘기의 신체변화를 주도하는 신체기관

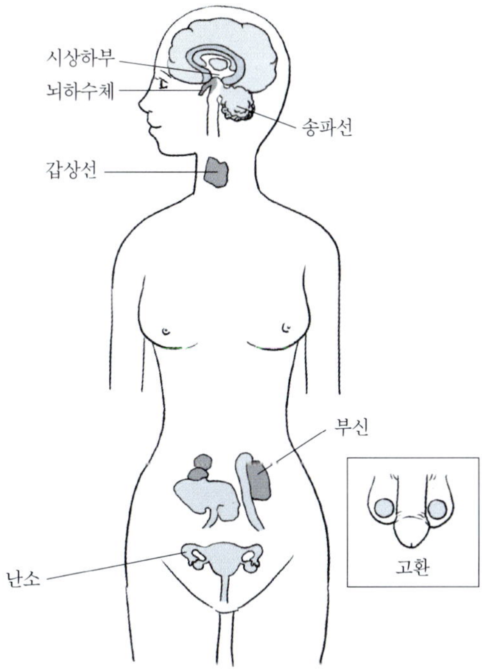

■ 성 호르몬 작용

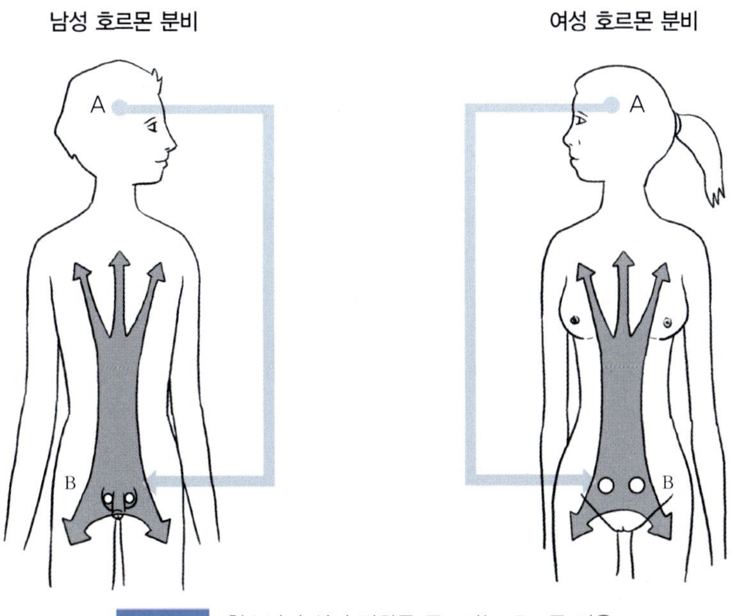

그림 2-1 청소년기 성적 변화를 주도하는 호르몬 작용

황체형성호르몬(LH)
여성에게는 여성의 난소에서 황체가 형성되는 것을 촉진하여 성 호르몬인 프로제스테론을 분비하게 된다.

고환
두 개의 남성 성선으로 음낭 속에 들어 있으며 정자와 성호르몬을 생산한다.

정자
남성의 생식세포. 여성의 난자를 수정시켜 임신하도록 하는 목적이 있다.

Q 남녀의 사춘기 발달의 첫 시작점은 어디인가?

☞ 남자는 고환의 발달로 시작되며, 여자는 음모, 가슴의 발달로 시작된다.

Q 남녀의 대표적인 성호르몬과 그 기능은 무엇인가?

☞ 남성은 테스토스테론, 여성은 에스트로겐이다.

난소
자궁의 양쪽에 위치. 남성의 고환에 해당한다.

난자
난세포. 여성의 성염색체와 23개의 염색체를 담을 알로서 정자를 받아들이면(수정) 자궁내막에 착상하여 태아로 자라난다.

참고자료

■ 성호르몬의 기능과 역할

성적 발달을 야기하는데 직접적인 영향을 미치는 성호르몬은 남성에서는 **테스토스테론**(testosterone)이며, 여성에서는 **에스트로겐**(estrogen)이다. 두 호르몬은 남녀 모두에게 발견될 수 있지만, 남성에서 그 영향력은 미미하다.

▶ **테스토스테론** : 여성의 난소와 남성의 고환에서 분비되는 테스토스테론은 남녀 모두의 성욕과 관련이 있다. 이 호르몬은 남녀 모두에게 성적 욕망을 일으키고, 발기, 사정 등과 관계가 있다. 따라서 성욕에 흥미를 잃거나 발기 능력을 잃었을 때 테스토스테론 호르몬 치료를 받기도 한다. 또한 남자의 경우 남자의 사춘기 발달에 있어서 남자의 외부 생식기인 고환과 음경을 발달시키고, 변성과 수염과 체모의 발달 등이 나타나게 한다.

사람들은 흔히 고환에서 테스토스테론이 많이 생산될수록 전신에 털이 많이 난다고 생각하고 있으나 반드시 그렇지는 않다. 즉, 테스토스테론이 체모를 자라게 하지만 이 호르몬이 많고 적음에 따라 체모가 많이 자라거나 조금 자라는 것이 아니라, 어떤 인종이냐, 혈통이냐에 따라 좌우되는 것이다. 인종학적으로 보면 백인이 동양인이나 흑인에 비해 체모가 더 많다. 유전적으로 부모가 체모가 적으면 그 자녀들도 적다. 그리고 체모가 많은 남성이 체모가 적은 남성보다 더 남성답다고 생각하고 있는데, 이것도 근거없는 낭설이다. 고환에서 만들어지는 테스토스테론은 무한정 분비되는 것이 아니라 일정량 이상에 이르면 뇌하수체 전엽에서 테스토스테론을 분비하도록 하는 황체형성호르몬(LH)은 자동적으로 억제된다. LH는 테스토스테론의 분비를 촉진하고, 테스토스테론은 LH의 분비를 조절하여 상호작용의 균형을 이룬다.

▶ **에스트로겐** : 여자는 여성의 성 호르몬인 에스트로겐을 가지고 있다. 사춘기 동안에 여자들의 신체변화에 가장 큰 기여를 하는 호르몬이 에스트로겐이다. 에스트로겐의 양이 증가하면서 유방이 발달하고 여자의 생식기관인 자궁과 질의 발달을 자극하고, 체지방의 분포에 영향을 미쳐 전체적으로 남자의 신체보다 곡선이 많은 여자의 신체 모양을 만든다. 여성들의 월경, 배란, 임신 등의 현상들이 이 호르몬과 관련이 있다.

▶ **프로제스테론** : 프로제스테론은 수정란이 잘 자랄 수 있도록 자궁 내막을 두껍게 하고, 영양소를 충분히 갖추게 하는 역할을 한다. 임신 중에는 태반에서도 분비되므로 황체가 없는 경우일지라도 태아가 성장하도록 도와준다. 또한 유방에 대해서도 작용하여 유선을 확장시킨다. 임신 중에 배란이나 월경이 일어나지 않는 것은 황체가 존속하여 프로제스테론을 계속 분비하기 때문이다.

(3) 성적 발달의 순서

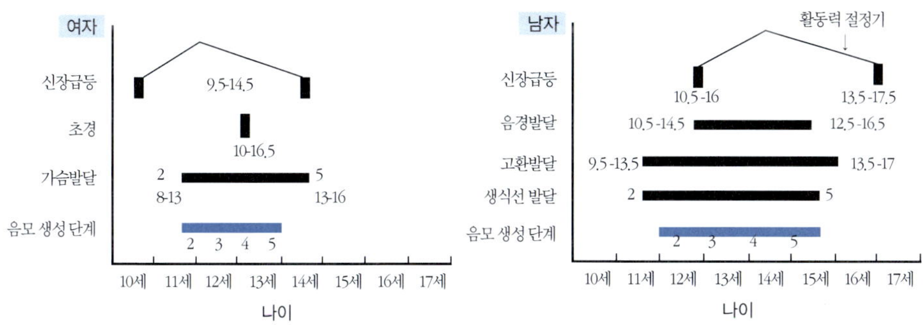

그림 2-2 사춘기 동안 진행되는 성적인 발달 순서

- 성적 발달은 고등학교 시기보다는 중학교 시기에 시작된다.
- 사춘기 성적 발달속도는 개인차가 크지만 발달순서는 비교적 고정적이다(그림 2-2).
- 성적 발달은 대체로 2년 동안 계속되면, **난자와 정자를 배출할 수 있게 되면 성장**이 완성된다고 할 수 있다.
- 성적 발달의 순서

여자 : 유방의 발육(10세 혹은 8세 전후) → 음모 발달 → 신장과 체중의 급등 → 초경(99%가 12.4세 전후에 경험)

남자 : 음경과 고환의 발달(평균 11세 또는 12세경) → 음모 발달 → 변성 → 자위 또는 몽정(13.2세 전후 경험)으로 인한 사정 경험 → 수염이 생김.

참고자료

■ 한국 청소년들의 몽정과 초경 연령

전국의 중고등학생 72,060명을 대상으로 한 청소년건강행태온라인조사(질병관리본부, 2014)에 따르면, 남자 청소년이 몽정을 시작하는 연령은 12.5세인 것으로 나타났으며, 여자청소년이 월경을 시작하는 연령은 11.7세인 것으로 나타났다. 이것은 2007년 청소년건강행태온라인조사(질병관리본부, 2007)에서 남자 청소년의 몽정시작연령(13.2세)과 월경시작연령(12.4세)보다 청소년기 성적발달이 더 빨라지고 있음을 보여주는 것이다.

참고자료

■ 청소년성문화실태조사(아하청소년성문화센타, 2013)

서울시내 초등 6학년생 1,113명과 중, 고등학교 2학년생 2,297명을 대상으로 청소년성문화실태조사(아하청소년성문화센타, 2013)를 실시한 바 있다.

1. 가장 필요한 성교육 주제

초등 6학년생 1,114명의 응답결과에 따르면, '가장 필요한 성교육 주제' 로 선택한 것은 30.8%로 '사춘기 몸과 마음' 의 변화였다. 다음으로 '성폭력예방' 27.7%, '이성친구 사귀기' 에 대한 내용 14.8%의 순이었다. 남녀 차이를 살펴보면, 남학생보다 여학생은 사춘기 몸과 마음의 변화(3.7%), 임신과 출산(2.3%), 피임(1.8%), 이성친구사귀기(4.4%), 성폭력 예방(0.5%)에서 더 필요한 성교육 주제라고 응답하였고, 남학생은 음란물 대처(3.7%)와 양성평등(8.9%)이 더 필요한 성교육 주제라고 응답하였다. 특히 남학생의 경우, 양성평등이 다른 항목에 비해 다소 높은 성별차이를 보였다.

가장 필요한 성교육 주제(초6-전체)

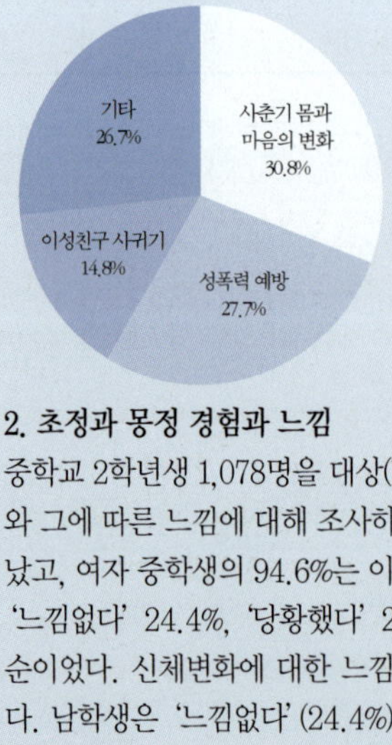

가장 필요한 성교육 주제(초6-남자)

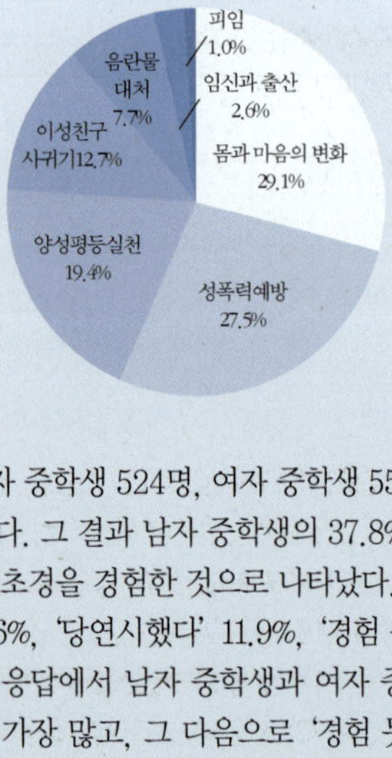

가장 필요한 성교육 주제(초6-여자)

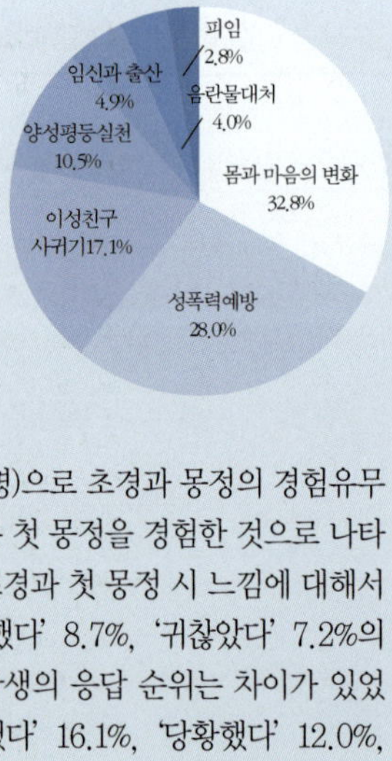

2. 초경과 몽정 경험과 느낌

중학교 2학년생 1,078명을 대상(남자 중학생 524명, 여자 중학생 554명)으로 초경과 몽정의 경험유무와 그에 따른 느낌에 대해 조사하였다. 그 결과 남자 중학생의 37.8%는 첫 몽정을 경험한 것으로 나타났고, 여자 중학생의 94.6%는 이미 초경을 경험한 것으로 나타났다. 초경과 첫 몽정 시 느낌에 대해서 '느낌없다' 24.4%, '당황했다' 22.6%, '당연시했다' 11.9%, '경험 못했다' 8.7%, '귀찮았다' 7.2%의 순이었다. 신체변화에 대한 느낌에 응답에서 남자 중학생과 여자 중학생의 응답 순위는 차이가 있었다. 남학생은 '느낌없다'(24.4%)가 가장 많고, 그 다음으로 '경험 못했다' 16.1%, '당황했다' 12.0%, '당연시했다' 11.4%, '신비로웠다' 7.8%의 순으로 응답하였다. 반면에 여학생은 '당황했다'(22.6%)에 가장 많이 응답하였고, 그 다음으로 '느낌없다' 16.2%, '당연시했다' 12.4%, '귀찮았다' 9.8%, '걱정되었다' 7.8%로 응답하였다.

참고자료

■ 전 세계 초경 경험 나이

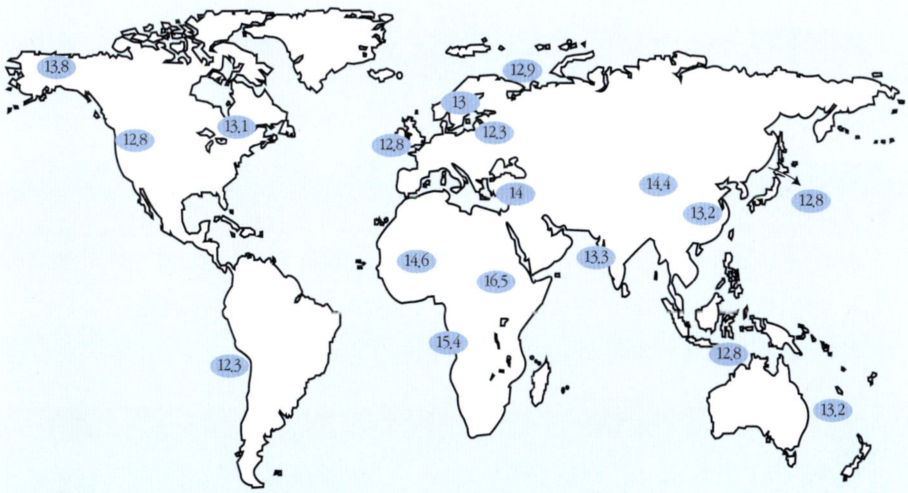

2. 남녀 생식기의 구조

(1) 남성 생식기의 구조

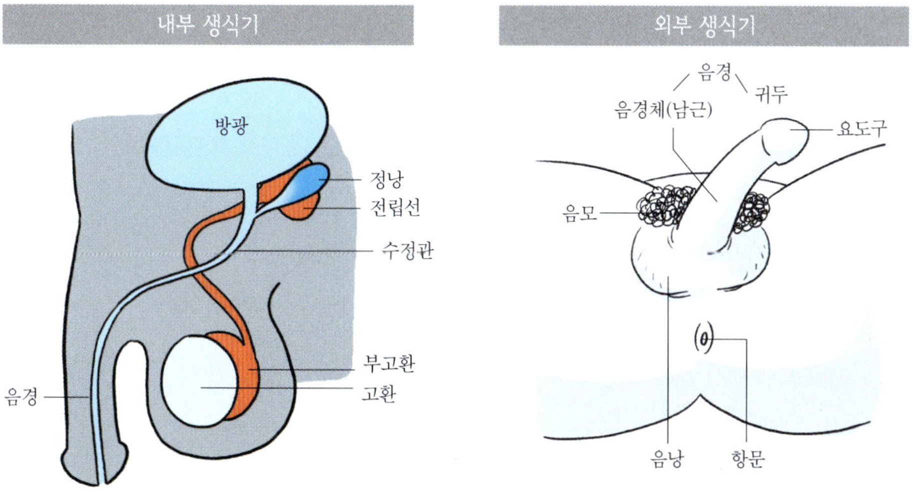

그림 2-3 남성생식기의 구조

① 정낭: 정관이 끝나는 부위. 정액을 만드는 곳(사정액의 2/3이 이곳에서 분비).
② 전립선: 방광 바로 아래. 사정액의 1/3 생성, 정액 특유의 비릿한 냄새가 나는 액 분비.
③ 정관: 부고환의 마지막부터 30~40cm의 관. 굵기는 국수 정도. 정자가 이동되는 관.
④ 음낭: 고환과 부고환을 싸고 있는 피부주머니. 고환의 정자 생성을 활발하게 하기 위해 온도 조절 기능을 함(정자는 열에 약하여 다른 신체부위보다 2~3도 낮아야 정상적인 정자 생산에 좋음). 좌우가 대칭적이지 않고 보통 왼쪽편이 아래로 처져 있음.
⑤ 고환: 음낭 속에 들어 있는 메추리알 정도의 기관. 정자를 생산하는 수천 개의 방으로 이루어짐. 남성호르몬 생산.
⑥ 부고환: 고환 뒤 초승달 모양. 고환에서 생성된 정자를 숙성, 저장하여 정관으로 이동.
⑦ 쿠퍼선: 정자가 요도를 지나갈 수 있도록 도와줌. 성적 흥분시 무색 투명한 액 분비.
⑧ 음경: 스폰지와 유사한 발기성 조직. 사춘기부터 시작하여 15~16세에 급격히 발육하여 만 21세 정도에 발육이 완성됨. 사람에 따라 여러 모양과 크기를 가짐.
⑨ 귀두: 음경의 맨 끝부분에 있고 자극에 매우 민감한 해면 조직.

참고자료

■ 고환은 왜 몸 밖에 나와 있나?

고환은 보통 좌우 크기가 다르다. 왼쪽 고환은 오른쪽 고환보다 낮게 달려 있다. 사춘기에 시작하여 22세쯤에 완전히 성숙하며 108ml 정도로 3.7×2.5×2.cm가량의 크기이다. 고환을 음낭으로 끌어내리는 이유는, 열에 약한 정자를 정상적으로 생산하기 위해 신체 다른 부분의 온도보다 2~3℃ 낮아야 하는데 뱃속은 보통 체온인 36.5℃로 1℃가량 높기 때문에 신체 밖으로 나와 있는 것이다.

(2) 여성 생식기의 구조

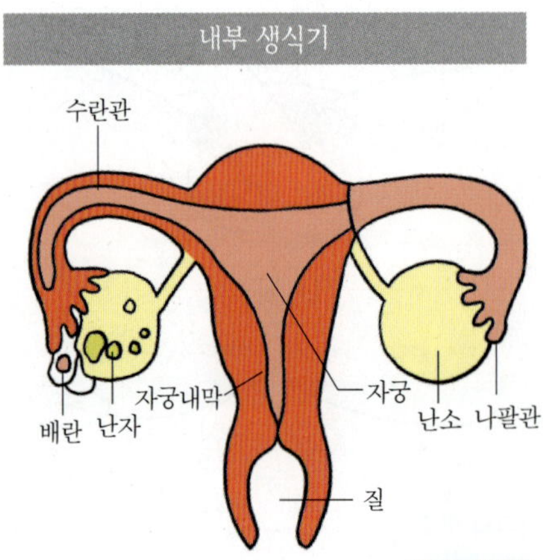

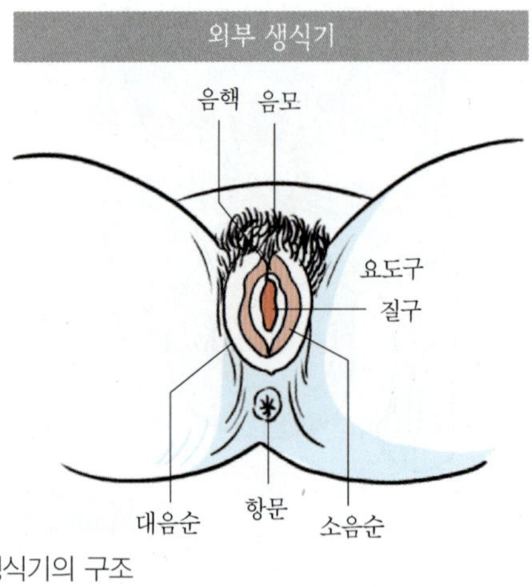

그림 2-4 여성생식기의 구조

① 질: 직장의 앞과 요도, 방광의 뒤쪽에 있는 9~10cm의 관. 월경시 혈액이 유출되고, 성교시 정자가 들어가고, 출산시 태아가 나오는 통로.

② 처녀막: 질의 입구에 위치하는 엷은 조직. 월경혈이 통과할 수 있고 손가락을 넣을 수도 있음. 모양과 두께가 개인마다 다름. 탐폰 사용이나 격렬한 운동 등의 여러 이유로 손상 가능(그림 2-8 참조).

③ 난소: 자궁의 양쪽에 위치(남성의 고환에 해당). 난자의 성숙, 성숙란의 배출, 성호르몬의 분비 담당.

④ 난관(나팔관): 자궁과 난소를 연결하는 1mm 정도의 관. 성숙란과 정자, 수정란들의 이동통로.

⑤ 자궁: 질구의 상단 끝. 수정란이 착상하여 자라는 곳(서양배 모양). 태아가 자라는 곳.

⑥ 음핵: 외음부의 상단, 요도 위에 위치하는 원통형 기관. 남성의 음경에 해당. 흥분시 발기함.

⑦ 소음순, 대음순: 소음순은 질구와 요도를 감싸고 있는 기관. 성적 민감성을 증가시키고 흥분시 발기함. 대음순은 생식기의 가장 외부. 상부와 주위에 음모가 있음.

⑧ 유방: 유선, 유두, 지방조직으로 구성. 사춘기 때 유선 발달. 개인마다 모양, 크기 차이. 과거에 비해 청소년들의 유방크기가 커지는 것으로 보고되고 있음(Mackay, 2000). 크기는 성감과 무관함.

처녀막
질의 입구에 위치하는 엷은 조직. 월경혈이 통과할 수 있고 손가락을 넣을 수도 있다.

성호르몬
성선에서 분비되어 남성, 여성의 개성과 행동에 영향을 주는 호르몬

3. 성적 발달과 개인차

사춘기에 일어나는 급격한 신체의 변화는 단순한 양적 증가 이상의 의미를 지니고 있으므로 그러한 변화에 적응해가며 건강한 성 정체감과 긍정적인 신체상body image을 확립하는 것이 청소년기의 중요한 발달 과업이 된다.

(1) 사춘기 발달의 개인차와 영향

사춘기에 일어나는 변화의 내용에 있어서는 정상적으로 발달을 하고 있을 경우 사람마다 차이가 별로 없다. 그러나 사춘기가 시작되는 때나 사춘기가 진행되는 속도 등은 여러 가지 요인에 의해 영향을 받으며 따라서 개인차가 광범위하게 나타난다. 예를 들어, 여자의 경우 젖가슴의 발달은 평균적으로 11세 무렵부터 시작하여 15세경이면 끝나지만 빠른 사람은 8세, 늦은 사람은 13세에 시작하기도 하고 18세가 되어도 발달이 진행중인 사람도 있다.

개인차를 가져오는 요인들

• **유전이나 영양 상태 요인** : 유전요인의 증거로는 같은 유전 인자를 지닌 일란성 쌍생아

가 이란성 쌍생아나 쌍생아가 아닌 자매들보다 평균적으로 비슷한 시기에 초경을 경험한다고 한다(Brooks-Gunn & Reirer, 1990). 또한 최근의 청소년들의 성장의 가속화 현상으로 인해 사춘기를 더 빨리 경험하는 것은, 과거에 비해 영양상태와 발육조건이 더 낫기 때문이나.

- **사회적인 관계 요인**: 갈등과 스트레스가 심하거나 경제적 곤란이 심각한 가정의 청소년들이 그렇지 않은 또래에 비해 사춘기를 일찍 경험하는 경향이 있다고 주장한다(예, Belsky 등, 1991).

조숙과 만숙의 영향

청소년기의 신체발달이 또래에 비해 먼저 성숙(조숙)하거나 뒤늦게 성숙(만숙)할 때 심리적으로 다른 영향을 미치는 것으로 알려져 있다. 남녀 모두에게 있어 조숙함은 두 가지 불이익을 가져오는데, 하나는 발달상으로 만숙한 청소년과 비교할 때 미처 심리적인 준비가 되지 않은 상태에서 어른과 유사한 모양을 갖춤으로 인한 부담 때문에 심리적 건강이 더 약할 가능성이고, 다른 하나는 음주나 흡연, 성관계 등과 같은 성인의 행동을 더 일찍 시작할 가능성이다. 그러나 이러한 일반적인 차이는 청년기 후기에 가면 사라지는 것이 보통이다. 특히 흥미로운 점은 조숙과 만숙으로 인한 영향에서 남녀 간에 서로 다른 양상을 보인다는 것이다.

남자: 미국에서의 종단 연구(Jones, 1965)를 비롯한 최근의 연구 결과에 의하면 또래에 비해 사춘기에 빨리 이르는 조숙한 남학생은 정상, 혹은 늦게 성숙하는 또래(만숙자)에 비해 매우 유리한 입장에 놓이게 된다고 한다(Petersen, 1987). 남자들의 경우 조숙이 더 유리하게 작용하는 것은 사춘기의 성장급등이 남자들의 운동 능력에 관련되는 신체적인 힘에 직접적으로 연결되기 때문일 수도 있다.

여자: 여자의 경우 조숙과 만숙을 구분하는 기준은 대개 초경 연령인데, 남자와 다르게 여자는 또래보다 일찍 성숙함으로써 얻는 실질적인 이득이 별로 없는 것으로 알려져 있다. 여자의 경우 조숙한 여학생은 만숙이나 정상적 발달을 갖는 다른 여학생들에 비해 더 불리한 것으로 알려져 있다. 조숙한 여학생의 경우는 성적인 일탈을 더 빨리 경험하며 또래 여학생들과 잘 어울리지 못하는 경향이 있다(Petersen, 1987).

2-1-2. 상담사례

2-1-2-1. 여자의 성기관은 어떻게 이루어졌지요? (김종석, 남, 중)

성고민 및 문제

안녕하세요? 저는 중학교에 다니는 남학생입니다. 요즘에는 성에 대한 관심도 많고 궁금한 것도 많아요. 초등학교 때는 그렇지 않았는데, 중학교에 들어와서부터는 여자의 몸에 대한 관심도 많아졌구요. 이런 것이 궁금한 것을 보면 제가 사춘기인가 봐요. 남자의 생식기에 대해서는 제 몸이니까 잘 알겠는데, 여자에 대해서는 잘 모르겠어요. 여자들의 성기는 어떻게 생겼나요? 어떤 기관으로 이루어졌는지도 궁금하구요. 그리고 남자들은 성적으로 흥분이 되면 발기가 되는데 여자들은 어떤 현상이 나타나지요? 이렇게 궁금한 것이 많지만 이런 것을 물어볼 사람도 마땅치 않아요. 엄마에게 물어보기에는 좀 쑥스럽고 친구들은 잘 모르는 것 같구요. 선생님, 여자에 대하여 궁금해하는 것은 자연스러운 것이겠지요?

상담자 답변

내담자 맞아들이기

여성의 생식기에 대하여 궁금하시다구요. 종석군의 나이에는 성에 대하여 궁금한 것이 당연한 일이지요. 그리고 이성에 대하여 알고 싶어 하는 것도 자연스러운 현상이구요. 그럼 질문하신 여성의 생식기관에 대하여 말씀드릴게요.

정보제공: 여성의 성기관

여성의 생식기관의 외부 전체를 통틀어 일컫는 말이 음부(vulva)입니다. **음부는 음부 언덕, 대음순, 소음순, 음핵 그리고 질구 부위로 구성되어 있습니다.** 음부 언덕은 복부 하단으로부터 성기와 연결되어지는 부분으로서 피부 밑에 통통하게 지방이 분포되어 있고 사춘기가 되면 음모로 덮이게 되어 성관계시 피부의 마찰을 부드럽게 만들어 주는 역할을 하지요. 또한 예민한 말초신경이 몰려 있어 가벼운 접촉이나 압박감이 있어도 금방 성적인 흥분을 느끼게 됩니다.

대음순은 남자의 음낭과 비슷하게 커다란 땀샘이 분포되어 있으며 사춘기가 되면 대음순 좌우 바깥쪽으로 음모가 납니다. 또한 색상도 검붉은 빛으로 변해가게 되지요. 대음순은 여성 성기의 가장 바깥 부분으로 지방 조직과 얇은 평활근으로 구성되어 있습니다. 마치 나비의 작은 날개모양을 하고 있으며, 그 모양과 크기도 각기 여성에 따라 다릅니다. 일상 시에는 질구와 요도를 보호하기 위하여 질구 부위를 덮고 있지요. 성적으로 흥분이 되면 부풀어올라 몸체에 바짝 달라붙게 되어 질구가 자연적으로 열리게 됩니다.

소음순은 좌우의 대음순 안쪽 사이에 있습니다. 이 부위는 대음순보다 크기도 작고 얇으며 모세혈관으로 가득 찬 해면체 조직을 갖고 있어 외부 감각에 매우 민감합니다. 성적으로 흥분되면 착색 현상이 나타나며, 사춘기 때에는 분홍색깔이지만 나이가 들어감에 따라 진한 붉은 색깔도 변해갑니다. 소음순 안쪽에 바톨린 유선이 있는데, 여기에서 분비되는 소량의 분비액은 소음순 부위를 촉촉하게 적셔 주어 음경의 질 입구 삽입에 도움을 주게 됩니다. 좌우 양쪽의 소음순은 윗부분에서 합쳐져 음핵을 부분적으로 덮게 됩니다.

음핵은 음경과 거의 유사하게 발기력을 갖춘 구조입니다. 남성의 경우와 마찬가지로 여성의 음핵도 그 크기와 모양이 다양하지요. 겉에서 볼 수 있는 부분은 조그만 단추 모양의 머리 부분뿐이고 몸체 속에 남성의 음경과 유사한 기다란 막대 모양의 본체가 숨겨져 있습니다. 음핵에는 예민한 말초신경이 몰려 있어 조그만 자극에도 해면체 조직에 혈액이 유입되어 그 크기가 두 배 이상 커지면서 성적으로 매우 민감해집니다.

상담 종결

종석군, 성에 대하여 궁금한 것이 있을 때 그것에 대하여 정확히 알고자 메일을 보내신 것은 참 잘한 일입니다. 친구들과 포르노 잡지를 통하여 성을 접하게 되면 자칫 성에 대한 잘못된 지식을 가지게 되고 성에 대한 생각이 부정적으로 될 수 있어요. 이번 경우처럼 궁금한 것이 있다면 또 질문을 해 주세요.

2-1-2-2. 남성의 성기는 어떻게 생겼나요? (박영희, 여, 중)

성고민 및 문제

안녕하세요? 남자들의 성기에 대하여 몇 가지 궁금한 것이 있어서 이렇게 문의 드립니다. 이런 것을 물어보기가 쑥스럽긴 하지만, 궁금해하거나 잘못된 지식을 아는 것보다는 이렇게 질문을 하는 것이 좋을 거라는 생각이 들어서요. 기다란 남성의 성기는 도대체 어떻게 되어 있나요? 보통 성기의 크기가 중요하다고 하는데, 정말 그런지, 그리고 그것들의 기능은 어떤 것인지 알려주시기 바랍니다.

상담자 답변

내담자 맞아들이기

영희양, 성에 대한 정확한 지식을 가지고 있는 것은 매우 중요한 일이지요. 따라서 영희양이 자신의 몸에 대하여 관심을 가지고 있고 남성의 신체에 대해서도 정확하게 알고자 하시는 것은 바람직한 태도로 보여집니다.

정보제공: 남성의 성기구조와 기능

남성의 성기는 귀두와 몸체로 나누어집니다. 그리고 몸 안쪽으로 외형 몸체의 반 정도 길이만큼의 뿌리가 있어, 발기할 때에 커진 성기의 무게를 잡아주고 강하게 지탱해 주고 사정할 때에 중요한 역할을 담당하지요. 일반적으로 남성의 성기모양은 곧게 생겼다고 생각하지만, 남성 개인마다 모두 달라서 곧게 생긴 남성보다는 오히려 가운데가 약간 굽었다든지 왼쪽이나 오른쪽으로 휜 모양을 보이는 경우도 많습니다.

성기의 귀두 부분은 마치 입안의 피부와 같이 부드럽고 깨끗하게 유지할 수 있도록 윤기가 나는 피부조직으로 되어 있습니다. 이 부분에 말초신경조직이 집중적으로 섬세하게 몰려 있어서 조그만 자극에도 아주 민감한 성적 반응을 나타냅니다. 귀두의 끝부분에는 요도의 출구가 있으며, 이곳을 통하여 소변과 정액 그리고 정자가 배출됩니다. 이 출구는 일반적으로 귀두의 정중앙에 있지 않고 약간 아래쪽에 위치합니다. 귀두는 일반적으로 분홍색을 띠지만, 나이가 들면서 붉은 자주색으로 변하게 됩니다. 남성이 성적으로 흥분하게 되면 요도 출구 부분에 서너 방울의 액체가 분비되어 여성의 질에서 분비되는 질액과 함께 성교 행위에 윤활유 역할을 해줍니다.

남성의 성기는 일반적으로 태어났을 때부터 몸체는 물론 귀두까지 외피로 덮여져 있습니다. 외피의 바깥 면은 몸체 피부의 연장이라 할 수 있으나, 안쪽 면은 피부라기보다는 신체의 어느 다른 부위에서도 발견할 수 없는 탄력성 있는 특수조직으로 되어 있습니다. 발기가 안 된 상태에서는 귀두 부분을 탄탄하게 감싸 보호해주며, 발기가 되면 늘어난 몸체의 굵기만큼 팽창되면서 몸체의 중간 위치까지도 자유자재로 움직일 수 있는 기능을 가지고 있습니다. 외피의 세포조직은 외부의 감각을 매우 민감하게 수용하고 그에 대한 가장 적절한 반응을 보여 줍니다. 바로 이 조직이 오르가슴이 곧 오게 될 것이라는 것을 미리 경고해 주기 때문에 사정을 지연시켜 오랫동안 성관계를 지속할 수 있는 것입니다.

오르가슴
성적 흥분이 최고조에 달한 상태로 극도의 쾌감과 절정감(극치감)

성기관에 대한 가치관

성기의 크기와 성적인 기능의 상관관계에 대하여 궁금하시다구요? 성기도 신체의 일부분이므로 개인마다 크기가 다른 것은 당연하지요. 성기의 크기가 반드시 자신의 성적 능력이나 성생활의 만족도에 비례하는 것은 아닙니다. 사실 손이 남들보다 조금 클 수도 작을 수도 있는 것처럼 성기도 사람마다 크기나 모양이 다른 것은 당연한데, 사람들의 잘못된 관념 때문에 많은 남성들이 필요 이상으로 괴로워하고 있지요. 이것은 아마도 성기 크기를 남성의 힘의 상징으로 여기기 때문일 거예요. 실제로 성기 크기와 자신의 힘과는 별 상관이 없답니다. 몇몇 사람들이 그런 식으로 상징화를 할 뿐이지요. 오히려 그러한 것과 상관없이 남성이 자신의 어떤 신체구조에도 자신감을 가지고 있다면 그게 진정한 남성의 힘이라고 할 수 있겠지요.

상담 종결

영희양 궁금증이 풀리셨나요? 성에 대하여 궁금한 것이 있으면 주저하지 마시고 질문을 해주세요. 영희양을 위하여 상담실 문은 항상 활짝 열려 있으니까요.

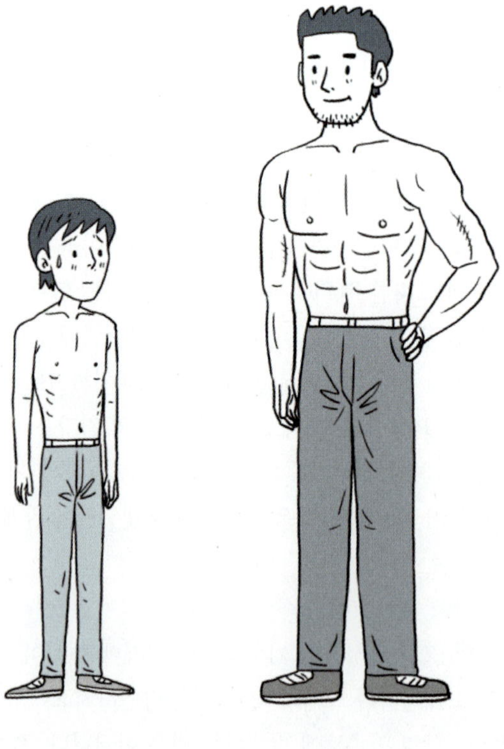

주제 2. 월경과 몽정

2-2-1. 이론강의

1. 남성의 생리현상: 몽정과 유정

Q 몽정은 발달적으로 어떤 의미가 있는가?

☞ 정자를 생성할 수 있는 능력이 생겼다는 것으로 성인이 되었다는 것을 의미한다.

● 사정과 몽정: 정액이 정관 팽대부에 가득 축적되있다가 성적인 자극을 받게 되어 외부로 배출되는 현상을 말하며 자는 동안 사정이 일어나는 경우를 **몽정**이라 한다. 한국 청소년의 경우 몽정의 시작연령이 13.2세인 것으로 나타났다(보건복지가족부 외, 2008). 여성의 월경과 달리 사정은 인간의 의지에 의해 조절할 수 있다. 몽정의 경우 대개 성적으로 흥분되는 꿈을 통해 무의식적으로 사정이 이루어진다. 몽정의 횟수는 대체로 10일에 한 번 이하이나, 사춘기에는 일주일에 한 번 이상하기도 한다. 반면에 **유정**현상은 낮에도 다른 일에 몰두하여 중추신경의 통제가 약해졌을 때 사정하는 현상이라 한다.

몽정
자기도 모르게 잠을 자는 도중에 사정하는 것

● 발기: 성적 자극에 의해 음경의 해면체에 혈액이 몰리면서 딱딱해지고 길이와 넓이가 점점 커지는 것을 말한다.

* 발기의 종류: 심인성 발기, 반사성 발기, 수면중 발기가 있다(김상원, 2003).

▶ 심인성(중추성) 발기: 매혹적인 여성을 보거나 성적 충동을 일으키는 그림이나 영화를 볼 때 냄새, 소리, 성적 상상을 할 때 음경이 발기되는 것이다 .

▶ 반사성 발기: 성기를 직접 자극하여 자극이 척수로 전달되고, 척수에서 부교감신경을 통해 음경에 전달되어 발기되는 것이다.

▶ 수면중 발기: 잠든 사이에 발기하는 수면중 발기는 정상 남성이면 누구에게나 나타나는 생리적 발기로서 어떻게, 왜 일어나는지에 대해서는 아직 명확히 밝혀져 있지 않다. 일반적으로 소변으로 충만된 방광 때문인 것으로 이해되고 있다.

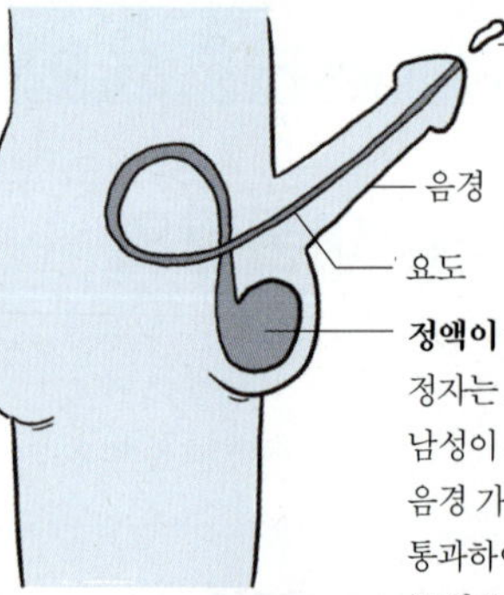

그림 2-5 음경의 발기

참고자료

■ 발기와 관련된 질문들

Q1. 발기가 너무 자주 되는 것도 문제인가요?
남성은 성교 전 애무단계에서 발기가 되었다 사라졌다를 반복한다. 발기 반응은 연령, 고혈압, 신경계 질환, 알콜 농도, 당뇨병과 같은 질병이나 약물에 의해 영향을 받는다. 또는 심리적으로 발기가 되지 않으면 어떡하나 고민함으로써 '심인성 발기 불능증'을 일으키는 경우도 있다. 청소년기에는 발기가 너무 자주 또는 오랫동안 일어나 고민하는 경우가 많은데 이는 정상적인 성장과정이다. 노년기가 되면 발기되는 데에는 시간이 오래 걸리고 발기를 회복하는 데에도 수시간 또는 며칠이 걸린다.

Q2. 발기되었을 때의 성기의 각도는요?
수직선에서 20~40도 기울어지는데, 이 각도는 질이 기울어 있는 각도와 일치한다.

Q3. 언제 발기가 되나요?
- 성기를 부드럽게 만져줄 때
- 잠을 자고 있을 때
- 마취에 걸려 있을 때
- 마비되어 있을 때
- 음란물 등을 보거나 성적 공상을 할 때

■ 발기되었을 때 창피하다고 생각하는 이유

흔히 사람들이 발기를 성적인 것과 연관시켜 성적이거나 야한 생각을 하고 있다고 추측하기 때문이다. 창피하다는 생각은 다른 사람이 자신을 사람들 몰래 아주 음란한 생각을 하고 있다고 여길 거라는 데 기인한다. 그렇지만 성적인 것과 아무런 상관이 없어도 발기는 일어날 수 있다. 버스 안에서도 학교 교실 안에서도 일어나며 등교길에 성적공상을 하지 않더라도 발기될 수 있으며, 잠을 자거나, 마취 상태일 때도 발기가 될 수 있다.

발기
성적 자극에 의해 음경의 해면체에 혈액이 몰리면서 딱딱해지고 길이와 넓이가 점점 커지는 것

2. 여성의 생리현상: 월경

(1) 월경과 초경

사춘기에 접어들어 여성이 직접적으로 신체변화를 느끼는 것 중에 하나는 월경을 시작하는 것이다. 월경을 처음 하는 것을 **'초경'** 이라고 하는데, 초경은 성장이 빠른 경우에는 초등학교 3~4학년에서 시작되기도 하며 개인에 따라 더 늦게 시작되기도 한다. 최근 조사자료(질병관리본부, 2014)에 따르면 한국 청소년들의 초경 경험연령은 11.7세인 것으로 나타났다.

(2) 월경이 일어나는 과정

난소에서 성숙한 난자는 한 달에 한 번씩 1개씩 번갈아 배출되는 현상을 '배란' 이라고 한다. 난자가 정자를 만나지 못할 경우에는 자궁내막이 필요하지 않게 되고, 따라서 자궁내막의 부분이 자궁벽에서 탈락하여 조금씩 떨어져 나오게 되는데 이를 바로 **월경**이라 한다(그림 2-6). 월경의 양은 20~60ml로 평균 33ml로 알려져 있지만 월경의 양은 사람에 따라 차이가 있고 생리량과 건강과는 직접적인 관련이 없다(그림 2-6 참조).

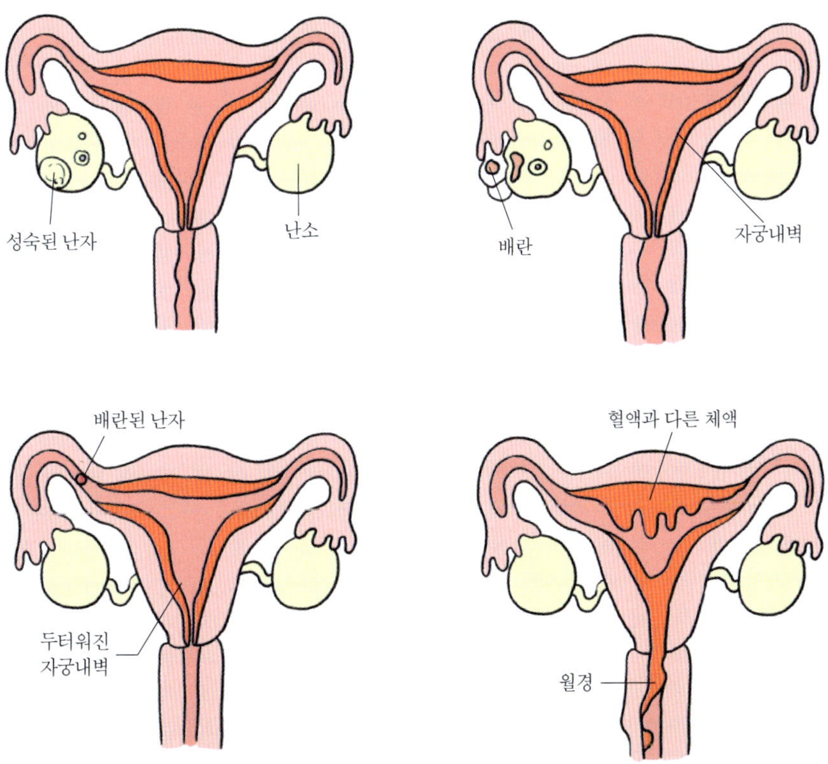

그림 2-6 월경의 과정

Q 월경량이 많은 사람은 적은 사람에 비해 더 건강한가?

☞ 월경량의 많고 적음은 건강과 직접 관련이 없다.

(3) 월경 주기와 기간

월경 주기는 개인차가 있어 24~35일까지 매우 다양하다. 월경기간은 3일간에서 7일간으로 다양하며, 보통 2일째나 3일째가 생리혈이 가장 많고 그 다음엔 점차 줄어든다. 매달 한 번씩 월경을 한다는 것은 생명을 잉태하고 낳을 수 있는 몸으로 완성된다는 것을 의미한다. 월경혈에는 자궁경관점액, 질분비물, 자궁내 세포, 자궁내막과 모세혈관의 피가 섞여 있고, 공기중에 흘러나와 세균과 접촉하면 냄새가 나게 된다. 월경혈의 양은 20~60ml로 평균 33ml 정도이다.

● 월경전 증후군premenstual syndrome:PMS

월경전 증후군이란, 황체기에 일어나는 신체적, 인지적, 감정적, 행동적 증상을 뜻한다. 젊은 여성의 약 1/3 정도가 월경을 시작하기 전 1주일, 10일 동안 피로, 요통, 복통, 안절부절, 정서적 불안, 긴장, 우울 및 몸이 붓거나 유방이 팽창되는 등의 증세를 나타내며, 이들 중 5~10% 정도는 일상생활에서 장애를 받을 정도로 심한 증세를 호소하기도 한다(노명래, 1998). 월경전 증후군은 생리가 시작되면 바로 없어진다. 월경전 증후군의 원인은 정확한 원인은 밝혀지지 않았으나 에스트로겐 과다와 프로제스테론 부족 또는 비타민 B6의 부족 및 당대사의 이상이라는 설이 있다.

● 기능부전성 자궁출혈

기능부전성 자궁출혈은 여자 청소년에게 쉽게 볼 수 있는 질환이며, 9%는 기질적인 원인에서 일어난다. 기능부전성 자궁출혈에는 월경이 오래 지속되는 월경과다, 월경이 자주 있는 부정자궁출혈, 이 두 가지가 복합된 형태가 있다. 비정상적인 출혈이란, 월경주기가 20일 이내로 8일의 월경기간에 80ml 이상을 출혈하는 경우를 말한다.

● 무월경

무월경이란, 14세, 15세가 되어도 2차 성징과 자연자궁출혈이 없거나, 정상적인 2차 성징은 나타났으나 16세경이 되어도 자궁출혈이 없는 경우, 초경 후 6개월 동안 월경이 없거나 정상적으로 월경을 하는데 3개월 동안 월경이 없는 경우 등이다. 무월경의 원인은 내분비장애, 만성질환, 영양부족, 과도비만, 심한 운동, 스트레스와 약물 등이 원인이 된다. 체중이 15% 이상 급격히 감소한 경우, 무월경이나 사춘기 지연 현상이 나타난다(정민자 외,

2005). 최근 사회적 문제가 되고 있는 무리한 다이어트는 무월경 현상을 증가시키는 원인이 된다.

(4) 월경 중의 건강관리

여성은 남성보다 약 75% 정도의 아포크린선을 더 많이 가지고 있으며 월경 중 보통 때보다 더 적극적인 활성화 작용으로 몸의 수분, 염분, 유산 등을 포함한 외분비물을 배출하여 피부를 보호하는 작용을 한다(노명래, 1998). 그러나 이러한 분비물을 규칙적으로 씻어주지 않으면, 불쾌한 냄새가 난다. 월경시에서는 샤워나 가벼운 목욕을 하거나, 생리대를 정기적으로 바꾸는 등 청결에 유의해야 한다. 생리 중에는 심신이 피곤하기 쉬우므로 과로나 정신적 긴장을 피하고, 충분한 수면을 취하며, 심한 운동을 삼가도록 한다. 또한 변비가 잘 생기고 소화가 잘 안 되므로 물을 많이 마시고, 과일을 많이 먹도록 한다.

● 월경과 관련된 잘못된 생각들

우리 사회에서는 월경과 관련하여 여러 가지 잘못된 생각들이 있는데 사실이 아님이 밝혀졌다(노명래, 1998)

① **월경기간에는 모든 형태의 운동을 피해야 한다.**

➡ 가볍고 규칙적인 운동은 월경기간 중 발생되는 여러 가지 불쾌한 증상을 완화시키는 데 도움이 된다.

② **월경중인 여성은 수영을 해서는 안 된다.**

➡ 수영이나 목욕을 해서는 안 된다는 근거는 없다.

③ **건강한 여성은 매우 규칙적인 월경주기를 갖고 있다.**

➡ 월경주기에 영향을 끼치는 여러 가지 변인들이 있고, 나이가 어린 여성들은 매우 불규칙한 주기를 가질 수 있다.

④ **대부분의 여성은 월경이 불결하다고 생각한다.**

➡ 건강한 여성의 아주 자연스러운 생리적 현상이다.

⑤ **탐폰을 사용하면 자궁에서 나오는 월경혈의 흐름을 막을 수 있다.**

➡ 2개의 탐폰을 한꺼번에 사용한다 할지라도 자궁경부의 입구를 막아서 월경혈의 흐름을 막히게 하지는 않는다.

⑥ **월경 중에는 성관계를 피해야 한다.**

➡ 의학적으로 부부가 서로 원한다면 이 시기라고 해도 성관계를 피할 이유가 없다. 오히려 월경 중 혹은 그 직전에는 임신확률이 적기 때문에 여자의 성적 욕구가 더 증대되는 경우가 있기 때문이다.

2-2-2. 상담사례

2-2-2-1. 몽정이 뭐지요? (신경일, 남, 중)

성고민 및 문제

저는 중학교 1학년 학생인데요. 요즘 아침에 일어나면 팬티가 젖어 있고 오줌도 아닌 투명한 물 같은 것이 나옵니다. 한두 번은 그런가 했는데 요즘은 계속 팬티가 젖어 있는 거예요. 엄마에게 말씀드리기도 뭐하고 친구들에게 말하기도 뭐하고 그래서 어렵게 상담드립니다. 제가 무슨 병이 있는 건가요?

상담자 답변

내담자 맞아들이기

몸에서 이상한 액체가 나와 몹시 놀라신 거 같네요. 걱정 말아요, 지극히 정상적인 변화가 경일군 몸속에서 일어나고 있어요.

몽정이란

청소년기가 되면 정소에서 정자가 만들어지고 이것이 생식기관을 거쳐 몸 밖으로 나오게 되는데 첫 번째 정액이 나오는 현상을 정통이라고 해요. 정통이라고 하는 현상은 이제 성인으로서 생식능력을 가졌다는 것을 의미하게 되는데 대개 청소년기에 수면 중에 발생하게 됩니다.

이와 같이 정자와 정액이 몸 밖으로 사출되는 현상이 수면 중에 일어나는 현상을 몽정이라고 하며 낮에 일어나는 현상을 유정이라고 합니다. 유징은 이성과의 성행위 없이 정액 혹은 그 비슷한 분비물이 무의식적으로 나오는 상태를 말합니다. 야간에 나타나는 경우를 야간유정, 주간에 있을 때를 주간유정이라고도 하지요. 남자 전체의 83%가 유정을 경험하며, 지극히 자연적이고 생리적인 현상입니다.

경일군이 경험하고 있는 몽정은 수면 중에 중추신경의 억제력이 약하게 되어 정액이 쉽게 나오게 되기 때문에 일어납니다. 수면 중 발기 현상이 남성들에게는 나타나게 되는데 이러한 발기시 사정중추가 제어되지 못하게 되면 이미 정낭에 저장되어 있던 정액은 밖으로 나오게 되고, 이러한 사정시 경험하게 되는 성적인 쾌감의 정도에 따라 수면 중에 깨어나기도 하고 그렇지 않을 경우에는 계속해서 잠을 자게 되지요. 정액이 밖으로 나오는 순간 성과 관련된 꿈을 꾸는 경우가 많이 있습니다. 과거의 경험이나 자신이 직 · 간접적으로 알고 있는 성행위와 관련된 지식을 통해서 몽정과 함께 꿈을 꾸게 됩니다.

상담 종결

몽정은 자연스러운 성인이 되는 현상이므로 너무 걱정하지 마시고 젖은 속옷을 안 보이는 곳에다가 숨겨두었다면 자신 있게 꺼내 놓으세요. 그런 사실을 부모님이나 다른 사람이 알게 될까봐 전전긍긍했다면 두려워하지 말고 성인이 되는 증거라는 것을 알리고 당당하게 신체의 변화를 인정하시고 신체적 성숙을 수용할 수 있도록 노력하세요.

2-2-2-2. 생리기간이 너무 길어요. (한은비, 여, 고)

성고민 및 문제

안녕하세요? 저는 고등학교 1학년 여학생인데 초경을 중학교 2학년 때에 했습니다. 초경을 시작한 지 2년 정도가 되었는데도 생리가 규칙적이지 않아서 걱정이에요. 어른들은 어릴 때는 다 그렇다고 하긴 하는데, 친구들에게 물어봐도 저와는 다른 것 같아서요. 특히 친구들은 보통 생리기간이 1주일을 넘지 않는데 저는 생리를 한 번 시작하면 일주일이 넘는 것은 기본이고 거의 2주 정도를 계속합니다. 멈춘 것 같다가도 다시 시작하는 것을 되풀이하곤 해요. 생리기간이 너무 기니까 생리가 끝난 건지 아닌지 마음이 놓이지 않아서 항상 생리대를 가지고 다녀야 하고 또한 생리대를 너무 오래 사용해야 하는 것도 불편합니다. 활동도 부자연스러우니까 기분도 늘 좋지가 않아요. 특히 체육시간이 되면 소극적으로 행동하게 됩니다. 저는 운동을 좋아해서 체육시간을 제일 좋아했었는데 너무나 속상해요. 이렇게 생리주기가 불규칙하고 기간이 오래된 것이 비정상은 아닌지 걱정스럽습니다. 어떻게 해야 하나요?

상담자 답변

내담자 맞아들이기

생리기간이 길고 불규칙한 것에 대하여 걱정이 많이 되는군요. 또한 생리기간이 기니까 활동도 부자연스러워서 불편하구요. 좋아하는 체육시간에 맘껏 뛰고 자유롭게 활동을 할 수 없어서 불편하다니 저도 속상하군요.

월경

우선 생리에 대한 전반적인 지식에 대하여 말씀을 드리는 것이 도움이 될 것 같군요. 생리는 초경에서 폐경기까지 대략 한 달에 한 번씩 주기적으로 자궁내막이 출혈과 더불어 떨어져 나가는 현상을 말합니다. 즉 난소가 성숙하여 난자를 배출하게 되고 이 난자가 정자를 만나 수정되지 못하면 자궁이 그 동안 아기를 위한 푹신한 침대로써 준비한 두껍게 된 자궁 내막이 필요 없어지겠지요. 이 조직들이 혈액과 함께 몸 밖으로 내보내게 되는데 이것이 바로 생리지요.

그런데 이 자궁내막은 생리를 할 시기가 아니더라도 그 양이 보통 때보다 늘어나게 되면 호르몬의 분비와 관계없이 출혈하는 예도 있습니다. 반면 정신적인 스트레스가 심하거나 과도한 다이어트를 할 때도 생리가 멎는 경우가 있죠. 따라서 생리주기가 규칙적이지 않을 수도 있고 그 생리기간이 길어질 수도 있는 것입니다. 전반적으로 초경을 막 지난 청소년기 소녀들은 월경불순이 잦습니다. 주기도 일정치 않고 양과 기간도 불규칙하지요. 생리가 시작된 첫날부터 다음 생리 전날까지의 일수를 생리주기라고 하는데, 여성들의 평균 생리주기는 대개 24~35일 정도 됩니다.

월경의 주기는 배란이 일어나는 시기와 관계가 있는데, 월경이 있은 후 빨리 배란이 일어나면 다음 월경도 비교적 빨리 나타나고, 월경 후 좀처럼 배란현상이 일어나지 않으면 그만큼 다음 월경도 늦게 나타납니다. 이처럼 월경주기는 배란과 밀접한 관계가 있으며, 규칙적이고 정상적인 주기는 난소의 기능이 정상적임을 말합니다. 매월 다소의 변동이 있는 것이 보통이고 7일에서 9일까지 정도의 늦고 빠름은 정상이라고 간주되죠.

그렇기 때문에 청소년기 생리불순은 치료를 요하지 않는 것이 대부분이나, 은비양처럼 생리를 너무 오래한다든지 하는 것은 약간 다른 경우라고 할 수 있습니다. 생리가 끝난 후에도 수일간 팬티에 묻을 정도의 출혈이 있을 수도 있습니다. 생리양은 평균 30ml 정도가 되나, 이 역시 변화가 많아 생리대에 조금 묻을 정도로 아주 적은 사람도 있고 반면에 평균의 3배에 가까운 80ml에 이를 정도로 많은 사람도 있습니다. 그리고 사람에 따라 차이는 있으나 월경이 시작된 둘째 날이 가장 양이 많습니다.

병원방문 권유 및 상담 종결

은비양, 병원을 방문하여 전문의와 상담해 볼 것을 권하고 싶습니다. 은비양과 같은 증상은 대개의 경우 조기에 발견하여 치료하면 완치되지만 방치했을 때는 치료가 어려울 수 있기 때문이에요. 게다가 생리기간이 길어지면서 생리의 양이 많아진다면 심한 빈혈이 될 수도 있어요. 특히 생리혈이 응고가 된 것이 있다면 이는 과다출혈을 뜻하는 것이므로 반드시 의사의 진료를 받아야 합니다. 산부인과에 가는 것이 왠지 꺼려지겠지만, 몸에 이상이 생겼을 때 병원에 찾아가 전문가의 도움을 받는 것은 전혀 부끄러운 일이 아니랍니다. 먼저 어머니나 또는 선생님에게 도움을 청하고 하루빨리 어른과 함께 산부인과에 방문하기를 바랍니다.

주제 3. 성 발달과 고민

2-3-1. 이론강의

1. 성 발달과 성고민

(1) 남자 청소년들의 성고민

사람들이 갖는 잘못된 지식 중에 하나는 덩치가 클수록 성기 크기 또한 크다고 생각하는 것이다. 그러나 신체의 크기가 다양하듯이 성기 모양과 크기 또한 다양하다. 사람의 신체적 크기가 크다고 해서 반드시 성기 크기 또한 큰 것은 아니다. 남자 성기의 모양과 크기는 개개인마다 각기 다르다. 성기와 관련된 비과학적 고민 중에 하나는 자신의 성기를 다른 사람의 것과 비교하거나 일정 기준치에 견주어 평가함으로써 여러 가지 불만이나 관심을 갖는다는 것이다(홍성묵, 1999). 예를 들면, 음경이 너무 작거나 크다든지, 너무 가늘거나 굵다든지, 또는 발기했을 때의 각도가 너무 오른쪽이나 왼쪽으로 기울어졌다든지 등의 경우이다. 그리고 성기를 다른 신체 조건과 관련시켜 불필요한 고민을 갖기도 한다. 미국 킨제이 연구소의 연구결과에 따르면 발기 전의 성기 크기는 남성마다 개인차가 좀 클 수도 있으나 발기 후의 크기는 별 차이가 없다(홍성묵, 1999). 한편 한국의 남성의 크기의 평균은 객관적인 통계자료는 부족하지만 미발기시에는 4~10cm 정도에서 일단 발기상태가 되면 8~14cm로 커진다.

성기크기 콤플렉스(변강쇠 콤플렉스) 성기가 작은 남성이 가지고 있는 열등감

참고자료

■ 전세계 남성의 평균 크기

외국에서 보고된 최근의 자료(Mackay, 2000)에 따르면 음경이 발기했을 때의 일반적 크기는 전세계적으로 최소 2.4인치(60mm)에서 최대 평균 11인치(279mm)로 다양하며, 평균은 6.5인치(166mm)인 것으로 보고된 바 있다.

Q 왜 나의 성기는 유난히 적어 보이는가?

☞ 발기 전의 성기의 크기 차이가 있더라도 발기 후에는 비슷한 크기로 된다. 친구들 사이에 화장실에서 친구의 것과 자신의 것을 비교할 때 보통 친구의 것은 사선으로 보기 때문에 정면 위에서 보는 자신의 것보다 더 커 보인다. 그것은 보는 각도에 따라 차이가 있을 수 있다.

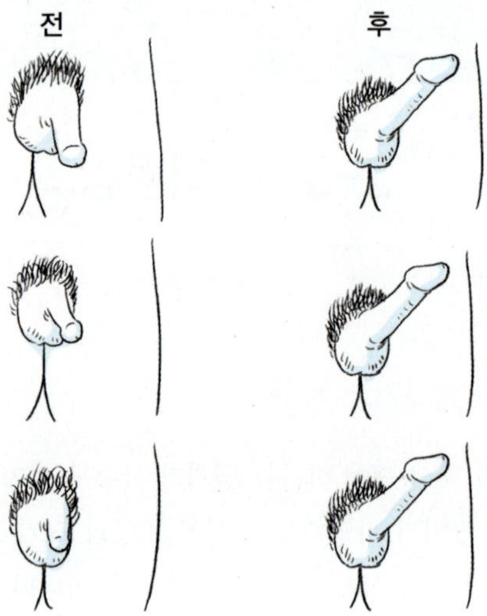

그림 2-7 음경의 발기 전 · 후 크기

(2) 여자 청소년들의 성고민

Q 여자 청소년들의 특징적인 성고민은?

☞ 다양한 성고민이 있을 수 있으나, 월경, 생식기 모양과 크기 등의 고민 외에 여자이기 때문에 가질 수 있는 특징적인 고민 중에 하나는 '처녀막 콤플렉스'에 관한 것이다.

처녀막이란, 질의 입구에 위치하는 엷은 근육 조직으로 월경혈이 통과할 수 있고 손가락을 넣을 수도 있는 기관이다.

처녀막의 여러 형태 : 처녀막은 실제 사람의 얼굴 모양만큼이나 다양한 형태를 갖고 있다. 흔히 처녀막이 완전한 막의 형태를 띠고 있다고 생각하기 쉬우나 실제 그렇지 않다. 이 막은 월경혈이 통과할 수 있게 되어 있고, 손가락을 넣을 수도 있는 질 입구에 위치한 결합 조직으로 구성되어 있다. 처녀막에 대해서는 문화에 따라서는 순결의 상징으로 여겨지기도 하는데, 이는 잘못된 성지식 중의 하나이다. 처녀막은 성교 외에 심한 운동이나 탐폰 사용 등 여러 원인에 의해 손상되기도 한다.

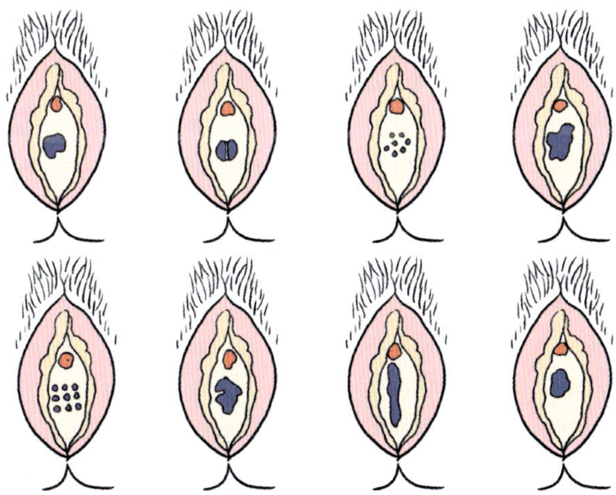

그림 2-8 처녀막의 여러 형태

2-3-2. 상담사례

2-3-2-1. 성기의 크기는 얼마나 되어야 정상인가요? (신인수, 남, 대)

성고민 및 문제

안녕하세요? 저는 대학교 2학년 남학생입니다. 고민이 있는데 제 성기가 너무 작은 것 같아요. 발기를 해도 10cm 정도밖에 안 되거든요. 선생님, 성기의 크기는 얼마나 되어야 정상인가요. 저도 이제 대학생이니까 성인이잖아요. 성기가 너무 작아서 결혼을 해서도 성문제가 생기지 않을까 걱정이 됩니다. 몇 센티미터 이상이면 성행위가 가능한가요? 그리고 특히 목욕탕에 가보면 다른 친구들과 차이가 많이 나는 것 같아서… 창피해서 목욕탕도 못 가겠어요. 이걸 어떻게 해야 하지요? 친구들이 파라핀을 주입하는 수술을 하면 성기를 크게 할 수 있다던데요. 정말인가요? 부작용은 없는지요? 성기확대 수술을 해야 하나요?

상담자 답변

내담자 맞아들이기

성기의 크기 때문에 고민하고 계시군요. 남들보다 작은 성기 때문에 친구들과 같이 목욕탕

가는 것도 자신 없고 이러다가 결혼해서 무슨 문제라도 생기면 어떡하나 불안하기도 하구요. 인수씨의 마음이 충분히 이해가 됩니다. 남성으로서 자신의 성기에 대하여 관심을 가지는 것은 너무나 당연한 일이지요.

성기 크기

사람의 신체는 개인마다 다 다르지요. 키가 큰 사람도 있는가 하면 작은 사람도 있잖아요. 그리고 몸무게도 사람마다 다르구요. 성기도 신체의 일부분이므로 개인마다 크기가 다른 것은 당연하지요.

우리나라 남성들의 성기 크기는 평상시에는 길이가 7.4cm, 둘레가 8.3cm이고 발기되었을 때에는 길이가 12.7cm, 둘레가 11.5cm 정도 되는 것으로 알려져 있습니다. 그리고 성관계를 가질 때, 발기 시의 길이가 5cm 이상이면 정상적인 성관계를 가질 수 있답니다. 따라서 지금의 인수씨 성기크기는 정상이며 성관계가 충분히 가능하지요.

개인의 삶에 있어서 성기의 크기가 항상 중요하게 영향을 미치는 것은 아니지요. 성기의 크기가 문제되는 것은 성관계를 갖게 될 때일 텐데, 실제로 발기 시에 5cm 이상이면 성생활에 지장이 없습니다. 성기의 크기가 반드시 자신의 성적 능력이나 성생활의 만족도에 비례하는 것은 아니거든요.

성기의 크기가 가지는 의미 탐색

성기에 대하여 생각 외로 많은 남성들이 자신의 성기가 작다고 생각하고 있답니다. 그러니까 자신의 성기가 실제적으로는 정상임에도 불구하고 뭔가 문제가 있는 것이 아닐까 염려하는 것이지요. 성기도 사람마다 크기나 모양이 다른 것은 당연한데 사람들의 잘못된 관념 때문에 많은 남성들이 필요 이상으로 괴로워하고 있습니다. 이것은 아마도 성기 크기를 남성의 힘의 상징으로 여기기 때문일 거예요. 남자들에게 있어 성기는 단순히 하나의 신체구조에서 끝나는 것이 아니라 '힘'을 상징하는 경우가 많다고 봅니다. 그래서 성기크기가 작으면 나중에 결혼해서 아내와 성생활에 문제가 생기지나 않을까 하고 염려하게 되고 친구들과 목욕탕에도 자신 있게 못 가게 되는 거죠. 인수씨도 목욕탕을 가면 친구들과 비교하게 되고 친구들보다 작은 성기에 대해 열등감을 느끼게 되는 것이구요.

사실 실제로 성기크기와 자신의 힘과는 별 상관이 없답니다. 몇몇 사람들이 그런 식으로 상징화를 할 뿐이지요. 오히려 그것과 상관없이 자신감을 가지고 있다면 그게 진정한 힘이라고 할 수 있지 않을까요?

상담 종결

인수씨의 성기크기는 정상이고 또 앞으로도 정상적인 성생활을 할 수 있을 테니 안심하고 당당하게 매사에 임하시길 바랍니다. 성기의 크기에 집착하기보다는 올바른 성지식을 배우고 연구하는 것이 더욱 중요할 것 같아요. 그리고 영양분을 고루 섭취하고 좋아하는 운동을 한두 가지 꾸준히 하세요. 그렇게 한다면 자신감 있고 건강한 성인 남성으로 성장하실 것입니다.

2-3-2-2. 처녀막 수술 해야 하나요? (김정은, 여, 고)

성고민 및 문제

안녕하세요? 저는 고등학교 3학년의 여학생입니다. 사귀어 오던 오빠랑 헤어졌어요. 제가 마음에 상처를 많이 입은 것 같아요. 요즘에 살도 빠지고 학교도 가고 싶지 않아요. 밤에 자려고 누우면 그 오빠 생각이 많이 나요. 그렇지만 다시 그 오빠와 사귈 생각은 없어요. 그런데 제가 걱정이 되는 것은 말하기 너무 힘들지만, 실은 사귄 기간 동안에 그 오빠와 성관계를 했어요. 그때는 서로 합의하에 한 일이니까 후회가 없을 거라고 생각했는데, 지금은 후회가 되요. 자제를 했어야 하는데…
사실 후회보다는 걱정이 돼요. 나중에 결혼을 했을 때 남편이 제가 처녀가 아닌 것을 알고 실망하면 어쩌나 하는 생각이 들어요. 남자들은 여자의 처녀성을 많이 의식한다던데, 전 어쩌지요?

상담자 답변

내담자 맞아들이기

사귀던 남자친구와 헤어지고 난 후에 많이 힘드셨겠어요. 사랑하는 사람과의 이별은 마음에 상처를 주지요. 그렇지만 세상 사람들이 말하듯이 상처는 시간이 흐르면 아물게 될 거예요. 걱정하는 마음이 전달되어 오는군요.

처녀막

질 입구를 고무줄로 조인 소매에 비유하면 처녀막은 그 끝에 소매 자락처럼 얇게 묻어 있는 조직입니다. 그 모양과 탄력성이 저마다 다르며, 첫 관계 시에 꼭 파열되라는 법도 없지요. 임신을 한 여성인데도 처녀막이 파열되지 않고 보존되어 있는 경우가 있는가 하면 처녀막이 완전히 질 입구를 덮고 있는 형태도 있다고 합니다.

산부인과 의사들의 말을 살펴보면, 그들도 처녀막이 존재하는 의학적 의미를 정확히 모르겠다고 합니다. 처녀막이 성감을 증가시키는 기관도 아니고 그것이 있음으로써 세균 유입을 막는다든지, 특별히 무엇인가를 보호하는 역할을 하는 것도 아니라고 해요. 또한 외관에 보탬이 되는 것도 아니잖아요. 포유동물 중에서 처녀막이 있는 동물은 인간과 두더지

뿐이라고 합니다. 쓸모가 없는 조직들은 서서히 없어진다고 하는 용불용설에 근거하여 생각하면 인간에게 처녀막이 무슨 효용가치가 있어 남아 있는 것인지 궁금할 따름이지요. '막' 이라고 하지만 질 입구를 덮고 있는 것도 아니에요.

처녀막에 대한 새로운 의미 부여

사회적 의미에서 보면, 부계사회가 되면서 처녀막의 의미가 유난히 강조되지 않았나 싶어요. 남성의 권한이 강해지면서 여성을 지배하는 수단으로 이용했던 것 같아요. 한 남성이 여성을 차지한다는 차원에서 볼 때 처녀막은 중요한 의미가 있을 테니까요. 그러나 남녀평등이 보편화되고 성교 시작 연령이 과거의 조혼과는 다른 의미로 빨라지는 요즘에 처녀성을 운운한다는 것은 시대와 동떨어진다고 생각됩니다.

처녀막이라는 작은 조직의 존재의미를 이렇게 생각해보면 어떨까요? 남성에 지배당하는 의미의 처녀성이 아니라 자손을 잉태하는 모성으로서 건강과 순결을 위한 처녀성, 다른 동물들처럼 생식수단만으로 성생활이 이루어지지 않는 인간에게 성적인 방종으로부터 모성을 보호하기 위한 최소한의 경계의미로서 말이에요.

상담 종결

정은양이 이성교제와 성관계로 인해 마음고생을 하셨네요. 성행위는 인생에서 새로운 것을 경험하는 첫 단계이고 그만큼 소중한 거죠. 그러나 이것으로 인해 생길 수 있는 문제는 자신이 감당할 수 있을 때 가능한 거죠. 처녀막에 대한 걱정보다는 나 자신을 책임질 수 있는 시기에 사랑하는 사람과 성관계를 가질 수 있도록 해야겠지요.

학·습·정·리

✲ 주제 1 신체 및 성적 발달

- 사춘기에는 **성호르몬의 영향**으로 신체 및 성적 발달이 급격히 이루어진다(2차 성장 급등기). 대체로 여자는 10~11세, 남자는 12~13세 전후로 신장 및 체중이 급격히 증가한다.
- **사춘기의 성적 발달의 시작**은 뇌하수체의 성선자극호르몬의 분비로 시작되며 대표적인 성호르몬은 여성은 에스트로겐, 남성은 테스토스테론이 있다.
- 사춘기 성적 발달의 완성은 정자와 난자의 생성으로 완성되는데, 남자는 몽정으로, 여자는 월경으로 사춘기 발달이 완성된다.
- **사춘기의 발달은 개인차**가 있다. 특히 남자의 경우 조숙한 경우가 정상이나 만숙한 발달을 보이는 경우보다 발달적으로 유리한 것으로 알려져 있다. 여자의 경우는 정상이나 만숙한 발달을 보이는 경우보다 조숙한 경우가 발달적으로 가장 불리한 것으로 알려져 있다.

✲ 주제 2 월경과 몽정

- **몽정과 유정**: 남자는 자는 동안 무의식적인 사정이 이루어질 때 몽정이라 하고, 낮에도 다른 일에 몰두하여 중추신경의 통제가 약화될 때 사정하는 현상을 유정이라 한다. **한국 청소년들의 몽정시작 연령은 12.5세인 것으로 나타났다.**
- **월경**: 처음 월경을 초경이라 한다. 자궁 내에서 수정란을 키우기 위해 자궁내막이 두터워졌다가 수정란이 자궁내막이 필요하지 않게 되었을 때, 자궁벽의 탈락이 이루어지는 현상을 월경이라 한다. **한국 청소년들의 월경시작 연령은 11.7세인 것으로 나타났다.**

✲ 주제 3 성 발달과 고민

- **남성의 성 콤플렉스** 중에 하나는 성기 모양이나 성기 크기에 대한 콤플렉스(열등감)이다. 성기 모양과 크기로 고민하는 이유 중에 하나는 성기 크기와 성기 모양이 클수록 여성에게 더 만족을 줄 수 있다고 생각하는 잘못된 지식 때문이다.
- **여성의 성 콤플렉스** 중에 하나는 처녀막 콤플렉스이다. 처녀막은 순결의 상징으로 알려진 것은 잘못된 지식 중에 하나이다. 왜냐하면 처녀막은 얇은 근육조직으로 심한 운동이나 탐폰의 사용으로도 손상될 수 있기 때문이다.

학•습•평•가

※ 아래의 각 문항 내용이 옳다고 생각하면 O표, 틀리다고 생각하면 X표를 적으시오.

1. 사춘기의 신체 및 성적 발달은 여자가 남자에 비해 빠르다. (　　)
2. 사춘기에는 성인 키의 약 70%가 자란다. (　　)
3. 사춘기 때 남자다운 체격과 여자다운 체격을 만드는 물질은 성호르몬이다. (　　)
4. '테스토스테론' 이라는 성호르몬은 보통 남성 호르몬의 일종이라고 부르는데, 그 이유는 남자에게만 분비되기 때문이다. (　　)
5. '에스트로겐' 이라는 성호르몬은 '여성 호르몬' 의 일종이라고 부르는데, 그 이유는 여자에게만 분비되기 때문이다. (　　)
6. 황체형성호르몬이 테스토스테론의 양을 조절한다. (　　)
7. 사춘기의 성적 발달에 있어서 남자의 경우 고환이, 여자의 경우 초경이 나타나면서 시작된다. (　　)
8. 성적 발달의 완성은 정자와 난자를 생성할 수 있는 능력이 생기면서 완성된다. (　　)
9. 체모의 많고 적음은 테스토스테론의 분비량에 따라 달라진다. (　　)
10. 남자의 성욕과 관계되는 호르몬은 테스토스테론이고 여성의 성욕과 관련되는 호르몬은 에스트로겐이다. (　　)
11. 고환이 몸 밖으로 나온 이유는 정자가 열에 약하기 때문이다. (　　)
12. 여성의 난소는 남성의 고환과 같은 기능을 한다. (　　)
13. 음경의 크기는 성적능력과 무관하다. (　　)
14. 처녀막은 순결의 상징이다. (　　)
15. 몽정은 허약한 남자에게서 일어나는 일이다. (　　)
16. 발기는 의식적으로 조절이 가능하다. (　　)
17. 한 번의 사정으로 방출되는 정자의 양은 약 1억 개이다. (　　)
18. 월경의 주기는 개인마다 차이가 없으며 보통 30일이다. (　　)
19. 발기되지 않았을 때의 성기의 크기가 큰 사람은 발기된 후에는 더 커진다. (　　)
20. 발기는 성적이거나 야한 생각을 한다는 증거이다. (　　)
21. 월경 양이 많은 사람은 그렇지 않은 사람보다 건강한 사람이다. (　　)
22. 월경기간에는 모든 형태의 운동을 피해야 한다. (　　)

☞ 정답은 p.378에서 확인하세요.

3장 성욕구와 성충동

청소년기는 신체적, 성적으로 급격한 변화를 겪으면서 몸은 성인과 같이 변화하나 심리적으로는 미처 대처하지 못하여 고민과 갈등을 겪는 시기이다. 그러므로 청소년기의 성고민과 갈등은 주로 성적 발달에 따른 성욕구와 성충동에 관한 것이다.

따라서 이 장에서는 성욕구에서 인간과 동물의 차이, 남녀의 성욕구의 차이, 자위행위의 문제와 자위행위에 대한 통념들, 자위행위의 대처방안을 다루어, 청소년들의 성욕구와 성충동에 관한 고민과 갈등을 이해하고 그에 대한 대처방안을 모색하고자 하였다.

● 학습내용

- 주제 1 : 청소년기 성욕구와 성충동
- 주제 2 : 성욕구의 남녀 차이
- 주제 3 : 성충동과 자위행위

● 학습목표

1. 성욕구, 성충동의 의미를 설명할 수 있다.
2. 인간과 동물의 성욕 차이를 설명할 수 있다.
3. 남녀의 성심리, 성욕구의 차이를 비교할 수 있다.
4. 성심리에 대한 잘못된 편견을 적극적으로 수정한다.
5. 성욕구에 있어서 남녀 성심리 차이를 이해한다.
6. 자위행위에 대해 바르게 이해하고 대처한다.

주제 1. 청소년기 성욕구와 성충동

3-1-1. 이론강의

1. 청소년기 성욕구와 성충동의 실태

서울시내 중, 고등학생 2,297명을 대상으로 한 아하청소년성문화센타(2013)의 실태조사에 따르면 청소년들의 성욕구와 성충동 실태에서 남녀 차이가 있었다.

- 청소년들의 성적 상상과 빈도 : '성적 상상의 경험' 에 대한 질문에서 남녀 청소년 모두 가장 자주 하는 상상은 이벤트를 포함한 '데이트상상' 이 14.9%로 가장 많았다. 다음으로 '결혼에 대한 상상' 11.9%, '포옹이나 키스에 대한 상상' (5.2%), '성관계에 대한 상상' 3.4%, '타인의 벗은 몸 상상' 이 2.1%로 적었다.

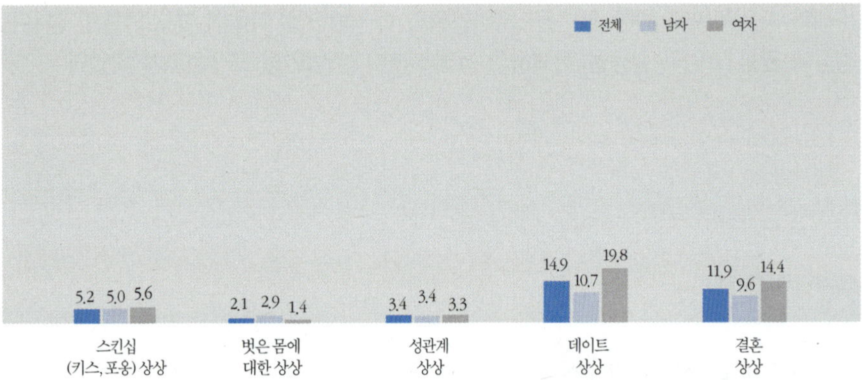

그림 3-1 중 · 고 청소년들의 성적 상상 내용

- 청소년들의 성충동과 해결방안 : '성충동을 느끼는 때' (그림 3-2)는 남자 청소년의 경우 성충동은 '야동을 볼 때' (32.6%) 가장 많이 느끼고 있었으며, 그 다음으로 '노출이 심한 사람을 볼 때' (21.9%)로 나타났다. 반면에 여자 청소년의 경우, 성충동은 '야한 소설/만화 볼 때' (11.1%) 가장 많이 느끼고 있었으며, 그 다음으로 '야한 영화를 볼 때' (9.5%)로 나타났다.

  '성충동의 해결방안' (그림 3-3)으로 남자 청소년의 경우, '운동/취미활동' (27.4%) 해소하거나 그 다음으로 '자위' (21.3%)로 해소하는 것으로 나타났다. 반면에 여자 청소년의 경우 '운동/취미활동' (11.7%), '다른 생각' (11.2%)을 하며 성충동을 해소하는 것으로 나타났다.

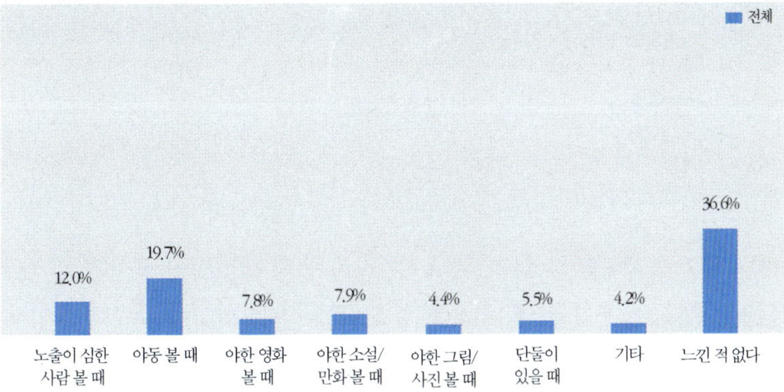

그림 3-2 청소년들의 성충동을 느끼는 때

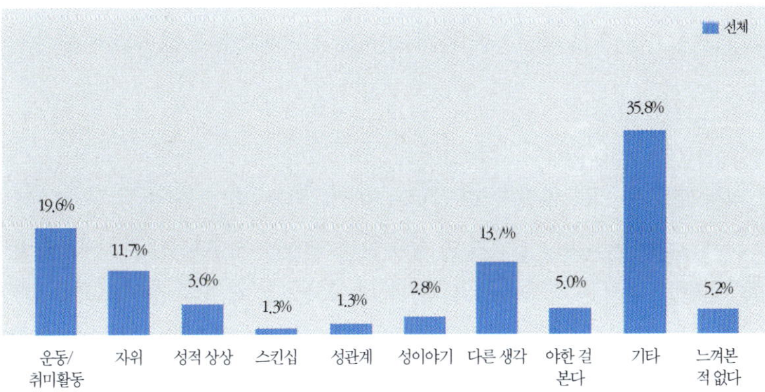

그림 3-3 청소년들의 성충동 해결방법

2. 청소년기 성욕구와 성충동

(1) 성욕이란?

이성에 대한 관심과 더불어 이성과 사귀고 싶어 하는 것, 더 나아가 육체적으로 접촉하고 싶은 욕구들을 성욕이라고 한다. 성욕은 성적 자극을 받게 되면 성적 욕망이 생기는데 이러한 성적 욕망을 일컫는 말이기도 하다. **성욕구는 성행위, 성충동, 성적 관심** 또는 **성적 흥분 감각**을 모두 포함하는 의미로도 사용된다.

(2) 청소년들의 성욕구 표현

청소년들의 성욕구는 다음과 같이 다양하게 표현된다.

- 성에 관한 것이라면 무엇이든지 보고 듣고 알고 싶어 한다.
- 친구들끼리 성에 관한 화제에 열중한다.

• 성에 관한 그림, 사진, 선정적 영화에 강한 호기심을 느낀다.
• 자위행위를 한다.
• 이성에 대한 접촉욕구, 접근욕구, 성교욕구를 느낀다.

(3) 성욕구가 나타나는 시기

인간에게는 생존과 관련되는 식욕, 성욕, 수면욕 등의 생리적인 욕구와 인정, 독립, 애정, 안정 등의 사회적 욕구가 있다. 성욕은 종족보존이라는 타고난 욕구에 기인하며, 생명이 타고난 순간부터 끝나는 순간까지 존재한다. 다만 성욕의 정도나 발현형태 등은 연령에 따라 다르다(정길생, 2000). 성인의 성욕과는 질적으로 다르지만 사춘기 이전의 유아나 아동에게도 성욕은 존재한다. 성인은 마음과 생식기로 성욕을 충족하나, 유아는 오감으로 성욕을 충족한다. 사춘기 호르몬의 변화와 함께 신생아 때 이미 두뇌의 대뇌변연계라는 기관에 프로그램되어 있던 것이 사춘기에 와서 작용하여 구체적으로 나타나게 된다.

(4) 성욕구의 조절 중추

대뇌 신피질
인간의 뇌 가운데 구피질 이후에 발달된 새로운 뇌라 불리는 신피질은 여러 가지 감각, 기억, 판단 사고 작용, 외부변화에 대한 적응, 창조 행위 등을 관장한다.

구피질
인간의 뇌 가운데 오래된 뇌라고 불리며 구피질 영역은 식욕, 성욕, 집단을 만드는 소속 욕구와 쾌, 불쾌, 분노 등의 정서 표현을 담당한다. 구피질에서 성욕구와 관련된 중추는 변연계이다.

인간의 뇌는 새로운 뇌(신피질)라고 일컫는 대뇌 신피질과 오래된 뇌(구피질)라고 불리는 변연계로 크게 나눌 수 있다. 변연계는 신피질에 둘러싸여 있다(그림 3-4). **구피질**에서는 식욕, 성욕, 집단을 만드는 소속욕구와 쾌, 불쾌, 분노, 공포 등의 정서표현을 담당한다. 이에 비해 **신피질**은 140억 개의 뇌세포로 구성되어 있는데 여기서는 여러 가지 감각, 기억, 판단, 사고작용, 외부변화에 대한 적응, 창조행위 등을 관장할 뿐 아니라 대뇌에서 일어나는 본능을 조절해 주기도 한다. 성욕이 일어나도록 만드는 곳은 대뇌이고, 성욕을 조절하는 곳도 역시 대뇌이다.

참고자료

■ 우리 몸에서 가장 중요한 성기관은 어디일까?

두뇌는 성적인 사고와 행위가 시작되는 중심기관이다(윤가현, 1990). 음경이 발기되고 여성의 질에서 분비물이 생성되는 생리적인 반응들도 모두 두뇌에서 의식적이고 무의식적인 과정들을 조작하여 작용시킨 복합적인 결과들이다. 두뇌는 눈, 귀, 코, 혀, 피부 등의 감각수용기로부터 정보를 받아들이면서 그 정보를 기억, 연상, 정서, 의식적인 사고들과 조합하여 행동을 통제하는 기능을 한다. 즉, 이러한 정보를 처리하면서 두뇌는 화학적인 전달물질을 내보내며, 성적인 흥분으로서 지각된 감각들을 금지시키거나 자극시킨다. 이와 같이 인간의 두뇌에서 쾌락의 감각과 가장 관계가 깊은 부위는 대뇌 속의 변연계이다. 변연계는 감각자극의 지각, 욕구와 관련된 행동, 성반응과 같은 불수의근의 반응, 그리고 정서표현 등을 통제한다. 이는 정보를 받아들이지 않았을 때에도 기억, 연상, 사고 등에 의해 강한 정서반응을 일으키는 기능을 발휘한다. 그러나 최근의 연구들에 따르면, 실제 성적인 자극이 없이 변연계의 일부를 전기로 자극하게 되면 성적으로 흥분이 되거나 자위행위를 하고 싶다는 반응을 하게 된다(Heath, 1972). 결국 성적인 흥분은 환경에 대한 지각에 따른 두뇌의 반응임을 짐작할 수 있다.

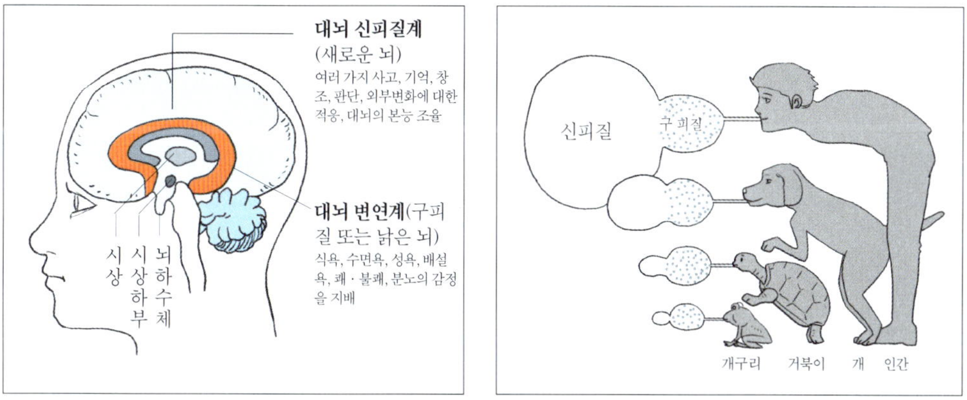

그림 3-4 인간과 동물의 대뇌에서 신피질과 구피질의 크기 차이

Q 성욕구에서 인간과 동물의 차이점이 있는가!

☞ 대뇌의 신피질과 구피질의 발달상에서 볼 때 동물은 성욕구를 유발하는 기능이 강하지만, 인간은 성욕구를 유발하는 것뿐만 아니라 억제하는 기능 또한 발달되어 있는 것이 특징이다.

(5) 성욕은 자제할 수 없는 본능인가?

Q 성욕은 자제할 수 없는 본능인가?

☞ 아니다. 인간의 대뇌 신피질에서는 성본능을 억제할 수 있는 기능을 갖고 있다.

인간의 두뇌는 신피질과 구피질이 복잡하게 얽혀서 인간의 마음, 정서, 행동을 지배하고 있다. 인간의 성의식이나 성행동은 동물과 같이 성본능대로 행동하는 것이 아니라 대뇌 신피질계에 있는 학습에 의해 이루어진다. 인간은 동물과 달리 성적 감정을 조절할 수 있는 대뇌의 신피질이 더 발달되어 있어 본능적으로 느끼는 성욕을 자제할 수 있는 능력이 있다(그림 3-4). 구피질은 태어난 후 변화가 없으나 신피질은 사용하면 할수록 발달된다. 열심히 공부하고 책도 읽고 사색을 한다면 훨씬 머리가 좋은 사람이 될 수도 있다는 얘기이다. 인간의 두뇌는 신피질과 구피질이 복잡하게 얽혀서 인간의 마음, 정서, 행동을 지배하고 있다. 대뇌 신피질은 태어난 후의 생활환경이나 교육의 영향을 받아서 학습이나 훈련에 의해 더욱 촉진된다. 따라서 성욕은 본능적 충동에 의해 영향을 받는 것은 사실이나, 동물과 달리 인간은 조절이 가능하다.

3-1-2. 상담사례

3-1-2-1. 성관계를 맺어 보고 싶어요. (이문식, 남, 고)

성고민 및 문제

안녕하세요. 전 고 1의 남학생 입니다. 저는 자위행위는 중 2때부터 했고요. 지금은 약간은 지겨워졌어요. 그런데 그 전부터 해보고 싶은 섹스가 요즘엔 더욱 심하게 하고 싶어 죽겠어요. 여자친구랑 얘기할 때도 성에 관련된 이야기만 하고 싶은데 정작 그럴 수도 없고… 눈길은 이상한 데로 쏠리고. 여자의 몸도 한번 만져보지도 못했습니다. 여자친구의 몸도 만지고도 싶고 섹스도 하고 싶은데 어떻게 하면 할 수 있을까요. 다른 애들은 어떻게 해서 여자친구 몸두 만지고 섹스도 하는지 궁금하네요.

상담자 답변

내담자 맞아들이기

문식군의 머릿속에는 섹스에 대한 욕구들이 떠나지 않고 있군요. 성적 충동이 끊임없이 일어날 때 어떻게 자제를 하거나 욕구를 풀어야 할지 성적으로 자유롭지 못한 청소년기에 참기 힘든 문제입니다. 또 오랫동안 자위를 한 사람의 경우는 실제로는 성관계를 하면 어떨까 궁금하고, 더 하고 싶어지기도 하죠. 그리고 자신의 머리 속에는 성적인 생각뿐인데 여자친구랑 만날 때도 성에 대한 관심을 자유롭게 표출하지 못해 답답한 기분도 들구요.

성적 욕구에 대한 인정

일단은 문식군이 자신에게 일어나는 성적인 욕구를 스스로 인정할 줄 알아야 합니다. 지금 한창 성적인 욕구들이 강하게 일어날 수 있는 시기에 있고, 그 성욕은 누구나 가질 수 있는 본능적인 욕구입니다. 이러한 성적인 욕구가 생긴다고 자기 자신이 정숙하지 못하다고 생각하는 사람도 있는데, 이것은 잘못된 생각입니다. 오히려 내가 그만큼 건강하게 잘 자라고 있음을 말해주는 것이니까요.

그러나 아직 자신의 성적 행위에 책임을 질 수 없는 청소년기에 성관계를 가진다면 너무나 큰 고통이 따릅니다. 이러한 성적인 에너지를 다른 곳으로 돌릴 수 있으면 좋겠네요. 예를 들어 운동이나 자신에게 맞는 특기나 취미로 문학, 미술, 음악, 공부 등을 통해서 성적인 에너지를 다른 쪽으로 승화시킬 수 있습니다. 직접 해결하는 방법으로는 자위행위, 성적 공상, 포르노를 보면서 해소할 수도 있지요. 친구들 또는 선생님이나 부모님과 성에 관한 대화를 솔직하게 함으로써 그 감정이 희석되기도 합니다. 그리고 여자친구와 같이 있을 때 서로 신나게 공유할 수 있는 취미를 함께 할 수 있다면 이러한 성적인 생각도 다른 쪽으로 옮겨질 수 있으리라고 봅니다.

이성교제와 성관계

한 가지 걱정되는 부분이 있다면 여자친구를 사귀는 데에 있어 자신의 성적 욕구에만 집착하다 보면, 한 개인으로 여자친구를 보기보다는 성적인 대상으로만 바라보게 되고, 서로에게 큰 상처가 남을지도 모릅니다. 청소년기 여학생들은 이성에 대한 관심이 많고, 호감이 가는 남자와 사귀고 싶은 마음은 누구나 있으리라고 봅니다. 하지만 이러한 이성교제에 있어 여학생들이 갖는 대부분의 생각은 로맨틱한 분위기에서 서로 이야기를 주고받고 영화를 본다든지 취미를 함께 나누는 정도, 즉 동성 친구들이랑 같이 할 수 있는 일들을 남자친구와도 같이 하기를 바랍니다. 더 이상의 성적 관계를 맺는다는 것은 생각하기도 어려울 뿐 아니라 그런 관계에 가게 된다면 두려울 것입니다. 그러므로 서로 편하고 이성적인 감정을 느끼는 남자에게 자신의 그런 감정을 전한다는 것 자체에서 큰 기쁨을 느낍니다. 이러한 남녀 간의 차이를 분명히 알아서 여자친구를 대해야 합니다.

상담 종결

문식군의 현재 심정은 좀 더 성숙된 인간으로 성장하는 과정에서 누구나 겪을 수 있는 조그마한 진통입니다. 이러한 과정을 잘 이겨내어 멋진 남자로 성장할 수 있는 밑거름으로 삼기 바랍니다.

3-1-2-2. 남자들이 모두 동물처럼 보여요. (안은경, 여, 고)

성고민 및 문제

저는 지금 고등학교 2학년에 재학 중인 여학생입니다. 제가 다니는 미술학원에서 아르바이트를 하는 미대 3학년 오빠에게 호감을 가지고 있었는데, 그런데 어느 날인가부터 그 오빠가 미술학원에 안 오는 거예요. 원장님께 물어봐도 그냥 그만 두었다고 하고 다른 말씀을 안 하시더라구요. 나중에 알게 되었는데, 그 오빠가 술을 먹고 같은 과 여학생을 성추행해서 경찰서에서 조사받고 학교에서는 퇴학을 했다고 합니다. 호감을 가지고 있었던 사람에 대한 배반감 같은 것도 있지만, 남자들이 다 동물처럼 보이고, 힘드네요.

상담자 답변

내담자 맞아들이기

지금 믿었던 오빠에게 왠지 배신을 당한 기분을 느끼시는 것 같네요. 그 소식을 듣고 충격이 컸겠네요.

인간과 동물의 차이

사람은 생물학적으로 분명히 동물로 분류가 됩니다. 또 분명히 동물적인 방법으로 대를 잇고 수를 늘려오고 있지요. 종족 보존의 본능은 모든 생물체가 지니고 있고, 사람 또한 그러하며, 생명을 유지하기 위하여 신진대사 현상이 있는 것 역시 같습니다. 신진대사에 배설 현상이 수반되는 것은 물론입니다. 여성의 월경이나 남성의 사정현상을 순수하게 생물학적으로 관찰하면 이 또한 동물의 배설 현상 중의 하나임이 분명합니다. 이 현상으로 임신이 되고 대를 이어 오고 있는 것도 여타 동물들과 다를 바가 없습니다.

하지만 인간은 동물과는 구별되지요. 동물의 경우 짝짓기는 오로지 생식목적이 있을 때에만 이루어지는 데 반해 사람은 생식과 관계 없이도 성을 구사하게 된다는 점입니다. 다시 말하면 동물은 종류에 따라 일정한 생식기간이 있어 이 시기에 짝짓기를 하고 새끼를 낳게 됩니다. 그러나 사람은 잉태를 할 목적으로만 성을 원하게 되는 것이 아니고 상황에 따라 언제라도 성욕구를 느낀다는 점입니다. 임신을 원하지 않기 때문에 피임을 필요로 하면서까지 성적 욕구를 채우려 합니다. 또, 이와는 달리 자기 자신의 일에 심취하여 무언가를 열심히 생각하고 고민하는 사람에게는 비록 자극적인 대상이 있다고 하더라도 성욕이 일어나지 않을 수도 있습니다. 그 순간 성 에너지가 창조적이고 건설적인 자아실현의 욕구로 승화된 것입니다. 이러한 점은 성이 동물적인 욕구임에는 틀림이 없음에도 불구하고 사람과 동물에서 전혀 다르게 나타난다는 점을 보여 주고 있습니다.

사람이 수시로 성행동을 하게 된다는 사실은 많은 문제점을 야기시킵니다. 성을 구사하는 데서 느끼는 쾌락을 무한정으로 추구하는 나머지 생활의 질서를 무너뜨리게 되는 것입니다. 우리나라의 예를 들어 보면 아내가 있는 남성이 혼외정사를 즐김으로써 사회질서를 파괴하는 경우가 간혹 있습니다. 이와 같이 마구 행사하는 성행위로 사회질서가 파괴되는 것을 방지하기 위해 성은 나쁜 것, 즉 있어야 하긴 하나 좋은 것은 못되는 필요악으로 취급을 받기에 이르렀는데, 이것이 바로 성을 죄악시하게 된 원인입니다. 동시에 성기가 우리의 배설, 즉 대소변을 보는 기관과 같다든지 또는 가깝다는 점에서 불결한 것으로 취급되기도 하였고, 이러한 행동을 굳이 숨어서 하는 경우 수치심을 느끼기도 합니다.

상담 종결

물론 그 오빠가 정당했다는 것은 아닙니다. 분명히 사람은 성욕이라는 본능적인 욕구를 가지고 있지만 그것은 결코 참을 수 없는 것은 아닙니다. 하지만 그 오빠로 인해 모든 인간을 일반화시키는 것은 좋지 못한 일이라 생각됩니다. 분명 이 세상에는 참으로 진실하고 인간다운 남성도 많이 있습니다. 그러한 희망을 꼭 버리지 마시기 바랍니다.

주제 2. 성욕구의 남녀 차이

3-2-1. 이론강의

1. 성욕구의 남녀 차이

Q 남성들은 여성들보다 성욕구가 더 강한가?

☞ 아니다. 단지 남성과 여성의 성욕구의 차이는 없지만 성욕구가 강하게 나타나는 시기가 다를 뿐이다. 남성이 여성에 비해 성욕구가 강한 것으로 보여지는 것은 사회문화적으로 여성들에 비해 남성들은 성적 욕구의 표현에 대해 허용적이기 때문이다.

일반적으로 남성의 성욕구는 17~18세쯤 가장 강하게 나타나서 20대에는 남자가 여자보다 성적인 욕구가 강하다고 한다. 그러나 보통 40대에는 남자의 성적인 욕구가 서서히 감퇴하기 시작하는 반면, 여성의 성욕구는 늦게 쇠퇴하는 것으로 알려져 있다. 성욕구는 성별이라는 요인보다는 개인차에 의해 결정되는 경우가 많으나, 이와 관련하여 남성과 여성은 다음과 같이 성 심리에서 일반적인 차이를 갖는다.

(1) 남성

- 남성호르몬의 영향으로 여성에 비해 강한 성적, 육체적 접촉 욕구를 갖는다.
- 청소년기에 성욕이 최고조에 달한다.
- 여성에 비해 감정적 애착이 없는 낯선 사람과의 성적 환상이 빈번하다.
- 욕구진행과정: 특정 자극을 통해 성호르몬이 뇌로 전달된 후 성교에 대한 욕구가 빠르게 진행된다.

성적 환상
남녀 성이나 성욕과 관련하여 현실로는 있을 수 없는 일을 실제 일어나는 것처럼 상상하는 일

(2) 여성

- 접촉욕구, 성적욕구는 남성보다 더 늦은 연령에 나타나고 보통 정서적인 면에 관심이 크다.
- 남성에 비해 수면 중에 성적으로 흥분하는 꿈을 적게 꾼다.
- 성충동은 소극적이고 방어적이다.
- 특정한 이성 대상과의 성적 환상이나 연애 감정에 쉽게 반응한다.
- 욕구진행과정: 성욕을 느끼기 위해서는 성호르몬이 뇌로 전달된 후 이를 통해 이성에 관심을 갖게 되고, 그 이후 성적 접촉의 욕구를 느낀다.

3-2-2. 상담사례

3-2-2-1. 성관계 후 그가 변해 버렸어요. (송연희, 여, 고)

성고민 및 문제

저는 현재 고등학교에 재학하는 18세 여학생입니다. 고등학교 2학년 때 미팅으로 만난 남자와 6개월쯤 사귀었을 때 육체적인 관계를 요구해 왔습니다. 몇 번이고 거부하자 그는 자기를 진정으로 사랑하지 않는다며, 어차피 우린 사랑하는 사이이니 무엇이 문제냐며 저를 설득했습니다. 저 역시 그를 사랑했으므로 우린 성관계를 몇 차례 가졌고, 그 후 저는 더욱 그에게 매달리게 되었습니다. 그러나 그는 점점 저를 부담스러워하는 기색을 보이더니 어느 날 헤어지자는 연락을 해왔습니다. 그 후 남자에 대한 불신감과 '이런 몸으로 어떻게 다른 남자를 만날 수 있을까?' 하는 자책감에 빠졌습니다.

상담자 답변

내담자 맞아들이기

연희양은 요즘 남자친구와 헤어진 후 굉장히 힘든 시기를 지내고 있군요. 정도 많이 들고 그랬을 텐데 헤어지기도 힘들었을 거라는 생각이 드는군요.

문제 명료화

연희양의 이야기를 들어보니 지금 연희양이 어려워하는 것은 헤어짐에서는 오는 힘든 감정과 성관계 경험에 대한 혼란스러움인 것 같습니다. 슬프고, 우울하고, 아무것도 할 수 없는 상태이고, 또 자신에 대해 자책하는 마음이 있어서 그런 것이죠. 그리고 또 그 친구에 대한 미련도 많이 남아 있는 것 같습니다.

헤어짐

연희양이 현재 감정적으로 힘들어하는 상태는 우리가 사랑하는 사람을 잃게 되면 사람들이 흔히 느끼는 감정들입니다. 견딜 수 없을 정도로 우울하고, 무기력해지는 것을 봅니다. 연희양이 이야기했듯이 연희양의 지금 상태가 많이 힘들 거라는 것이 이해가 됩니다. 하지만 우리가 그렇게 힘든 시기를 잘 이겨내면 그 다음에는 한층 성숙된 모습으로 사람들을 대할 수 있게 됩니다. 왜냐하면 힘이 아주 많이 들기는 하지만 연희양이 그 시간 동안 자신에 대해서 많은 것들을 생각하고, 자신을 보다 성숙된 모습으로 가꿀 수 있기 때문입니다.

성관계와 헤어짐

연희양 말 중에 성관계 후에 내가 너무 매달려서 헤어지게 된 것은 아닌가 하고, 후회하는 마음을 엿볼 수 있는데요. 또 남자친구가 성관계를 원했지만, 성관계 후에 나를 부담스러워한 것은 아닌가 싶기도 하구요. 사람들은 사랑하는 사람을 잃고 나면 그렇게 된 원인을 자신에게서 찾으려고 하는 것을 봅니다. 그런데 헤어지게 되는 것은 꼭 어느 한 쪽이 잘못했다고 규정짓기는 어려운 문제입니다. 왜냐하면 대인관계는 모두가 상호작용으로 이루어지기 때문입니다.

성관계 경험 때문에 다른 이성을 만나기를 꺼리는 마음도 가지고 있군요. 청소년기의 성관계는 아직 성인으로서의 자율적 결정이나 결정에 의한 행동에 책임을 질 수 없기 때문에 하지 않는 것이 바람직합니다. 하지만 성관계 경험을 했다고 해서 다른 이성에게 내게 죄책감을 가지는 것도 문제가 되지요. 성관계 경험과 이후의 이성교제 문제는 분리시켜 보기 바랍니다. 많은 경우에 성관계 경험을 가진 청소년들은 다시 이성교제를 하여도 성관계를 시도합니다. 따라서 현재처럼 이성교제를 멀리하는 것도 당분간을 바람직할 수 있어요.

상담 종결

어서 어려운 시기를 극복하고 보다 멋진 모습으로 성장해갈 수 있기를 바랍니다.

3-2-2-2. 성에 관한 상상은 나쁜 건가요? (이진아, 여, 고)

성고민 및 문제

저는 여고 2학년입니다. 제가 중 3 때 가출을 계기로 노는 친구들과 어울려서 남자친구를 사귀었습니다. 그런데 정말이지 남자를 사귄다는 것이 제가 기대한 것이랑은 너무도 다른 것을 깨닫고, 스스로 집으로 되돌아와서 다시 공부를 시작해서 고등학교를 진학하게 되었죠. 하지만 아직도 그 후유증이라고 할까요. 사실 그때 만난 남자애에게 제 순결을 주었어요. 지금은 후회가 돼요. 그 남자애에 대해서 내가 별다른 감정도 갖고 있지 않음을 느꼈고, 그 애조차 나를 그냥 즐기는 상대로 생각했을 뿐이니까요. 그런데 몇 번 성관계를 가진 후에는 자꾸 성관계에 대한 생각이 나고, 어쩔 때는 구체적으로 성관계를 갖는 상상까지 해보게 됩니다. 그런 상상을 하는 제 자신이 추해 보이기도 합니다.

상담자 답변

내담자 맞아들이기

안녕하세요? 진아양, 가출을 할 정도로 많이 힘들었을 텐데 그래도 다시 돌아와 열심히 살아가고 있는 모습이 장하군요.

성적 상상

그런데 성관계를 가진 후에 성적인 상상들이 자꾸 생각나니까 그런 자신이 불결하게 느껴지나 봐요. 자꾸 성적인 상상들을 하게 되는 것은 남자경험이 있는 여학생들에게 흔한 일입니다. 대부분 여학생들의 성적 상상은 아주 로맨틱한 분위기에 백마를 탄 남자를 기다리는 소설 같은 내용을 많이 그리게 됩니다. 하지만 성관계를 하고 난 후에는 그 경험은 나름대로 머릿속에 크게 남아 있으면서 성적인 욕구가 생길 때 더욱 생생하게 구체적인 성행위의 장면을 상상하게 된답니다. 직접적인 성관계의 경험이 없더라도 매체를 통해 성관계 장면을 많이 접하거나, 소설 속에서 성관계에 관한 묘사를 많이 접한 경우에도 신체적 성행위에 대한 상상을 많이 하게 됩니다.

대부분의 사람들은 일생 동안 적어도 한 번 이상의 성행위에 대한 상상을 합니다. 상상이란 현실에서 이루어질 수 없는 것을 마음속에 그려봄으로써 간접 체험을 하는 것입니다. 특히 성적인 관계에 있어 자유스럽지 못한 청소년의 경우 그럴 것입니다. 성적 상상은 사람들마나 다양하게 경험할 수 있으며, 실제로 하고 싶은 행동일 수도 있습니다. 실제로 성행위를 했을 때 몹시 당황스럽고 부끄럽다고 생각되는 부분들까지도 상상할 수 있습니다.

이러한 성적 상상을 하고 난 후에 기분이 좋다고 하는 학생도 있고 꺼림칙하고 죄의식을 느끼는 경우도 있습니다. 진아양, 성적인 상상은 남녀 모두에게 있을 수 있는 자연스런 현상이라고 받아들이면 좋겠군요. 그래서 이런 상상을 하게 되는 자신을 비하하고 추하게 생각할 필요는 없다고 봅니다.

상담 종결

인간은 누구나 하루에도 여러 번씩, 잠자는 시간을 제외하고 대부분의 시간을 상상이나 여러 가지 생각들을 머릿속에 떠올리며 지냅니다. 성적 상상은 자연스러운 현상이라고 생각하시고 마음을 편하게 가지세요. 그리고 과거의 경험으로 인해 죄책감이나 자책은 하지 마시구요.

주제 3. 성충동과 자위행위

3-3-1. 이론강의

1. 청소년들의 자위행위 실태

서울시내 중, 고등학교 2학년생 2,297명을 대상으로 한 청소년성문화실태조사(아하청소년성문화센타, 2013)에 따르면 청소년들의 성욕구와 성충동 실태에서 남녀 차이가 있었다.

- 자위행위 경험 유무: 전체 남녀 청소년 39.6%가 자위행위 '경험있다' 고 응답하였다. 성별로 보면 남자 청소년의 경우 71.5%(408명)가 자위행위경험이 있는 반면 여자 청소년의 경우 8.2%(468명)가 자위행위 경험이 있다.

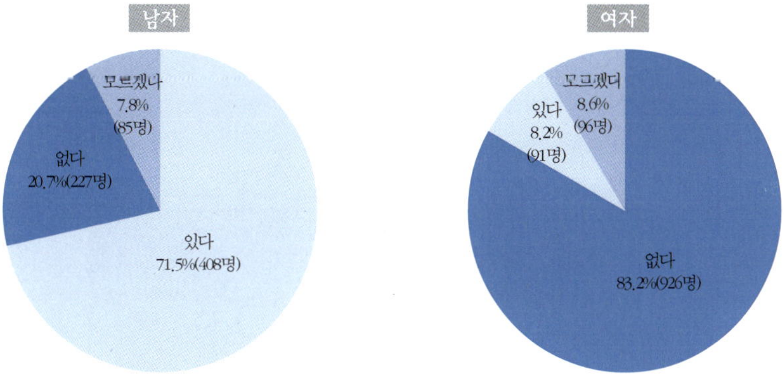

그림 3-5 자위 경험 유무

- 자위행위 계기: 남여 전체에서 자위행위의 계기는 '야한 것을 볼 때' 가 34.2%로 가장 많았다. 성별을 구분하여 보면, 남자 청소년의 경우 자위행위의 계기가 '야한 것을 볼 때' (56.8%), '이유없다' (12.6%)의 순으로 나타났다. 여자 청소년의 경우 자위행위를 '해본 적이 없다' (82.5%)가 가장 많고, 그 다음으로 '야한 것을 볼 때' (7.4%), '이유없다' (5.4%)의 순으로 나타났다.

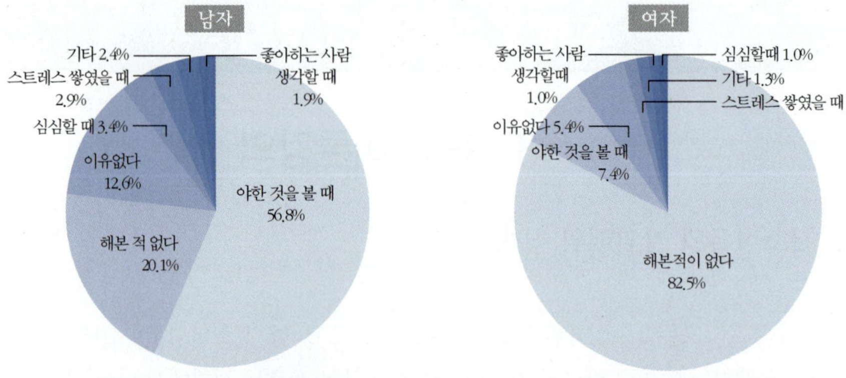

그림 3-6 자위를 하는 계기

- 자위행위 횟수: 전체에서 볼 때 자위행위 유경험자 중에서 자위행위 횟수는 '주 2~3회'(16.3%)가 가장 많고, '월 1~2회'(15.0%)가 그 뒤를 이었다. 성별로 보면 남자 청소년의 경우 '주 2~3회'(25.9%)가 가장 많고, '월 1회'(22.4)로 많았다. 반면에 여자 청소년의 경우 '한 적이 없다'(80.0%)가 가장 많고, '월 1~2회'(6.3%)가 가장 많고, '주 2~3회'와 '매일'의 경우가 4.9%로 그 다음으로 많았다.

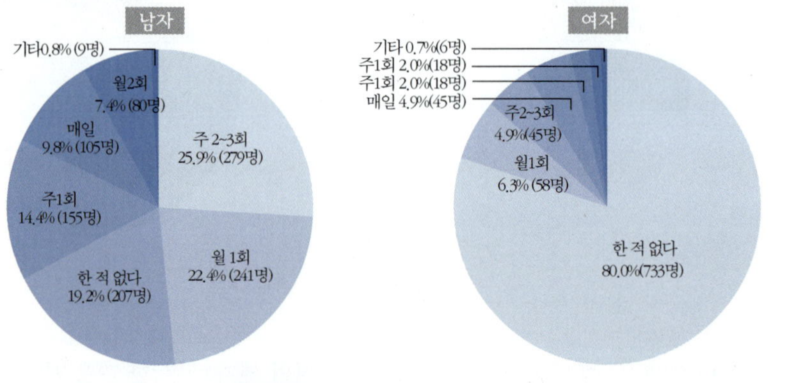

그림 3-7 자위 빈도

2. 성충동과 자위행위

(1) 자위행위란?

자신의 성기관이나 음핵을 인위적으로 자극함으로써 성적인 쾌감을 느끼는 것이다. masturbation은 라틴어의 'masturbare'로부터 유래되었으며 '손을 더럽힌다', '손으로 오염시킨다'의 의미를 지닌다(윤가현, 1991).

(2) 자위행위의 역할

자위행위는 육체적인 쾌감을 주기도 하지만, 정신적으로 성적인 긴장을 풀어주는 역할을 한다(홍성묵, 1999). 남성들은 일반적으로 성에 관한 생각을 늘 하고 지낸다. 때문에 이러한 생각이 해소되지 못하고 누적되면 성적으로 극단적인 긴장상태에 이르게 된다. 이러한 성적인 긴장은 어떠한 방법으로든지 풀어주어야 한다. 따라서 자위행위는 이러한 긴장을 풀어주는 생물학적으로도 자연스러운 성행위로 간주된다. 남성의 음낭과 전립선에서는 매일 수백만의 새로운 정자와 정액이 생산되고 있다. 이들을 정기적으로 분출해 내지 않으면 새롭게 생산되는 정자, 정액이 존재할 공간이 없어진다. 이를 해결하기 위한 자연적인 현상으로 남성들이 흔히 경험하는 몽정을 들 수 있다. 즉 밤에 잠을 자다가 자신의 의지와는 상관없이 사정하는 경우이다.

(3) 남녀의 자위행위

남자는 자위행위의 쾌감을 우연히 발견하여 음경을 자극하고 보통 사정으로 이어진다. 보통 정자가 생성되기 전까지는 자위행위나 사정을 경험하지 않으며, 따라서 사춘기경에 자위를 시작한다. 자위행위 여부와 빈도 등은 개인차이가 크다.

여자는 음핵을 자극하거나 질 안에 남성의 성기 모양과 비슷한 물건을 삽입하여 자극함으로써 자위행위를 한다. 보통 사춘기에 시작하며 평생 계속되는 경우도 있다. 일반적으로 남성에 비해 빈도나 횟수가 적다. 남성과 마찬가지로 여성도 결혼여부와 상관없이 개인에 따라 자위행위를 계속한다.

사정
남자 성기에 주어진 자극으로 성적 흥분이 극도에 달했을 때 척수의 사정 중추로부터의 반사로 정액 분출하는 현상

질
직장의 앞과 요도, 방광의 뒤쪽에 있는 9~10cm의 관

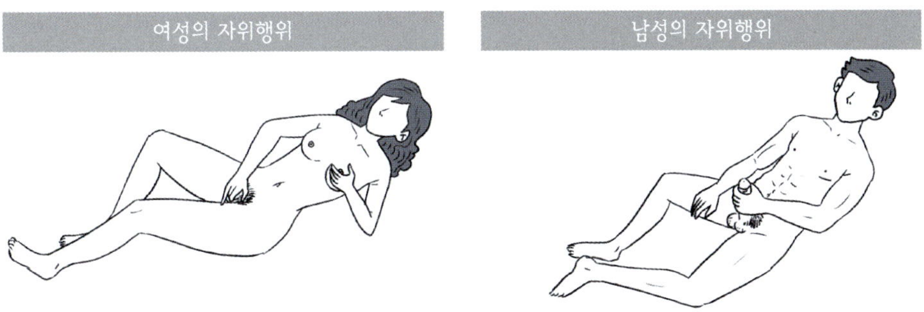

그림 3-8 남녀의 지위행위

(4) 청소년기의 정상적인 자위행위 빈도

자위행위로 인해 쾌감을 얻을 수 있다는 사실이 처음으로 발견된 후 대부분의 소년들은 아주 많은 횟수의 자위행위를 한다(홍성묵, 1999). 13~14세의 소년들은 하루에 3~4회 또는 6회까지, 성인의 경우는 하루에 17회나 자위행위를 했다는 기록이 있다. '하루에 몇 번

음핵
외음부의 상단, 요도 위에 위치하는 원통형 기관(남성의 음경에 해당)

을 하는 것이 정상이냐?' 라는 질문에 대한 획일적인 정답은 존재하지 않는다. 각자가 적절하다고 생각하는 횟수만큼 할 수 있겠으나 너무 많이 할 경우 피로감이 느껴지고, 성기의 외피가 지나치게 자극을 받아 통증을 느끼게 된다. 그리고 사정액이 완전히 소모되어 때로는 핏기가 섞인 정액이 배출되기도 한다. 이러한 증상이 나타나지 않을 정도로 정신적 또는 육체적인 성적 긴장을 충분히 풀 수 있을 만큼의 빈도로 해주면 된다. 단, 자위행위가 하나의 강박행위로 발전되지 않도록 노력해야 한다. 이렇게 되면 이성 간의 정상적인 성관계를 회피하게 되며, 성적인 쾌락을 위해 자위행위에 집착하게 되므로, 결혼 후 부부관계에 이상을 초래하게 된다. 참고로 외국의 경우 고등학생이나 대학생의 경우 2~3일에 한 번 정도, 성인은 일주일에 한두 번, 그리고 극소수의 사람들은 전혀 자위행위를 하지 않는 사람들도 있다(홍성묵, 1999).

참고자료

■ 성인 남녀의 자위행위의 빈도

미국의 경우 자위행위에 관한 최초의 통계는 킨제이 박사에 의해 보고되었다. 그에 의하면 여성의 경우 12세가 되면 12%, 남성의 경우 21%가 자위행위를 하며, 20세가 되면 여성은 33%, 50세까지는 58%, 남성은 20세에 이미 92%가 자위행위를 한다고 한다. 킨제이 보고서가 출판된 지 30년 후인 1970년대 Hunt의 보고서에 의하면, 특히 여성들의 자위행위 비율이 증가하여 18~24세 여성의 60%가, 30대 초반에 이르면 전 여성의 80%가 자위행위를 한다. 또한 보다 최근의 Hite(1987)의 보고서에 의하면 3천 명을 대상으로 조사한 미국 여성의 82%가 자위행위를 하며, 그중 96%는 오르가슴을 느낀다고 한다.

Q 여성은 자위행위를 하지 않는가?

☞ 남성에 비해 여성의 자위행위 빈도는 낮은 것으로 알려져 있고, 여성이 자위행위를 하지 않는다는 사회적 통념은 실제 잘못된 것이다. 그러나 어떤 여성은 일생 동안 자위행위를 전혀 하지 않기도 한다.

Q 결혼 후에도 자위행위를 하는 것은 성생활의 불만족 때문인가?

☞ 그렇지 않다. 사람들은 흔히 성교를 하지 않는 남자들만이 자위행위를 한다고 생각하지만 실제 남자들은 결혼생활과 상관없이 자위행위를 하고 있는 것으로 알려져 있다(홍성묵, 1999).

(5) 건강한 몸을 유지하기 위한 자위행위 방법

자위행위를 할 때 건강한 몸을 유지하기 위한 에티켓이 있다. 남녀를 막론하고 손가락을 이용한 성기 마찰이 가장 보편적인 자위행위 방법이므로 청결이 무엇보다 중요하다. 또한 기구를 이용할 경우 음경이나 질이 다칠 수가 있으므로 다음과 같은 주의 사항이 요구된다 (서울 YMCA, 1999).

① 자위행위를 하기 전에 손을 깨끗이 씻는다.
② 남이 보지 않게 혼자서 한다.
③ 자위행위 후 깨끗이 뒤처리를 잘한다.
④ 기구나 물건, 이물질을 사용하지 않도록 한다.

(6) 성충동에 대한 바람직한 대처와 해소방안

성충동을 느낄 때 죄책감, 수치심, 공포심, 당장 그만두지 않으면 큰일 날 것만 같은 강박관념을 가질 필요는 없으나, 아무런 생각 없이 본능대로 행동하는 것도 좋지 않다. 자위행위를 경험하는 것은 자연스런 현상이지만, 자위행위의 정도가 지나쳐 신체에 이상이 오거나 정상적인 생활에 지장이 있어서는 안 된다. 자위행위에 대한 어느 정도의 죄책감과 수치심은 자연스러운 현상이다. 그러나 자위행위를 비정상적인 성행위를 한 것처럼 너무 민감하게 반응하며, 도덕적 타락감, 죄책감 등에 사로잡히기도 한다. 반면에 자위행위에 탐닉하면 정상적인 성행위에 거부감을 가지게 되는 등 문제가 생길 수도 있다(서울특별시 교육청, 1998).

따라서 성 충동을 느낄 때 다음과 같은 방법으로 성충동에 대처하는 것이 필요하다.

① 성적 충동을 주는 매체(예를 들면, 음란매체)를 되도록 멀리한다.

② 고민에 대해서는 주위 사람들과 대화를 통해서 해결한다.

③ 운동, 예술과 같은 활동을 통해 성적 욕구를 전환한다.

④ 성욕구를 자제하기 힘들 때 자위행위를 통해 배출한다.

⑤ 성적 공상을 한다. 일반 여성에 대해 느끼는 성충동이나 성욕은 성적 공상으로 성적인 긴장이나 욕구를 배출시킨다.

3-3-2. 상담사례

3-3-2-1. 성기가 휘었는데, 자위 때문인가요? (김철수, 남, 대)

성고민 및 문제

대학교 1학년의 남학생입니다. 제 성기가 휘었습니다. 그냥은 잘 모르겠는데 발기를 하면 심한 것 같은데 자위행위를 너무 많이 해서 그런 것 같아요. 어떻게 하면 좋지요?

상담자 답변

내담자 맞아들이기

철수씨, 성기가 휘어서 많이 걱정을 하고 있다구요. 자신의 신체, 특히 성기와 관련해서는 나른 어떤 신체부위보다도 신경이 많이 가고 혹시 이떤 이상이 있는 것은 아닐까 하어 고민을 하게 되지요.

정상적인 경우

인체는 대개 좌우 대칭 구도를 취하지요. 즉 두 개가 한 쌍을 이룹니다. 눈, 귀, 팔과 다리가 한 쌍씩 쌍을 지어 좌우 대칭 구조를 이루고 있다는 것을 보면 알 수 있지요. 한 개씩만 존재하는 코, 입, 생식기는 가운데에 놓여 있구요. 페니스도 직선 대칭 구조를 취하고 있습니다. 발기되면 이 대칭성과 직선형이 더욱 뚜렷해지는데, 심하지 않은 정도로 휜 것이라면 정상이라 할 수 있습니다. 왼쪽 눈과 오른쪽 눈이 완전히 똑같은 것이 아니듯 말이에요.

문제가 되는 경우

하지만 걱정하는 것처럼 문제가 되는 경우를 바나나 페니스(페로니씨 병; Peyronie's disease)라 하는데, 발기된 페니스가 바나나처럼 휘어지는 것을 말하지요. 그 형태는 상하 좌우 어느 방향이라도 굽어질 수 있고 그 정도도 매우 다양합니다. 이와 같은 바나나 페니스는 균등한 팽창성의 결함에서 비롯됩니다. 이와 같은 좌우대칭과 직선형이 무너져 발기된 페니스가 어느 한쪽으로 굽어지면 그것이 기능상의 장애가 없다고 하더라도 심리적인 부담을 느껴 성기능 장애를 초래하기도 합니다.

비니니 페니스의 원인은 격렬한 성교나 자위행위를 들 수 있습니다. 바나나 페니스의 가장 많은 원인은 성교 도중에 받을 수 있는 페니스의 굴곡 손상을 들 수 있고, 선천성 원인도 있습니다.

상담 종결

철수씨, 많이 걱정이 되신다면 병원을 찾아 전문의와 상의하시는 것이 좋을 듯합니다. 또 본인이 자위 때문이 아닐까 하는 정도로 자위 횟수가 많다면, 자위 외의 여러 활동에 참여하고 혼자 있는 시간을 줄이는 것도 바람직하겠지요.

3-3-2-2. 자위를 하면 수치심이 들어 잠이 안 와요. (김지혜, 여, 고)

성고민 및 문제

안녕하세요. 저는 고 1의 여학생입니다. 중학교 3학년 무렵부터 자위를 해 왔습니다. 처음엔 그냥 야한 소설책에 방법이 나와 있길래 호기심으로 했는데, 한 번 하고 나니 뗄 수가 없습니다. 성적은 전교 5등 이내로 매우 우수한 편이었는데, 자위를 하고 나서부터는 공부를 할 때 정신 집중이 잘 되지 않고, 자위를 하는 제 자신이 너무 싫어요. 아마 그래서인지 성적이 20등이나 떨어졌습니다. 자위는 남자애들이나 하는 것인 줄 알았는데, 여자인 제가 하게 되다니 너무 동물적인 모습에 수치심을 느껴 잠이 오지 않습니다. 학교에 가도 저만 이상한 아이인 것 같고, 저만 순결하지 않은 느낌이 듭니다.

상담자 답변

내담자 맞아들이기

한창 공부에 집중해야 되는데, 자위 때문에 성적도 떨어지고 수치심까지 드니까 어떻게 해야 될지 갈피를 잡지 못하고 있군요. 또 남자애들이나 한다고 생각한 자위를 하게 되니 자신이 너무 동물적이고 순결하지 못한 것 같아서 한심하게 느껴지기도 하구요.

자위

자위행위는 남녀 공동으로 사춘기에 성에 눈을 뜨므로 일어날 수 있는 자연스런 현상이라고 볼 수 있습니다. 지혜양은 자위를 하는 자신의 모습이 동물적이라서 받아들이기 힘들다구요. 인간은 고귀하면서도 한편으로는 쾌락을 즐기는 면과 동물적인 본성을 다 가지고 있으며, 어느 하나가 더 나쁘다고 판단할 수 없습니다.

또 지혜양은 자위행위를 하는 자신이 순결하지 않은 것 같아서 속이 많이 상했나 봐요. 그러나 자위행위는 결혼 전에 순결을 잃지 않고 자신의 성욕을 해소시킬 수 있는 자연스런 생리 현상입니다. 이것은 우리 친구가 성에 대해서 눈을 뜨는 시초가 되는 것이지 순결과는 연결시키지 않았으면 합니다.

여성의 자위행위

여성의 자위행위은 성행위의 일부분으로 인식하고 있는 것이 현실입니다. 이처럼 자위는 극도의 피로감을 느끼지 않을 정도로 한다면 의학적으로 해가 되지 않습니다. 그러나 여성의 경우 기구를 사용하거나 심하게 질을 비롯한 여성 생식기를 접촉하는 것을 삼가기를 바랍니다. 왜냐면 여성은 남성과 달리 외부의 균에 많이 노출되어 있으므로 질염을 비롯한 질환에 감염되기 쉬우므로 조심하여야 합니다. 그리고 항상 손은 깨끗하게 씻고, 자위를 한 후에는 뒤 끝을 씻어야 합니다.

자위행위의 부정적 영향

자위는 쾌감을 동반하기에 중독되기 쉽다는 점에 유의해야 합니다. 중독되면 자제하기 힘들어지지요. 자위를 자주하게 되면 피곤을 자주 느끼고 힘이 없어집니다. 그리고 정신적으로는 죄책감과 자기비하에 빠지기 쉬우므로 해가 될 수도 있습니다. 그러므로 자위행위의 횟수가 너무 빈번하다고 생각되면 운동이나 취미활동에 정신을 집중해서 성 에너지를 좀 더 생산적이고 창조적인 활동에 쏟아부을 수 있도록 스스로의 관리와 조절능력을 갖추는 것이 중요합니다. 그리고 지혜양의 경우는 자위행위 때문에 성적이 많이 떨어졌다고 했는데 그럴 수도 있어요. 수치심과 자기비하로 온통 복잡하다면 공부에 집중하기가 어렵죠. 그러므로 이런 생각들에 너무 치우치지 말고 공부하는 데 에너지를 쏟다 보면 성적도 자연히 올라가고 이런 생각이 들 여유도 없을 겁니다.

상담 종결

만약 자위를 하는 자신에 대해 계속적으로 수치심을 갖고 자학만 한다면 공부해야 할 에너지를 빼앗겨 성적도 올리기 더욱 힘들겠죠. 그러므로 자신에게도 이런 모습이 있음을 먼저 받아들인다면 아마 거기에 대해서 그렇게 집착하지 않게 될 것이고, 공부나 다른 일에 집중할 수 있으리라 봅니다.

학•습•정•리

✲ 주제 1 청소년기 성욕구와 성충동

- **성욕구란** 이성에 대한 관심과 더불어 이성과 사귀고 싶어 하는 것, 더 나아가 육체적으로 접촉하고 싶은 욕구들을 포함한다.
- **인간의 성욕구는** 신생아 때부터 대뇌에 프로그램화된 것이 청소년기에는 성호르몬의 직접적인 작용으로 성욕구가 행동으로 더 자주 표출된다.
- 동물에 비해 인간은 성욕구를 억제하는 대뇌통제 중추(신피질)가 더 발달되어 있는 것이 특징이다. 흔히 성욕구는 참을 수 없는 본능으로 알려져 있지만 실제 대뇌 신피질의 작용으로 억제할 수 있는 기능을 인간은 갖고 있다.
- 인간에게서 **가장 중요한 성기관**은 **대뇌**이다. 왜냐하면 성적인 욕구를 지각하고 연상작용, 성호르몬의 분비, 음경발기 및 오르가슴을 느끼는 데에는 대뇌의 작용이 필수이기 때문이다.

✲ 주제 2 성욕구의 남녀 차이

- 남성이 여성에 비해 성욕구가 더 강한 것으로 알려져 있지만 사실이 아니다. 남성과 여성의 성욕구의 차이는 없지만 성욕구가 강하게 나타나는 시기가 다를 뿐이다. 청소년기에는 남성의 성욕이 최고조에 달하는 시기이지만 여성은 30대 그 이후에 최고조에 달한다. 또한 남성이 여성에 비해 성욕구가 강한 것으로 보여지는 것은 사회문화적으로 여성들에 비해 남성들은 성적 욕구의 표현에 대해 허용적이기 때문이다.
- 성욕구의 진행과정에서 남녀 성차가 있다. **남성**은 특정 성적 자극을 받으면 성호르몬이 뇌로 전달된 후 성교에 대한 욕구가 빠르게 진행되며, 여성에 비해 감정적 애착이 없는 낯선 사람과의 성적 환상이 빈번하다. 반면 **여성**은 성욕을 느끼기 위해서는 성호르몬이 뇌로 전달된 후, 이를 통해 이성에 관심이 먼저 나타나고 그 이후 성접촉의 욕구를 느낀다.

✲ 주제 3 성충동과 자위행위

- **자위행위의 빈도**는 보통 남자가 여자에 비해 더 자주, 빈번한 것으로 알려져 있다. 그러나 남녀의 차이가 있지만, 남녀 내의 개인차가 있어 경우에 따라서는 일생 동안 자위행위를 하지 않는 사람도 있고 또한 여자라 할지라도 자위를 남성보다 더 많이 하는 경우도 있다.
- **성적 욕구의 바람직한 해소방안**으로는 성적 충동을 주는 매체를 멀리하거나, 성욕구에 대해 주변사람들과 대화를 통해 해결하거나, 운동 등을 통해 성적 욕구를 전환하는 등의 방법이 있다.

학•습•평•가

※ 아래의 각 문항 내용이 옳다고 생각하면 O표, 틀리다고 생각하면 X표를 적으시오.

1. 성적인 욕구는 본능 중의 하나로 의지로 조절할 수 없다. ( )
2. 성욕을 느끼게 하는 최고의 성기관은 두뇌이다. ( )
3. 성욕은 남자냐 여자냐에 따라 차이가 있다. ( )
4. 자위행위는 나쁜 것이다. ( )
5. 빈번한 자위행위는 어른이 되어서 성 생활을 방해한다. ( )
6. 자위행위는 운동능력에 지장을 준다. ( )
7. 여자는 자위행위를 하지 않는다. ( )
8. 자위행위를 많이 하면 정자가 나오지 않는다. ( )
9. 신생아도 성욕을 느낄 수 있다. ( )
10. 남자는 보통 정자가 생성되기 전까지는 자위행위나 사정을 경험하지 않는다. ( )
11. 성관계는 성충동을 느낄 때 누구나 언제든지 가질 수 있는 개인적인 경험이다. ( )
12. 자위를 많이 하면 키가 크지 않는다. ( )
13. 여자가 성충동을 느끼는 것은 부끄러운 일이다. ( )
14. 남자는 청소년기에 성욕이 최고조에 달한다. ( )
15. 여자는 남자에 비해 일반적으로 이성에 대한 접근이나 접촉욕구를 느낀 후 성교욕구를 느낀다. ( )
16. 성욕을 주관하는 뇌는 구피질이다. ( )
17. 청소년들이 음란물을 보고 싶어 하는 것 또한 성욕구의 한 표현이다. ( )

※ 다음 질문에 대해 알맞은 답을 고르시오.

18. 성충동에 대처하는 방법으로 적절치 않은 것은? ( )
    ① 음란매체를 멀리한다.
    ② 성충동을 자제하기 힘들 때 자위행위를 통해 배출한다.
    ③ 성적 공상을 한다.
    ④ 고민을 혼자서 곰곰이 생각해 본다.

☜ 정답은 p.378에서 확인하세요.

4장 성건강

사춘기의 청소년들은 성적발달이 이루어짐에 따라 일상생활에서 남녀 성건강을 유지하기 위해 위생관리를 위해 지켜야 할 사항들이 있다. 이를 위해 남자들의 경우 생식기의 위생관리를 위해 포경수술의 문제를 다루어, 일상에서의 생식기의 위생관리의 절차와 위생관리 방법을 지도하는 데 그 목적이 있다. 여자들의 경우에는 생식기 위생관리를 위해 생리 중 건강과 위생관리의 방법과 일상에서의 위생관리의 방법을 지도하는 데 그 목적이 있다.

또한 이 장에서는 성인성 질환(성병) 중에서도 임질, 매독, 질염의 원인, 증상, 감염경로, 최근 문제가 되고 있는 에이즈에 대한 원인, 감염경로, 증상 등에 대해서도 간략히 다루고자 하였고, 이를 통해 청소년들이 성인성 질환과 에이즈에 대한 이해를 돕고 이런 질환으로부터 성건강을 유지하기 위한 방안을 지도하고자 하였다.

● 학습내용

- 주제 1 : 일상에서의 남녀 생식기 위생
- 주제 2 : 성인성 질환
- 주제 3 : 에이즈

● 학습목표

1. 생식기 위생의 필요성을 이해한다.
2. 포경수술이 갖는 의미와 필요성을 이해한다.
3. 생식기 위생의 방법을 개인의 일상생활에 적용한다.
4. 성인성 질환(성병)의 조기치료 중요성을 설명할 수 있다.
5. 성인성 질환(성병)의 종류와 치료방법, 예방법을 설명할 수 있다.
6. 에이즈의 감염경로와 예방법을 설명할 수 있다.

주제 1. 일상에서의 남녀 생식기 위생

4-1-1. 이론강의

포경수술
음경의 귀두를 덮고 있는 포피를 제거하는 간단한 수술. 종교적으로나 위생적인 이유로 많이 시행되는 수술이다.

귀두
둥그렇고 원기둥인 음경의 머리에 해당되는 부분을 말한다.

1. 남성 생식기 위생

(1) 생식기 위생과 포경수술

Q 포경수술은 꼭 해야만 하는가?

☞ 모든 남성이 모두 할 필요는 없다.

- 포경수술과 문화 : 포경수술은 문화에 따라서는 꼭 해야 하는 나라도 있고, 그렇지 않은 나라도 있다. 포경수술에 대한 찬성과 반대에 관한 다양한 의견이 있으나, 오늘날 일반적으로 성기의 위생관리의 측면 등에서 포경수술을 찬성하는 의견도 있지만, 목욕문화가 발달되어 있는 오늘날 위생관리는 하기 나름이라고 보기 때문에 반대하는 의견도 제기되고 있다. 최근에는 과거에 비해 포경수술을 꼭 해야 한다 혹은 말아야 한다는 절대적 기준은 없다.
- 한국 고교생의 포경수술 실태: 현재 우리나라 고교생의 포경수술률이 90%에 달하고 있고 대다수의 남성들이 포경수술을 당연히 해야 하는 것으로 받아들이고 있어 포경수술에 대한 바른 이해와 가치 정립이 요구된다.

① 포경수술이란?

Q 포경수술은 어떻게 하는가?

☞ **포경수술**: 남자 음경(성기)의 포피가 귀두를 덮고 있는데 이 포피를 제거하고 음경 귀두를 노출시키는 수술이라 한다.

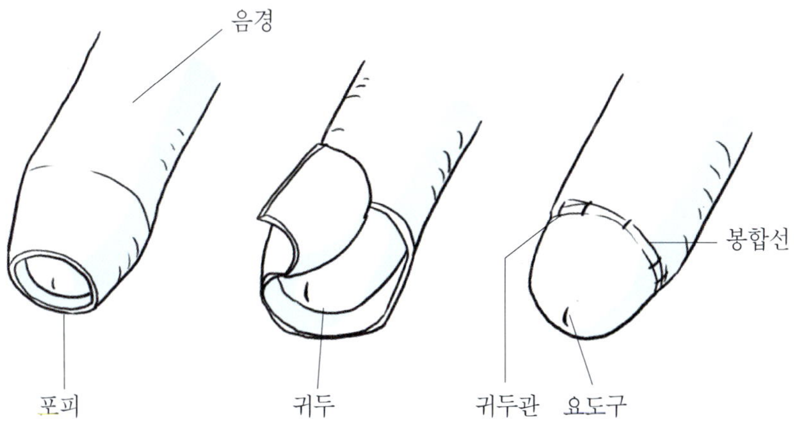

그림 4-1 포경수술

② 포경수술은 어떤 경우에 하는 것이 좋은가?

> **Q** 포경수술은 어떤 경우에 하는 것이 좋은가?
>
> ☞ 진성포경의 경우에만 하는 것이 좋다.

남성의 성기는 외피가 귀두를 덮고 있는 정도에 따라, 가성포경과 진성포경으로 나뉜다. **가성포경**이란, 포피가 귀두를 덮고 있다가 발기하거나 손으로 잡아당기면 귀두가 노출되는 경우이다. 이 경우는 반드시 수술을 할 필요는 없다. 하지만 '스미그마' 라고 하는 독특한 분비물이 그 부위에 누적되어 불쾌한 냄새를 풍기거나 가려움증을 일으킬 수 있으므로 가끔 포피를 벗기고 미지근한 물에 비누로 귀두부를 깨끗이 씻어 주어야 한다. 가성포경의 경우 대부분의 비뇨기과 의사들은 반드시 수술할 필요는 없다고 주장하지만, 포경수술을 찬성하는 의사들은 포경수술을 하지 않을 경우 음경에 세균이 번식하기 쉬워 암 및 각종 질병에 걸릴 우려가 많으므로 깨끗이 씻어 줘야 하고, 포경 수술을 하면 씻기가 수월하다는 이유로 적극 찬성하고 있다.

진성포경이란, 포피가 귀두를 완전히 감싸고 있어서 발기가 되어도 포피가 당겨지지 않아 귀두부가 나오지 않는 경우이다. 이럴 경우 포피가 꽉 조이고 있으면 성기의 발육과 성교 시에 지장을 초래할 뿐 아니라 소변볼 때 소변이 거꾸로 흘러들어 신장에 장애가 생기기도 하고, 치구가 귀두에 고여 염증을 일으키기 때문에 포경수술을 해 줄 필요가 있다. 진성포경은 전체 남성의 1% 내외인 것으로 알려져 있고, 오늘날 진성포경의 경우 포경수술을 해야 한다는 견해가 지배적이다.

③ 포경수술에 대한 찬반 양론

포경수술을 반드시 해야 하느냐에 대해 학자에 따라 찬반 양론이 제기되고 있지만 최근의 자료를 보면 모든 남성이 다 포경수술을 할 필요가 없다는 의견이 지지받고 있다. 아래의 홍혜걸 의사(중앙일보, 2000년 11월 20일자, 사회면)가 쓴 기사를 보면 포경수술에 관한 최근 견해를 더 잘 이해할 수 있다.

참고자료

● **"포경수술=남성 학대"** 포경수술을 반대해온 국내 인사들이 국제 포경수술정보기구(NOCIRC)에 의해 인권상 수상자로 선정됐다. 수상자는 서울대 물리학과 김대식 교수, 중앙대 의대 김세철 교수, 바이오 벤처기업 젠딕스의 방명걸 대표이사가 12월 7일 인권상을 받는다고 발표했다. 이들은 한국의 비정상적인 포경수술 실태를 국제학회에 보고하고 인터넷 웹사이트(www.pop119.com)의 개설과 초, 중, 고교 교사 대상 강좌를 통해 올바른 포경수술 정보를 알린 공로를 인정받았다.....김세철 교수는 "국내 포경수술자의 비율은 20대 남성의 85%, 남자 고교생의 90%로 세계에서 가장 높다"며 "포경수술이 성생활을 증진시키거나 에이즈나 자궁경부암을 예방한다는 것은 잘못된 상식"이라고 강조했다.

일본과 유럽은 포경수술할 비율이 2% 내외며 포경수술이 일반화된 미국도 최근 50%로 현저히 떨어졌다. 의학적으로 수술이 필요한 포경이란 귀두를 덮고 있는 포피가 뒤로 젖혀지지 않은 상태로, 이는 전체 남성의 1%에 불과하다. 단순히 포피가 길어 귀두를 덮고 있는 것은 포경이 아니다. 김세철 교수는 "포피는 성감 증진을 위해서도 매우 긴요한 부위로 이를 인위적으로 잘라내는 것은 일종의 성기 학대"라며 "신생아부터 무조건 포경수술을 시키는 학부모는 물론 진료수익의 차원에서 포경수술을 남발해온 일부 비뇨기과 의사들도 각성해야 한다"고 촉구했다. 나이들어 귀두를 덮고 있는 포피가 없으면 오히려 성적 자극에 둔감해져 발기부전이 유발될 수 있으며 신생아 때 받은 포경수술의 고통이 정신적 충격으로 작용한다는 연구결과도 많다는 것이다.

신생아 포경수술에 대해선 전문가 사이에서도 반대의견이 우세하다. 그러나 성기가 충분히 자란 청소년 시기에 귀두를 완전히 덮고 있는 포경에 대해선 결론이 명확치 않다. 선릉탑 비뇨기과 하태준 원장은 "포피가 귀두를 완전히 덮고 있는 경우 포피가 뒤로 젖혀진다 하더라도 깨끗이 씻기 어려워 포피 분비물로 인한 세균 감염 등이 생길 수 있다."고 말했다. 포경수술을 통해 음경암이 줄어든다는 사실도 학계의 지지를 받고 있다. 하원장은 "현재처럼 천편일률적인 포경수술은 문제가 있지만 포경수술로 인한 이점도 있는 만큼 무조건 반대하는 것은 옳지 않다"고 주장했다.

♣ 포경수술의 쟁점별 찬반양론

▶ 성능력 증강 – 찬성: 조루 예방 효과
반대: 나이들어 성감 감소

▶ 암 예방 – 찬성: 음경암 예방
반대: 음경암, 자궁경부암 예방효과 불확실

▶ 위생관리 – 찬성: 청결관리에 유리
반대: 위생은 관리하기 나름

▶ 신생아 포경수술 – 찬성: 통증 못 느끼므로 해야
반대: 신생아도 통증 느끼나 호소 못할 뿐

– 중앙일보, 2000년 11월 20일자, 사회면, 홍혜걸 기자 · 의사–

Q 포경수술은 언제 하는 것이 좋은가?

☞ 청소년기 이후 스스로 포경수술이 필요하다는 판단을 할 수 있는 시기에 자신의 의지에 따라 하는 것이 바람직하다.

포경수술을 할 경우 언제 해야 하는가에 대해서도 다양한 의견이 있다. 성인이 된 후에 해야 한다는 주장도 있고, 어릴 때 하는 것이 좋다는 주장도 있다. 성치료 학자 홍성묵 박사(1999)는 성기의 성장 발육면에서 볼 때 어릴 때 하는 것이 나쁜 영향을 미치지 않는다고 주장한다. 그러나 한편으로 스스로 포경수술이 필요하다고 판단되는 청소년기 이후에 스스로 판단할 수 있는 시기에 자신의 의지에 따라 하는 것이 좋다.

한편 포경수술이 성기능을 증대시킨다는 이유로 모든 남성이 해야 한다는 주장도 있었으나, 요즈음은 포경수술을 받는 것이 병을 예방하고 개인의 성생활의 질을 향상시킨다는 의견은 과학적인 증거가 없으므로 종교상의 이유가 아니라면 굳이 수술을 시킬 필요가 없다는 주장도 있다(Nobile, 1986, 윤가현 1990년 재인용).

Q 여성도 포경수술을 하는가?

☞ 문화에 따라 하는 경우도 있다.

참고자료

■ 여성도 포경수술을 하나요?

과거부터 여성에게도 포경수술, 즉 할례를 실시하는 풍습이 존재했으며, 아프리카, 중동, 인도네시아, 말레이시아 등에서는 세계의 여러 곳에서, 여러 인종들 간에서 아직도 다양한 형태의 여성의 할례가 실시되고 있다. 할례를 하는 아프리카의 어떤 종족에서는 남성뿐만 아니라, 여성에게도 할례를 실시하는 풍습이 있었다.... 할례를 의학적인 정도에 따라 분류하면, 첫째, 음핵의 포피만 제거하는 포피제거술, 둘째, 음핵, 소음순, 그리고 대음순을 절제하는 음핵 절제술, 셋째, 음핵, 소음순, 대음순을 절제한 후에 양쪽 부위를 봉합하는 음부 봉쇄술 등이 있다(윤가현, 1990).

물론 남녀 간의 할례의 목적은 서로 다르다. **남성**들은 어머니로부터의 독립과 고통을 잘 참고 견뎌내는 것을 남성다움의 상징으로 여겨서 고통에 대한 인내심을 기르기 위해서 하는 것이었다. 반면에 여성의 경우, 문화권에 따라 다르지만 대체로 처녀성을 보존함으로써 결혼 계약에서 신부의 아버지는 신랑으로부터 여자의 생산노동의 권리 및 성에 대한 권리를 넘겨 주기 때문에, 할례는 신부의 처녀성을 증명하는 데 필수적인 요건이었다. 둘째, **여성**의 할례는 여성의 과다한 성적 욕망을 억제함으로써 성적인 욕망과 유혹에 빠질 가능성을 감소시킬 수 있다고 보기 때문이었다. 따라서 할례는 여성의 수동적 또는 수용적 역할을 강화시켜 주는 역할을 하기도 하였다. 셋째, 유아사망률이 높은 나라에서 모친이 성교를 가졌을 때 정액이 모친의 젖을 오염시켜 아기가 병들게 된다는 이유로, 모친이 성욕을 억제시키기 위해 음핵 주변을 절제해서 꿰매는 수술을 하였다.

할례
오늘날의 포경수술에 해당함. 남자뿐 아니라 여자에게도 할례를 실시하는 풍습은 문화에 따라 다양하게 존재함.

특히 이슬람 문화에서 여성을 단지 남성의 예속물로 간주한 채 마취나 소독도 없이 당연히 자행되는 포경수술로 인해 많은 소녀들이 성인이 되어도 소변을 제대로 보지 못하고, 평생을 고통받거나 죽어가고 있어서 전세계적으로 비난받고 있다. ... 실제 여성의 포경수술 목적이 성욕의 억제와 같은 여성에 대한 불평등적 관점에서 이루어진다는 점에서 비판되어야 마땅하다.

– 출처: 김혜원, 이해경(2001). 함께 풀어가는 성이야기. 교육인적자원부.

(2) 일상생활에서의 생식기 위생 방법

일상생활 면에서 볼 때 남성들은 소변 후 성기를 거의 닦지 않는다. 막 나온 소변은 세균에 감염되어 있지 않지만 마지막 서너 방울이 속옷에 묻게 되면, 바이러스에 곧 감염된다. 따라서 감염된 부분은 냄새가 나게 된다. 따라서 매일같이 속옷을 갈아 입는 것이 성기 위생상 중요하다. 오랜 기간 동안 여행을 떠나게 될 경우에는 속옷을 넉넉히 가져가야 하며, 화학섬유보다 면으로 된 속옷이 좋다. 그리고 가급적 자주 세탁하고 말리는 것이 좋다. 속옷에 묻은 소변방울이나 불결한 것들이 귀두 부분에 접촉해서 쌓이게 되면 귀두와 외피 사이에 찌꺼기가 쌓이게 된다. 매일 씻지 않고 그냥 놓아두면 몸에서 나온 지방까지 섞인 불순물로 인해 악취가 나게 된다. 실제 남성들이 생식기를 제대로 씻지 않은 상태에서 성관계를 할 경우 여성이 자궁암에 걸릴 확률이 높고, 질에서 냉이 생기는 한 원인이 된다(홍성묵, 1999).

따라서 포경수술을 하지 않은 남성은 특히 성기를 청결하게 유지하는 습관을 가져야 하며, 일반적으로 포경 수술을 했다 할지라도 항상 성기를 청결하게 유지하는 습관을 갖는 것이 좋다.

● 남성의 생식기 위생관리 방법

다음과 같은 요령으로 남성들이 자신의 성기를 깨끗이 관리하는 습관을 갖는 것이 필요하다(홍성묵, 1999).

① 손부터 세제로 깨끗이 씻는다.
② 귀찮아도 속옷이나 천으로 닦지 않는다. 천에서 나온 찌꺼기가 더 비위생적이다.
③ 비누를 많이 사용해서 따뜻한 물로 지방층을 우선 제거한다.
④ 향내가 나는 비누는 더 많은 세균을 유발할 수 있으므로 사용을 금한다.
⑤ 처음에 성기 부분부터 깨끗이 닦고, 다음에 주변을 닦아준다.
⑥ 성기의 외피를 완전히 젖혀서 귀두 부분을 철저히 닦아준다.
⑦ 특별히 귀두와 귀두 아래 부분을 잘 씻어낸다.
⑧ 물을 충분히 사용하여 여러 차례 가셔낸다.
⑨ 성관계하기 전은 물론, 관계 직후에도 상기의 방법으로 청결을 유지한다.

2. 여성 생식기 위생

여성의 성기는 땀과 대소변, 질 분비물에 의해 불결해지기 쉽다. 출산이 가능한 시기의 여성의 질은 여러 층의 세포로 덮여 있고 질의 내부가 산성을 띠고 있어 세균 감염이 잘 안 되나, 그 이전의 여성들은 그렇지 않으므로 주의해야 한다. 질에서 염증을 일으키는 모든 질병의 일반적인 명칭이다. 즉, 세균감염, 알러지, 화학약품에 대한 민감성 등을 모두 포함하는 개념이다. 성행위에 의해서 발생하는 것이 대부분이지만 성행위 외의 원인에 의해서 발병하는 경우가 30% 정도 된다.

냉
여성의 질분비물로써 질내를 적셔주면서 스스로 깨끗이 하는 자정 작용을 한다.

외음부
남녀 생식기의 겉으로 드러나 있는 부분을 말한다.

월경
수정란이 착상되지 못하면 자궁 내막이 떨어져 나가면서 출혈이 생긴다. 주로 28~32일 주기로 매달마다 있다.

(1) 외음부 질염

- **증상**: 외음부가 가렵거나 붓고, 냉이 많고, 냄새가 나며, 화농성 고름이 나온다면 질염을 의심해 볼 수 있다.
- **원인**: 주로 외음부의 불결한 상태와 비위생적인 관리가 그 원인이다. 불결한 성관계 외에도 대변을 보고 난 뒤에 잘 씻지 않거나, 옷을 꽉 끼게 입거나, 합성 섬유로 만든 옷이나 또는 생리대를 착용함으로써 염증이 생길 수 있으며, 잦은 자위행위, 피임약의 복용, 항생제 및 항균제의 과나한 복용에 의해서도 생길 수 있다. 그러한 증상이 생기면 원인이 될 만한 요인들을 제거하여야 한다. 여성의 생식기 위생관리를 위해서는 아래의 사항들을 주의하여 관리하여야 한다.

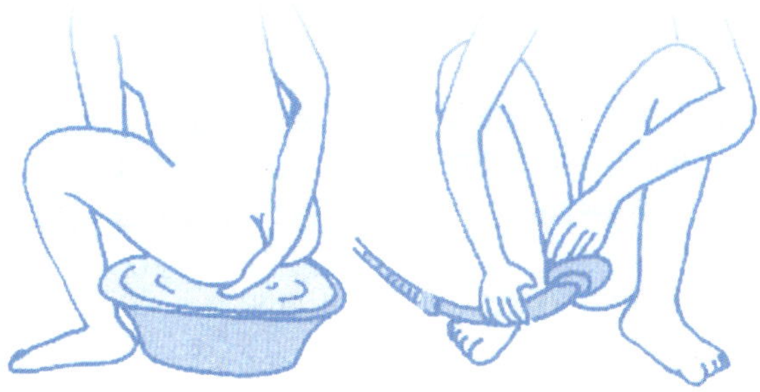

● 질염 예방법

① **대변을 닦을 때는 항상 앞에서 뒤쪽으로 닦는 습관을 하도록 한다.**

☞ 왜냐하면 항문의 세균이나 이물질들이 질에 전달될 경우 질염을 일으키기 때문이다.

② **가급적 면 팬티를 입는 것이 좋다.**

☞ 나일론이나 합성섬유 팬티는 열과 습기를 조절하지 못해서 박테리아 생존의 좋은 환경을 만들기 때문이다. 팬티 스타킹이나 꼭 붙는 바지는 가급적 오랜 시간 입지 않는 것이 좋다.

③ **너무 자주 질 세정제 등을 사용하여 질 내부를 세척하는 것을 피하자.**

☞ 질은 정상적으로 많은 종류의 세균총을 가지고 있는데, 잦은 질 세척으로 인해 항상 자연적으로 존재해야 하는 세균총을 씻어내는 결과를 가져올 수 있다.

④ **항생제를 필요 없이 과용하지 말아야 한다.**

☞ 정상적으로는 몸에 이로운 균이 질 속에 정상적으로 존재하면서 병원성 균이 질 속에 급속히 늘어나는 것을 방지해주고 있다. 그러나 항생제의 남용은 세균총의 균형을 깨뜨릴 수 있다.

⑤ **질에 불쾌감을 주거나 통증을 유발하는 형태의 성행위는 피하는 것이 좋다.**

⑥ **항문성교 후에 바로 질 성교하는 것을 피하라.**

☞ 이것은 항문의 박테리아를 질에 감염시키는 위험한 행동이다.

참고자료

■ 성인 여성의 질은 강한 산성이다.

질 내의 산도는 강한 산성이며, 정상적인 세균총이 살고 있다. 사춘기 이전의 질 내는 피부와 유사한 산도인 pH 6~8 정도의 중성에 가까운 산성을 유지한다. 그러다가 사춘기가 되어 성호르몬이 분비되기 시작하면 몸의 변화와 함께 질 상피세포의 증식이 되기 시작한다. 세포 내에는 글리코겐이라는 영양분이 축적되기 시작하고, 이는 특수한 세균에 의해 젖산으로 분해된다. 그 결과 질 내의 pH는 3.5~4.5가량의 강한 산성이 된다. 질 내에는 대장, 소장 등과 마찬가지로 대여섯 가지의 균이 살고 있는데, 그 대부분은 '락토바실리' 라는 균이다. 이 균은 글리코겐을 젖산으로 분해해 양분으로 취하는데 이때의 대사 산물인 젖산이 질 내의 산도를 일정하게 유지시켜 주는 역할을 한다. 여성의 질이 강한 산성이기 때문에 외부의 균들로부터 보호하는 기능을 한다. 여성들이 외음부를 세척하는 과정에서 질 안쪽까지 닦아내게 되면 질내의 산성농도를 무너뜨리기 때문에 정상적인 균을 파괴할 뿐만 아니라 비정상적인 균의 증식을 일으킬 수 있다. 그러므로 좌욕을 할 때 질 안쪽까지 손을 넣어 닦지 않도록 해야 한다.

– 출처: 김혜원, 이해경(2001). 함께 풀어가는 성이야기. 교육인적자원부.

(2) 생리 중 건강과 위생관리

월경 중에는 모든 것이 귀찮고 몸이 무겁게 느껴져 몸 관리에 소홀하기 쉽다. 그러나 월경 시에는 세균 등이 번식하기 쉬우므로 특별히 청결에 유의해야 한다. 따라서 생리 중에는 다음과 같은 사항에 유의하여 건강과 위생관리를 한다.

① 공중 목욕탕이나 수영장 이용을 피하고, 가정에서 가벼운 목욕이나 샤워를 하여 청결을 유지한다.

② 생리대는 자주 갈아주고 갈 때마다 외음부를 씻는 것이 좋다. 씻을 때는 손을 따뜻한 물로 세제를 이용하여 깨끗이 씻는다. 그런 후, 외음부를 씻는다. 단, 손가락을 질속에 넣거나 물을 질속에 넣지 않도록 한다.

③ 무리한 운동을 피하고, 물을 많이 마시고, 신선한 과일을 많이 먹도록 한다.

4-1-2. 상담사례

4-1-2-1. 포경수술은 꼭 해야 하나요? (김형진, 남, 중)

성고민 및 문제

저는 중학생 김형진입니다. 성기가 커지고 음모도 나기 시작했거든요. 친구들은 벌써 고래를 잡았다고 하는데, 저는 아직 포경수술을 하지 않았거든요. 사실 수술한다는 게 그렇게 좋아 보이지 않고 활동하기에 불편해서 포경수술을 하고 싶은 생각이 별로 없거든요. 그런데 아버지는 자꾸 언제 수술할 거냐고 물으시고 어머니까지 그러세요. 꼭 포경수술을 해야 하는 것인지 안 하면 안 되는지 모르겠어요. 좀 알려주세요.

상담자 답변

내담자 맞아들이기

형진군, 포경수술을 해야 하느냐 하지 않아도 되느냐의 문제는 사람마다 다 다르다고 할 수 있습니다. 어떤 사람은 굳이 할 필요가 없는 사람이 있는 경우도 있고 반대로 하는 것이 바람직한 사람도 있습니다.

정보제공: 포경수술 필요 여부

포경수술의 필요는 페니스의 모양과 구조에 따라 달라집니다. 페니스는 일반적으로 사춘기에 크게 발육을 하게 되어 성교를 할 수 있을 정도가 되며, 음경귀두를 덮고 있는 음경꺼풀이 이때쯤 벗겨지게 됩니다. 그러나 어떤 남자는 아무리 발육이 되고 발기가 된다 해도 음경꺼풀이 덮고 있는 음경귀두가 노출되지 않는 경우가 있습니다. 이러한 경우는 음경귀두를 덮고 있는 음경꺼풀이 지나치게 크거나 음경꺼풀과 음경귀두가 붙어 있는 경우입니다. 이런 경우는 반드시 포경수술을 받아야 합니다.

포경수술 찬반론

포경수술에 대해서 찬성하는 입장에서는 포경수술을 통해 음경꺼풀을 제거하여 위생적인 생활을 할 수 있다. 음경꺼풀 제거로 인해 귀두가 노출되기 때문에 성적으로 더 자극을 받을 수 있다는 점을 강조합니다. 하지만 반대하는 입장에서는 날마다 샤워를 하는 현대사회에서는 청결한 몸가짐이 일상화되어 있으며 포경수술을 통한 위생관리 측면의 중요성이 줄어들었음과, 음경꺼풀 제거로 인해 나이가 들면 성감이 감소하는 점 등을 강조하고 있습니다.

상담 종결

포경수술 찬반론 나름대로는 일리가 있음으로, 형진군의 신체 상태와 개인적인 선호에 따라 포경수술 여부를 결정할 수 있습니다. 부모님은 이제까지 포경수술을 해야 한다는 입장을 가지고 계신 것 같은데, 함께 이야기해 볼 필요가 있겠지요. 이 수술은 일주일 정도만 되면 다른 활동이 가능하므로, 수술을 한다면 방학을 이용할 수도 있습니다. 마지막으로 포경수술에 대해 적극적으로 의사결정을 하려는 형진군의 모습에 격려를 보냅니다.

4-1-2-2. 초경, 월경 때는 몸 관리를 어떻게 해야 하지요? (유호정, 여, 중)

성고민 및 문제

중학교 3학년 유호정입니다. 중학교 2학년 때 책에서나 친구들에게서만 들어본 초경을 시작했습니다. 머리 속으로는 많이 아는 것 같았는데 실제로 경험을 해보니 몹시 두렵기도 하고 설레기도 했습니다. 아직까지도 불규칙해서 아무런 준비도 안 해가지고 갔는데 갑자기 시작되어서 속옷을 다 버려 찝찝하기도 해서 비누로 한참 동안 문질러 닦았습니다. 그런데 친구들이 그러면 안 된다고 하는데 그럼 어떻게 해야 하는 건가요? 월경 때마다 몸을 어떻게 관리하면 좋은가요?

상담자 답변

내담자 맞아들이기

호정양, 생리를 시작하였는데, 자신의 몸관리 방법을 알아볼까요.

정보제공 1: 생리대 사용

월경이 시작되면 생리대를 착용해야 하지요. 생리혈 자체에서는 냄새가 나지 않지만 생리대에 혈이 오래 묻어 있으면 세균과 접촉하게 됨으로 냄새도 나고 위생에도 좋지 않습니다. 따라서 생리대를 가주 갈아주어야 하고, 특히 출혈이 심한 2~3일째에는 더 자주 갈아주어야 합니다. 밤에는 생리대를 더 길고 두꺼운 것으로 사용하도록 하여 잠자리에 묻지 않도록 하고 혹시 이부자리에 새어 나왔을 경우에는 발견 즉시 처리하여 다른 식구에게 불쾌감을 주지 않도록 합니다.

정보제공 2: 위생관리

생리 중엔 목욕을 하면 안 된다는 말이 있어서 씻지 않는 사람들이 많았는데, 그것은 잘못된 지식입니다. 생리 시에는 보통 때보다 더 적극적인 호르몬의 활동으로 몸의 수분, 염분, 유산 등을 포함한 외분비물이 많이 배출되어 피부를 보호하는 작용을 합니다. 그러나 이러한 분비물을 규칙적으로 씻어주지 않으면 불쾌한 냄새가 나기도 합니다. 특히 팬티스타킹이나 몸에 꼭 끼는 거들과 같은 내의들은 통풍을 방해하여 냄새가 더 날 수도 있습니다. 그러므로 생리 중이라도 평상시 습관대로 몸을 씻으세요.

생리 시에 불결한 냄새가 나지 않을까 염려해서 외음부를 비누로 세게 문지르거나 하는 친구도 있는데 이것도 좋은 방법은 아닙니다. 비누로 외음부 안에 손가락을 넣어가며 세게 문지르게 되면 세균의 침입을 막아주던 우리 몸의 면역들이 비누와 함께 씻겨 내려가서 오히려 면역 기능을 약화시킬 수 있으니까 주의해야 해요. 깨끗한 용기에 따뜻한 물로 뒷물을 하도록 하며 뒷물을 할 때에는 자극하거나 질 안으로 손가락을 넣어서는 안 됩니다.

상담 종결

호정양, 생리대 사용과 위생 관리에만 신경쓴다면 생리 시에도 평상시와 다름 없이 일상생활을 할 수 있습니다.

주제 2. 성인성 질환

4-2-1. 이론강의

1. 청소년들의 성인성 질환의 실태

질병관리본부(2013)의 청소년건강행태통계에 따르면 우리나라 13세~18세 청소년들 중에서 (평생)성관계 유경험자들의 9.1%가 성인성질환에 걸린 적이 있는 것으로 나타났다. 이들 중 남자청소년들 8.4%보다 여자청소년들 11.1%들이 성인성 질환을 더 많이 경험한 것으로 나타났다. 과거 10년(2005년~2013년) 동안의 청소년들의 성인성질환 경험률의 연도별 추이를 살펴보면 2005년도의 9.0%인 것에서 2010년도는 11.8%로 증가하였고 2013년도에는 9.1%로 감소하였다.

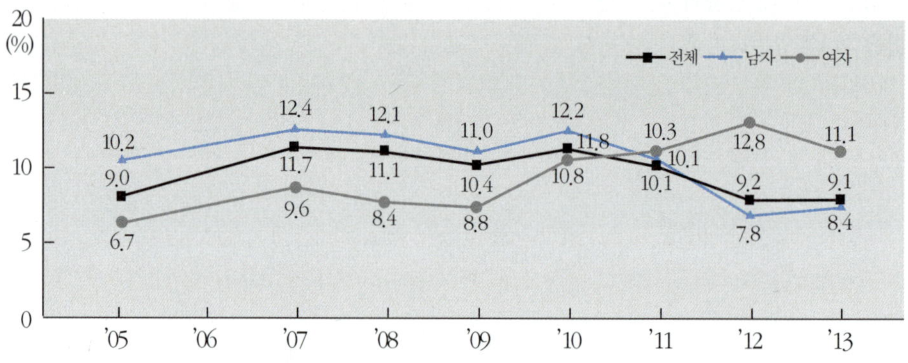

그림 4-2 성병 경험률(성관계 경험자) 추이('05~'13)

2. 성인성 질환

(1) 성인성 질환이란?

성인성 질환(성병): 감염된 사람과의 성행위로 인해 전파되는 모든 전염성 질환을 말한다. 성병이란 명칭에서 오는 부정적 인상으로 인해 요즘에는 '성인성 질환' 으로 부른다.

증상: 성인성 질환은 한 번 걸린 후 치료된다고 해서 면역이 생기는 것이 아니다. 또한 성

기에만 감염되는 것이 아니라, 항문, 입술, 손, 가슴 등 어느 부위에도 생길 수 있다. 성인성 질환은 종류가 다양한 만큼 그 증세도 다양하다.

① 음경이나 음부에서 분비물이 나온다.
② 성기 주변이 가렵고 따가우며, 반점과 작거나 큰 혹이 생기며 욱신거린다.
③ 등이나 옆구리가 아프고, 열이 난다.
④ 아랫배가 몹시 아프다.
⑤ 소변 볼 때 성기가 아프거나 소변이 자주 마렵고 시원치 않다.

성인성 질환(성병)
성관계로 인해 한 사람에게서 다른 사람에게 옮겨지는 병으로 임질, 매독, 클라미아 등이 있다.

치료: 남성은 비뇨기과, 여성은 산부인과 전문의사에게 가서 치료를 받거나, 보건소(무료로 진료해줌)에서 감염 여부를 확인하고 치료받아야 한다.

참고자료

■ 성병의 치료

성병에 관해서 보다 상세한 정보를 얻고자 한다면 전국 국립검역소나 대한보건협회 및 각 보건소로 연락한다. 성병상담전화는 신원을 밝히지 않아도 할 수 있다. 대부분의 성병은 감염된 즉시 치료를 하면 대부분 치료가 가능하다.

(2) 성인성 질환별 증상 및 치료

성인성 질환의 종류는 매우 다양하나 여기서는 임질, 매독, 질염에 대해서만 간단히 다루고자 한다.

① 임질

원인과 특징 : 임균을 보유한 사람과의 성행위에 의해 요도에 발생하는 염증이므로 **임균성 요도염**이라고도 한다. 매독보다 훨씬 잘 걸리며 우리나라에서도 흔한 성인성 질환 중의 하나이다. 임질균은 점막의 접촉을 통해 전염, 세균으로 건조한 곳에서는 금방 죽어버리기 때문에 화장실 변기나 문손잡이, 수건 같은 것을 통해서는 옮지 않는다. 특히 **15~25세 사이의 청소년이 잘 걸리므로 유의**해야 한다. 임질 환자와 성행위를 했을 때 임균에 감염될 가능성은 남자가 20%, 여자는 90%로 남자에 비해 여자가 훨씬 높다. 특히 임산부 감염률은 100%로 매우 높다.

증상 : 남자의 경우는 성교 후 2~5일이 지나서 처음에는 요도에 약간의 가려움증이 있다가 소변을 보는데 아프고 소변이 자주 마려우며 노란색의 고름이 나오는데 피가 섞여서 나

오기도 한다. 여자의 경우는 질에서 분비물이 나오는데 소변을 보기가 힘들고 아랫배가 아프고 자궁경부에 염증을 일으킨다. 임질을 치료하지 않고 두면 초기 증상은 저절로 없어지지만 그렇다고 병이 나은 것은 아니다.

후유증 혹은 합병증으로는 **여자**의 경우 임질균이 자궁으로 올라가 나팔관을 지나 골반내로 들어가 골반염이 생길 수 있고, 골반염을 앓고 나면 후유증으로 고름 주머니가 생겨 개복 수술을 해야 할 경우도 있고, 나팔관이 막혀 불임이 되기도 한다. **남자**의 합병증으로는 부고환, 전립, 정낭 등에 염증을 일으킬 수 있고 요도가 좁아지는 요도 협착이 생긴다. 남성의 경우 10%가 전혀 증상이 나타나지 않아 자신이 감염된 사실을 모르고 상대 여성에게 전염시킬 수 있다.

치료 : 초기에 병원에 가서 진단 및 치료를 받도록 한다. 뿐만 아니라 막 감염되려던 사람도 병이 예방된다고 하니, 혹시라도 성인성 질환에 걸릴 위험이 있는 사람은 병원에 가서 치료를 받도록 한다.

② 매독

원인과 특징 : 매독은 매우 전염성이 강한 **트리포네마 팔리둠**이라는 나선형의 매독균에 의해 발생한다. 성기뿐 아니라 뇌, 심장, 눈, 코, 귀, 편도선은 물론 뼈와 대뇌 심지어는 머리카락, 손톱까지 닥치는 대로 망가뜨리는 무서운 병이다.

전염 : **선천성 매독**은 매독에 걸린 임산부의 태반을 통해서 감염되며, 태아는 대개 유산되거나 사산된다. 태어나더라도 기형아가 되기 쉬우므로 임신이 되면 산전관리가 필요하다. **후천성 매독**은 주로 성교나 수혈을 통해 전염된다. 이것은 감염된 기간에 따라 1, 2, 3기로 구분할 수 있다.

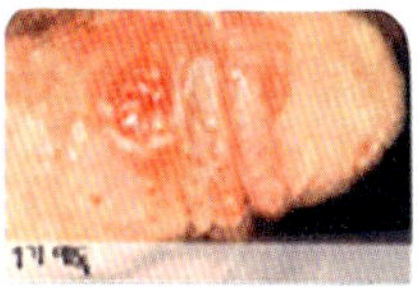

- **매독 1기** : 남자의 경우 음경, 귀두, 포피 등에, 여자는 자궁경부, 음순 등에 통증이 없는 궤양이 나타날 수 있다.

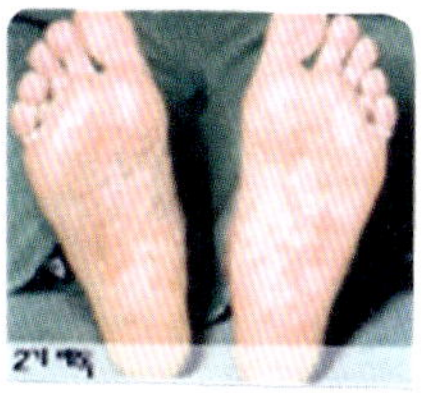

- **매독 2기** : 피부나 점막에 여러 가지 형태의 발진이 나타난다. 머리가 빠지는 탈모현상, 가렵지 않은 붉은 반점이 나타나기도 한다. 이와 같은 피부병도 남자는 1~2개월, 여자는 3~5개월이 경과하면 자연 소실되는 것처럼 보이지만 잠복했다가 다시 증상이 반복된다.

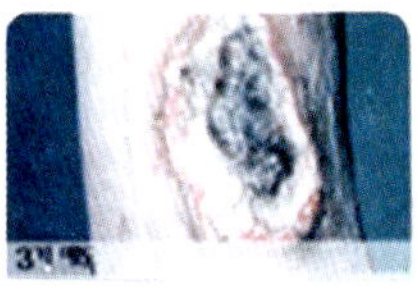

- **매독 3기** : 매독균에 감염된 지 3~12년 후에 나타난다. 이 기간 중 치료받지 않은 매독의 1/3은 자연 치유되고 1/3은 평생 잠복매독으로 있고 나머지 1/3은 3기 매독으로 진전된다.

증상 : 매독은 전염성이 강하고 초기에는 단순한 궤양으로부터 시작하여 피부에 반점이 생기고 탈모증 등의 다양한 피부증세를 보인다. 이러한 증상은 생겼다가 사라지기도 하지만 수년 후에 다시 나타날 수 있기 때문에 의학적인 진단이 어렵다. 더구나 항생제 남용으로 매독의 증상이 예전처럼 확연하지 않고 매독의 전형적인 형태가 보이지도 않기 때문에 자신이 정말로 매독에 감염되었는지도 모른 채 살아가는 경우도 있다.

치료 : 전문의사의 지시에 따라 페니실린을 일정량 주사하면 **1기 매독 초기에 거의 100% 치료**할 수 있다. 감염된 지 3개월이 되어도 95% 정도는 치료가 되는데 치료가 늦어질수록 완치율이 떨어진다. 매독의 검진은 **감염된 지 6주일 정도**가 지나서야 혈액 검사를 통해 매독균이 나타나므로 제2기 매독은 100% 검진이 가능하다.

③ 질염

질염: 질에서 염증을 일으키는 모든 질병의 일반적인 명칭이다. 즉, 세균감염, 알러지, 화학약품에 대한 민감성 등을 모두 포함하는 개념이다.

원인과 특징 :성행위에 의해서 발생하는 것이 대부분이지만 성행위 외의 원인에 의해서 발병하는 경우가 30% 정도 된다. 냉대하증과 질염은 동의어가 아니다. 물론 질염의 가장 흔한 증상이 냉대하증이긴 하지만 질염 외에도 자궁 경부염이나 피부가 융기되면서 자라나는 폴립(살혹)이 있을 경우에도 대하증이 나타날 수 있다.

참고자료

■ **질염 = 성인성 질환?**

질염을 성인성 질환이라고 생각하는 사람이 많은데, 그런 생각은 잘못된 것이다. 질염 중에서 성인성 질환이 가장 많이 차지하는 것은 사실이지만, 그 밖에 명확하지 않은 원인으로 인해 정상적으로 서식하는 정상 세균총의 균형이 깨져 발생하는 질염도 있고, 폐경 이후 호르몬이 부족해 생기는 질염도 있다.

증상 : 질염의 가장 대표적인 증상 중에 하나는 냉대하증이다. 질염은 질벽 점막 등에 염증을 일으키게 하거나, 성교 중에 질 자극으로 인한 통증을 유발하거나 성기능 문제도 일으킬 수 있으며, 불쾌한 냄새를 내기도 한다. 모든 여성들은 일생 동안 거의 한 번 이상 질염을 겪는다고 한다. 그러나 냉대하증을 방치하면 여러 가지 부작용을 초래하게 된다.

참고자료

■ **냉대하란?**

여성의 질을 통해 나오는 비정상적인 분비물을 말한다. 정상적인 질 분비물과는 달리 양이 많거나 색깔이 누렇고 심하게 냄새가 난다.

■ **정상적인 질 분비물 vs 비정상적인 질 분비물**

배란기가 되면 자궁 경부(자궁 입구)는 성호르몬의 영향을 받아 맑고 끈적끈적한 점액을 분비한다. 그 밖에 질 입구의 바톨린 선이나 피지선에서도 소량의 분비물이 분비되며, 자궁 내막이나 나팔관에서도 삼출액 등이 나온다. 이상의 정상적인 질 분비물은 무색, 무취의 점액성 액체이다. 양은 팬티에 약간 묻는 정도지만 배란기 때는 성호르몬의 영향으로 점도가 증가한다. 이에 비해 비정상적인 질 분비물은 팬티가 젖을 정도로 질 분비물이 많은 경우 색깔이 진하거나 고름처럼 흐를 경우 생선 비린내 같은 악취가 난다.

치료 : 비정상적인 질 분비물이 나타날 때 의사의 진단과 처방으로 **100% 치료가 가능**하나, 성인성 질환이 아닌 경우에는 일상적인 위생관리를 잘 함으로써 질염을 예방할 수 있다.

참고자료

■ **성기 노출증=성인성 질 환자?**

학교 주변에서 성기를 노출하는 노출증 환자를 성병 환자로 생각하는 경우가 있는데 이는 잘못 알고 있는 것이다. 노출증 환자는 자신의 성기를 노출하였을 때 여학생들의 반응을 즐기는 성도착의 한 유형이며 성병 환자는 아니다.

3. 성인성 질환의 일반적인 예방 방법들

① 성인성 질환에 대한 지식을 알아야 한다. 성인성 질환의 증상들을 미리 알고 있으면 성인성 질환 감염자와의 접촉을 피할 수 있고, 일단 감염이 되었을 때도 바로 감염 사실을 알아내서 적절하고 유효한 치료를 서두를 수가 있기 때문이다.

② 성기에 이상이 있다면 바로 진찰을 받도록 한다. 성인성 질환에 대한 지식을 활용하여 자신과 성 파트너의 성기에 이상이 있다면 소홀히 하지 않도록 한다. 성기에 분비물이 있는지 또는 물집이나 궤양이 있는지 확인해 본다. 만약 이런 증상이 보인다면 바로 성 접촉을 피하고 두 사람 모두 성인성 질환 검사와 치료를 받아야 한다. 만일 상대가 관찰에 거부감을 느낄 때는 전희를 하는 동안 상대의 성기를 살펴볼 수 있다.

③ 감염된 것이 확인되면 상대방에게도 감염사실을 일리도록 한다. 그렇게 함으로써 전염을 막을 수 있고 상대도 함께 검진을 받을 수 있게 된다.

④ 성교를 할 때 반드시 콘돔을 사용한다. 콘돔을 사용하는 것이 성병감염을 최소화시킬 수는 있으나 100% 예방이 되는 것은 아니다. 콘돔의 사용은 자신이 감염되는 것도 막을 수 있고, 또 상대방에게 자신의 균을 감염시키는 것도 훨씬 감소시킬 수 있다. 그러나 콘돔은 결코 완벽하지는 못한 보호책이다. 콘돔을 사용할 때는 콘돔이 찢어지지 않도록 주의해야 하며, 콘돔을 벗겨낼 때에도 새지 않도록 주의해야 한다.

⑤ 서둘러서 검진하고 치료해야 한다. 만일 감염된 사람과 접촉했다고 생각되면 바로 검진을 하고 적절한 치료를 받았을 때 성인성 질환으로 인한 더 심각한 제반 질병을 예방할 수 있다. 치료 후에는 일정 기간 계속 검진해서 완전히 균이 없어질 때까지 주의해야 한다. 더욱 중요한 것은 성교 상대에게도 검진을 받게 하고, 치료를 받게 한 후 재감염이 되지 않도록 하는 것이다. 특히 자가 진단으로 약국에서 항생제를 사먹는 일은 병균의 내성을 길러 주어 완치를 어렵게 하므로 피해야 한다. 치료가 완전히 끝날 때까지 인내가 필요하며, 증상이 나타나지 않아도 완치될 때까지 치료를 계속한다. 완치될 때까지 성행위는 피해야 한다.

⑥ 생식기 위생과 관리를 생활화한다. 생식기 부위를 닦는 데 있어서 향이 강한 비누는 생식기에 자극을 주고 세균을 잘 번식하게 하므로 가능한 사용하지 않는게 좋다. 생식기의 청결 유지와 깨끗한 속옷을 입는 것은 중요한 예방책이 된다. 성병에 감염되었을 때에는 음주, 목욕, 심한 운동, 승마와 자전거 타기와 같은 것을 삼가고 손의 청결에 주의해야 한다.

4-2-2. 상담사례

4-2-2-1. 요도염에 대해 알고 싶습니다. (최명식, 남, 대)

성고민 및 문제

대학교 3학년 남학생입니다. 친구와 사창가를 몇 번 가게 되었는데 그 이후부터 몸이 좀 이상한 것 같아서 병원에 가 보았더니 요도염이래요. 아무래도 불안하고 병원에 다니기는 하는데 궁금한 점들이 많아서 이렇게 질문을 합니다. 병원에서 균은 없다고 합니다. 요도염에 걸리면 어떤 증세가 나타나며 이것이 전염되는 병인지 궁금합니다.

상담자 답변

내담자 맞아들이기

명식씨, 요도염에 걸리셨다니 여러모로 신경이 쓰이시겠군요.

정보제공 1: 요도염

명식씨가 말씀하신 요도염은 비임균성 요도염인 것 같습니다. 비임균성 요도염이란 임균 이외의 원인으로 생긴 요도염을 망라한 것입니다. 클라미디아, 유레아플라스마, 마이코플라스마, 포도상구균, 연쇄상구균, 대장균, 디프테리아, 폐렴구균, 결핵균 등 갖가지 세균과 허피스바이러스, 트리코모나스, 칸디다 등의 바이러스, 기생충, 곰팡이 그리고 물리화학적 자극에 의한 요도염을 총칭한 것이며 선진국에서는 임균성 요도염보다 훨씬 많다고 합니다.

비임균성 요도염은 불결한 성 접촉 후 2~30일(주로 10~14일)이 지나면 증상이 나타납니다. 여사의 비임균성 자궁경부염은 대부분 증상이 없기 때문에, 명식씨와 성관계를 한 여자분은 자신이 요도염을 가지고 있는 것을 모르고 있었을 수 있습니다.

비임균성 요도염은 잠복 기간이 길고 증상이 가벼운 편입니다. 즉, 요도의 불쾌감, 작열감 또는 가려움증을 느끼며 빈뇨나 배뇨곤란을 호소하기도 합니다. 요도에서 미량의 점액성 고름이 비쳐 많은 양의 화농성 고름이 나오는 임균성 요도염과 구별되는 것입니다.

정보제공 2: 치료방법

적합한 치료제를 선택하여 치료한다면 비임균성 요도염은 비교적 잘 낫는 병입니다. 그러나 30~40%의 환자는 치료 시작 후 6주 내에 재발하는 경향이 있습니다. 재치료 시에는 에리스로마이신을 2주간, 또는 테트라사이클린을 3~4주간, 스펙티노마이신 2그램을 1회 근육 주사한 후 설파퓨라졸 1그램씩을 하루에 2번씩, 10일간 복용하게 되어 있습니다.

그래도 재발하면 요도 내 염증 유무를 다시 확인하고 세균성 전립선염 유무를 체크해 보거나 콩팥이나 수뇨관, 방광 등 상부요로를 종합적으로 검사해야 할 경우도 있습니다. 요도염이 정자를 죽이지는 않습니다. 요도염을 방치해 두면 부고환 등에 염증을 합병할 수도 있습니다. 그런 경우, 수송 통로가 막히면 정자 제조 공장인 고환에서 만들어진 제품의 운송이 불가능해질 수 있는 것입니다. 어렵게 얘기하면 폐쇄성 무정자증이라고 합니다. 요도염에 걸렸다고 성기가 제 할 일을 못하지는 않습니다. 꾸준히 치료를 받으시면 나으실 수 있을 겁니다.

상담 종결

명식씨, 꾸준히 치료를 받으시고, 반드시 의사가 괜찮다고 할 때까지 병원에 다니셔야 합니다. 그리고 믿을 수 없는 상대와 성관계를 할 시에는 반드시 콘돔을 사용하셔서 이런 고민을 다시 하지 않게 되기를 바랍니다.

주제 3. 에이즈

4-3-1. 이론강의

에이즈
에이즈(AIDS, 후천성 면역 결핍증)

1. 에이즈란?

원인: '후천성 면역 결핍증(AIDS)'은 1979년 미국에서 사례 보고가 있은 후 역학적 조사를 통해 밝혀진 질병이다. 에이즈 바이러스(HIV: 인간면역결핍 바이러스)를 갖고 있는 중앙아프리카 녹색 원숭이가 사람을 물어 인간에게 전파되었다고 한다.

참고자료

■ **에이즈의 역사**

중앙아프리카의 녹색 원숭이로부터 HIV와 유사한 바이러스가 원주민 몸속으로 들어가 돌연변이를 일으켜서 HIV가 만들어짐.

1981 미국 동성애자 중 주폐포자충 폐렴환자 다수 발생
1982 미국질병관리센터에서 "AIDS"로 명명
1985 국내 첫 감염인(해외근로자) 발생
1987 모든 헌혈액에 대한 HIV검사 실시, 후천성면역결핍증예방법 제정
1989 AIDS 무료 익명검사제 도입
1995 국내 첫 수직감염, 청소년 감염인 발생
2002 국내 감염인 2,000명 초과
2003 신규 감염인 500명 초과
2008 국내 감염인 6,000명 초과
2014 국내 감염인 9,615명 초과

자료출처: 질병관리본부(2015)

특징: 어린이에서부터 노인까지 모든 사람이 걸릴 수 있는 질병 중의 하나이다. 우리 몸은 이러한 병원성 미생물에 대항하여 싸울 수 있는 방어체계를 갖추고 있다. 이것이 바로 면역체계이다. 면역체계는 병원균이 침입하면 백혈구를 동원해서 적을 방어하는 방어체계인데, 에이즈 바이러스는 기존의 다른 균들과는 다르게 직접 병을 일으키지 않고 면역체계에서 중요한 역할을 하는 백혈구를 감염시켜 우리 몸의 면역체계를 약화시켜 죽음에 이르게 하는 병이다.

2. 에이즈 감염 현황

우리 나라에서는 모든 헌혈액에 대해 에이즈 검사를 하고 있다. 그러나 에이즈 바이러스에 감염된 경우, 보통 6~14주, 길게는 2년 후에나 몸에 항체가 형성되므로 현재까지 개발된 항체 검사법으로는 이 기간 동안 헌혈된 혈액의 감염여부를 정확히 가려낼 수 없다는 한계가 있다.

최근 질병관리본부(2015)의 자료에 따르면, 2014년 HIV/AIDS 내국인은 9,615명으로, 성별로는 남자 92.4%(8,885명), 여자 7.6%(730명)인 것으로 나타났다(표 4-1). 2014년 한해에 한정해서 볼 때, 2014년에는 총 1,191명의 HIV/AIDS 감염인이 신고됐으며 성별로는 남성 1,100명(92.4%), 여성 91명(7.6%)으로 12.1대1의 성비를 보였다. 연령별로는 20대가 367명(30.8%)으로 가장 많았으며, 30대 282명(23.7%), 40대 229명(19.2%) 순으로 20대, 40대가 전체의 73.7%를 차지했다. 국적별로는 내국인 1,081명(90.8%), 외국인 110명(9.2%)으로 10명 중 1명이 외국인 것으로 나타났다. 2014년 신고된 내국인의 경우 감염경로에 응답한 대부분(99.8%)이 성 접촉에 의한 감염으로 나타났다. 혈액제제에 의한 감염은 1995년, 수혈로 인한 감염은 2006년 이후 보고 사례가 없는 것으로 나타났다.

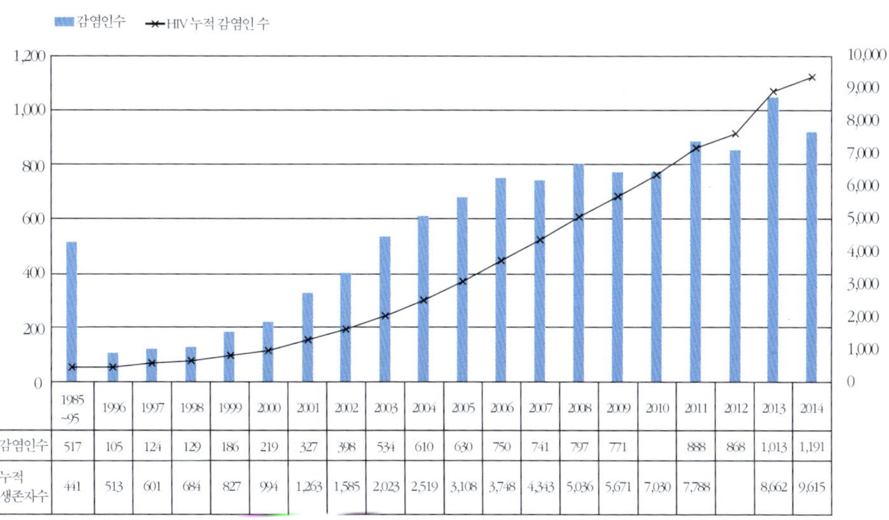

	1985~95	1996	1997	1998	1999	2000	2001	2002	2003	2004	2005	2006	2007	2008	2009	2010	2011	2012	2013	2014
감염인수	517	105	124	129	186	219	327	398	534	610	630	750	741	797	771		888	868	1,013	1,191
누적 생존자수	441	513	601	684	827	994	1,263	1,585	2,023	2,519	3,108	3,748	4,343	5,036	5,671	7,030	7,788		8,662	9,615

그림 4-3 HIV감염 발생 및 누적 감염자 수

표 4-1 2014년 HIV/AIDS 내국인 성별, 연령별 현황(1985~2014.12) (단위: 명)

구 분	계		남자		여자	
	감염인수(명)	백분율(%)	감염인수(명)	백분율(%)	감염인수(명)	백분율(%)
총합계	**9,615**	**100.0**	**8,885**	**100.0**	730	**100.0**
0~9세	2	0.0	2	0.0	0	0.0
10~19세	68	0.7	60	0.7	8	0.01
20~29세	1,485	15.4	1,425	16.0	59	0.08
30~39세	2,210	22.9	2,063	23.2	147	20.1
40~49세	2,763	28.7	2,566	28.9	172	23.6
50~59세	1,978	20.5	1,792	20.2	186	25.5
60세 이상	1,135	11.8	977	11.0	158	21.6

※ 신고당시 연령을 기준으로 2014년 현재 연령을 산출함(만연령) * 출처: 질병관리본부(2015)

3. 에이즈 감염 경로

Q 에이즈는 성교에 의해서만 감염되는가?

☞ 아니다. 수혈과 혈액 제제를 통한 감염, 임신 중 모체를 통한 태아 감염이 있을 수 있다.

(1) 성관계를 통한 감염

에이즈에 감염된 남자의 정액이 성교를 통해 여자의 질 속으로 들어가 상대 여성을 감염시키는 경우이다. 특히 HIV는 남자의 성기가 상대방의 항문으로 들어가는 항문성교를 통해서 쉽게 감염된다.

(2) 수혈, 혈액 제제를 통한 감염

수혈을 통해 에이즈가 전파되는 경우로, 어린이들도 에이즈에 감염되는 것은 대부분 이 경우라고 할 수 있다.

(3) 감염된 사람과 함께 사용한 주사기를 통한 감염

마약이나 약물중독자들이 사용하는 주사기를 함께 사용함으로써 에이즈에 감염될 수 있다. 미국에서는 에이즈 환자의 20%가 마약 중독자인데, 이 경우는 오염된 주사기가 전파의 원인이다. 아주 드문 경우지만 미국에서 실제 에이즈 환자를 돌보던 의사가 에이즈 환자가 사용한 바늘에 찔려 에이즈에 감염된 경우도 있었다.

(4) 임산부를 통한 태아의 감염

에이즈는 99%가 **이성 간/동성 간 성교를 통해 전파**되나 그 외에 **감염된 혈액 및 혈액 제품을 수혈**받거나 **감염된 모체**로부터 태어난 영아에게 직접 감염되기도 한다(질병관리본부, 2010).

표 4-2 HIV감염 내국인 감염경로 현황(1985~2009.12) (단위: 명)

구 분	계		남자		여자	
	감염인수(명)	백분율(%)	감염인수(명)	백분율(%)	감염인수(명)	백분율(%)
계	5,634	100	5,157	100	477	100
이성간 성접촉	3,364	59.7	2,897	56.2	467	97.9
동성간 성접촉	2,216	39.3	2,216	43.0	-	-
수혈/혈액제제	46	0.8	40	0.7	6	1.3
혈액제제	17	0.3	17	0.3	-	-
국내수혈*	16	0.3	11	0.2	5	1.1
국외수혈	13	0.2	12	0.2	1	0.2
수직감염	6	0.1	2	0.0	4	0.8
마약 사용자	2	0.0	2	0.0	-	0.0

※ 감염경로가 밝혀진 5,634명에 대한 통계임(기타, 무응답 등은 제외)
국내수혈* : 헌혈액 모두 HIV선별검사에서 음성으로 나온 경우임

*자료출처: 질병관리본부(2010)

4. 에이즈의 진행과정과 증상

에이즈 증상은 에이즈 바이러스가 몸에 침투한 후 평균 1~3주, 길게는 3개월이 지난 뒤 **발열, 인두염, 림프절 종대, 관절통, 근육통, 식욕 감퇴, 체중 감소, 피부 발진, 구강 칸디다증(곰팡이증), 구토, 설사 등의 급성 증후군**이 오는데, 이는 약 1~2주 동안 지속되다가 대개는 저절로 없어진다. 그 후 무증상기가 있는데, 에이즈 바이러스에 감염된 후 말기 에이즈 증상이 나타날 때까지 평균 약 5~7년이 걸린다. 에이즈 바이러스가 공격하는 특별한 림프구의 수가 감소함에 따라 환자는 무증상기를 지나 증상기로 들어선다. 이후 면역 결핍으로 인한 다양한 증상을 보이면서 후기 및 말기 증상기로 접어들며, 면역 기능이 완전히 소실된 상태에서 주요 기관이 균에 의해 감염되면 사망하게 된다.

인두염
인두에 염증이 생겨서 발갛게 붓는 병

림프절
림프관의 군데군데에 존재하는 매듭 모양의 작은 조직. 2~3mm의 크기로 둥글거나 콩모양이며 림프속의 세균을 거르는 역할을 한다. 림프선, 임파선.

림프구
백혈구의 한 가지. 림프샘이나 비장에서 만들어지는 유형 성분으로 일부는 혈액 속으로도 흐르며 면역에 중요한 구실을 한다.

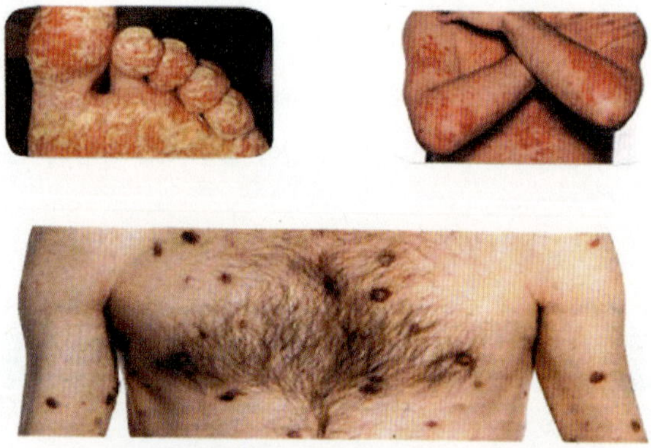

그림 4-4 에이즈의 증상

5. 에이즈에 대한 허와 실

공기, 물, 음식을 통해 전염되는 특성을 지닌 전염병은 격리를 통해 전파를 막을 수 있다. 그러나 에이즈는 전파 경로가 다르므로 감염 행위를 하지 않는 한 타인에게 전파되지 않는다. 일상적인 접촉으로는 에이즈가 전파되지 않기 때문에 에이즈 감염자와 전철 안에서 접촉하거나 직장에서 같이 작업을 해도 감염되지 않는다.

또한 모기나 다른 곤충에 의해서도 전파되지 않는다. 주사기로 에이즈가 전염된다고 해서 모기나 다른 곤충에 물렸을 때도 에이즈에 전염되는 게 아닌가 걱정하는 사람이 많다. 그러나 곤충이 흡혈한 혈액량은 매우 적기 때문에 에이즈를 전파시킬 만한 바이러스의 양도 되지 않을 뿐더러 모기의 체내에서는 에이즈 바이러스가 생존할 수 없다.

6. 에이즈의 예방과 치료

(1) 에이즈의 치료

질병관리본부(2010)의 자료에 따르면 에이즈 치료제와 백신에 대한 연구가 다각도로 진행되고 있으나 아직까지 에이즈를 완치시키는 치료제나 백신은 존재하지 않는다. 1996년부터 효과적으로 바이러스 증식을 억제하는 **칵테일 요법**(Highly Active Antiretroviral Therapy, HAART)을 도입하여 사용하고 있다. 적절한 치료는 AIDS환자로 진행하는 것을 막고 생존기간을 연장시켜 줄 수 있으며, 감염 후 조기에 적절한 검진과 칵테일 요법으로 20년 이상 생존이 가능해졌다. 즉, 에이즈도 이제 꾸준한 관리로 건강한 생활이 가능한 만성질환의 하나로 여겨지고 있다. 에이즈는 확실한 전파경로가 있어 누구든 정확한 지식을 가지고 감염위험행동을 하지 않거나 예방적 조치를 취한다면 각자가 충분히 예방할 수 있는 질병이다.

참고자료

■ 칵테일 요법(삼제병용요법)

- 세 가지 이상의 치료제를 함께 복용하는 방법.
- 바이러스의 수치를 낮춤으로써 면역기능을 회복시키고 기회감염 예방.
- 치료제를 꾸준히 복용하면 혈중 바이러스 농도검사에서 바이러스가 나타나지 않을 정도로 효과가 있지만, 이 점을 과신하여 약을 중단할 경우 다시 바이러스가 몸속에 증식하게 됨.
- HIV가 증식하는 데 필요한 역전사효소나 단백분해효소를 억제함으로써 증식하지 못하도록 하는 역할.
- 항HIV 약제사용 시 전문가의 지시 필요.
- 한 가지 약제로만 치료를 할 경우, 단기간에 해당 약제에 대한 내성을 지닌 HIV가 생겨나면서 치료효과가 없어지게 됨.
- 세 가지 약물을 동시 복용 시 효과 : 약 2주일 후 바이러스 수 급격히 감소 → 약 8주 후 검사에서 발견되지 않을 정도로 바이러스 수 감소.

*자료출처: 질병관리본부(2010).

(2) 에이즈의 예방

다음과 같은 사항들을 실천할 때 에이즈를 예방할 수 있다.

① 에이즈 감염자들은 외모로 판단할 수 없기 때문에 **배우자를 제외한 사람과의 성관계를 피한다.**

② **성교 시 콘돔을 착용하여 안전한 성습관을 실천한다.** 콘돔은 남자의 정액이 여자의 질과 접촉을 막아주는 동시에 감염된 여자의 질액이 남자의 성기에 접촉되는 것을 막아준다. 그렇지만 우리나라 성문화의 정서로 볼 때 남자가 콘돔 사용을 꺼리고 있어 여자들이 남자에게 콘돔 사용을 권유하기도 어렵다. 그러나 에이즈의 예방을 위해 콘돔 사용으로 안전한 성습관을 가져야 한다.

③ **소독된 주사기와 침을 사용한다.** 소독되지 않은 주사기로 주사를 맞아서는 안 되며, 문신을 할 때 사용하는 침이나 한방에서 사용하는 침도 반드시 소독 여부를 확인해야 한다.

참고자료

■ 에이즈 치료제

국내에서 현재 사용되고 있는 약제는

- 지도부딘(AZT) : 전국 에이즈 전문진료기관에서 처방.
- 디다노신(ddI), 라미부딘, 잘시타빈(ddC), 인디나비어(단백분해효소 억제제) : 일부 전문진료기관에서 구입.
- 앞으로 새로운 약들이 계속 늘어올 예정이며, 전국의 전문진료기관이나 가까운 보건소에서 문의하면 자세한 안내를 받을 수 있음.

*자료출처: 질병관리본부(2010).

4-3-2. 상담사례

4-3-2-1. 제가 에이즈에 걸린 것 같아요. 어쩌지요? (이지훈, 남, 고)

성고민 및 문제

저는 고등학교에 다니는 남학생입니다. 제가 성폭행을 당했습니다. 야구부 소속으로 연습을 위해 학교에서 합숙을 하고 있는데, 며칠 전, 3학년 선배가 밤에 절 불러서 그 형 방으로 갔어요. 그런데 그 형이 저를 성폭행을 했습니다. 그날 이후로 속이 메스껍고 몸에서 열도 났어요. 부모님에게 말할 수도 없고. 제일 친한 친구에게만 얘기를 했어요. 그 친구는 저보고 선생님께 말씀드리라고 했지만, 전 말씀드리기가 너무 두렵습니다. 그 형이 선생님께 이르면 죽여버리겠다고 했거든요. 너무 괴롭습니다. 성폭행 당한 것도 힘들지만, 더 걱정이 되는 것은 혹시 제가 에이즈에 걸린 것은 아닐까 하는 거예요. 동성연애를 하면 에이즈에 걸린다고 하던데, 혹시 제가 그 몹쓸 병에 걸린 것은 아닐까하여 너무나 걱정이 됩니다. 도와주십시오.

상담자 답변

내담자 맞아들이기

고통스러운 사건을 당하셨군요. 메일을 보면서 저도 많이 화가 나는군요. **부모님과 상의하지도 못하고 얼마나 혼자 마음고생을 많이 했겠어요.** 지훈군의 글을 읽어보니 혼자서 일을 처리하려고 하기에는 너무나 어려운 상황인 것 같군요.

사회적 지지 추구

다른 사람에게 알리기 쉬운 일은 아니지만, 선생님이나 부모님에게 알리는 것이 필요합니다. 성폭행을 한 가해자가 학교 선배이고 학교 기숙사에서 일어난 일이라면 또다시 그런 일이 일어날 수 있고, 또한 다른 친구들도 피해를 봤을 수 있지요. 보복이 두려워서 이야기를 못하는 마음은 알겠지만 선생님이나 부모님에게 말씀을 드릴 필요가 있습니다.

전문 상담 권유

또 성폭행과 관련하여서는 전문 상담자에게 상담을 받는 것이 보다 바람직할 수 있습니다. 전문 상담자들이 좀 낯설 수 있겠지만 지훈군과 비슷한 처지에 놓인 사람들을 여러 차례 상담해 왔고, 지훈군의 입장에 대해 객관적이면서도 비밀을 보장해 주는 장점을 가지고 있습니다. 그리고 이번에 지훈군이 겪은 일은 충격스럽고 고통스러운 경험이었겠지만 그 충격으로부터 하루라도 빨리 벗어나셨으면 합니다. 보통은 다시 기억하기 싫기 때문에 묻어 두는 경우가 많은데, 전문 상담을 통해 경험을 재검토하고 심리적으로 통합하는 작업이 꼭 필요합니다.

에이즈에 대하여

에이즈에 감염이 되었을까 봐서 걱정을 많이 하고 있다구요. **AIDS(후천성 면역결핍증)는 HIV(인간면역결핍바이러스)라 하는 바이러스에 의해 발생하는 질환인데 이 HIV에 감염되면 면역기능이 파괴되어 여러 가지 진균, 세균, 바이러스, 기생충에 의한 감염질환, 악성종양 및 치매가 나타나게 됩니다.** AIDS는 바이러스에 의한 전염병으로 일단 감염이 되면 우리 몸의 면역체계를 파괴시킴으로써 치명적인 감염증이나 암을 일으켜 결국은 생명을 잃게 하는 무서운 병입니다.

HIV에 감염되면 수년간은 증상이 나타나지 않는 잠복기를 거치게 되는데 이 시기에 자신도 모르는 사이에 타인에게 에이즈 바이러스를 전파시킬 수도 있습니다. 감염이 진행됨에 따라 나타나는 증상을 보면 목, 겨드랑이, 사타구니의 임파선이 부어오르고, 자주 열이 나고 땀이 나며, 이유를 알 수 없이 체중이 감소하거나 피로가 지속되기도 합니다. 또 설사와 식욕부진이 계속되고, 입안이 헐거나 염증이 생기기도 하며, 정신혼란이 있거나 기억력이 떨어지기도 합니다. HIV에 감염된 사람의 대부분은 에이즈로 진행하게 됩니다. 현재까지는 이 병의 예방백신이나 치료약은 개발되어 있지 않습니다. 그러나 예방법을 알고 실천한다면 100% 예방이 가능한 병입니다.

AIDS에 감염되는 경로를 살펴보면, AIDS에 감염된 이성 또는 동성과 성접촉을 했을 때, AIDS 감염자와 마약주사기를 함께 사용했을 때, AIDS에 오염된 혈액제재 또는 혈액을 수혈 받았을 때, AIDS에 오염된 주사바늘이나 칼에 찔렸을 때, AIDS에 감염된 임산부가 아기를 낳았을 때 등입니다. 그러니까 AIDS는 주로 성접촉이나 혈액과 같은 체액을 통해서 전염된다고 생각하면 됩니다. 하지만 동성연애를 한다고 해서 무조건 AIDS에 걸리는 것은 아닙니다. 성병이나 AIDS는 갑자기 저절로 생기는 것이 아니고 이미 감염된 사람과 접촉했을 때 전염되는 것입니다. AIDS 환자와 물건을 같이 사용한다거나 단순히 피부접촉을 했다고 해서 전염되지는 않습니다.

내담자에게 지지 제공 및 상담 종결

지훈군, 물론 걱정이 될 수도 있지만, 성폭행을 당했다고 해서 무조건 AIDS를 염려할 필요는 없습니다. 속이 메스껍고 열이 났던 증상은 성폭행 경험 후의 힘든 마음이 신체로 나타난 것일 수도 있지만, 마음이 놓이지 않는다면 가까운 병원에 가서 검사를 받아보셨으면 합니다. 힘든 상황인데, 주변이 도움을 받으면서 또 차후에는 이런 일이 없도록 예방하시길 바랍니다.

학•습•정•리

✻ 주제 1 일상에서의 남녀 생식기 위생

- **남성 위생관리와 포경수술** : 남성의 위생관리 측면 등에서 포경수술을 찬성하는 의견도 있지만 최근에는 포경수술이 남성학대라는 측면 등에서 반대하는 의견이 있다. 최근에는 과거에 비해 포경수술을 꼭 해야 한다 혹은 하지 말아야 한다는 절대적 기준은 없다. 현재 한국에서는 대다수의 남성들이 포경수술을 당연히 해야 하고 실제 높은 포경수술률을 고려할 때, 포경수술에 대한 바른 이해와 가치 정립이 요구된다.
- **여성 위생관리와 질염 예방**: 질염은 불결한 성관계 및 비위생적인 관리가 그 원인이다. 특히 30% 정도는 성관계가 아닌 합성섬유로 된 옷이나 생리대 착용으로 염증이 생길 수 있으며, 항생제의 과다한 복용에 의해서도 생길 수 있다. 증상은 외음부가 가렵거나 붓고, 냉이 많고, 냄새가 나며, 화농성 고름이 나온다면 질염을 의심해 볼 수 있다.

✻ 주제 2 성인성 질환

- **성인성 질환**에는 매독, 임질, 질염 등이 있다. 성인성 질환이란 감염된 사람과의 성행위로 인해 전파되는 모든 전염성 질환을 말한다. 성인성 질환의 일반적인 증상으로는 음경이나 음부에서 분비물이 나오거나, 성기 주변이 가렵고 따가우며, 반점과 작거나 큰 혹이 생기며 욱신거리며, 등이나 옆구리가 아프고, 열이 나며, 아랫배가 몹시 아프거나 소변 볼 때 성기가 아프거나 소변이 자주 마렵고 시원치 않다.
- **예방법** : 성인성 질환에 대한 지식을 알아야 하며, 성인성 질환의 증상이 나타났을 때, 바로 진찰을 받도록 하며, 감염초기에 전문의를 찾아 진료를 받아야 하며 완치가 될 때까지 치료하는 것이 필요하다. 또한 성교를 할 때 반드시 콘돔을 사용하는 것이 필요하며, 생식기 위생과 관리를 생활화하는 것이 필요하다.

✻ 주제 3 에이즈

- **에이즈 바이러스**(HIV)에 의해 감염되는 에이즈는 대부분 이성 간/동성 간 성교를 통해 전염되나, 그 외에 감염된 혈액 및 혈액수혈, 에이즈 환자가 사용한 주사기를 함께 사용한 경우, 임신 중 모체를 통한 태아감염도 있을 수 있다.
- **에이즈 예방**을 위해서는 배우자를 제외한 사람과의 성관계는 피하는 것이 좋으며, 성관계 시에는 콘돔을 사용하여 안전한 성습관을 실천하는 것이 필요하며, 주사기와 침은 1회용이나 소독된 것을 사용하는 것이 필요하다.

학·습·평·가

※ 아래의 각 문항 내용이 옳다고 생각하면 O표, 틀리다고 생각하면 X표를 적으시오.

1. 포경수술은 위생을 위해 누구나 하는 것이 좋다. ( )
2. 포경수술을 하게 되면 성적인 능력이 증가된다. ( )
3. 진성포경보다 가성포경의 경우 포경수술을 하는 것이 위생관리에 더 도움이 된다. ( )
4. 문화에 따라서는 여자도 포경수술을 한다. ( )
5. 외음부 질염은 항생제 및 항균제의 과다한 사용으로도 생길 수 있다. ( )
6. 생식기를 닦을 때 향기 나는 비누의 거품을 많이 내어 사용하는 것이 좋다. ( )
7. 여성의 생식기 위생을 위해 좌욕을 할 때에는 질 안쪽까지 손을 넣어 깨끗이 닦는 것이 좋다. ( )
8. 생리 중에는 가능한 목욕을 하지 않는 것이 좋다. ( )
9. 임질은 15세에서 25세의 청소년들에게 잘 걸릴 수 있는 성인성 질환이다. ( )
10. 질염은 잘못된 성관계에서만 나타나는 질병이다. ( )
11. 매독은 치료가 불가능한 성병이다. ( )
12. 질염의 예방을 위해 질 세정제로 질 내부까지 자주 닦아주는 것이 좋다. ( )
13. 에이즈는 99% 이상이 성교에 의해 전염된다. ( )
14. 에이즈의 치료방법은 없으며 예방이 최선이다. ( )
15. 에이즈는 에이즈 환자와 악수를 하거나 포옹으로도 옮을 수 있다. ( )
16. 에이즈는 유아들도 걸릴 수 있다. ( )
17. 매독은 발병 후 12년간 잠복한 후 재발할 수 있다. ( )
18. 성병에 감염되었을 때 여성은 산부인과에, 남성은 비뇨기과, 혹은 보건소에 가면 된다. ( )
19. 에이즈는 콘돔 사용으로 예방할 수 있다. ( )

☜ 정답은 p.378에서 확인하세요.

5장 이성교제와 사랑

청소년기는 이성에 대한 관심과 욕구가 증대하는 시기로 많은 청소년들은 이성교제를 경험하게 된다. 이 장에서는 이성교제와 관련된 전반적인 주제를 다루면서, 구체적으로 청소년들의 이성교제 경험의 현황, 이성 간의 관계발전을 촉진시키거나 저해하는 요인들, 이성교제가 갖는 기능 등에 관해 알아볼 것이다. 또한 단순한 호감이나 끌림과는 구분될 수 있는 사랑의 요소, 단계, 유형을 살펴보고, 사랑을 하게 되었을 때 나타나는 정서와 행동상의 변화에는 어떤 것이 있는지 살펴볼 것이다. 또한 현재 자신이 경험하고 있는 이성 간의 관계가 과연 어떤 특성을 갖고 있는가를 점검해 보는 시간을 갖도록 함으로써 이성교제에서의 바람직한 의사결정을 돕고, 바른 태도와 가치관을 정립토록 한다.

● 학습내용

- 주제 1 : 이성교제
- 주제 2 : 사랑

● 학습목표

1. 이성교제의 다양한 기능을 안다.
2. 이성관계에서 오는 갈등이나 문제에 대한 대처방법을 안다.
3. 이성교제에 대한 자신의 입장과 태도를 정립한다.
4. 사랑과 우정의 차이를 이해한다.
5. 사랑할 때의 심리적 변화를 이해한다.
6. 자신의 사랑의 유형을 안다.

주제 1. 이성교제

5-1-1. 이론강의

1. 청소년들의 이성교제 현황

서울시내 중, 고등학생 2,297명을 대상으로 한 아하청소년성문화센타(2013)의 실태조사에 따르면 청소년들의 이성교제 현황에서 남녀 차이가 있었다.

■ 성교육시 알고 싶은 내용

여자 중학생은 '성폭력예방' 15.6%, '사랑/데이트' 14.5%, '동성애' 9.7%, '성평등' 8.7%, '임신/출산' 7.8% 등의 순으로 나타났다. 남자 중학생은 '성평등' 15.9%, '사랑/데이트' 14.5%, '성폭력예방' 11.4%, '성관계 준비' 8.8%, '사춘기/2차 성징' 8.3% 등의 순으로 나타났다. 남자 고등학생의 경우 '성관계 준비' 18.4%, '사랑/데이트' 13.5%, '성욕조절' 8.7% 등의 순으로 나타난 반면, 여자 고등학생의 경우 '성폭력 예방' 13.8%, '임신/출산' 12.8%, '사랑/데이트' 11.0% 등의 순으로 나타났다. '사랑/데이트' 에 대해서는 중고생 모두 높은 응답률을 보여 청소년들의 '사랑' 에 대한 높은 관심을 알 수 있다.

■ 연애 경험(동성 포함)

이성과 동성을 포함하여 과거(현재)에 연애를 한 '연애유경험률'을 보면, 남학생들(39.7%)보다 여학생들(44.9%)의 연애 유경험률이 더 높은 것으로 나타났다. 중, 고를 구분하여 비교해보면, 남자중학생의 경우 31.9%, 여자중학생의 경우 43.3%, 남자고등학생의 경우 46.2%, 여자고등학생의 경우 46.3%로 각각 나타났다. 중학생의 경우 남학생보다 여학생의 연애 유경험률이 약간 더 높았으나, 고등학생의 경우 남학생과 여학생의 연애 유경험률 간의 차이가 없었다.

■ 연애 상대를 만나게 된 경로(동성포함)

이성 혹은 동성을 포함한 연애상대를 만나게 된 경로는 중학생의 경우, '학교' (71.8%), '선후배, 친구 소개' (14.7%), '학원' (5.7%), '기타' (3.8%) 등의 순으로 나타났다. 고등학생의 경우 '학교' (47.5%)가 가장 많았고 다음으로 '선후배나 친구 등의 소개' (34.6%), '학원' (8.0%)의 순이었다. 이외에 연애 경험이 있는 고등학생 3.1%가 '인터넷 카페, 스마트폰 앱, 온라인 게임' 등을 통해서 연애 상대자를 만나고 있다는 것을 알 수 있다. 중학생이 고등학생에 비해 '학교' 응답이 매우 높고, '선후배, 친구 소개' 로 만났다는 응답이 매우 낮게 나타나 관계망이 연령이 높아질수록 더 넓어진다는 것 알 수 있다.

2. 이성교제 시 관계의 발전요인과 저해요인

(1) 관계를 발전시키는 촉진요인들

① 신뢰

이성교제 시 관계를 발전시키거나 저해하는 요인은 다양할 것이다. 이에 관한 대표적인 요인들은 다음과 같이 정리될 수 있다(송관재, 2000).

- **예견 가능** : 사람에 대해 얼마나 예견 가능한가? 예견 가능한 사람이란 행동에 변함이 없는 사람이다.
- **의지 가능** : 그 사람에게 내가 의지할 수 있는가? 이와 같은 사람은 중요할 때 도움을 받을 수 있는 사람이다.
- **신뢰감** : 내가 그 사람에게 신뢰감을 갖고 있는가? 그 사람을 좋아한다고 확신할 수 있고 안정감을 느낀다면 나는 그 사람을 신뢰하고 있는 것이다.

② 유사성

자신과 유사한 점이 있는 사람에게 호감을 느끼는 것으로, 이는 태도, 신념, 종교, 직업, 학력, 신체적 매력정도에서의 유사성이 모두 해당될 수 있다. 여기서 중요한 것은 실제의 태도 등이 동일하기보다는 지각되는 태도가 유사하다는 점이다.

③ 근접성

서로 가깝게 살고, 가까운 곳에서 일하며, 상호작용하는 사람들과 친구가 되기 쉽다(같은 동네, 옆자리, 옆번호 등).

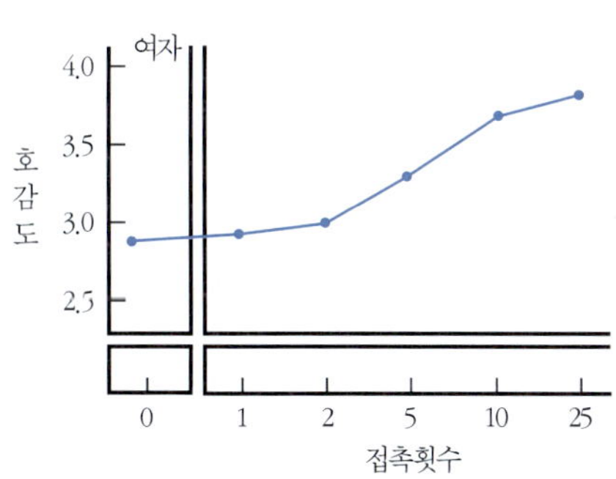

그림 5-1 접촉횟수와 호감도의 관계(Zajonc, 1968에서 전제함)
피험자들에게 여러 사진을 회수를 달리해서 보여 주면, 많이 본 대상일수록 호감도가 증가하였다.

● 단순노출효과: Zajonc(1968) 연구결과에 따르면 모르는 사람의 얼굴이라도 자주 보여줄수록 그 사람에 대한 호감이 증대되었다. 이 결과는 단순히 자주 보이는 것만으로도 친숙성이 호감을 증대시키기 때문이다.

④ 신체적 매력

사람들이 갖고 있는 보편적 신념 중 하나는 아름다운 것은 선할 것이라는 확신이다. Feingold의 연구에 의하면 매력적인 사람들은 더 사교적이고, 지도력 있고, 성격이 따듯하며, 정신적으로 건강하고 지적일 것으로 여겨진다고 한다. 매력적인 사람들이 데이트나 결혼할 때 더 선호되는 것이 이러한 이유 때문이다. 이러한 경향은 여자에게보다 남자에게 더 두드러지게 나타난다.

● 걸맞추기 현상matching princeple: 사람들은 실제 배우자나 친구의 선택에서 자신의 신체적 매력과 유사한 사람의 수준을 선택한다.

사람들은 신체적 매력이 비슷한 사람끼리 짝을 맺는다.

*출처: 이수원 외(2002). 심리학-인간의 이해-, 정민사.

⑤ 보상성

우리는 자신에게 보상을 주는 사람들을 친구로 여기며 보상을 주지 않는 사람을 좋아하지 않는 경향이 있다. 보상에는 지위, 돈, 기술, 정보, 애정, 친절, 심리적 위안 등 가시적인 요소와 비가시적인 요소가 모두 포함된다. 행복한 부부들은 불행한 부부들에 비해 서로 긍정적이고, 보상을 주는 방식으로 행동하고, 친구와의 교류나 친밀한 연인 사이는 그들이 주고받는 보상 수준에 따라 관계가 계속될 수도 있고 깨질 수도 있다.

⑥ 상보성

사람들은 자신의 단점을 보완할 수 있는 측면을 상대가 갖고 있을 때 그 사람을 좋아하는 경향이 있다. 유사성은 관계의 시작에서 중요한 측면이라면 상보성은 관계의 지속, 유지에 중요한 요인이 된다.

(2) 관계를 저해하는 장애요인들

① 고정관념과 편견

어떤 사람에 대해 선입견을 갖고 굳어버린 믿음을 고정관념stereotype이라 하는데, 이것은 때로 사람이나 장소, 그리고 생활의 사건들을 범주화시키는 역할을 한다. 이에 따라 대인관계에서 제한된 상호작용을 맺는 요인이 된다.

② 자기개방의 부족

다른 사람들에게 자신의 생각이나 관심들, 경험들, 감정들을 표현하는 사람들은 더 많은 친구들을 가지고, 그 관계는 그렇지 않은 사람들보다 더 오래 지속된다. 즉, 자기개방이 증가함에 따라 정서적 관여가 커지며 모임에 대한 만족이 커진다. 따라서 자신을 숨기고 개방하지 않는 사람들은 이성관계의 순조로운 발전을 기대하기 어렵다. 그러나 관계의 초기에는 자기를 과도하게 표출하는 것이 오히려 관계를 발전시키는 데 장애가 될 수도 있다.

3. 이성교제의 기능

이성교제는 다음과 같은 다양한 기능을 갖고 있다

① 레크리에이션 : 이성교제는 레크리에이션의 한 형태가 될 수 있다. 대부분 이성교제를 하면서 즐거움을 느끼기 때문에 일종의 오락적 역할을 할 수 있다.

② 지위와 성취의 원천 : 이성교제를 하면서 상대가 차지하는 위치를 평가하고 유사한 지위를 얻을 수 있다.

③ 청소년기 사회화 과정의 일부 : 이성교제를 하면서 이성과 어떻게 어울리는지를 배운다.

④ 이성과의 친밀감 경험 : 이성교제는 이성과 의미 있는 관계 확립을 맺는 기회를 제공하며 이성과의 친밀감을 경험적으로 배우게 된다.

⑤ 성적 탐구 : 이성교제를 통해 성적 실험과 탐구를 위한 연습을 할 수 있다.

⑥ 동료의식 경험 : 이성교제는 이성과 함께 활동하고 상호 작용함으로써 동료 의식을 경험할 수 있다.

⑦ 정체감 형성과 발달 : 이성교제는 청소년들이 자신의 정체성을 분명히 하고 가족으로부터 독립할 수 있도록 돕는다.

4. 이성교제의 장단점

이성교제에서 오는 장점과 단점을 나열하면 다음과 같다.

이성교제의 장점	이성교제의 단점
• 이성친구를 만나면 즐겁다. • 친구가 하나 더 생긴다. • 성적인 만족을 줄 수 있다. • 친구 사귀는 방법을 알 수 있다. • 이성의 특징과 심리를 배울 수 있다.	• 시간을 많이 빼앗긴다. • 공부에 방해가 된다. • 원치 않는 임신 등의 문제가 생길 수 있다. • 이성친구로 인한 고민이 생긴다. • 데이트 비용이 든다.

5. 매력 남녀의 조건

Q 매력 남녀의 조건이 따로 있을까요?

☞ 객관적으로 정해진 매력 남녀의 조건은 따로 없다. 매력을 느끼는 것은 극히 개인적인 기준과 문화적 기준에 따라 차이가 있기 때문이다.

(1) 매력을 느끼는 일반적인 특성

- 근접성 : 일반적으로 가까이서 자주 보는 사람에게 더 매력을 느낀다.
- 유사성 : 자신과 특성, 신념, 취미가 비슷한 사람에게 더 매력을 느낀다.
- 보상성 : 상대가 자신에게 뭔가 보상을 줄 수 있는 사람에게 더 매력을 느낀다.
- 능 력 : 무능한 사람보다 유능한 사람에게 더 매력을 느낀다.
- 성 격 : 일반적으로 정직성, 솔직성, 이해성이 높은 사람에게 더 매력을 느낀다.

(2) 남녀에 따른 매력 지각의 차이

매력적인 남녀의 기준은 개인에 따라 혹은 시대와 문화에 따라 달라질 수 있다. 여성보다 남성들은 외모, 몸매 등이 아름다울 때 더 매력을 느끼는 것으로 알려져 있다. 반면에 여성들은 남성들보다 남성이 유능할 때 더 매력을 느끼는 것으로 알려져 있다.

남녀의 성격적인 면에서 다음과 특성이 있을 때 더 매력적으로 지각하는 경향이 있다. 남자는 책임감이 있을 때, 인격적일 때, 인간적이고, 슬기롭고, 포용력이 있을 때, 여자는 정숙하고 슬기롭고, 청결하고, 상냥하고 성실할 때 매력적으로 지각된다.

5-1-2. 상담사례

5-1-2-1. 여자친구 생각이 떠올라서 공부를 할 수가 없어요. (장준, 남, 중)

고민 및 문제

저는 중 3 남학생 장준이라고 합니다. 처음으로 한 미팅에서 한 여학생과 짝이 되어 몇 번 만나고 이제는 여자친구라고 생각하고 있습니다. 저와는 조금 다른 성향으로, 공부보다는 여러 가지 다양한 흥미 활동을 즐기는 친구입니다. 사실 그래서 더 매력을 느끼는지도 모르겠습니다. 문제는 이 친구 생각을 하느라고, 제가 계획했던 공부들이 미루어지고 있습니다. 저는 어떻게 하면 좋을까요.

상담자 답변

내담자 맞아들이기

장준군, 장준군 또래에 누구나 하게 되는 매우 자연스러운 고민을 하고 있군요. 그 나이가 되면 자연스럽게 여자친구에 대한 관심이 생기고 그런 것이 오히려 관심이 없는 것보다 정상적인 성장을 하고 있다는 증거가 되죠.

이성과의 만남: 장점

이성교제는 여러 가지 측면에서 사회화 과정에 도움이 됩니다. 우선은 나 아닌 한 사람에게 호감을 느끼고 보다 친밀한 관계를 형성하는 경험이 되지요. 또 장준군의 경우처럼 여자친구가 나와는 다른 다양한 활동에 참여하기를 원하기 때문에 레크리에이션의 의미도 가지게 되지요. **무엇보다 타인을 좋아하는 나의 새로운 모습을 경험하는 것은 무엇과도 바꿀 수 없는 긍정적인 경험입니다.**

이성과의 만남: 문제가 되는 경우

이렇게 이성과의 만남이 나에게 긍정적인 경험이 되기만 하면 좋을 텐데 문제가 되는 경우가 있지요. 장준군은 학업에 집중하기 힘든 경우지요. 사실 이런 고민을 하게 된다는 것부터가 문제라고 할 수도 있지만요. 아마 마음을 다잡아야지 하다가도 여자친구를 생각하거나 만나서 오랜 시간을 같이 있는 내 모습을 발견하게 될 텐데요.

그 외에도 이성교제로 인해 부모님과의 갈등, 다른 활동에 할애하는 시간의 제한 등이 문제가 될 수 있습니다.

새로운 행동 -자연스러운 태도

우선 동성친구처럼 생각하세요. 자연스럽게 이야기하고 인사하고, 같은 또래니까 공부, 연예인, 학교 이야기가 다 통할 수 있잖아요. 마음에 이끌리는 그 여자친구에게 동성친구에게 대하듯 공감대를 한번 만들어 보세요. 장준군은 이때까지 여자친구에 대한 관심이 없었으니까 우선 여러 여자친구들과 자연스럽게 어울리는 것이 필요할 수도 있어요. 지금 다니는 학원은 그런 의미에서 좋은 환경이라고 생각되요. 혼자서 힘들다면 친구들과 어울려서 자연스럽게 여자친구들과 이야기를 할 수 있겠죠. 처음에 쑥스럽다면 그러한 대화들 중에서 여자친구들의 의견에 동조를 한다든지 하면서 서로에게 좋은 인상을 만들고 다음에 만나며 서로의 이름들을 다시 불러줄 수 있는 거죠. 그리고 어디에서나 만나면 서로 인사하게 되고. 자연스럽게 다른 이야기들도 하게 되고. 이렇게 차츰차츰 단계를 밟듯이 여자친구들을 대하는 것도 동성친구를 대하듯이 부담이 없어질 거예요.

나의 우선순위 점검

장준 군의 삶임으로 결정은 본인에게 달려 있지요. 장준군의 우선 순위를 한번 확인해 보지요. 걱정하는 것처럼 학업에 우선순위를 두고 있다면 다시 한번 여자친구와의 관계에 덜 몰입할 수 있도록 노력할 수 있겠지요. 혹시 노력으로도 어렵다면, 이성교제를 조금 미룰 수도 있겠지요. 이성교제라는 것은 성인이 되어 결혼할 때까지 경험할 수 있지만, 현재 학업 수행 방해로 인한 성적 저하는 오랜 기간 장준군의 삶에 영향을 미칠 수도 있겠지요. 여자친구에게 현재 장준군의 상황을 설명하고 함께 상의해 보는 것도 좋은 태도입니다.

상담 종결

가슴 뛰고 혼자 있어도 웃게 하는 이성교제인데, 학업과의 상충으로 고민하는 장준군에게 도움이 되었으면 합니다.

5-1-2-2. 여자친구가 없어 우울해요. (김홍식, 남, 중)

상고민 및 문제

저는 중 3 남학생 김홍식입니다. 물론 고입을 앞두고 있지만 저에게 공부가 아닌 고민이 생겼습니다. 제 또래 친구들은 거의 여자친구가 있습니다. 그런데 저는 여자친구가 없습니다. 친한 초등학교 여자 동창조차 없습니다. 제가 이때까지 그런 부분에서 무관심해서인지 모르겠지만 다른 친구들과 비교가 됩니다. 친구들을 보니 여자친구가 있다고 해서 공부에 지장을 주는 것은 아닌 것 같습니다. 그리고 저는 원래 여자들에게 인기가 없는 스타일인 것 같아 자신감도 없어집니다. 그냥 제가 좋아하는 컴퓨터하고 공부하면서 그럭저럭하고 지내고도 싶습니다. 그렇지만 학원에 가면 여자애들도 많고, 제 친구들은 여자애들과 자연스럽게 잘 지내고 인기도 많은 것 같습니다. 나는 너무 어색하고 그리고 여자애들이 저에게는 관심도 없는 것 같고 저의 외모에 대해 비웃는 것도 같아 기분이 우울합니다. 저는 키는 크지만 뚱뚱한 편입니다. 살을 뺄까도 생각했지만 잘 되지 않고 더 스트레스만 쌓이고 우울하답니다. 어떻게 하면 좋을까요?

상담자 답변

내담자 맞아들이기

홍식군, 홍식군 같은 나이가 되면 자연스럽게 여자친구에 대한 관심이 생기고, 여자친구에 대한 관심은 청소년기에 정상적인 성장을 하고 있다는 증거가 되죠. 그럼 이성 친구에 관련된 고민들을 구체적으로 이야기해 볼까요.

대인관계 기술

홍식군도 사귀는 여자친구가 있었으면 그리고 여자친구들과 보다 자연스럽게 어울리고 싶군요. **마음에 끌리는 여자친구가 홍식군에게 호감을 가지기 위해서는 우선 편안함을 느낄 수 있고, 공감대가 형성되어야 하겠지요.** 동성친구에게 하듯이 자연스럽게 인사하고, 같은 또래끼리 할 수 있는 공부, 연예인, 학교 등을 화제로 대화를 진행하겠지요.

처음에 쑥스럽다면 그러한 대화들 중에서 여자친구들의 의견에 동조를 한다든지, 하면서 서로에게 좋은 인상을 만들고 다음에 만나며 서로의 이름들을 다시 불러줄 수 있는 거죠. 그리고 어디에서나 만나면 서로 인사하게 되고, 자연스럽게 다른 이야기들도 하게 되고, 이렇게 차츰차츰 단계를 밟듯이 여자친구들을 대하는 것도 동성친구를 대하듯이 부담이 없어질 거예요. 그러면 이제 수줍지만 용기를 내어 한번 행동으로 옮겨볼까요?

그리고 내가 앞으로 할 행동들에 대해 미리 실수를 겁내하거나 부끄러워하지 마세요. 모든 일은 처음부터 완전히 잘할 수 있는 것은 아니라는 것 알죠. 비록 새로운 일이나 행동

등을 하게 될 때 많은 시행착오를 겪게 되지만 이렇게 자신의 장벽들을 부딪치면서 이김으로써 어느새 자신을 가장 사랑하게 되고 멋진 나로 자라고 있을 것입니다.

외모에 대한 새로운 시각

홍식군은 여자친구가 없는 이유로 혹시 내가 신체적으로 매력적이지 않아서라는 걱정을 하는 것 같네요. 청소년기뿐만 아니라 남녀 공통적으로 자신의 외모에 불만을 가지는 것 또한 매우 자연스러운 현상입니다. 그러나 이것이 너무 지나치면 자신감을 잃게 되죠. 적절한 불만은 오히려 자신의 외모뿐 아니라 심리적, 신체적 개성을 더욱 발전시킬 수 있지만요. 그런데 잠깐만요! 스스로가 그렇게 살이 쪘다고 생각하세요? 보다 객관적으로 본다면 그렇지 않을 수도 있지요.

이성관계뿐 아니라 다른 사회적 관계들 속에서 외모는 처음 대인 관계를 맺을 때에는 큰 영향을 미치기도 합니다. 하지만 지속적인 대인관계 속에는 외모보다는 인간적인 태도와 서로를 배려하는 마음, 공감대 형성들이 보다 중요합니다. 그러므로 홍식군이 자신감 있는 태도와 상대방을 배려하는 마음자세를 갖는 것이 외모보다 우선되는 면입니다.

상담 종결

홍식군, 꼭 남에게 잘 보이기 위해서가 아니라 나 자신을 가꾸기 위해 외모를 돌보고, 여자친구들과 자연스러운 대화를 통해 이성관계로의 발전 등을 가지게 되시길 바랍니다. 잘하실 것으로 믿어요.

주제 2. 사랑

5-2-1. 이론강의

1. 사랑과 우정의 차이

이성친구를 만나고 서로의 관계가 발전하면서 일부는 어떤 특별한 변화를 경험하게 되고 이를 사랑이 아닌가 기대하게 된다. 사실 사랑이라는 경험은 가시적이지도 객관적이지도 않아서 개인마다 경험하는 바나 정의내리는 바가 다양할 수밖에 없다. 이런 이유로 청소년들은 사랑에 대해 지나칠 정도의 환상을 꿈꾸기도 하고, 자신의 현재 경험이 사랑인가에 대해 의심스러워하기도 한다. 그러나 "사랑"이라고 정의내리기 위해서는 아래와 같은 몇 가지의 기본적인 요소들이 포함되어야 할 것이다.

Rubin(1970, 1973)은 사랑과 호감이 서로 다른 개념이라는 점을 강조하면서 호감과 비교하여 사랑은 다음 3가지의 면에서 차이가 있다고 밝힌다.

① **애착** : 상대방과 같이 있고 싶어 하며, 의지하려는 욕망, 그 사람 없이 살아가기 어렵다는 생각 등

② **돌봄** : 상대방의 욕구를 충족시켜 주고 싶어 하는 심정, 그 사람을 위해 무엇이든지 할 것 같다는 생각 등

③ **친밀감** : 상대방과 느끼는 친근감, 연민, 상대방에 대한 자기노출 및 이해의 정도

David(1985)는 사랑과 우정의 차이를 다음과 같이 구분하고 있다.

♦ 사랑과 우정의 차이(Davis, 1985)

사랑 {
우정 : 즐김, 이해, 신의, 도움, 존중, 자발성, 수용, 믿음
\+
열정(passion) : 황홀감, 배타성, 성적 열망
\+ **보살핌(caring)** : 상대방을 옹호, 지지 : 최상의 것을 주는 것
}

2. 사랑의 유형

사랑에 대한 정의가 다양한 것과 마찬가지로 이 세상에는 한 가지 고정된 유형의 사랑만 있는 것이 아니라 다양한 형태의 사랑이 존재한다는 것이 일반적인 생각이다. 대표적인 사랑의 유형들은 다음과 같다.

(1) Sternberg의 사랑의 삼각형 이론: 7가지 사랑의 유형

친애감
상대방과 느끼는 친근감, 연민, 상대방에 대한 자기노출 정도

정열
열정적인 감정

Sternberg(2000)는 사랑의 기본 3가지 구성요소는 **친밀감**intimacy, **정열**passion, **구속/헌신**commitment이라고 말하고, 이를 바탕으로 7가지의 사랑형태를 제시한다. 이에는 먼저 기본 구성요소 하나씩을 갖고 있는 형태(3개)와 기본요소를 두 개 이상 갖고 있는 이차적 형태(4개), 기본요소를 전혀 갖고 있지 않은 형태(1개)를 포함한다. 사랑은 3가지 요소를 조합하여 7가지 유형으로 분류된다(표 5-1 참조).

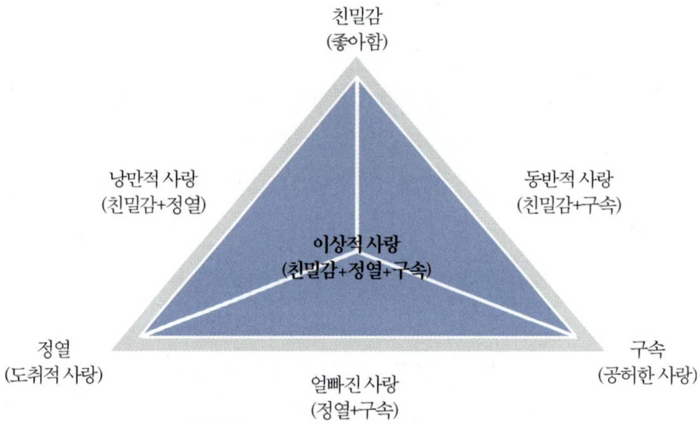

그림 5-2 사랑의 3가지 구성요소

표 5-1 Sternberg의 사랑의 7가지 유형

사랑의 유형	친밀감	정열	구속 및 헌신
사랑이 아님	-	-	-
좋아함	+	-	-
도취적 사랑	-	+	-
공허한 사랑	-	-	+
낭만적 사랑	+	+	-
동반적 사랑	+	-	+
얼빠진 사랑	-	+	+
이상적 사랑	+	+	+

주. +는 해당요소가 있음. -는 해당요소가 없음.

*자료출처: R. Sternbern(2000).

① 좋아함: 친밀감만 있는 경우

좋아함이란, 열정이나 구속/헌신은 없고 단지 친밀감만을 갖는 경우이다. 불타는 열정이나 오랫동안의 구속/개입이 없어도 친구관계에서처럼 우정을 갖는 경우이다.

② 도취적 사랑: 열정만 있는 경우

도취적 사랑은 흔히 특정 대상에 대해 '첫눈에 반한 사랑' 을 말한다. 이 사랑은 열정 그 자체이며 이 사람은 보통 눈에 띄게 나타나나 순식간에 나타났다가 또한 순식간에 사라질 수 있다.

③ 공허한 사랑: 구속/헌신만 있는 경우

공허한 사랑이란, 결혼 후 오랜 시간이 지나면 처음 만났을 때의 열정과 친밀감은 없어지고 자녀를 위해 결혼관계를 유지하고 있는 경우에 해당된다.

④ 낭만적 사랑: 친밀감+열정이 결합된 경우

남녀가 처음 사랑에 빠지고, 감정적으로 일체감을 느끼는 경우에 해당된다. 로미오와 줄리엣처럼 고전문학작품, 로맨스 소설에서 흔히 나오는 낭만적인 사랑에 해당된다.

⑤ 동반적 사랑: 친밀감+구속/헌신이 결합된 경우

오랜 결혼생활을 해온 부부들의 관계에서처럼 친밀감(우정)과 구속/헌신(결혼관계)은 있으나 육체적인 관계나 열정이 사라진 친절함과 우정이 남아 있는 사랑이다.

⑥ 얼빠진 사랑: 열정+구속/헌신이 결합된 경우

처음 열정을 느껴 사랑에 빠지고, 단기간에 결혼에 골인하는 '헐리우드식 사랑' 이 해당된다. 이 경우는 시간을 두고 서로에 대해 친밀감을 갖지 못한 상태에서 열정만 가지고 결혼관계에 돌입(구속/헌신)한다는 측면에서 얼빠진 것이다. 그러나 열정이 사라지면 그 사랑은 오래 지속하기 힘들다.

⑦ 이상적 사랑: 친밀감+열정+구속/헌신이 결합된 경우

세 가지 요소를 모두 갖춘 성숙하고 완전하며 이상적인 사랑이다. 이상적 사랑을 이루는 것은 가능은 하나 이루기가 매우 어려우며, 일단 이런 사랑을 이루었다 하더라도 관계가 지속됨에 따라 다른 형태로 변해갈 수 있으므로 이상적 사랑을 유지하는 데에는 노력이 필요하다.

(2) Lee의 6가지 사랑의 유형

Lee(1973, 1976)는 성경, 그리스, 로마, 중세, 현대 작가들의 소설과 비소설 작품에서 사랑에 대한 표현 4,000개를 분석하여 3가지의 일반적 형태의 사랑과 여기서 파생되는 3가지의 이차적인 형태를 다음과 같이 제시한다.

■ 일차적 사랑

① **열정적이고 낭만적인 사랑(Eros):** 유형의 사랑은 첫눈에 반하여 사랑에 빠진 경우로 열정적이고 낭만적인 사랑을 추구한다. 이 경우는 특히 외모가 중요한 요인으로 작용하며, 두 사람 간의 신체적, 심리적 합일을 추구한다. 이들은 서로를 즐겁게 하거나, 선물을 주고 받거나, 같은 물건을 사용함으로써 서로 동일시하려 한다.

② **유희적 사랑(Ludus):** 유형의 사랑을 하는 사람들은 사랑이란 즐기기 위한 도전이며, 일종의 게임이다. 사랑과 성행위는 재미로 하는 것이지 책임을 져야 하는 행동이 결코 아니며, 사랑이란 인생에서 대단히 중요한 것이 아니라고 여긴다.

③ **동료적, 우정적 사랑(Storage):** 유형의 사랑을 하는 사람들은 친한 친구에게 느끼는 우정이나 동료애를 느끼는 사랑이다. 이 유형의 경우 열정이나 낭만적인 사랑은 아닐지라도 서로 정답고 친밀하고, 함께 있을 때 서로 편하고 좋으며, 취미도 비슷한 것이 특징이다. 따라서 이 유형은 서로 친구이자 서로 사랑하는 애인인 것이다.

■ 이차적 사랑

이타적 사랑
자기를 희생하여 남을 이롭게 함.

이차적 사랑은 일차적 사랑이 두 개씩 복합된 형태이다. 일차적 사랑을 기반으로 해서 형성되지만, 일차적 사랑과는 질적으로 다른 형태로 질적 전환을 이룬 것으로 가정된다.

① **소유-의존적 사랑(Mania) : 열정적 사랑 + 유희적 사랑 :** 이 유형의 사랑을 하는 사람은 사랑에 빠지게 되면 완전히 사랑의 노예가 되어 상대의 사랑을 확인하는 일로 모든 시간과 정열을 쏟으며, 버림받지 않을까 하는 두려움에 항상 불안감에 시달린다. 사랑에 대한 보답이나 배신의 경우에는 사랑이 증오로 변한다.

② **논리적 사랑(Pragma) : 유희적 사랑 + 우정적 사랑 :** 이 유형의 사랑을 하는 사람은 매우 현실적이고 실용적인 태도를 갖는 사람이 많으며, 사랑을 일종의 거래처럼 생각한다. 자신의 선호사항이나 필요에 맞는 사람을 사랑의 대상자로 선택하며, 그런 조건에 맞지 않는 사람을 만난다는 것은 시간낭비라 생각하며, 해당 조건에 맞는 대상이 나타날때까지 기다린다.

③ **이타적 사랑(Agape) : 열정적 사랑 + 우정적 사랑 :** 이 유형의 사랑은 사랑에 있어서 특정 조건이 없으며 자기희생적인 사랑, 무조건적 사랑, 즉 아가페적 사랑이 특징이다.

이 유형에게 있어서 진정한 사랑은 받는 것이 아니라 주는 사랑이며, 자기 자신보다 상대의 만족과 행복에 더 초점을 맞추어 생각하며, 상대를 위해 기꺼이 자신의 희망이나 목표를 포기할 수 있다.

참고자료

■ 사랑의 유형 검사

☞ 사랑의 유형 검사

앞서 소개된 Lee의 6가지 사랑유형이론을 바탕으로 Hendrick와 Hendrick(1986)은 개인들이 자신의 사랑에 관하여 어떤 태도를 갖고 있고 현재 어떤 사랑을 하고 있는지를 점검할 수 있는 척도를 개발하였다. 이성교제가 빈번한 요즘의 청소년들도 이 척도를 통해 자신이 갖고 있는 사랑에 대한 태도, 자신의 현재 이성교제의 특징을 점검해 볼 수 있다.

☞ 검사 실시

참가자들은 각 문항에 대해 1('전혀 그렇지 않다')에서 5('매우 그렇다')까지의 점수를 사용하여 자신의 응답을 표시한다. 시간제한은 없으나 한 문제에 지나치게 오랜 시간을 소요하지 않도록 한다. 만일 참가자들 자신에게 전혀 해당되지 않는 문항이 있으면(예를 들어, 성교) 그런 문항은 표시하지 않아도 된다. 현재 이성교제를 하고 있는 참가자들뿐 아니라, 이성교제를 하지 않는 참가자들도 해당되는 문항에 대해 평소의 생각을 바탕으로 하여 검사에 응할 수 있다.

전혀 그렇지 않다	대체로 그렇지 않다	반반이다	약간 그렇다	매우 그렇다
1	2	3	4	5

1. 우리는 처음 만난 후 즉시 서로에게 끌렸다.	1 2 3 4 5
2. 우리 사이에는 강한 전기교류와 같은 작용이 일어난다.	1 2 3 4 5
3. 우리의 성교는 매우 강렬하고 만족스럽다.	1 2 3 4 5
4. 내가 느끼기에 우리는 서로를 위해 태어난 것 같다.	1 2 3 4 5
5. 우리는 신체적으로 매우 빨리 끌리게 되었다.	1 2 3 4 5
6. 우리는 서로를 진정으로 이해한다.	1 2 3 4 5
7. 내 연인은 내가 이상적으로 생각하는 신체적 아름다움을 갖고 있다.	1 2 3 4 5
8. 나는 나의 연인에게 약간의 불확실함을 남겨 두려고 한다.	1 2 3 4 5
9. 나는 나에 대해 모르는 것이 있다는 것 때문에 내 연인이 마음의 상처를 받지 않을 것이라고 믿는다	1 2 3 4 5
10. 나는 때때로 나의 두 연인이 서로에 대해 알아차리지 못하도록 해야 할 때가 있다.	1 2 3 4 5
11. 나는 사랑의 상처로부터 쉽게 그리고 빨리 헤어날 수 있다.	1 2 3 4 5
12. 만약 내가 다른 사람들과 한 행동에 대해 내 연인이 알아차린다면 그 사람은 화를 낼 것이다.	1 2 3 4 5
13. 내 연인이 나에게 너무 의존하려고 할 때 나는 약간 물러서고 싶어진다.	1 2 3 4 5
14. 나는 여러 다른 파트너들과 사랑의 게임을 즐긴다.	1 2 3 4 5
15. 나는 실제로 사랑에 빠지고 나서 한참 후에야 사랑하고 있음을 깨닫는다.	1 2 3 4 5
16. 연인은 먼저 서로를 한동안 돌보는 마음이 있고 난 후에야 사랑을 할 수 있다.	1 2 3 4 5

17. 나는 내가 한 때 애정 관계에 있었던 거의 모든 사람과 좋은 친구 관계를 유지하고 있다.	1 2 3 4 5
18. 가장 좋은 사랑은 오래된 친구 관계에서 생겨나는 것이다.	1 2 3 4 5
19. 내 연인과 내가 언제부터 사랑하는 사이가 되었는지 정확히 말하기 힘들다.	1 2 3 4 5
20. 사랑은 실제로 깊은 우정 관계이고 신비스러운 정서가 아니다.	1 2 3 4 5
21. 나의 가장 만족스러운 애정 관계는 좋은 친구 관계에서 발전된 것이다.	1 2 3 4 5
22. 나는 상대방과 진정으로 깊은 관계에 들어가기 전에 그 사람이 앞으로 어떤 사람이 될 것인지 생각해 본다.	1 2 3 4 5
23. 나는 연인을 선택하기 전에 내 인생을 주의 깊게 계획하려고 노력한다.	1 2 3 4 5
24. 비슷한 배경을 가진 사람을 사랑하는 것이 가장 좋다.	1 2 3 4 5
25. 연인을 선택하는 데에 주로 고려할 것은 그가 내 가족을 어떻게 보는가이다.	1 2 3 4 5
26. 파트너를 고르는 데 중요한 요인은 그 사람이 좋은 부모가 될 것인가이다.	1 2 3 4 5
27. 파트너를 고르는 데 고려해야 할 것 중 하나는 내 직업에 대해 그가 어떻게 생각하는 가이다.	1 2 3 4 5
28. 누군가와 심각한 관계가 되기 전에 나는 우리가 아이를 가질 경우를 생각해서 그 사람의 유전적 배경이 나의 것과 얼마나 잘 맞을지 알아보려고 한다.	1 2 3 4 5
29. 내 연인과 나의 일이 순조롭지 못하면 나는 위장 장애를 일으킨다.	1 2 3 4 5
30. 사랑이 깨질 때 나는 너무 우울해져서 자살까지도 생각해 본 적이 있다.	1 2 3 4 5
31. 때로 사랑에 빠져 있다는 것에 너무 흥분해서 잠을 잘 수가 없다.	1 2 3 4 5
32. 내 연인이 나에게 신경을 쓰지 않을 때 나는 심신이 편치 않았다.	1 2 3 4 5
33. 내가 사랑에 빠져 있을 때 나는 다른 것에는 잘 집중하지 못한다.	1 2 3 4 5
34. 내 연인이 다른 누군가와 함께 있다는 의심이 생기면 나는 편안하게 있을 수가 없다.	1 2 3 4 5
35. 내 연인이 나를 한동안 무시한다면 나는 그 사람의 관심이 돌아오도록 하기 위해 때로 어리석은 행동도 한다.	1 2 3 4 5
36. 나는 연인이 어려울 때 내가 할 수 있는 일을 다 하려고 한다.	1 2 3 4 5
37. 나는 연인이 고통을 당하는 것보다는 오히려 스스로 고통을 당하려고 한다.	1 2 3 4 5
38. 내 자신의 행복보다는 내 연인의 행복을 우선시하지 않으면 나는 행복해질 수 없다.	1 2 3 4 5
39. 나는 보통 내 연인의 소망을 이루도록 하기 위해 스스로의 소망을 기꺼이 희생한다.	1 2 3 4 5
40. 연인이 원한다면 내가 갖고 있는 것은 무엇이든 사용할 수 있다.	1 2 3 4 5
41. 내 연인이 나에게 화가 났을 때에도 여전히 나는 그 사람을 전적으로 그리고 무조건적으로 사랑한다.	1 2 3 4 5
42. 나는 내 연인을 위해 모든 것을 인내할 것이다.	1 2 3 4 5

☞ 검사결과의 채점

검사는 총 42개의 문항으로 구성되어 있고, 문항들은 여섯 가지의 사랑의 형태에 대한 질문을 포함한다. 1~7번까지는 '열정적 사랑', 8~14번까지는 '유희적 사랑', 15~21번까지는 '우정적 사랑', 22~28번까지는 '논리적 사랑', 29~35번까지는 '소유적 사랑', 36~42번까지는 '이타적 사랑'을 묻는 질문들이다. 각 유형별로 응답점수의 합을 내어 비교한다.

검사결과에서

열정적 사랑은 ________점

유희적 사랑은 ________점

우정적 사랑은 ________점

논리적 사랑은 ________점

소유적 사랑은 ________점

이타적 사랑은 ________점

따라서 검사결과에서 점수가 가장 높은 1위와 2위가 자신이 선호하는 사랑유형이다.

☞ 사랑의 유형검사 해석은 p. 377 참조)

3. 성숙한 사랑 vs. 미성숙한 사랑

(1) 성숙한 사랑

성숙한 사랑은 내가 상대에 대해 갖고 있는 관심이 상대가 나에 대해 갖고 있는 것보다 더욱 중요하다고 생각할 때 자라난다. 이러한 종류의 관계는 완숙하게 사랑의 질을 향상시키고 서로에게 힘을 북돋워준다. 이러한 사랑은 또한 아주 좋은 순간뿐만 아니라 어려운 상황에도 쌍방 모두에게 더욱 좋은 감정을 가지게 한다.

(2) 미성숙한 사랑

미성숙한 사랑은 내가 상대를 돌보기보다는 상대가 나를 돌보아 주는 것을 더 중요하게 여기는 것이다. 이러한 관계는 서로에게 부담으로 인식되기 쉽고 주는 것보다는 받으려고 하기 때문에 감정의 소모가 많다. 이러한 사랑은 좋은 일이 있거나 상황이 좋을 경우에는 문제가 되지 않지만, 상황이 좋지 않을 경우에는 서로에게 상처를 주고 요구만을 반복하는 관계로 발전되기 쉽다.

4. 사랑의 감성들과 행동들

(1) 사랑의 감정들

사랑을 하게 되면 어떤 감정이 생겨나고 어떤 특별한 행동을 하게 될까? 개인마다 차이가 있겠지만 사랑과 관련되어 나타나는 일반적인 특징은 다음과 같이 정리될 수 있다.

미국에서 600여 명의 남녀 대학생을 대상으로 자신이 사랑을 할 때 경험했던 감정을 기술하게 한 결과, 다음과 같은 공통적인 반응들이 나타났다. 괄호 안의 수치는 각 항목에 대해 응답한 대상자들의 비율이다.

① 강한 행복감(79%)
② 주의 집중의 곤란(37%)
③ 구름 위에 떠 있는 것 같은 느낌(29%)
④ 달리고, 뛰고, 소리치고 싶은 느낌(22%)
⑤ 데이트 전에 상기되고 안절부절한 느낌(22%)
⑥ 기분이 들뜨고 조심성이 없어지는 느낌(20%)
⑦ 속이 울렁거리거나 손이 차가워짐(20%)
⑧ 불면증(12%)

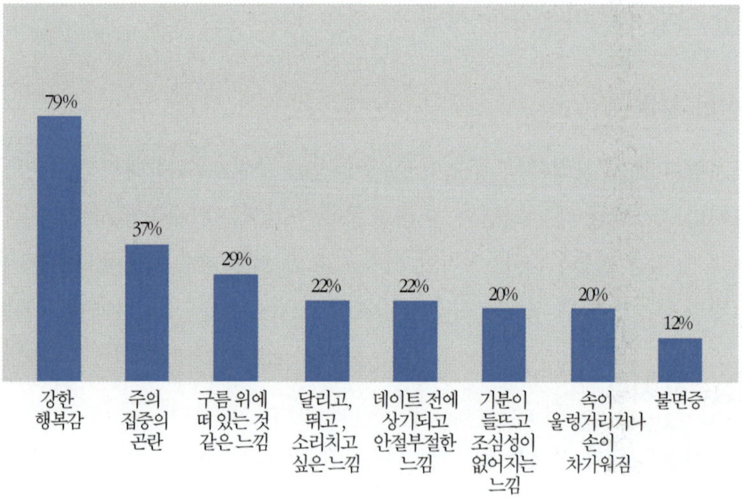

(2) 사랑의 행동들

사랑을 하게 되면 이상의 정서적 변화와 함께 다음과 같은 행동적 변화도 경험하게 된다(Swensen, 1972).

① '당신을 사랑해' 등의 언어적 진술들
② 자기 개방
③ 상대방의 활동에 관심을 보이거나 그 사람의 의견을 존중하고 고무해 주는 것과 같은 사랑의 신호들
④ 상대방과 있을 때에 행복감과 편안한 감정들을 눈빛, 몸짓 등 비언어적으로 전달하는 것
⑤ 선물을 주는 등의 물질적 표현들
⑥ 끌어안거나 키스하는 것과 같은 신체적 표현들
⑦ 관대함을 보이고 관계를 유지하기 위해서 희생을 하는 것

5-2-2. 상담사례

5-2-2-1. 이성 간에는 진실한 친구가 되기 힘든 건가요? (김사라, 여, 대)

상고민 및 문제

안녕하세요? 대학교 1학년 여학생 김사라입니다. 어릴 때부터 같은 동네에서 함께 자라왔기에 자연스럽게 친구가 된 성민이라는 남자애 이야기를 하려 합니다. 저는 그 애와 초등학교, 중학교, 고등학교를 우연찮게 모두 한 학교를 다녔습니다. 하다못해 학과는 다르지만, 대학도 같은 학교를 다니고 있습니다. 오히려 제 주위의 여자 친구들보다도 더 친하게 지내는 아이였습니다. 그러던 어느 날 대학에 올라와 그 애와 그 애의 친구 몇몇과 저는 술자리를 같이 하게 되었습니다. 그 술자리에서 그 애는 마치 제가 자신의 오래된 연인인 것처럼 행동하는 것이었습니다. 저는 그럴 수도 있겠지 하는 생각에 그냥 지나갔는데, 매번 다른 모임들에서도 그 애의 태도는 같았습니다. 그 애에게 물어보니 정말로 나와 사귀기를 원한다는 것이었습니다. 저는 너무나 황당하고, 한편으로는 기분까지 나빠지더군요. 여자 친구들보다도 정말 저는 그 애를 진실된 친구로 생각하고 있었는데, 그 애는 그게 아닌 모양입니다. 저는 정말 그 애랑 사귄다는 것은 생각도 못하겠는데, 이를 어떻게 해결해야 좋을지 막막합니다.

상담자 답변

내담자 맞아들이기

사라양, 그저 친구로만 지내오던 성민군이 친구 이상의 감정으로 자신을 대하고 있다는 것을 알게 되면서 무척 당혹스러워 하고 있는 마음이 느껴집니다.

문제 명료화

친구 이상의 감정으로는 전혀 생각지 않았던 사라양으로서는 성민군의 이러한 태도가 친구 사이를 계속 지속시켜야 되는 것일까, 아니면 어떻게 해야 되는 것일까 하는 여러 가지 생각들을 가지게 했군요.

남녀 간의 우정과 사랑

흔히들 남녀 간의 **우정이란 존재하지 않는 거**라고들 말합니다. 하지만 또 어떤 사람들은 남녀 간의 우정이 존재한다고도 하지요. 전자이든 후자이든지 간에 남녀 간의 우정이 존재하는 것에 대하여 조금 더 생각해 보게 되면, 우리 모두는 어떠한 원칙 같은 것을 발견하게 됩니다. 그것은 다름 아닌, 자신만이 느끼고 판단해야 하는 스스로의 마음자세라 여겨집니다. 어떠한 경우에라도 스스로의 마음가짐은 자신을 지켜주는 중심이 되는 것이지요.

친구에서 연인으로

사랑양은 친구로만 지냈던 남자친구에게 친구이상의 감정은 결코 가질 수 없다는 자신만의 어떠한 틀 속에 자신의 생각과 감정들을 모조리 가두기보다는 보다 자유롭게 생각하고 행동할 수 있는 여유로움을 가져보는 것도 좋으리라 봅니다. **자신을 돌아보고 다시 한번 성민군에 대하여 친구 이상의 감정이 있지는 않나 생각해 보았으면 합니다.** 그러한 감정들이 자신도 모르는 사이에 있음을 발견하게 된다면, 황당해할 필요도, 어색해할 필요도, 또한 망설일 필요는 더더욱 없다고 봅니다. 자주 만나고 늘상 함께 하였기에 생길 수도 있는 이성으로서의 자연스러운 감정들을 자신의 의지대로 행동함이 더욱 현명할 것입니다.

그냥 우정으로만

아무리 생각을 해도 성민군과의 연인 사이로 지냄이 어렵다고 생각될 경우에는 솔직하게 말해 주는 것이 서로의 우정을 지속하는 데 더 도움이 될 수 있습니다. 오랜 기간 서로의 우정을 차곡차곡 조심스럽게 쌓아가고 있는 소중한 친구인 만큼, 상대방에게 상처가 되지 않게, 또한 서로의 소중한 우정이 금이 가지 않게 조심스럽게 다가가야 하겠지요. 또 우정을 계속하고 싶음도 밝히구요. 새로운 많은 친구들과의 우정을 쌓아가려 노력하는 모습도 좋겠으나, 이미 우정을 가지게 된 친구와 더 깊이 있는 관계를 지속하는 것도 의미 있는 일입니다.

상담 종결

우정과 연애 사이에서 상담을 통해 사려 깊은 행동을 하려는 사라양의 마음이 소중하네요. 친구로든 혹은 남자 친구로든 성민군과의 관계에 사라양이 진솔한 마음으로 주체적으로 관여하기를 바랍니다.

학·습·정·리

※ 주제 1 이성교제

- **이성교제의 경험** : 김혜원과 이해경(2000)의 연구에 따르면 고등학생 2,049명 중에서 57.8%가 이성교제 경험이 있는 것으로 나타났다.
- **이성교제의 촉진요인** : 신뢰성, 유사성, 근접성, 신체적 매력, 보상성, 상보성이 높을수록 상대에 대한 매력과 호감이 증대된다. 한편 저해시키는 요인으로는 고정관념과 편견, 자기개방의 부족 등이 이성관계를 저해할 수 있다.
- **이성교제의 기능** : 이성교제는 오락적 기능, 교제 상대를 통한 일정한 지위와 성취의 원천이 될 수 있으며, 청소년기 사회화 과정으로서 역할을 하며, 이성과의 친밀감을 배우게 하거나, 동료의식을 경험할 수 있으며, 또한 정체감 형성과 발달에 기여할 수 있다.
- **매력적인 남녀의 조건** : 객관적 기준은 없다. 매력이란 극히 주관적이며, 개인적 기준이나 문화적 기준에 의해 좌우되기 때문이다.
- **매력적인 성격** : 남성의 경우는 책임감이 있을 때, 인격적일 때, 인간적이고, 슬기롭고, 포용력이 있는 성격일 때 더 매력적으로 지각된다. 한편 여성의 경우는 정숙하고 슬기롭고, 청결하고, 상냥하고 성실한 성격을 가질 때 더 매력적으로 지각된다.

※ 주제 2 사랑

- **사랑과 우정의 차이** : Rubin(1970)은 우정에 비해 애착, 돌봄, 친밀감을 더 많이 느낄 때 사랑으로 구분한다. 한편 David(1985)는 사랑의 요소에는 우정, 열정, 보살핌의 요소를 갖고 있다고 정의한다.
- Sternberg는 사랑의 3가지 기본 구성요소를 친밀감, 구속, 정열로 정의한다. 이들 3요소의 구성에 따라 8가지 사랑의 유형이 있다.
- Lee(1973)는 3가지의 일차적 형태의 사랑과 여기서 파생되는 3가지의 이차적인 형태의 사랑으로 구분하고 있다. 일차적 사랑은 열정적이고 낭만적인 사랑(Eros), 유희적 사랑(Ludus), 우정적 사랑(Storage)으로 분류하고, 이차적 사랑은 **소유-의존적 사랑(Mania), 논리적 사랑(Pragma), 이타적 사랑**(Agape)으로 구분하고 있다.

학•습•평•가

※ 질문에 대해 적절한 답을 고르시오.

1. 사랑과 관련하여 나타나는 일반적인 특징이 아닌 것은?
   ① 기분이 차분해지고 이성적이 되는 느낌
   ② 주의 집중의 곤란
   ③ 달리고, 뛰고, 소리치고 싶은 느낌
   ④ 속이 울렁거리거나 손이 차가워짐

2. 이성교제시 관계를 촉진시키는 요인이 아닌 것은?
   ① 신뢰
   ② 유사성
   ③ 신체적 매력
   ④ 고정관념

※ 아래의 각 문항에 대해 맞다고 생각하면 O표, 틀리다고 생각하면 X표 해 주시기 바랍니다.

3. 이성교제시 상대에게 자기 개방은 상대방과의 관계진전에서 중요하다. ( )
4. 이성교제는 상대와의 만남을 통해 자신을 이해하는 기회를 갖는 것으로 정체성 발달에 도움을 줄 수 있다. ( )
5. 사랑은 전적으로 주관적인 감정이기 때문에 어떤 대표적인 구성요소를 밝히기 어렵다. ( )
6. 사랑을 하게 되면 거의 모든 사람들은 평소와 다른 격정적이고 독특한 경험을 하게 된다. ( )
7. 우정과 달리 사랑에는 '신뢰감'의 요인이 필요하지 않다. ( )
8. 대인관계에서 자신과 유사한 점이 있는 사람에게 호감을 느낀다. ( )
9. 서로 가깝게 살고 가까운 곳에서 일하며 상호작용하는 사람들은 너무 진밀하기 배문에 사랑하는 관계로 발전하기 어렵다. ( )
10. 이성교제에서 상대에게 첫 만남부터 가능한한 자신을 빨리 개방할수록 더 빨리 친해질 수 있다. ( )

☜ 정답은 p.378에서 확인하세요.

6장 성적 의사결정과 성행동

성적 욕구와 이성에 대한 호기심이 크게 증가하는 청소년들은 성행동 개입과 관련된 다양한 유혹을 받게 된다. 이 장은 이런 시기에 있는 청소년들로 하여금 육체적 접촉에서 사랑이나 감정적 교류가 갖는 의미와, 성행동에 있어 뚜렷한 자기결정과 선택권을 발휘하는 것이 얼마나 중요한가에 대한 인식을 높이는 것을 목적으로 한다.

이와 함께, 청소년기의 성행동과 혼전 임신이 갖는 여러 가지 결과에 대해 학습함으로써 성행동이란 합리적이고 신중한 판단하에 이루어져야 하는 책임이 따르는 행동임을 인식하게 한다. 이를 통해 청소년들로 하여금 성행동에 대한 자신의 입장을 분명히 하는 기회를 갖고, 주체적이고 책임감 있는 선택을 할 수 있는 기초를 다지게 한다.

● 학습내용

- 주제 1 : 청소년기 성과 사랑
- 주제 2 : 청소년들의 혼전 임신
- 주제 3 : 주체적인 성적 의사결정과 방법

● 학습목표

1. 사랑, 성적 욕구, 성행동 간의 관계를 설명할 수 있다.
2. 혼전 순결에 대한 자신의 태도를 분명히 말할 수 있다.
3. 성태도와 성행동에서 남녀 차이를 비교할 수 있다.
4. 10대 임신과 출산이 갖는 위험요인을 이해한다.
5. 성적 의사결정에 대한 자신의 태도를 정립한다.

주제 1. 청소년기 성과 사랑

6-1-1. 이론강의

1. 성과 사랑의 관계

(1) 신체접촉 욕구에 대한 남녀 차이

신체적 접촉의 욕구는 그림과 같이 2가지 양상으로 연결될 수 있다.

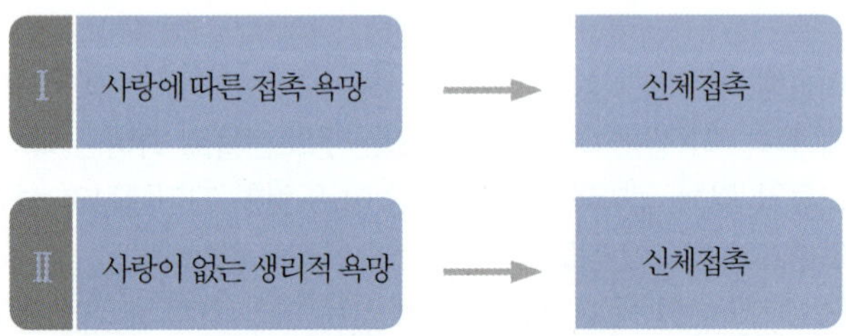

- I 의 경우 : 남녀가 만남을 갖고 서로 사랑하게 되면 상대방과 더 오래 있고 싶고, 더 가까이 있고 싶고, 육체적인 접촉을 원하는 등의 욕구가 생겨난다.
- II 의 경우 : 사랑이라는 감정이 없이도 육체적인 접촉을 포함한 성적 관계를 맺고 싶어지는 경우도 있다. 즉 사랑하니까 성관계를 원하게 되는 경우와 달리, 성관계를 원하니까 상대에게 가까이 갈 수도 있는 것이다.

☞ II의 경우는 다음과 같은 이유 때문에 발생한다.

사춘기 이후의 여자에게 월경현상이 있듯이 사춘기 이후의 남자들에게는 몸 안에 정액이라는 분비물이 생겨 이것을 밖으로 내보내야 하는데 사정현상에 의해 정액을 밖으로 내보낸다. 이것은 마치 대변이나 소변을 오래 참았다가 내보내면 시원하고 상쾌하게 느끼는 것과 같이 몸 안에 잔뜩 괴어 있던 정액을 배설하면 아주 상쾌하게 느낀다. 바로 이런 느낌이 남성이 성관계에서 느끼는 즐거움의 근본이 된다. 여성도 이와 크게 다르지 않아서 사랑이라는 감정이 없더라도 성적 흥분을 느낄 만한 자극에 노출되거나 성감대의 신체 부위를 자극받게 되면 쾌감을 느끼고 이러한 쾌감을 유지할 수 있는 행동을 원하게 된다. 따라서 남녀 모두 이와 같은 이유로 사랑이란 감정과 별도인 생리적인 이유로 성관계를 원하게 되는 경우가 생기는 것이다.

성행동
남녀 간에 주고받는 성적인 접촉-키스, 애무, 성교 등을 말한다.

(2) 사랑을 기초로 한 성관계

진정한 사랑과 헌신이 뒷받침되지 않은 채 행해지는 성관계는 결국 단순한 육체적 행위에 불과한 것이고 이러한 경험만을 한 청소년들이 '성관계가 뭐 그리 대단한 거야? 내가 경험해 봤더니 별거 아니더라' 고 말하는 것은 어쩌면 당연한 결과이다. 또한, 이러한 육체적 관계만을 갖는 커플은 관계 이후 서로에 대한 신뢰나 친밀감 등이 깨어지는 경우가 많고 행위에 대한 책임을 상대에게 전가하게 된다. 이런 **신체적 욕구에 대한 남녀 간 심리 차이는 이성교제에서 남녀 간 갈등의 한 원인**이 될 수 있다.

성감대
자극을 받으면 성적 흥분을 일으키는 몸의 부위를 말한다.

2. 섹스/혼전 순결에 대한 태도

(1) 혼전 성관계에 대한 태도

Jurich와 Jurich(1974)는 혼전 성관계에 대한 태도를 다음과 같이 5가지 기준으로 정리하고 있다. 이에 대해 자신의 견해를 확인해 보자.

가. 전통적 기준 : 결혼 전에는 남녀 모두 성관계는 하면 안 된다.
나. 이중적 기준 : 남성 혼전 성관계는 허용되나, 여성에게는 허용되지 않는다.
다. 애성 바탕 허용 : 애정이 전제가 된다면 결혼 전 성관계가 가능하다.
라. 애정 없는 허용 : 애정 없이도 남녀 모두 결혼 전 성관계는 가능하다.
마. 동의에 의한 허용 : 성관계에 대한 남녀간 상호동의가 있다면 결혼 전에도 허용가능하다.

(2) 성교에 대한 태도

성교에 대한 나의 태도는 어떠한 것인가? 자신의 견해를 확인해 보자.

가. 성교 = 쾌락: 성교는 쾌락을 위한 것, 그 이상 아무것도 아니다.
나. 성교 = 쾌락, 미래는 NO: 성교는 쾌락의 수단이며, 파트너는 존중할 만한 인격체, 그러나 미래는 약속할 수 없다.
다. 성교 = 사랑, Only You!: 성교는 내가 당신을 사랑한다는 뜻이고 또 그런 관계는 당신하고만 갖기를 원한다.
라. 성교 = 성스런 행위: 성교는 거의 성스러운 행위로서 파트너에게 모든 것을 바치고 영원히 같이 한다는 약속이다.

(3) 청소년들의 혼전 순결에 대한 태도

- 전국의 중, 고등학교에 재학 중인 19세 미만 청소년들을 대상으로 한 청소년유해환경 접촉실태조사(여성가족부, 2012)에서는 혼진순결, 성석접촉/성관계, 원조교제/조건만남에 대한 질문에 대해 찬반여부를 응답하게 하였다.

- 혼전순결에 대한 태도 : 남자/여자의 혼전 순결에 대해서는 찬성하는 청소년이 각각 40.4%, 48.6%로서 반대하는 청소년(25.9%, 20.5%)보다 월등하게 많았다(표 6-1). 특히 여자의 혼전 순결에 대하여 찬성하는 청소년이 더 많은 것으로 나타나, 남자보다는 여자의 혼전 순결을 중시하는 전통적 성윤리관이 청소년들 사이에서도 강한 영향력을 발휘하고 있음을 알 수 있다.
- 성적인 접촉 : 이성과의 포옹/키스 등의 성적인 접촉에 대해서는 찬성(46.2%)이 반대(19.1%)보다 더 많았다.
- 혼전 성관계 : 결혼 이전에 성관계를 갖는 것에 대해서는 반대(37.2%)가 찬성(29.5%)보다 많았다.
- 성매매(원조교제)/조건만남 : (원조교제)와 성관계 없는 조건만남 데이트에 대해서는 반대하는 청소년이 각각 79.5%, 75.7%로서 대다수를 차지하였다.

성 관련 태도에 대한 응답결과를 종합해 보면, 대체로 여자가 남자보다, 중학생이 고교생보다 더 보수적인 태도를 갖고 있음을 알 수 있다.

표 6-1 청소년들의 성에 대한 태도

출처: 여성가족부(2012)

	사례수 (명)	태도		
		그렇지 않다[1]	그저 그렇다	그렇지 않다[2]
남자는 결혼하기 전까지 순결을 지켜야 한다.	4,935	25.9	33.6	40.4
여자는 결혼하기 전까지 순결을 지켜야 한다.	4,934	20.5	30.8	48.6
사랑한다면 결혼하기 전에 성관계를 맺을 수 있다.	4,927	37.2	33.3	29.5
이성친구와 포옹/키스 등의 성적 접촉을 할 수 있다.	4,927	19.1	34.6	46.2
애정 없이도 결혼 전에 성관계를 맺을 수 있다.	4,925	67.5	22.8	9.7
성인과 성매매(원조교제)를 해도 무방하다.	4,922	79.5	15.5	5.0
성인과 성관계없이 돈을 받고 데이트하는 것은 문제가 없다.	4,919	75.7	16.7	7.6

	평균값[3]				
	전체	성별		교급	
		남자	여자	중학생	고교생
남자는 결혼하기 전까지 순결을 지켜야 한다.	3.22	3.03	3.42	3.47	2.98
여자는 결혼하기 전까지 순결을 지켜야 한다.	3.45	3.31	3.59	3.61	3.29
사랑한다면 결혼하기 전에 성관계를 맺을 수 있다.	2.80	2.96	2.64	2.43	3.16
이성친구와 포옹/키스 등의 성적 접촉을 할 수 있다.	3.29	3.28	3.30	2.97	3.60
애정 없이도 결혼 전에 성관계를 맺을 수 있다.	2.01	2.26	1.75	1.83	2.18
성인과 성매매(원조교제)를 해도 무방하다.	1.64	1.87	1.40	1.57	1.71
성인과 성관계없이 돈을 받고 데이트하는 것은 문제가 없다.	1.74	1.96	1.53	1.63	1.86

1) "전혀 그렇지 않다"와 "그렇지 않다"를 합산한 수치
2) "그렇다"와 "매우 그렇다"를 합산한 수치
3) "전혀 그렇지 않다(1)~"매우 그렇다"(5)의 평균값

3. 청소년들의 성관계 경험 실태

(1) 질병관리본부(2014) 청소년건강행태온라인조사

전국의 중고등학생 72,060명을 대상으로 한 청소년건강행태온라인조사자료에 따르면(질병관리본부, 2014) 중, 고등학교 청소년들이 갖는 평생동안 성관계 경험 비율은 5.3%로 나타났으며, 남학생은 7.3%로 여학생 3.2%보다 높았으며, 각 학교급별로는 특성화계고(남 14.5%, 여 7.7%), 일반계고(남 9.0%, 여 3.3%), 중학교(남 4.2%, 여 2.3%) 순으로 높았다. 성관계 경험학생의 피임 실천율은 남학생 44.1%, 여학생은 42.2%이었다. 또한 중학교 이전 조기성관계경험률 또한 2.7%로 나타났으며, 성관계 시작연령은 평균 13세(중학교 1학년)이었으며, 청소년들의 임신경험률은 0.2%인 것으로 나타났다(p.9, 그림 1-1 참조).

(2) 어싱가족부(2012). 청소년유해환경접촉실태조사

전국 중, 고등학생 15,487명 대상으로 한 여성가족부(2012)의 청소년유해환경접촉실태조사에 서 청소년들의 평생 성행동경험률, 1년간 성행동경험률, 성행동 첫 경험시기, 성관계상대, 성관계를 통한 임신경험, 성관계 계기에 대해 조사하였다.

- 성행동 경험률 : 청소년들의 지금까지 이성과의 성적인 접촉(성관계 경험을 제외한 키스, 애무 등)경험은 13.3%였으며, 성관계를 경험한 청소년은 3.1%인 것으로 나타났다(그림 6-1). 성적인 접촉 경험률은 남녀간의 차이가 그리 크지 않은 반면(14.5%, 12.0%) 성관계 경험률은 남자(4.4%)가 여자(1.7%)보다 많았다. 학교급별로는 성적인 접촉과 성관계 경험 모두 고교생이 중학생보다 더 많은 것으로 나타났다.

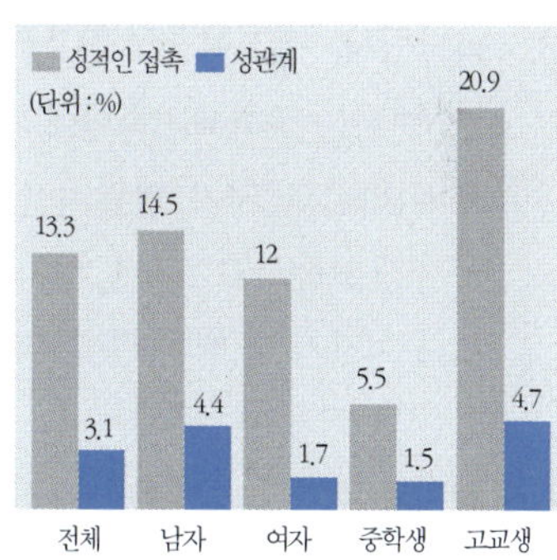

그림 6-1 성적인 접촉/성관계 경험률

- 성행동 경험률의 연도별 추이(2009~2012) : 성적인 접촉 경험률은 2009~2010년 기간 동안 14.5%로서 정체상태에 있다가 2011년에 12.7%로 감소한 뒤 2012년 다시 소폭으로 증가하였고, 성관계 경험률은 2009년 3.9%였다가 2010년 이후에는 3.1~3.2% 선을 유지하고 있었다(그림 6-2).

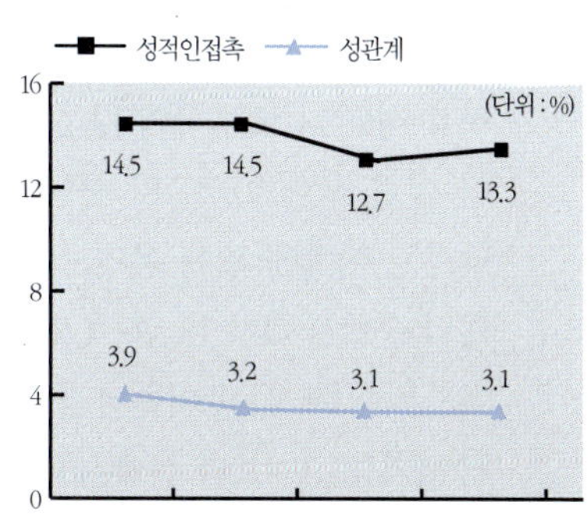

그림 6-2 성행동 경험률 연도별 추이

- 최근 1년간 성행동 경험률 : 지금까지 성적인 접촉과 성관계 경험이 있는 청소년들을 대상으로 최근 1년간의 경험빈도를 조사하였다. 그 결과 성적인 접촉, 성관계 모두 5회 이상 경험자가 가장 다수를 차지하였고(각각 34.5%, 41.7%), 없다고 응답한 청소년이 그 다음이었다(각각 32.5%, 25.7%)(그림 6-3). 이 결과는 전체 청소년 중에서 성적인 접촉 및 성관계 경험자는 소수이지만 그 경험빈도는 비교적 높은 수준임을 알 수 있다. 성적인 접촉의 경험빈도는 성별, 교급별로 모두 큰 차이가 없었지만, 성관계 경험빈도는 고교생이 중학생보다 더 많은 것으로 나타났다.

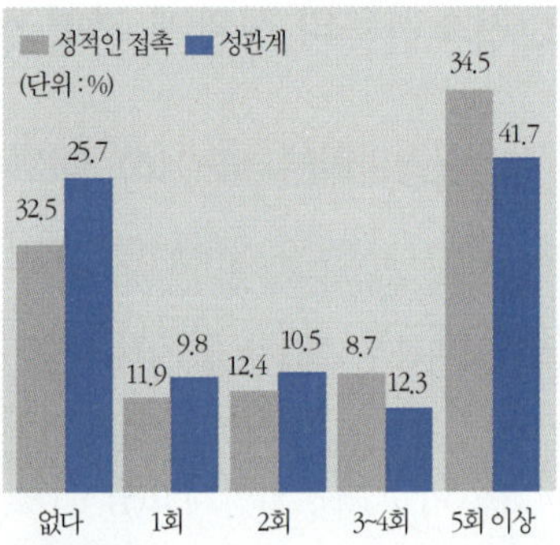

그림 6-3 성적인 접촉/성관계 경험률

- 성행동 첫 경험시기 : 청소년들이 이성과의 성적인 접촉을 처음 경험한 시기(평균)는 중학교 3학년, 처음 성관계를 경험한 시기는 이보다 1년 늦은 고등학교 1학년 무렵인 것으로 나타났다. 성적인 접촉은 남자가 중학교 2학년, 여자는 중학교 3학년에 처음 경험한 것으로 나타나 남자가 빨랐지만, 성관계 경험은 남자가 고등학교 1학년, 여자는 중학교 3학년으로 여자가 더 빠른 편이었다(그림 6-4).

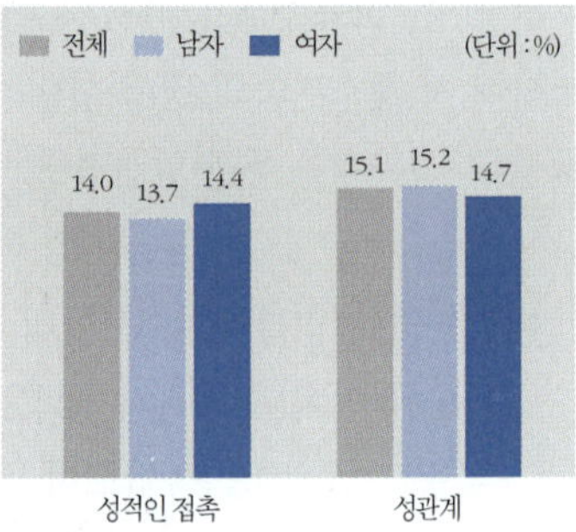

그림 6-4 성행동 첫 경험시기

- 성관계 상대 : 성관계를 가진 경험이 있는 청소년을 대상으로 성관계의 상대방(가장 최근의 경험을 기준으로)을 조사한 결과, 이성친구가 60.2%로 가장 많았고, 그 다음으로 20세 이상 성인(14.1%), 나이 많은 선배(15.0%), 나이 어린 후배(10.7%)의 순이었다. 성별로는 남자는 여자에 비해 본인보다 나이 어린 후배의 응답률(각각 13.4%, 1.2%)이 높은 반면, 여자는 20세 이상 어른의 응답률이 18.3%로서 남자(12.9%)보다 높게 나타나 뚜렷하게 대비되었다. 학교급별로는 고교생은 본인보다 나이 어린 후배, 중학생은 본인보다 나이

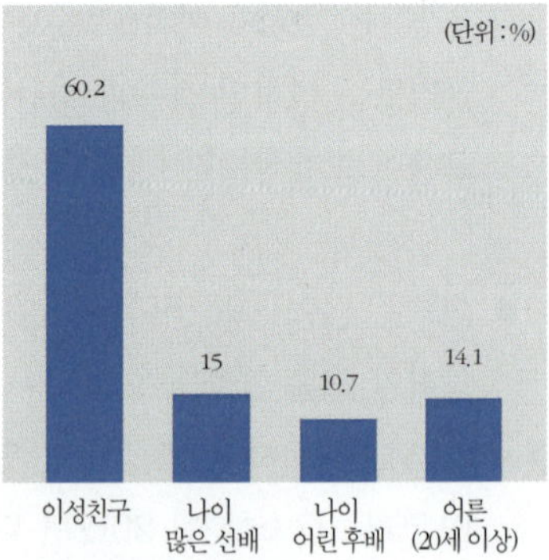

그림 6-5 성관계 상대

많은 선배와 성관계를 가졌다는 응답률이 상대적으로 높은 수준이었다(그림 6-5).

● 성관계 계기 : 성관계를 가지게 된 계기(가장 최근의 경험을 기준으로)는 '서로가 원해서' 라는 응답이 69.7%로서 가장 많았고, 이어서 '상대가 싫어했지만 강제적으로' (14.6%), '술 등에 취하여' 나도 모르게(9.4%)의 순이었고, '나는 싫었지만 상대방이 강제적으로' 의 응답률(6.3%)이 가장 낮았다. 자신이 주도적으로 또는 타인에 의해 강제적으로 성관계를 가진 청소년이 전체의 1/5 수준에 달하고, 음주 등으로 인한 우발적인 성관계도 적지 않은 비율을 차지하고 있음에 주목할 필요가 있다. 성별로는 남자는 '자신이 강제적으로', 여자는 '타인에 의해서 강제적으로' 성관계를 가졌다는 응답률이 상대적으로 높은 편이었고, 학교급별로는 고교생이 중학생에 비해 강제적인 성관계를 가진 경우가 많았다(그림 6-6).

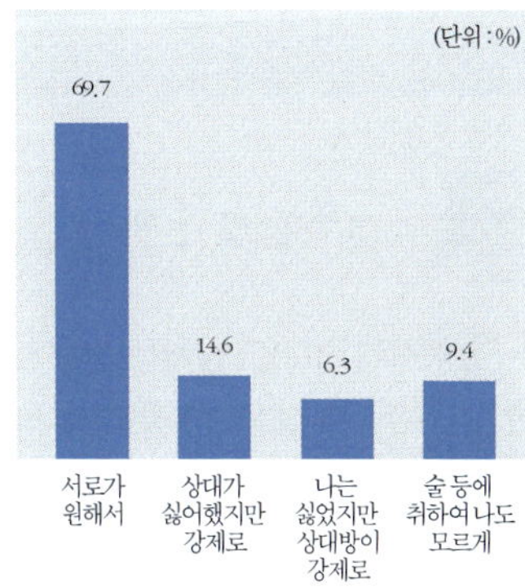

그림 6-6 성관계 계기

6-1-2. 상담사례

6-1-2-1. 신체접촉을 하고 싶어요. (남, 고)

성고민 및 문제

저는 고등학교 3학년 남학생입니다. 저의 이름은 성욱(가명)이에요. 저에게는 귀여운 여자친구가 있고, 저는 그 애를 참 좋아합니다. 우린 사귄 지 얼마 안돼서 손을 잡기 시작했고, 약 6개월 후엔 키스도 했습니다. 근데 요즘엔 제 여자친구를 만지고 싶은 생각이 자주 들어요. 공부할 때도 잠잘 때도 온통 그 생각뿐이에요. 어떻게 하면 좋죠?

상담자 답변

내담자 맞아들이기

성욱군, 여자친구를 사귀고, 좋아하는 마음이 생기면 신체 접촉을 하고 싶은 것은 정상적인 반응입니다.

청소년기 신체접촉 한계의 필요성

청소년기의 신체접촉은 손을 잡는 것까지가 적절합니다. 보수적으로 들리기도 하겠지만, 그 이상이 되면 진정한 이성교제가 어려워질 수 있습니다. 여자친구의 경우는 성욱군과는 달리 성 접촉보다는 감정적인 로맨스를 원할 텐데, 이때 억지로 신체 접촉을 시도하다 보면 친밀한 관계가 지속되기 어렵습니다.

또 성욕구와 충동과는 달리, 더 강도 있는 신체접촉을 한 후에 성욱군이 자기 자신에 대해서 어떤 생각을 하게 될지도 염두에 둡시다.

새로운 행동 제안

그럼 어떻게 하면 좋을까요? 신체접촉의 유혹이 있는 환경을 피하는 것이 좋겠지요. 성욱군도 노출이 되는 옷을 입지 않는 것이 좋고, 여자친구에게도 노출이 되는 옷을 피해줄 것을 부탁할 수 있지요. 또 혼자 있을 때 그런 생각이 들면, 운동을 하거나, 가족과 대화를 하거나 음악 등의 생각을 전환할 수 있는 활동을 하는 것이 바람직합니다.

상담 종결

내가 여자친구와 신체접촉을 하고 싶어하는 마음은 있는 그대로 수용하면서, 신체접촉에 한계를 가지는 태도를 가지는 것이 좋겠지요. 여자친구와도 신체접촉 외에 진정한 친밀함을 나눌 수 있기를 바랍니다.

주제 2. 청소년들의 혼전 임신

6-2-1. 이론강의

1. 청소년들의 혼전 임신 실태

전국 중, 고등학생 15,487명 대상으로 한 청소년유해환경접촉실태조사(여성가족부(2012)에서 청소년들의 성행동 경험과 혼전 임신 경험을 조사하였다.

- 성관계를 통한 임신 : 성관계를 통해 임신을 하거나 하게 한 경험이 있는 청소년은 전체 성관계 경험자 중 24.1%로서 1/4 수준에 달하였다. 성관계가 임신으로 연결된 비율은 성별로는 남자(25.8%)가 여자(18.5%)보다 더 많았고, 학교급별로는 중학생(40.5%)로서 고교생(19.8%)보다 2배 이상인 점에 주목할 필요가 있다. 성관계 경험이 있는 중학생은 매우 소수이지만, 성관련 지식의 부족으로 원치 않은 임신을 하게 되는 경우가 고교생보다 많은 것으로 추측된다.

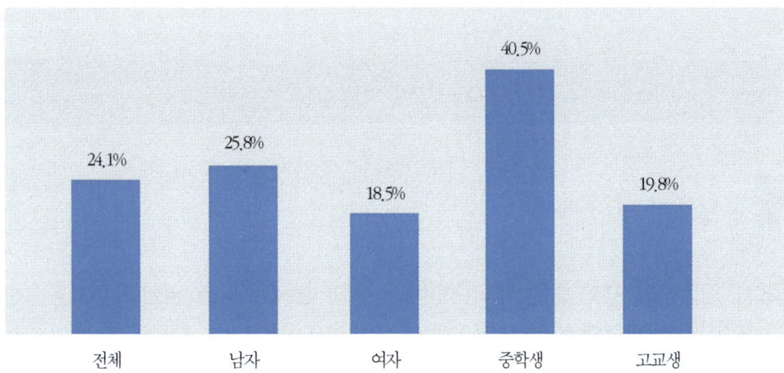

그림 6-7 성관계를 통한 임신

2. 청소년들의 혼전 임신의 영향

청소년들의 혼전 임신은 다양한 영향을 미칠 수 있다. 청소년기의 임신은 사회적, 심리적으로 부정적인 인생항로를 걷게 하는 계기가 되기도 하고, 신체적으로 막중한 부담을 주기도 한다.

(1) 사회적, 심리적 영향

- 미혼모들은 사회적 기회를 상실하게 된다.
- 결혼여부와 상관없이 학교를 떠나게 됨으로써 교육기회를 얻지 못하게 된다.
- 임신으로 인한 결혼강요는 결혼 실패가 될 가능성이 크고, 반복되는 임신 패턴이 이어지기도 한다.
- 어린 나이의 모성은 아이를 돌보기 어렵고, 의도적으로 혹은 소홀함으로 인해 아이를 버리게 되거나 죽음으로 몰고 갈 수 있다.
- 이렇게 탄생된 아이들은 경제적 어려움만큼이나 사회적, 법적 처벌에 직면하게 된다.

(2) 의학적 영향과 위험

저체중 출산
체중이 2,500g 이하의 아이를 미숙아라 하는데 이렇게 체중이 평균 이하인 아이를 출산하는 경우를 말한다.

임신중독증
임신 중에 형성된 독소가 체내에 억류됨으로 나타나는 중독 증세를 말한다.

- 성장기 임신은 임신기간 중 호르몬의 변화를 겪음으로써 산모의 성장이 억제된다.
- 출산 사망률, 저체중아 출산, 사망 또는 질병, 임신중독증 걸릴 위험이 정상적인 출산 연령에서 보다 높다.

6-2-2. 상담사례

6-2-2-1. 임신중절수술을 한 후 매일 밤 악몽에 시달려요. (여, 고)

성고민 및 문제

전 고등학교 2학년에 재학 중인 여학생입니다. 얼마 전에 아이를 임신했다가 중절수술을 했습니다. 그 일이 있은 후부터 밤만 되면 악몽에 시달리고 있습니다. 얼굴도 모르는 아이가 꿈속에 나타나서 저를 괴롭히고 있습니다. 요즘 너무나도 괴롭고 밤만 되면 또 악몽에 시달릴까 봐서 밤이 무섭기만 합니다. 저는 작년에 친구들과 미팅을 나갔다가 거기서 남자친구를 사귀게 되었습니다. 몇 번은 순수하게 만났는데 그러다가 어느 날 그 친구와 깊은 관계에 빠지게 되었고 그 일이 있은 후 우리는 자연스럽게 만날 때마다 성행위를 하였습니다. 그러다가 제가 임신하게 되었고 그때는 너무나도 놀라서 어떻게 해야 할지 몰랐는데 선배의 도움으로 중절수술을 받게 되었습니다. 집에서는 물론, 아무도 모르고 있고 절대로 비밀로 하고 있습니다. 그래서 이제 한고비 잘 넘기나 보다 했더니 그 일이 있고 난 후 며칠이 지나서 악몽을 꾸기 시작하면서 거의 매일같이 똑같은 꿈을 꾸고 있습니다. 요즘은 밤이 오면 두렵고, 무서워서 밤에 잠을 안 자고 새는 경우도 종종 있습니다. 그러다 보니 밥맛도 없어지고 공부는 전혀 신경을 쓰지 못하고 있습니다. 하루하루 내가 망가지는 느낌입니다. 이러다가 내가 돌아버리는 것이 아닌가 불안감도 찾아오고 있습니다. 선생님 어렵게 이 글을 씁니다. 저에게 좋은 해결책을 찾아주세요.

상담자 답변

내담자 맞아들이기

심리적 충격이 컸겠어요. 임신 중절 후에 악몽과 불안에 시달리는 생활이 지속되면서 일상생활을 하는 것이 많이 힘들겠구요.

중절 후의 악몽에 대한 원인 분석

악몽의 원인은 중절수술로 인한 후유증이나 아이에 대한 죄책감으로 인한 것일 수도 있고, 남자친구와의 성행위가 가학적이거나 강제적이어서 그 순간 나 자신이 망가진다는 느낌을 받아서였을 수도 있습니다.

임신중절수술을 하게 되면 표면적으로는 모든 것이 정상적으로 돌아온 것처럼 보이지만 그 내면에는 많은 갈등과 상처가 깊이 숨겨져 있습니다. 계획하지 않은 임신으로 인한 충격과, 그 충격 속에서 중절수술을 결심하게 되고, 나의 무책임한 행동으로 인해 한 생명을 죽인 죄책감 등을 경험할 수 있습니다. 또 상호이해와 존중을 바탕으로 하지 않는 성관계는 그 순간에는 육체적 즐거움을 얻을 수도 있겠지만, 불안이나 좌절, 불만족, 후회 등을 유발하게 됩니다. 임신과 중절에 대한 남자친구의 반응도 영향을 주었을 수 있습니다.

대안 행동 제시: 불안 줄이기

밤마다 지속되는 악몽에 시달리고 잠을 잘 이루지 못하는 것은 그만큼 마음이 불안하고 안정되어 있지 않다는 것입니다. 잠을 잘 자기 위해서 잠이 들기 전 이완훈련이나 운동을 하는 것도 도움이 될 수 있습니다. 몸의 긴장된 근육을 풀어주고 하나, 둘, 셋 호흡을 가다듬고 몸의 이완과 마음의 안정을 통해 편안한 수면을 도울 것입니다. 또 이런 때일수록 규칙적인 생활을 하는 것이 좋습니다.

반복되는 꿈을 꾼다면, 아침에 일어나자마자 어떤 꿈을 꾸었는지 노트에 적어 보세요. 꿈일기를 작성하다 보면 반복적이고 일정한 꿈을 꾸게 되는데 그 꿈의 의미는 자신이 제일 잘 알 수 있습니다. 꿈의 의미를 알게 될 때 악몽에서 벗어날 수 있을 것입니다. 서두르지도 말고 천천히 꿈을 꾸고 있는 자신의 모습을 가만히 바라보고 무엇이 나를 가장 힘들게 하고 있는지를 스스로 통찰할 수 있도록 노력해야 합니다. 꿈에 대한 해석이나 심리치료를 받기 원한다면 전문가의 도움을 받는 것도 좋습니다.

상담 종결

아직 고등학생인데, 임신과 중절수술로 인한 정신적인 후유증을 경험하시네요. 지금은 이미 일어난 일에 대해서 혹은 이미 잃은 것에 대해서 집착하거나 불안해하지 말고 앞으로 펼쳐질 미래를 생각하는 태도를 가질 때입니다. 힘내시고, 자신이 혼자 힘겹다고 느낄 때 주위의 도움을 구하세요.

주제 3. 주체적인 성적 의사결정과 방법

6-3-1. 이론강의

1. 준비된 성행동이란?

책임있고 준비된 성행동이란 다음과 같은 사항들을 고려한 뒤, 선택하는 성적 행동을 말한다.

- 서로 충분한 친밀감이 형성되어 있다.
- 서로 간에 성관계에 대한 동의와 합의가 되어 있다.
- 아이를 낳아 키울 준비가 되어 있다.
- 피임법에 대해 정확하게 알고 있다.
- 성병에 걸릴 위험성이 없다.
- 부모님, 주변 친구들, 이후에 사귈 사람들에게 떳떳하다.
- 상대방의 요구에 어쩔 수 없이 선택하는 관계가 아니다.
- 두려움과 불만이 없을 만큼 자신이 있다.

2. 주체적인 성행동 및 성적 의사결정

주체적인 성행동 및 성적 의사결정을 위해 다음과 같은 사항들을 성행동에서 고려하는 것이 필요하다.

① 어떤 성행동도 자신의 의지와 무관하게 하지 말라.
자신이 진정으로 원하는 것만을 하라. 자신은 길고 긴 미래를 앞두고 있는 젊은이라는 사실을 인식한다. 확고한 신념을 갖게 될 때까지 기다리는 마음가짐이 중요하다.

② 지금 자신이 상대하고 있는 사람에 대해 진지하게 생각해 보라.
그 사람을 진정으로 믿고 있는가? 성행동을 하는 것은 그 사람을 진심으로 사랑하기 때문인가, 아니면 단순한 호기심 때문인가? 이성과 신체적 접촉을 하고자 하는 것은 자연스러운 현상이라고 하겠으나 여기서 명심해야 할 사실은 단지 호기심에서 그런 행동을 한다면 아무런 기쁨도 느낄 수 없다는 것이다.

③ 이런 성적 접촉을 왜 하는 것인지 자신에게 물어보라.
그 사람을 진심으로 좋아하지 않으면서도 그다지 호기심을 느끼지 않으면서도 서로 그런 행동을 하고 있는지도 모른다. 자신이 성숙한 어른이라는 것을 증명해 보이기 위해서, 아니면 보다 흔한 이유로서 그렇게 하지 않으면 그 사람을 놓칠까 봐 두려운 나머지 성적 접촉을 하고 있는지도 모른다. 그러나 이러한 이유로 접촉을 하는 것은 문제 해결에 아무런 도움이 되지 않는다. 그것은 또 다른 문제만을 만들어 낼 따름이다.

④ 상대방이 원치 않는 행위를 강요하지 말라.
남자들은 망설이고 있는 여자친구를 설득해서 성관계를 가지려 하지 말며, 여성들은 짙은 애무를 해 주지 않으면 남자답지 못하다는 따위의 말을 하면서 남자들을 유혹하지 않는다.

⑤ 다음과 같은 말들에 집착하지 말라.
"네가 나를 진심으로 사랑하고 있다면 싫다고 말하지 마."
"누구나 이런 행동을 하고 있어."
"내 말을 들어주지 않으면 너와 헤어지겠어."
"이런 경험을 통해 우리는 성장하게 되는 거야."
"오빠 못 믿어? 너를 사랑해."
"난 장차 너와 결혼할 거야."
"어때, 궁금하지? 한 번 경험해보고 싶지 않니?"

"네 친구들도 다 그렇게 하잖아. 너만 외톨이란 말이야."

⑥ 상대방이 성행동을 원한다고 지레짐작하지 말라.
많은 남자들은 여자들이 성관계를 원할 것이라고 생각해서 시도를 하곤 한다. 이것은 잘못된 일이다. 우선 상대방의 의향을 물어보라.

⑦ '싫다'는 말을 하는 것을 두려워 말라.
이런 말을 하면 상대방의 감정을 해치고 상처를 입힐 것이라고 두려워해서 많은 사람들이 싫다는 말을 하지 못한다. 그러나 성은 우리 스스로가 보호해야 할 우리의 인생 그 자체이다. 원하지 않는다면 싫다고 말하라. 그것은 당연한 일이다.

⑧ 한 번 실수를 한다 해도 지나치게 자신을 책망할 필요는 없다.
다음에는 다른 식으로 교제를 하도록 하라. 사랑과 성을 어떻게 다룰 것인가를 배우는 것은 다른 배움들과 하등 다른 것이 없다. 때로는 실수를 범할 수도 있는 것이다. 무엇인가 후회스런 행동을 했다 하여도 앞으로 얼마든지 새롭게 처신할 수 있다.

6-3-2. 상담사례

6-3-2-1. 이젠 동거하고 싶지 않아요. (여, 대)

성고민 및 문제

전 대학교 2학년 여학생입니다. 대학을 집에서 멀리 떨어진 곳으로 오게 되어서 자취를 하게 되었습니다. 전 성격이 내성적이고 수줍음을 많이 타서 친구 사귀는 것이 쉽지 않은지라, 집에 전기가 나가거나 무언가 가전제품이 잘못되면 어쩔 줄 몰라 하며 혼자 지내는 것이 힘들었습니다. 그러다가 같은 학교에 다니는 남자 선배를 알게 되었는데 그 선배도 혼자 살고 있었습니다. 자연스럽게 서로의 집을 오가며 함께 TV도 보고, 밥도 같이 하다 보니, 그 선배와 성관계를 하게 되고, 동거도 시작하게 되었습니다. 처음에는 그저 오빠 동생하면서 함께 사는 것이라고 생각했는데 선배와 함께 살면서 제가 마치 부인 노릇까지 해야 하는 것이 부담스럽습니다. 혼자 살 때 식사 준비하는 것도 힘들었는데 선배는 제게 늘 식사며 청소며 결혼해서 사는 부부들이 하는 것을 바랍니다. 함께 살면서 좋은 점보다 부담스러운 점이 더 많고, 주위의 눈치도 보이고, 이젠 함께 살고 싶지 않은데 어떻게 하면 좋을까요?

상담자 답변

내담자 맞아들이기

대학교 생활 때문에 가족과 떨어져 지내면서 무척 외로웠을 것 같습니다. 그러한 상황에서 지금의 오빠를 만나게 되었군요. 혼자 힘들고 외로울 때 오빠가 동생처럼 아껴주어서 의지도 되고 도움이 컸을 것입니다. 그러다가 오빠와 함께 살게 되었군요.

문제 명료화 및 동거 여부 결정

이전에 너무 외로웠기 때문에 누군가가 자신의 편에 서 있다는 것이 큰 힘이 되었기 때문일 것입니다. 그렇지만 동거하면서 자신의 학교생활로도 바쁘고 힘든데 이제는 오빠도 챙겨주어야 하는 것이 어렵게 느껴지고, 주위 사람들에게 눈치도 보이고 친구들에게도 이야기할 수 없어서 괴로워하는 것 같군요.

동거 여부 결정을 내려야겠지요. 미영양은 동거를 그만 할 것인지, 같이 사는 오빠가 살림에 대한 것을 요구하지 않으면 같이 살 마음이 있는지를 결정하여야 합니다.

같이 살면서 변화를 원할 때

같이 살기를 원하지만, 현재 주어진 주부와 같은 살림의 책임에서 벗어나고자 한다면, 미영양의 요구를 표현해야 합니다. 표현하기 전에 동거하는 오빠를 공격하지 않는 방안을 생각하면서, 미영양이 바라는 동거 관계를 정리해 보세요. 또 앞으로 변화되어야 하는 부분에 대한 서로의 새로운 행동도 제시하는 것이 필요합니다.

동거를 그만두고자 할 때

정은 들었지만, 현재 상황도 힘들고, 사실 비밀로 동거를 하는 자신의 모습이 좋지만은 않지요. 동거를 그만두고자 한다면, 앞으로 어떤 형태로 주거를 할 것인지를 먼저 결정하세요. 하숙을 할지, 집에서 통학을 할지, 아니면 친한 여자친구와 같이 자취를 하는 것이 좋을지를요. 그 후에는 동거하고 있는 오빠에게 미영양의 결정을 말해 주어야 하겠지요. 동거를 그만둘 결심이 확고하다면, 오빠를 공격하거나 상처주는 행동은 피하더라도, 내 결심에 대해서는 흔들리지 않고 표현해야 합니다.

상담 종결

미영양, 어떤 결정이든지 미영양이 내려야 하겠지만, 학생으로서의 생활을 빨리 되찾는 데 도움이 될 것입니다. 앞으로는 자신의 외로움에 대하여 혼자 싸우기보다는 솔직하게 가족과 친구들의 도움을 찾기를 바랍니다. 이제 혼자서 충분히 생각한 뒤에 진지하고 분명한 태도로 오빠에게 이야기해 보길 바랍니다.

학·습·정·리

✲ 주제 1 청소년기 성과 사랑

- 신체접촉 욕구는 '사랑을 기초로 한 접촉욕구'와 '사랑이 없는 생리적 욕망에 의한 접촉욕구' 두 가지 경우가 있다. 진정한 사랑이 없이 행해지는 성관계는 단순한 육체적 행위에 불과하다.

- 성교에 대한 태도 및 혼전 순결에 대한 태도는 자신의 성행동에 대한 신념, 행동에 영향을 미친다.

✲ 주제 2 청소년들의 혼전 임신

- 청소년기의 임신으로 인한 **사회적, 심리적 영향**은 미혼모의 교육기회의 상실, 결혼 실패의 위험, 아이를 버리거나 죽음으로 몰고 가는 결과를 낳을 수 있다.

- **의학적 위험**으로는 임신기의 호르몬의 영향으로 산모의 성장 정지를 가져올 수 있고, 태아의 출산사망률, 저체중아 혹은 미숙아를 낳을 가능성이 높다.

✲ 주제 3 주체적인 성적 의사결정과 방법

- **책임있고 준비된 성행동**이란 다음과 같은 사항들을 고려한 뒤, 선택하는 성적 행동을 말한다.
  - 서로 충분한 친밀감이 형성되어 있다.
  - 서로 간에 성관계에 대한 동의와 합의가 되어 있다.
  - 아이를 낳아 키울 준비가 되어 있다.
  - 피임법에 대해 정확하게 알고 있다.
  - 성병에 걸릴 위험성이 없다.
  - 부모님, 주변 친구들, 이후에 사귈 사람들에게 떳떳하다.
  - 상대방의 요구에 어쩔 수 없이 선택하는 관계가 아니다.
  - 두려움과 불만이 없을 만큼 자신이 있다.

학·습·평·가

※ 아래의 각 문항 내용이 옳다고 생각하면 O표, 틀리다고 생각하면 X표를 적으시오.

1. 여성이 성관계를 거부하는 것은 남성을 사랑하지 않는다는 의미이다. ( )
2. 10대 임신의 경우 기형아 출산율과 모성 사망률이 다른 연령대보다 높다. ( )
3. 이중적인 기준으로 보았을 때 남성의 혼전 성관계는 허용되나 여성은 허용되지 않는다. ( )
4. 청소년기의 임신으로 인한 사회적, 심리적 영향은 미혼모의 교육 기회의 상실, 결혼실패의 위험으로 이어질 수 있다. ( )
5. 성장기의 임신이라 해도 청소년기의 임신은 산모에게 아무런 신체적 영향을 미치지 않는다. ( )
6. 사랑을 기초로 한 성관계가 아닌 경우 서로에 대한 신뢰나 친밀감 등이 쉽게 깨어진다. ( )
7. 많은 사람들이 상대방의 감정을 해치고 상처를 입힐 것이라고 생각해서 성행동에 대하여 '싫다'는 말을 하지 못한다. ( )
8. 책임 있고 준비된 성행동이란 성병에 걸릴 위험성이 없어야 한다. ( )

※ 다음 질문에 알맞은 답을 고르시오.

9. 청소년기에 성행동(키스, 애무, 성교)을 할지 하지 않을지를 결정할 때 고려해야 하는 점이 아닌 것은? ( )
   ① 상대방이 성행동을 원한다고 지레 짐작하지 않는다.
   ② 상대방을 진정으로 믿고 있는지 단순한 호기심인지 진지하게 생각해 본다.
   ③ 상대방이 망설이는 경우 끝까지 설득해서 성관계를 가지려고 한다.
   ④ 자신의 의지를 가지고 진정으로 원하는지 생각해 본다.

10. 다음 중 준비된 성 행동의 경우가 아닌 것은? ( )
   ① 서로 충분한 친밀감이 형성되어 있다.
   ② 아이를 낳아도 키울 준비가 되어 있다.
   ③ 피임법에 대해 정확하게 알고 있다.
   ④ 상대방의 요구에 어쩔 수 없이 선택하는 관계이다.

☞ 정답은 p.378에서 확인하세요.

7장 성교와 성반응

청소년 문제에 있어서 10대들의 원치 않는 임신, 미혼부모의 문제, 데이트 성폭력, 청소년 성매매, 이성교제에서 가장 핵심적인 문제는 바로 성교이다. 청소년들이 성교육에서 가장 관심 갖는 주제 중에 하나는 '성교'이기도 하지만, 최근 "인터넷 음란물"은 성교에 대한 잘못된 지식을 습득하고 성폭력의 한 원인이 되기도 한다.

이 장에서는 성교와 성반응, Good Sex와 Bad Sex, 성기능 장애와 원인을 다루어 성교와 성반응에 대한 바른 이해를 통해 10대 성문제와 성폭력을 예방하고, 남녀 간 성반응의 차이를 이해시키는 데 그 목적이 있다.

● 학습내용

- 주제 1 : 성교와 성반응
- 주제 2 : Good Sex와 Bad Sex
- 주제 3 : 성기능 장애와 치료

● 학습목표

1. 성교에서의 성반응의 일반적인 단계를 설명할 수 있다.
2. 남녀의 성반응의 차이를 설명할 수 있다.
3. Good Sex와 Bad Sex의 조건을 이해한다.
4. 남녀의 대표적인 성기능장애와 원인을 설명할 수 있다.

주제 1. 성교와 성반응

7-1-1. 이론강의

1. 청소년들의 성관계 실태

(1) 청소년건강행태온라인조사(질병관리본부, 2014)

2014년 전국 중고등학생 72,060명을 대상으로 한 온라인조사자료에 따르면(질병관리본부, 2014) 청소년들이 갖는 성관계 경험 비율은 5.3%이며, 중학교 입학전 성관계 경험률 또한 2.7%에 달하는 것으로 나타났다(그림 1-1 참조). 이성과의 성관계 경험은 4.8%였으며, 동성과의 성관계 경험률은 1.1%로 나타났다.

성별과 학교급에 따라 비교해보면, 성관계(이성 또는 동성) 경험이 있는 남학생은 7.3%로 여학생 3.2%보다 높았으며, 각 학교급별로는 특성화계고(남 14.5%, 여 7.7%), 일반계고(남 9.0%, 여 3.3%), 중학교(남 4.2%, 여 2.3%) 순으로 높았다. 10년간의 성관계 경험률 추이를 살펴보면, 2005년에는 청소년들의 성관계 경험률이 4.8%인 것에서 2014년에는 5.3%로 증가하고 있는 것으로 나타났다(p 9, 그림 1-2 참조).

(2) 청소년성문화실태조사(아하청소년성문화센타, 2013)

서울시내 중, 고등학생 2,297명을 대상으로 한 아하청소년성문화센타(2013)의 실태조사에 따르면 청소년들의 이성교제 현황에서 남녀 차이가 있었다.

- 성관계 경험률 : 청소년 전체 응답자의 7.4%가 성관계 경험이 있었으며, 이중 성관계 경험이 있는 남자청소년은 9.5%로 여자청소년 5.4%보다 더 높았다. 중, 고를 비교해보면, 중학생은 1.2%로 고등학생 12.9%보다 성관계경험이 더 적었다. 한편 성관계 경험은 남중생은 1.7%, 여중생은 0.8%, 남고생은 17.0%, 여고생은 9.8%로 남고생집단이 다른 3집단보다 성관계경험이 제일 많았다. 이것은 전체 고등학생 10명 중에 1명 이상은 성관계 경험이 있다는 것을 의미하며 지난 2010년 연구에 비해 3% 이상 증가한 비율이다(아하청소년성문화센타, 2010).

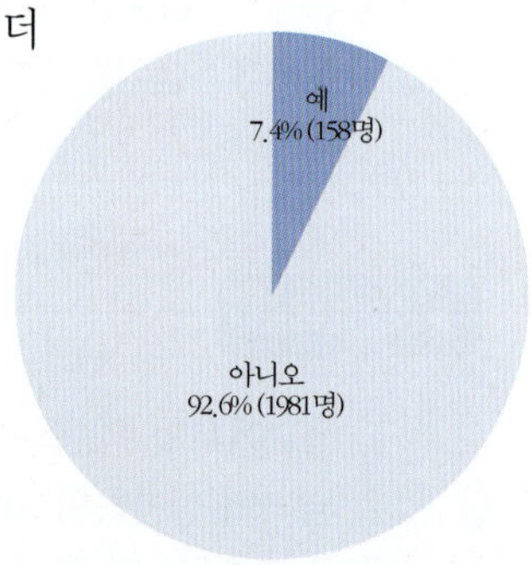

그림 7-1 청소년들의 성관계 경험률

- 첫 성관계 상대 : 성관계 유경험자들 중에서 '첫 성관계 상대'에 대한 질문을 한 결과, 응답자 전체에서 볼 때 '기타' 7.2%가 가장 많았고, 그 다음으로 '선배' 6.1%, '친구' 4.9% 순으로 나타났다(그림 7-2 참조). 남녀로 구분해 보았을 때 남자청소년들은 '친구' 7.8%, '기타' 6.6%로 1, 2위로 나타났고, 여자 청소년들은 '기타' 7.5%, '선배' 6.2%가 1, 2위로 나타났다.

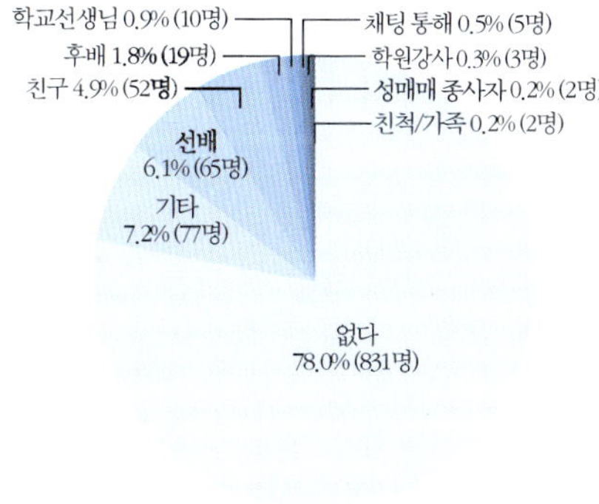

그림 7-2 청소년들의 성관계 상대

- 첫 성관계 동기 : 응답자 전체에서 볼 때 첫 성관계 동기는 '서로 원해서'가 5.1%로 가장 많고, '술마신 상태' 3.7%, '충동적으로' 2.3%로 순으로 나타났다(그림 7-3 참조). 남녀를 구분하여 볼때도 이들 순위는 비슷하였다. 남자 청소년의 경우는 '서로 원해서'가 8.2%, '술마신 상태' 4.1%, '충동적으로' 3.8% 순으로 나타난 반면에 여자 청소년의 경우는 '술마신 상태' 3.3%, '서로 원해서' 2.2%, '충동적으로' 0.9% 순으로 나타나, 남학생이 여학생보다 더 충동적으로 첫 성관계를 맺게 됨을 알 수 있다.

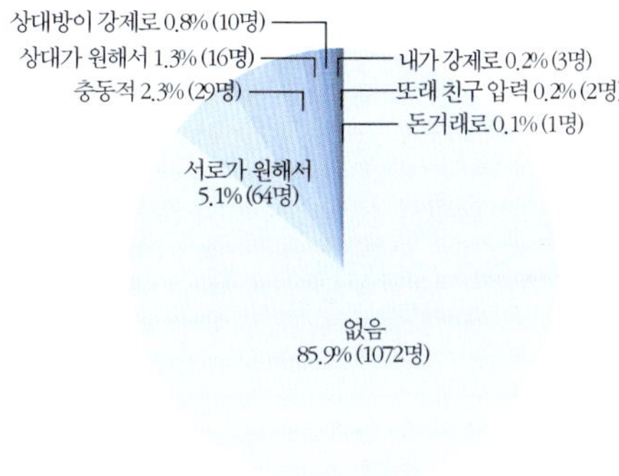

그림 7-3 첫 성관계 동기

- 성관계를 하는 주된 이유 : 응답자 전체에 볼 때 성관계를 하는 주된 이유는 '호기심' 3.0%이 가장 많고, 그 다음으로 '사랑을 확인하기 위해서' 2.9%, '술에 취해서', '거절하기 어려워서'가 각각 1.7%로 나타났다(그림 7-4 참조).

성관계를 하는 주된 이유에 있어서 남녀 청소년간에 뚜렷한 차이가 있었다. 남자 청소년의 경우는 '호기심' 5.1%이 가장 많고, 그 다음으로 '사랑을 확인하기 위

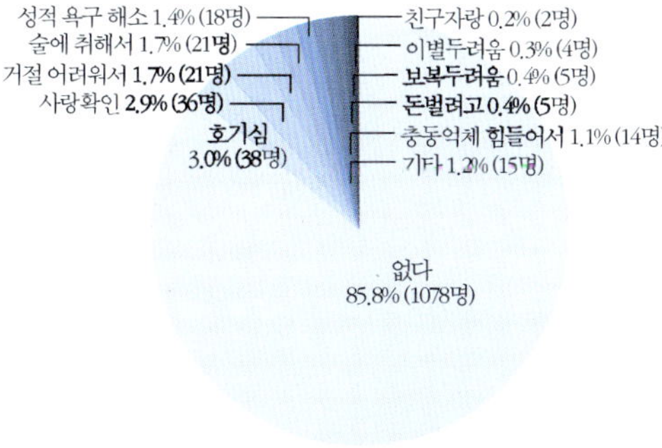

그림 7-4 성관계를 하는 주된 이유

해서' 3.6%, '성적 욕구 해소' 2.8% 순으로 나타났다. 반면에 여자 청소년의 경우는 '거절하기 어려워서' 2.6%, '사랑을 확인하기 위해서' 2.2%, '술에 취해서' 1.2% 순으로 나타났다.

- 성관계 이후 고민 : 응답자 전체에서 볼 때 성관계 후 '임신'(8.0%)에 대한 고민이 가장 많았고, 그 다음으로 '이별 불안'(1.3%), '친구들 사이의 소문'(1.1%)을 고민하는 것으로 나타났다(그림 7-5 참조). 성관계 후 고민에서 남녀 간 차이가 있었다. 남자청소년들은 1위 '임신'(10.6%), 2위 '이별 불안'(1.3%), 3위 '친구들 사이의 소문'(1.3%)이 성관계 후 고민에 있어서 순위가 높은 반면에 여자청소년들은 1위 '임신'(5.6%), 2위 '이별 불안'(1.4%), 3위 '친구들 사이의 소문'(0.9%)과 '순결 상실감'(0.9%)이 성관계 후 고민 중 높은 순위로 나타났다.

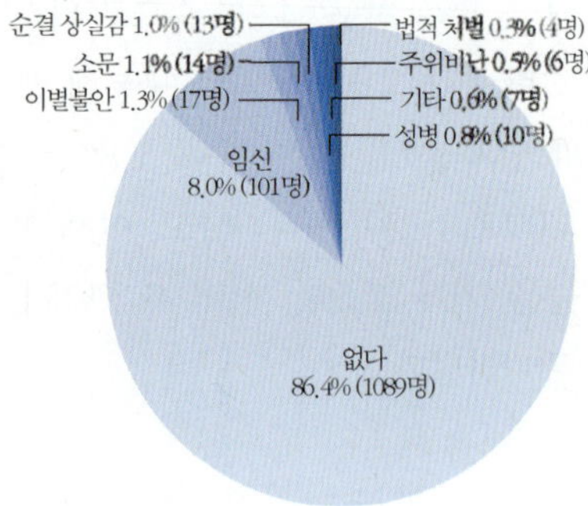

그림 7-5 성관계 후 고민

2. 성교와 성반응

(1) 성반응의 4단계

- 성반응의 4단계(Masters & Jonnes)는 일반적으로 **흥분기 → 고조기(흥분상승) → 절정기(오르가슴) → 해소기**로 이루어진다. 이런 과정은 남녀 공통적이다.

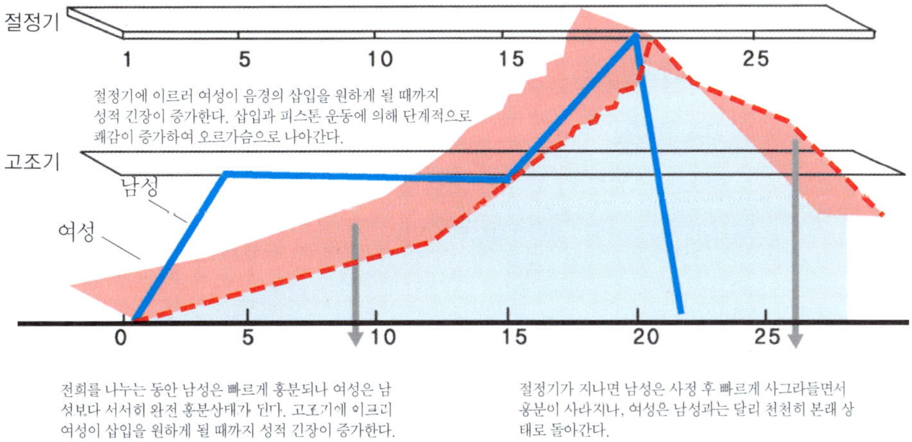

그림 7-6 성반응의 4단계

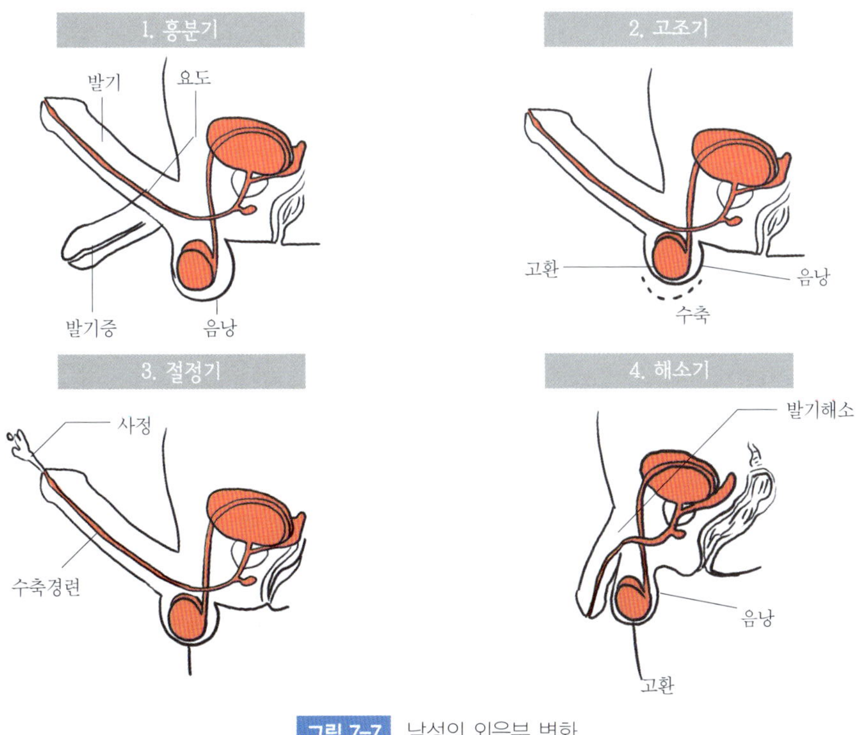

그림 7-7 남성의 외음부 변화

음핵
외음부의 상단, 요도 위에 위치하는 원통형 기관. 클리토리스라고도 하며 성적 자극을 받으면 민감하게 반응하여 성적 쾌감을 제공하는 곳으로 남성의 성기에서 귀두에 해당되며 성교시에는 2배로 커진다. [그림 7-8]

소음순, 대음순
질의 개구부를 둘러싸고 포피와 회음부로 연결되는 부위를 말한다. 신경말단이 집중되어 있어 민감한 성감대 중의 하나이다. [그림 7-8]

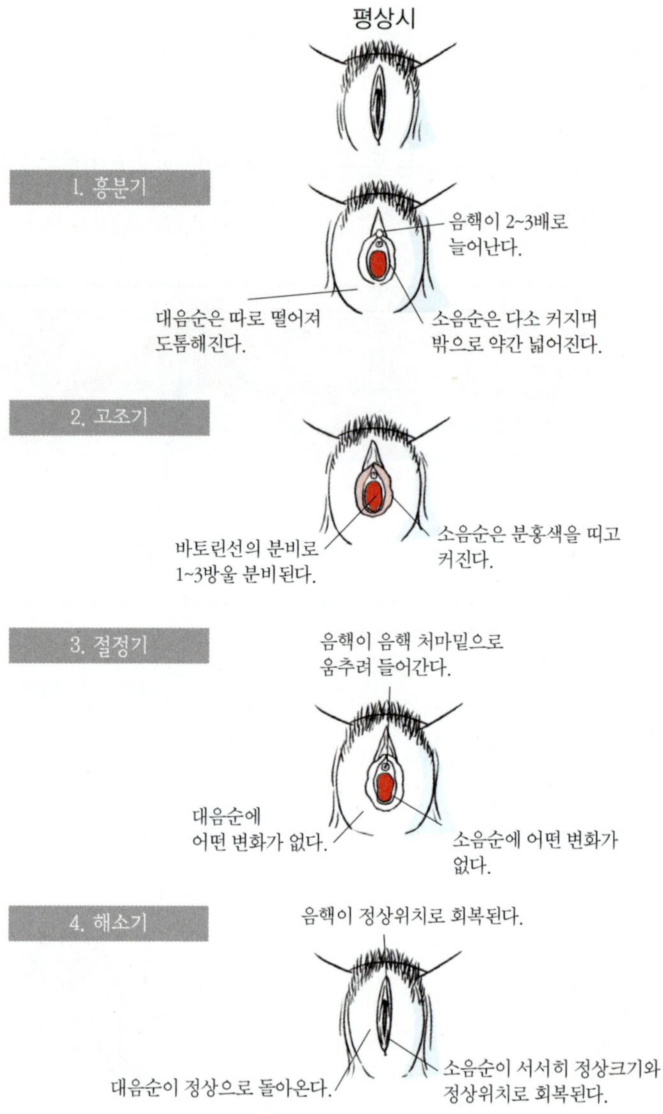

그림 7-8 여성의 외음부 변화

(2) 남녀 성반응의 차이

건강한 남성과 여성들은 성적 자극에 반응하며, **개인적 반응은 똑같지 않으나 기본적 생리는 남녀 모두 같다**(Masters & Johnes). 각 단계별 신체변화를 살펴보면 다음과 같다.

① 흥분기

신체변화 : 남자의 경우 음경 발기, 음낭주변 피부가 줄어들고, 고환이 상승한다. 반면에 여자의 경우 음핵이 길어지고, 질내부가 2/3 정도 늘어나고 윤활물이 분비된다.

성적 반응에 걸리는 시간의 남녀 차 : 일반적으로는 완전 흥분상태에 도달하는 데에는 **여성보다 남성이 더 빨리 흥분된다.** 그러나 이는 개인차가 있어 여성이 남성보다 성반응이 늦을 것이라는 생각은 잘못된 것이며, 남성뿐만 아니라 여성도 성적으로 급속도로 흥분되며 몇 분 안에 여러 번의 오르가슴을 경험할 수도 있다.

쿠퍼선 Cowper's gland
남성의 전립선 가까이에 있는 한 쌍의 샘(gland)을 말한다. 이것은 음경 끝을 미끄럽게 하는 데 도움을 준다.

성적 흥분 자극에 대한 남녀 차이 : 남자의 경우 시각적, 후각적 자극에 예민한 반면에 여자의 경우 청각적, 촉각적 자극에 예민하다.

참고자료

■ 남녀의 성감대

성감대는 개인차가 있지만 남성의 경우는 음경이 가장 민감한 성감대로 알려져 있고, 그 외 고환주변, 엉덩이, 입술, 가슴 등이 성감대인 사람도 있다. 여성의 경우는 음핵, G지점이 가장 민감한 성감대로 알려져 있고, 그 외 가슴, 엉덩이, 목과 그 주변, 입술, 피부 등 성감대가 다양하다. 특히 남자는 음경이 성감대의 주요 부분을 차지하는 반면에 여성은 성감대가 다양한 것이 특징이다. 상대의 성감대를 찾고 발견하는 일은 솔직한 의사소통과 상호 노력이 필요하다.

② 고조기

신체반응 : 남자의 경우 성기는 최대로 커지며, 고환이 상승하고, 귀두 주변의 색깔이 변한다. 쿠퍼씨 선Cowper's gland에서는 윤활물이 분비되고 유지한다. 반면에 여자의 경우 질벽의 근육이 수축하고 자궁이 상승하며, 음핵은 포피 속에 감춰진다. 바토린 선 Bartholin's 의 윤활물이 분비된다.

☞ 남성의 윤활물 속에는 정액(정자 포함)이 조금씩 섞여 나오기 때문에 피임을 위해서는 윤활물이 분비되기 전에 사용해야 한다.

바토린 선 (Bartholin gland)
여성의 질 입구 양옆에 위치해 있다. 성적 흥분 시 윤활액을 분비하여 성교를 도와준다.

③ 절정기

신체반응 : 남자의 경우 음경 밖으로 정액을 사정하고 이때 극도의 쾌감을 느낀다. 반면에 여자의 경우 질벽의 강하고 리드미컬한 수축이 여러 번 일어나고, 이때 강렬한 쾌감을 느낀다.

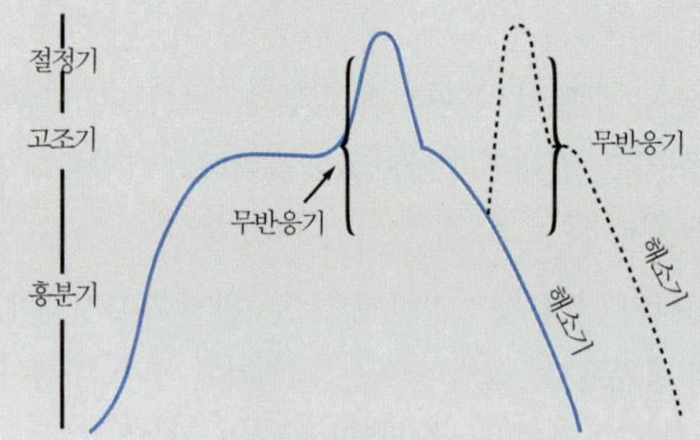

남성 성 반응의 가장 전형적인 형. 점선은 또 다른 형을 나타냄.
두 번째 오르가슴과 사정은 무반응기가 끝난 후에 일어난다.

그림 7-9 남성의 오르가슴 유형

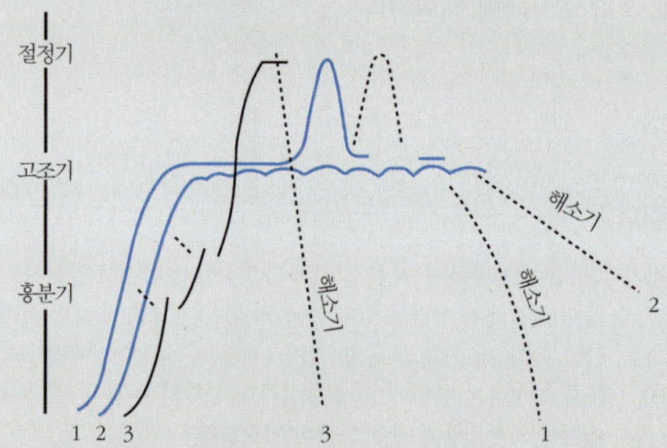

여성 성 반응의 3가지 변이
1. 다중성 오르가슴을 보이는 형
2. 오르가슴에 도달하지 않고 홍분지속기에 머무는 형
3. 홍분기에서 몇 차례의 홍분저하가 온 후에 급속한 해소기가 오는 형

그림 7-10 여성의 오르가슴 유형

④ 해소기
신체반응 : 남자의 경우, 음경이 축소하고, 고환은 원위치로 돌아간다. 이때 다시 발기하려면 다소 시간이 걸린다. 반면에 여자의 경우 음핵과 음순이 가라앉고, 외음부와 질은 본래 크기와 색깔로 돌아온다.
해소 시기 : 성적 반응의 해소는 남자가 여자보다 빨리, 급격히 일어난다.
오르가슴 이후 무반응기 : 남자의 경우, 무반응기의 기간은 개인차가 있다. 특히 젊을수록 그 기간이 짧고, 나이가 들수록 길어진다. 반면에 여자의 경우, 여러 차례 오르가슴을 느낀 여성에게도 무반응기가 나타난다.

7-1-2. 상담사례

7-1-2-1. 성관계가 싫어요. (이보경, 여, 대)

성고민 및 문제

남자친구를 사귀지는 1년이 조금 넘었고, 사랑해서 성관계를 하고 있습니다. 남자친구는 자상하고 늘 편한 친구 같은 사람이어서, 함께 있으면 행복하지만 늘 한 가지의 문제를 안고 지냅니다. 가벼운 스킨십 정도는 아주 좋아하지만, 실제 성관계에서 오르가슴을 느끼지는 않습니다. 저는 오르가슴을 느끼지 않기 때문에 성관계를 가지는 것에 적극적이지 않고, 남자친구는 보다 잦은 관계를 원합니다. 서로 좋아야 할 성관계가 저에게는 스트레스인데요, 이럴 땐 어떻게 해야 하는지…

상담자 답변

내담자 맞아들이기
보경씨, 많이 고민이 되실 것 같다는 생각이 드네요. 교제하고 있는 남자친구의 요구를 그저 무시할 수만은 없으리라 생각되구요. 사랑하는 관계에서 상대방을 위해 기쁨을 주고 싶은 마음도 있으실 거구요.

정보제공
오르가슴, 성적 흥분은 생리적이라기보다는 오히려 심리적인 기반에 의한 것입니다. 대부분의 남성이 흥분, 발기, 만족이라는 단계로 100% 오르가슴에 도달하는 것에 비해 여성의 경우 단 한 번도 오르가슴을 경험하지 못했다고 하는 비율이 10~30%나 됩니다. 성관계 시 오르가슴을 느끼지 못하는 원인으로는 임신의 두려움이나 죄책감과 같은 부정적인 감정이 원인이 될 수 있고, 상대와 가까워진다는 밀착감에 의한 심리적인 충족감을 얻기 위하여 오르가슴에 도달하지 못한 채로 성교 행위 자체만을 즐기는 경우도 있을 수 있습니다. 또한 나이가 어리면 오르가슴을 느낄 정도의 성욕이 발달하지 않았을 수도 있습니다.

제가 생각하기에 보경씨가 성관계에 대한 기쁨을 느끼지 못하는 것도 심리적인 이유 때문일 거라고 생각합니다. 의식하지 못하고 계시지만 무언가 심리적인 압박감을 느끼고 계실 수도 있습니다. 이런 경우, 억지로 관계를 갖는 것이 오히려 성관계에 대한 부정적인 감정이 생기고 남자친구와의 관계도 악화될 수 있습니다.

새로운 행동의 촉구 및 상담종결

이 문제를 남자친구와 진지하게 의논해 보십시오. 단순히 남자친구의 욕구를 채워주기 위해서 일방적으로 응해주는 것은 두 사람 모두에게 좋지 않습니다. 두 분이 서로가 원하는 것이 무엇이고 또 어떻게 해야 둘 다 기쁨을 느낄 수 있을지를 고민해 보시고 함께 노력해 보세요. 만일, 이렇게 해도 상황이 나아지지 않는다면 보다 전문적인 상담을 받아보시는 것도 한 방법일 수 있습니다.

7-1-2-2. 성관계 시의 반응을 알고 싶습니다. (최성욱, 여, 대)

성고민 및 문제

저는 대학교 1학년입니다. 아직 성관계 경험이 없는데, 성관계 시 성적으로 흥분되면 남녀가 어떤 반응을 보이는지 궁금합니다. 포르노도 보고, 친구들 얘기도 듣기는 하는데, 그게 맞는지 모르겠구유.

상담자 답변

내담자 맞아들이기

성욱씨, 네. 포르노나 친구들의 이야기는 과장된 부분이 있을 수 있습니다. 성 경험에 앞서 올바른 지식을 갖는 것은 바람직한 태도입니다.

성반응의 단계 설명

성적 자극을 받기 시작하여 성관계를 마치기까지를 흥분기, 고조기, 절정기, 해소기의 4단계로 나눌 수 있습니다.

첫 단계인 흥분기는 성적 자극에 대해 강한 욕구를 일으키는 시기로, 남성은 시각적 자극으로 여성은 신체적인 접촉을 통해서 성적인 욕구가 강하게 일어납니다.

이러한 자극에 의해 '고조기'로 접어듭니다. 남성은 음경이 발기되고 여성은 질분비물이 생기기 시작되어 질 입구가 미끄러워지고 넓어지고 길이도 평소보다 길어지지요. 이후에도 성적인 자극이 계속되면 여성의 경우 질 내에 열꽃 비슷한 붉은 반점이 나타나고 남성의 경우는 음경이 최대로 발기되며, 요도입구에서 두세 방울의 투명한 분비물이 나오는데, 이것은 여성의 질을 중화시켜 정자의 침입을 쉽게 만드는 역할을 합니다. 여성의 질은 보통의 경우에는 산성을 띠고 있어 외부에서 오는 세균 등을 박멸하여 깨끗한 상태로 유지시켜 주는 역할을 합니다. 이것을 사정한 것으로 오해하기도 하는데, 이것은 사정이 아니지요. 여성은 질이 더욱 확장되고 질 벽이 수축합니다.

세 번째 단계인 '절정기'는 성적 긴장이 해소되는 시기로, 남성은 약 0.8초 주기로 수축이 발생하며 정자의 사출이 이루어집니다. 여성은 오르가슴의 강도에 따라 질이 0.8초 주기로 약 3~15회 정도의 경련을 보이며 전신 근육 또한 수축반응을 보이게 되지요. 이 단계는 남성은 금방 끝나나 여성은 약 3~25초 정도 지속되며, 남성은 1회로 끝나나 여성은 여러 번 반복될 수 있습니다.

마지막 단계인 '해소기'는 성적 긴장이 최고조로 달한 이후 약 15~40분에 걸쳐 흥분기 이전의 평상으로 돌아가는 단계입니다. 이때 남성은 쉽게 졸음이 오고, 웬만한 성적 자극에도 음경이 발기하지 않습니다. 그러나 여성은 외부 자극이 주어지면 다시 절정감을 경험할 수 있습니다.

상담 종결

간단히 성관계의 과정에서의 반응들을 살펴보았습니다. 성욱씨는 앞으로도 성에 대한 호기심과 유혹들이 많이 생기리라고 봅니다. 성은 사랑하는 사람끼리 몸으로 그 사랑의 느낌을 나누고 대화하는 것입니다. 사랑하는 사람을 만나 서로 책임질 수 있을 때 성관계를 하시길 바랍니다.

주제 2. Good Sex와 Bad Sex

7-2-1. 이론강의

1. Good Sex와 Bad Sex

(1) Good Sex의 요소

Good Sex의 요건은 다음과 같다.

① 상대에 대한 애정(사랑)
뇌는 성적인 흥분과 억제 둘 다를 가능하게 하는 가장 중요한 성기관이다. 인간은 동물과 달리 성적 연상 작용을 통해 오르가슴에 도달한다. 오르가슴은 상대에 대한 애정이 있을 때 만족을 더 극대화할 수 있다.

② 상대에 대한 배려
상대에 대한 애정이 있을 때 당연히 상대에 대한 배려가 있다. 배려가 없다면 거꾸로 상대의 애정을 의심해 볼 필요도 있다. 성교를 자위하듯이 단지 자신이 쾌감을 느끼면 끝내버리는 성교는 자위이지 성교가 아니다. 상대가 준비되지 않았을 때 '기다려 주는 배려'와, 상대의 만족을 위해 상대를 '즐겁게 해 주려는 배려' 또한 필요하다.

③ 솔직한 의사소통
거짓 만족과 오르가슴은 자신이 즐거움을 느낄 기회를 박탈하고, 상대와의 관계를 더욱 나쁘게 만드는 요소가 될 수 있다. 자신의 성감대와 어떻게 하면 기분이 좋아지는지에 대한 솔직한 의사전달이 필요하다.

④ 상호 노력
사랑도 노력이 필요하다. 상대를 즐겁게 해 주려는 노력과 **자신의 성감의 개발** 등의 노력이 있을 때 즐거움도 커질 수 있다. 또한 **자신의 성적 매력을 유지**하기 위한 노력 또한 필요하다.

참고자료

■ 여성들이 성관계를 갖고 싶어 하는 남자? 하기 싫은 남자는?

천리안에서(2003) 〈여성들의 섹스 앙케이트〉 조사결과에 따르면,

가. 성관계를 갖고 싶은 남자는?

1위: 사랑하는 사람
2위: 파워 넘치고 원기왕성한 남자
3위: 진실한 남자, 잘생긴 남자, 이해심이 많은 남자
기타: 테크닉이 좋은 남자, 깨끗한 남자, 내가 원할 때까지 참아주는 남자

나. 성관계 하기 싫은 남자?

1위: 더러운 남자
2위: 마르고 왜소한 남자
3위: 관계에만 집착하는 남자
4위: 떠벌리고 다니는 남자
기타: 거짓말하는 남자, 강제적인 남자, 변태성욕자, 뚱뚱한 남자, 조르는 남자

(2) Bad Sex의 요소

위에서 말한 Good Sex의 조건을 충족시키지 못하는 경우로서

① 상대에 대한 애정이 없이 성적 욕구를 채우기 위해 성관계가 이루어질 때,
② 상대에 대한 배려가 없이 자기중심적, 강제적 성관계가 이루어질 때,
③ 솔직한 의사소통(예, 거짓 오르가슴) 없이 성관계가 이루어질 때,
④ 상대에게 만족을 주기 위한 상호 노력이 없을 때,
⑤ 기타... '청결하지 못한 성관계', '성병이 염려되는 성관계', '임신에 대한 염려가 있을때' 그 외 '성 콤플렉스'와 '스트레스가 많을 때' Bad Sex의 조건이 될 수 있다.

참고자료

■ 성건강과 성만족도를 높이 위한 한 방안!!

• 남자가 갖는 성병이나 불결한 성기는 여성의 질염과 자궁경부암의 한 원인이 된다. 남성의 성기 또한 매일 청결히 비누로 씻는 습관으로 성건강을 유지하고, 성적 만족도를 높일 수 있을 것이다.
• 남성 성기위생의 초점 : 특히 이물질이 끼기 쉬운 귀두 부분을 따뜻한 물에 비누로 매일 씻는 것이 필요하다.

2. 성 콤플렉스

(1) 남성 콤플렉스

남성들이 갖는 성 콤플렉스 중에 하나는 바로 "성기 크기 콤플렉스"이다. 성기 크기에 대한 다양한 오해들이 있다. 그 이유는 바로 성기 크기와 길이가 상대 여성의 성적 만족과 관련이 있다고 생각하기 때문이다.

■ **오해 1 : 발기 전 성기가 큰 사람은 더 크게 발기된다. (○, X)**

☞ 정답 × : 실제 발기 전에 성기가 큰 사람은 적게 발기되고, 적은 사람은 크게 발기된다. 결국 발기 전에는 크기에 차이가 있어 보이지만, 발기된 이후에는 크기가 비슷하다.

〈발기 전〉

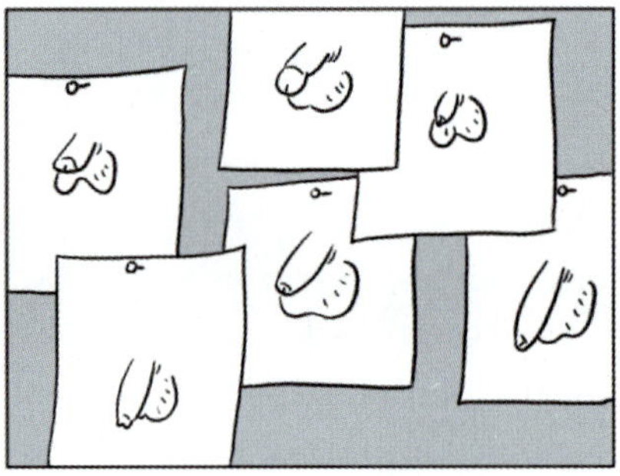

〈발기 후〉

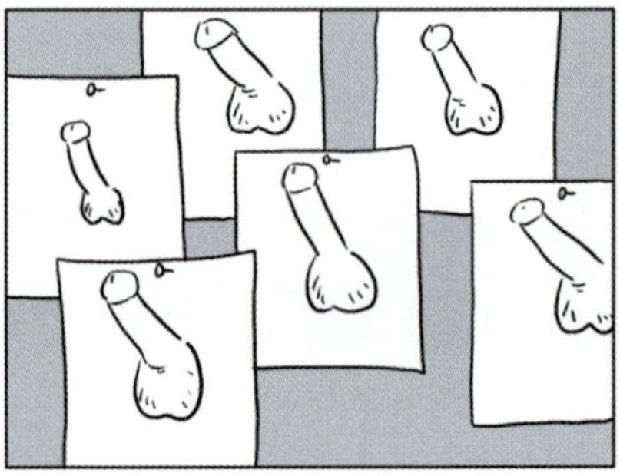

■ **오해 2 : 덩치가 큰 사람은 성기의 크기도 비례하여 크다. (○, X)**

☞ 정답 × : 그렇지 않다. 위의 <왜소 콤플렉스> 사례를 보면 더욱 그러하다.

♥ 사례: **성기 크기 콤플렉스**

고등학교 수학여행 때 악동들 몇 명이서 자는 아이들의 팬티를 벗기고, 음경을 고무줄로 묶어 이리저리 만지작거리는 짓궂은 장난을 하던 중 A에게 달려들었다. 학교에서도 손꼽히는 거구인 그인지라 모종의 기대감을 가지고 팬티를 벗겨낸 악동들은 너무나 놀라 열린 입을 다물지 못했다. 그의 음경은 거구에 걸맞지 않게 너무도 작았던 것이다. 악동들이 너무나 우스워서 죽으라고 웃는 바람에 주변에서 자던 아이들이 하나, 둘 깨어나서 그의 그것을 보게 되었으나 A는 깊은 잠에서 깨어날 줄을 몰랐다. 결국 방에 있던 아이들은 다 보게 되었고 그 후 A의 번데기는 학교 전체에 소문이 나 A는 외톨이가 되었다. 평소 활달했던 A는 의기소침해졌으며 성적도 급격히 떨어졌다. 그는 고교 졸업 때까지 주변 아이들의 눈총을 피해 다녔고, 학교 아이들은 뒤에서 '쉬쉬' 하며 놀렸다.

결국 A는 재수를 해서 겨우 대학에 갔고, 나름대로 새로운 생활에 적응해가는 것처럼 보였다. A의 결혼식 후 집들이에서 다시 한번 예전의 장난기가 발동되어 한 친구가 신혼여행 갔다 온 비디오를 보면서 "야! 너 그것 좀 컸냐?" 라며 농담을 했다. 순간 A의 얼굴이 금새

창백해지면서 순식간에 무거운 침묵이 흘렀다. 그때 A는 심한 좌절감 섞인 울음 같기도 하고 절규 같기도 한 목소리로 "왜소증 때문에 발기 불능으로 신혼여행 때도 유쾌하지 못했고, 열 번에 한 번 정도 발기가 되더라도 조루로 실패의 연속이다. … 집안에서의 성생활이 이렇게 엉망이다 보니 직장생활도 힘들다."고 고민을 토로했다. 몇몇 악동들이 시작한 장난이 이런 엄청난 비극을 만들었다고 생각하니 지금도 가슴깊이 안타까움과 착잡함이 있을 뿐이다(이순열, 배병주, 1997년에서 인용).

■ 오해 3 : 성기 크기가 큰 사람이 여성을 더 만족시키는 데 더 유리하다. (○, X)

☞ 정답 × : 음경의 모양이나 크기는 여성의 오르가슴과는 무관함. 여성의 질의 신경은 주로 질(보통 때 전체 길이 10cm 전후) 하부의 약 1/3 지점(5cm)까지만 분포하고 자궁 쪽에는 신경세포가 없기 때문이다. 따라서 음경의 길이가 최소 5~7cm 정도면 여성의 질에 대응 가능하다. 따라서 여성을 만족시킬 수 있는 최소한의 길이는 5cm 전후면 된다.

(2) 여성 콤플렉스

여성들이 갖는 성 콤플렉스 중에 하나는 "처녀막 콤플렉스"이다. 처녀막은 질 입구에 있는 근육조직이다. 처녀막의 모양은 사람의 얼굴만큼이나 다양하다(그림 2-8 참조). 처녀막은 첫 성관계에서 파열되기도 하나, 운동이나 탐폰의 사용으로도 파열될 수 있다. 우리 사회에서 아직은 처녀막을 순결의 상징으로 여기는 관념이 여성의 무의식 속에 지배한다. 처녀막 콤플렉스는 Good Sex를 방해하는 한 요소가 될 수 있다.

♥ 사례: 처녀막은 순결의 상징인가?

미숙과 영호는 아는 사람의 소개로 만나 교제 중이다. 교제기간에 영호는 미숙에게 성관계를 여러 차례 원했지만 미숙은 이런 영호의 요구를 여러 차례 거절하였다... 크리스마스 파티가 있던 날 영호는 사랑하는 사인데 어떠냐며, 함께 밤을 지내고 싶다는 청에 못 이겨 함께 밤을 보냈다. 그런데 그날 밤에 미숙에게서 혈흔이 없자 영호의 표정이 싹 바뀌는 것이었다. "너 처녀인 척하더니.. 이미 남자 경험이 있는 것 아니냐"면서 미숙을 냉대하기 시작했다. 미숙이 그런 적이 없다고 아무리 얘기해도 영호는 들은 척도 않는 것이었다. 그 이후 점점 영호는 연락도 하지 않았다.... 미숙은 영호를 만나기 이전에 남자와 잠자리를 한 적이 없는데, 이를 입증할 수도 없고 창피하여 누구에게 말도 할 수 없어 가슴만 앓고 있다.

킨제이는 미국 전역의 성인 남녀를 대상으로 연령별 평균 성교 빈도를 공식으로 산출한 바 있지만, 성교 횟수는 인종, 결혼여부, 개인마다 차이가 있고, 개인의 환경적 요인들에 영향을 받기 때문에 연령대별 적정한 성교 횟수는 정해진 바가 없다. 중요한 것은 성교 횟수, 즉 양적인 면보다는 한 번의 경우라도 '상호 만족'을 줄 수 있는 성관계, 즉 질적인 면이 더 중요한 것이다.

7-2-2. 상담사례

7-2-2-1. 성관계를 몇 번 해야 정상인지…… (박동규, 남, 대)

성고민 및 문제

저는 대학교 2학년생 남학생입니다. 중학교 때부터 자위를 해 왔는데 대학생이 되면서 여자친구를 사귀게 되었고, 여자친구와 성관계를 가지게 되었습니다. 그런데 제가 성충동도 강하고, 한 번 성관계를 맺을 때, 성교를 몇 번 하는 것이 정상인가요? 또 일주일이나 한 달에 성관계를 몇 번 하는 것이 정상인가요?

상담자 답변

내담자 맞아들이기

성관계에 대해서 흔히 많이 나오는 질문 중의 하나가 횟수에 관한 문제입니다. 쉽게 다른 사람과 이야기할 수 없는 부분이기 때문에 더 궁금하기도 한 부분이지요.

자신에게 적합한 성관계 횟수

성관계는 하루에 한 번이든 일주일에 1회, 혹은 한 달에 1회도 가능하고 여러 번이어도 상관없으며 적당한 횟수가 있을 수 없습니다. 횟수가 기준이 되는 것이 아니라 정신적인 상태, 건강 상태, 체력, 성욕의 차이 등과 관련이 됩니다. 그러므로 내가 성관계를 많이 한다 적게 한다 그 횟수에 치우치거나 남과 비교하지 말아야 합니다.

성관계에 대한 바람직한 태도

가장 중요한 것은 상대에 대한 배려이겠지요. 서로의 욕구를 함께 충족시킬 수 있는 횟수가 가장 바람직합니다. 성은 사랑하는 사람끼리 몸으로 그 사랑의 느낌을 나누고 대화하는 것입니다.

7-2-2-2. 처녀막을 잃었어요. (이상은, 여, 고)

성고민 및 문제

얼마 전에 성관계를 했고, 처녀막을 잃었는데. 예전에는 처녀막이 뭐 그리 대단할까라고 생각했는데, 막상 성관계를 하고 나니, 순결을 잃었다는 죄의식 같은 게 생겨요. 어떤 마음을 먹어야 할까요?

상담자 답변

내담자 맞아들이기

이전에는 남들이 순결을 강조해도, 그게 그리 중요한가 하는 생각을 했었지만, 막상 이제 내가 처녀막을 가지고 있지 않구나라는 생각을 하게 되니 힘든가 봐요. 본인은 성관계에 대해서 많이 알고 있고 준비되어 있다고 생각했더라도, 성경험의 의미를 깊이 있게 생각해 보지 못했을 수 있습니다.

순결과 처녀막의 의미

순결이란 일반적으로 남자나 여자가 결혼 전에 성관계를 갖지 않고 있는 상태를 의미합니다. 순결을 잃은 후에는 무척 놀라고 정신적인 충격이 무척 크리라고 봅니다. 혹 내 인생이 끝난 게 아닌가 걱정도 되고 부모님이나 주위에 소중한 사람들에게 무엇인가 잘못한 것 같아 죄의식에 몹시도 시달렸겠군요. 처녀막이란 질입구에 있는 얇은 막으로 심한 운동이나 장시간 자전거 타기 등으로 쉽게 파열될 수도 있습니다. 처녀인지 아닌지는 인간다운 삶을 판단하는 필수적인 조건은 될 수 없답니다. 신체적 순결도 중요하지만 그보다 더 중요한 것은 삶에 대한 정신적 순결이 아닐까 생각합니다. 내 삶을 어떻게 의미 있는 사람과 살아갈 것인지, 그리고 그 관계 속에 성관계도 포함시켜야겠지요.

성관계에 대한 바람직한 태도 및 상담종결

상은양이 가졌던 성관계에 대해서는 어떤 생각을 하고 있는지 궁금하군요. 상은양이 성관계를 가질 만큼 스스로 준비가 되어 있는지, 그리고 성관계를 가지 상대 남성도 상은양에 대한 배려를 충분히 한 것인지 등을 점검할 필요가 있겠습니다. 청소년기이기 때문에 성적 욕구가 생기기는 하지만, 사회적 과업과 성관계에 대한 준비도 등을 고려할 필요가 있겠습니다.

주제 3. 성기능 장애와 치료

7-3-1. 이론강의

1. 남성의 대표적인 성기능 장애 : 발기장애

발기장애
성교를 완료할 때까지 발기 상태를 유지할 수 없는 상태로서 성교 불능증 또는 임포텐스라고도 한다.

(1) 발기장애의 정의와 다양성

- '임포텐스' impotence라고 불리는 발기장애는 성교를 완료할 때까지 발기상태가 유지될 능력이 없는 상태로 정의한다.
- 발기장애는 다양한 형태로 나타난다
  - 자신이 몹시 원하는 여자 앞에서 발기 능력을 잃는 형,
  - 가벼운 애무를 할 때에는 발기했다가 옷을 벗을 때는 발기가 소실되는 형,
  - 구강성교oral sex에 의해서는 지장이 없다가 질에 삽입을 시도할 때 소실되는 형 등이 있다.
- 성관계의 50% 이상 발생하는 경우로서, 6개월 이상 지속되면 검사를 받아야 한다.

(2) 발기장애의 원인

발기장애는 심리적 원인과 기능적 원인 둘다에 의해 일어나며 이들이 서로 상호작용한다.

- 기능성 발기장애: 기능성 발기장애의 대부분은 내분비선이나 혈관의 이상으로 생긴다.
- 심인성 발기장애: 수행불안, 종교적 신념, 강박관념, 성적 공포나 변태, 우울, 육체적 매력의 결여, 노화에 대한 걱정, 일시적으로 알코올의 영향으로 일어난다.

2. 여성의 대표적 성기능 장애 : 절정감 장애

조루증
절정감 장애
성행위 중 오르가슴을 못 느끼는 장애를 말한다.

(1) 절정감 장애의 정의와 다양성

- 절정감 장애란, 성행위 중 오르가슴을 못 느끼는 경우를 말한다.
- 절정감 장애의 유형은 3가지로 분류된다.
  - 성교 시 어떤 방법을 취하든지 좀처럼 오르가슴을 느껴지지 않는 것을 **'원발성 장애'** 라 한다.
  - 예전에는 오르가슴을 느꼈으나 나중에 어떤 변인들에 의한 영향 때문에 현재 오르가슴이 일어나지 않는 것을 **'속발성 오르가슴 장애'** 라 한다.

- 환경적 조건이 변화해서 나타나는 **'환경성 오르가슴 장애'** 가 있다.

- Masters와 Johnson은 성적 파트너들이 성기능에 이상은 없더라도 50% 이상의 성관계에서 오르가슴 없이 끝날 때 오르가슴 장애로 정의한다.

(2) 절정감 장애의 원인

- **심인성 절정감 장애** : 어떤 여성의 경우 성교를 남편에 대한 의무인 것으로 느낄 때 성적 절정감을 느끼기 어렵다. 또한 종교적인 이유로 인해 성적 쾌락에 대해 죄책감을 가질 때도 절정감 장애를 유발할 수 있다.
- **기질성 병리현상의 영향** : 외음부, 질, 그 외 자궁과 그 부속기관, 방광, 골반 등의 각종 염증, 종양, 외상 등에 의해 일어날 수 있고, 또한 척추의 이상으로 성흥분 전달통로의 차단으로 일어날 수 있다.

7-3-2. 상담사례

7-3-2-1. 발기가 충분하지 않아요. (강지원, 남, 대)

성 고민 및 문제

이런 말씀드리기 좀 창피하고… 그렇지만… 여자친구와 얼마 전과 오늘 관계를 가지려고 노력을 했는데. 발기가 되어도 여자친구 성기에 들어갈 만큼 힘이 없어서 삽입이 되질 않아요. 또 발기도 금방 죽어서 넣으려고 해도 잘 안 들어가구요. 여자친구는 괜찮다고 하지만 전 왠지 자신감이 없구요. 여자친구와 저 둘 다 성경험은 전무해요. 서로 긴장해서 일까요? 전 27살이구, 아직은 젊은데. 성불구자인가요? 자위행위를 자주 했었는데. 저번 주에 한 번 관계 실패 후 한 번도 안 했고, 일주일이 넘도록 한 번도 안 했는데. 오늘 또 실패하게 되니 조금 두렵네요. 여자친구 보기에도 창피하고. 왠지 자꾸 주눅이 드네요. 어떻게 해야 할까요?

상담자 답변

내담자 맞아들이기

지원씨, 남성으로서 신경이 많이 쓰이는 문제를 문의하셨네요. 일단 큰 걱정은 안 하셔도 됩니다. 지원씨의 말처럼 결혼 전이기 때문에 두 분 다 긴장해서 그럴 수도 있고, 또 성경험이 한 번도 없었기 때문에 그럴 수도 있어요. 성관계 시 여자가 충분히 흥분되어 있지 않으면 발기가 되어도 삽입이 잘 안 될 수 있고, 삽입이 안 되면 발기 상태가 오래 가지 않아요.

내담자 걱정에 대한 답변

크게 걱정 안 하셔도 좋겠습니다. 만약 발기부전이라고 한다면 기질적인 문제가 아니라 심인성이라고 할 수 있죠. 처음 관계를 가지려 할 때, 긴장에 의해서 발기력을 그대로 유지시키지 못하고 삽입을 시도하려고 할 때 발기력을 상실하는 경우가 많습니다. 첫 경험에 따른 심리적 긴장감에 의해서 말이죠. 또는 성교에 대한 의식적, 무의적인 부담감에 의해서일 수도 있고요. 즉, 두려움이나 자신이 그동안 가지고 있던 성적 가치관에 위배될 경우 자신도 모르게 억압적이 되고 억압에 의해서 발기력을 상실할 수 있거든요. 그런가 하면 여성에 대한 신비감이나 경외감 때문으로도 그렇고, 임신이나 책임감(성교를 맺게 된다면 이제 내가 전적으로 책임을 가져야 한다는 부담감이나 이제 더 이상 자유롭게 새로운 여성을 만날 수 없다는 심리적 거부감 등등)을 가져야 한다는 부담감에서일 수도 있거든요. 그런 반면 자신이 생각했던 여성에 대한 생각에 차이가 날 때나 여성에 대한 두려움을 가지고 있을 때도 일어날 수 있는 거랍니다.

앞으로의 행동 방향 및 상담종결

일단 조급하게 자신의 성적 능력을 확인해보기 위한 시도는 피하기 바랍니다. 몇 차례 연속 시도에서 실패했지만 시간이 지나며 차차 나아질 거란 자신에 대한 믿음을 가지도록 하고요. 점점 익숙해지고 자신감을 회복하게 되면 자연스럽게 성교가 가능해진다고 자신에게 믿음을 주세요. 당분간은 삽입성교에 대한 부담감에서 벗어나 즉, 삽입성교에 대한 집착에서 벗어나 편안하게 애무 정도로 만족하는 것이 좋겠고요. 부정적이고 부질없는 생각을 털어 버리기 바랍니다.

학·습·정·리

✲ 주제 1 성교와 성반응

- **성교**는 상호 친밀감, 사랑과 애정을 확인하는 한 방법이다.
- 성교에서 성반응은 일반적으로 남녀 간의 차이가 있는 부분도 있지만, 남녀 간의 차이보다 남녀 내의 개인차는 더 크다.
- 성교에서 **성반응**은 흥분기 → 고조기 → 절정기 → 해소기의 4단계를 거친다. 이런 과정은 남녀 공통적이다.

✲ 주제 2 Good Sex와 Bad Sex

- Good Sex는 '상대에 대한 애정(사랑)', '상대에 대한 배려', '솔직한 의사소통', '상호 노력' 등이 있을 때 가능하다.

✲ 주제 3 성기능 장애와 치료

- 남녀의 성기능 장애는 매우 다양하지만 대표적으로 남성의 경우 남성은 '발기장애', '조루증' 등이 있다. 여성의 경우는 '절정감 장애', '질경', '성적 무감증' 등이 있다.
- 남성의 **'발기장애'**는 남성의 성기능장애의 50%를 차지한다. 원인은 내분비선이나 혈관의 이상으로 생기는 '기질성 장애'와, 수행불안, 종교적 신념, 강박관념, 성적 공포나 변태, 우울, 육체적 매력의 결여, 노화에 대한 걱정, 일시적으로 알코올의 영향으로 나타나는 '심인성 발기장애'로 구분할 수 있다.
- 여성의 **'절정감 장애'**는 성교에서 50% 이상을 절정감을 느끼지 못하고 끝나는 경우를 말한다. 원인은 성에 대한 종교적 신념, 성에 대한 의무감 등의 심인성인 경우와, 외음부, 질, 그 외 자궁 등의 질병이나 척추의 이상으로 성흥분 진달통로의 차단으로 인해 나타나는 기질적 원인으로 구분된다.

학•습•평•가

※ 아래의 각 문항 내용이 옳다고 생각하면 O표, 틀리다고 생각하면 X표를 적으시오.

1. 성교sex는 상호 친밀감, 사랑과 애정을 확인하는 방법이다. ( )
2. 상대에 대한 애정(사랑)이 없더라도 성적 욕구를 만족시킨다면 Good Sex이다. ( )
3. 성행동에는 손잡기, 키스, 애무, 자위행위, 성교 등이 포함된다. ( )
4. 여성은 오르가슴을 느낄 때 남성에 비해 특별한 신체 반응이 없다. ( )
5. 성적 반응의 해소는 남자가 여자보다 빨리, 급격히 일어난다. ( )
6. 남자는 일반적으로 시각적, 후각적 자극에 민감하다고 알려져 있다. ( )
7. 불결한 남자의 성기는 여성의 질염과 자궁경부암의 원인이 된다. ( )
8. 남성의 성기가 커야 여성의 성적인 만족도가 높다. ( )
9. 처녀막은 사람마다 서로 다른 여러 가지 모양을 갖추고 있다. ( )
10. 모든 여성은 처음 성관계 시 처녀막이 파열된다. ( )
11. 구강성교oral sex에 의해서는 발기에 문제가 없었지만 질에 삽입을 시도할 때 발기가 소실되는 경우도 발기장애이다. ( )
12. 성교 시 성반응은 남녀 간 차이보다 남녀 내의 개인차이가 더 크다. ( )
13. 성교 시 성감대를 서로에게 가르쳐주는 것은 부끄러운 일이다. ( )
14. 처녀막은 질 입구의 근육조직으로 운동이나 탐폰의 사용으로도 파열될 수 있다. ( )
15. Good Sex가 되기 위한 중요한 조건 중에 하나는 상대에 대한 배려이다. ( )
16. 남성의 성기능 장애는 거의 대부분 심리적인 요인에 의해 발생한다. ( )

※ 다음 질문에 알맞은 답을 고르시오.

17. 남성의 대표적인 성기능 장애가 아닌 것은?

① 발기부전 ③ 절정감 장애
② 조루증 ④ 사정부전

18. 여성의 대표적인 성기능 장애가 아닌 것은?

① 조루증 ③ 성적 무감증
② 질경 ④ 절정감 장애

19. 성반응의 4단계입니다. 빈칸에 들어갈 알맞은 용어는?

흥분기 → 고조기 → ( ) → 해소기

① 흥분상승기 ③ 절정기
② 전희 ④ 흥분하강기

☞ 정답은 p.378에서 확인하세요.

8장
임신과 낙태

오늘날 우리 사회에서는 인터넷의 발달로 인한 음란물의 과다노출과 성개방 풍조의 만연에 따른 청소년 성매매의 문제, 10대 미혼부모와 입양아의 문제 등에 따른 청소년들의 성경험과 관련된 임신, 출산, 인공임신중절에 관련된 성교육과 성상담의 필요성이 크게 증가하고 있다.

이 장에서는 이런한 현실 속에서 청소년들이 임신과 피임, 출산에 관한 정확한 지식을 갖고, 책임 있는 성행동의 중요성을 인식하게 하고 인공임신중절의 위험성을 다룬다.

● 학습내용

- 주제 1 : 임신
- 주제 2 : 출산
- 주제 3 : 인공임신중절

● 학습목표

1. 임신의 원리를 설명할 수 있다.
2. 배란 시기와 분만 예정일을 계산할 수 있다.
3. 생명에 대한 존엄의식과 책임의식을 갖는다.
4. 인공임신중절의 위험성에 대해 설명할 수 있다.

주제 1. 임신

8-1-1. 이론강의

1. 월경과 배란

여성은 난소 안에 난포(원시난포)를 출생시에는 200만 개를 갖고 태어나며, 사춘기에는 30만 개로 감소되고, 이 중에서도 약 500개 정도만이 일생 동안 배란이 된다고 알려져 있다. **배란**은 사춘기에 접어들어 시상하부에서 나오는 성선자극호르몬(GnRH) 분비에 의해 뇌하수체에서 난포자극호르몬(FSH)과 황체형성호르몬(LH)이 분비되어 난소에서 배란이 된다. 난소에서는 매 월경 주기 때마다 3~7개 정도의 난포가 성장을 하다가 그중에서 1개의 우성난포가 선택되어 월경주기 동안 계속 성장하게 된다. 이 우성난포가 성장하면서 여성호르몬(에스트로겐, 난포호르몬)을 분비하는데, 배란이 가까워지면 이 호르몬의 영향으로 자궁경관점액의 양이 많아지며 묽게 길게 떨어지게 한다. 배란된 난자는 여성의 몸속에서 12~24시간 생존이 가능하다. 이 기간 내에 난자가 정자를 만나 수정이 되고, 수정란이 착상이 되면 그때부터 **'임신'** 이라고 한다.

배란기에는 자궁경부가 약간 열리며, 자궁경부점액이 묽고 풍부해져서 정자가 자궁경부를 쉽게 통과하여 올라갈 수 있게 해 준다. 배란 후의 난포는 황체를 형성하면서 황체호르몬(프로게스테론)을 분비하는데, 황체호르몬의 영향에 의해 자궁경관점액은 끈끈해지므로 정자의 통과가 힘들어지게 된다. 황체호르몬은 배란 후 8~9일경에 가장 높은 혈중 농도를 유지하다가 배란 후 약 12~15일 되면 황체는 수명을 다한다. 황체 말기에 수정란의 착상이 없으면(임신이 되지 않으면) 황체호르몬 분비가 급격히 감소되고 자궁내막은 괴사성 변화를 일으켜서 월경이 나오게 된다. 그리고 다시 새로운 난포기가 시작되어 다음 배란을 준비하는 것이다.

정상 월경 주기는 보통 25~30일 간격이며 황체기는 약 14일 정도로 대개 일정하다. 즉, 배란 후 약 14일 지나 월경이 나온다. 또한 월경 주기가 길거나 짧은 것은 주로 월경 후 배란 전까지의 난포기의 길이에 따라 정해진다(이임순, 2010).

배란일을 파악하는 것은 임신과 피임을 예측하는 데 중요하다. 배란일을 알아내는 방법은 여러 가지가 있다. 신체증상으로는 가슴이 팽팽해지고, 체중이 약간 늘어나며, 자궁경관의 점액의 양이 늘어난다. 그러나 이것만 가지고는 정확히 알기는 어렵고, **월경주기법**(일명 오기노법), **기초체온법, 자궁경관점액주기법** 등으로 배란일을 알아내는데 불임환자의 경우는 골반 초음파와 소변 및 혈액검사로 정확한 배란일을 알 수 있다(김혜원, 이해경, 2000).

여기서는 월경주기법, 기초체온법, 초음파 검사법에 대해 간단히 소개하기로 한다.

월경주기 계산방법 : 예정 생리일로부터 12~16일(약 14일) 이전의 약 4일간 기간 배란일이다. 예를 들어, 월경주기가 28~32일이라면(생리주기가 규칙적이지 않는 경우) 가장 짧은 주기인 28일째 되는 날부터 14일(16~12일)을 거슬러 올라가면 12~16일이 배란일이 된다. 월경주기가 32일이라면 14일을 거슬러 올라가면 16~20일이 배란일이 된다. 각각 난자 수정 가능기간인 1일과 안전을 위한 1일을 더한 10일부터 제20일경까지가 임신위험기가 되는 것이다

임신 위험기간의 계산법 :

임신 위험기간의 시작일 = 가장 짧은 월경주기 − 18일
임신 위험기간의 끝날 = 가장 긴 월경주기 − 11일

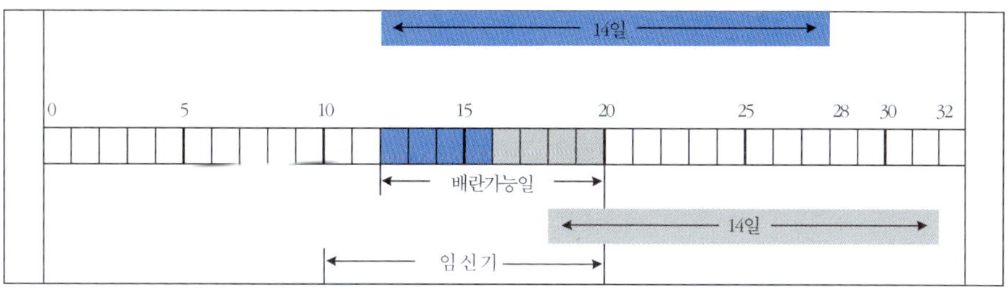

그림 8-1 월경주기법을 이용한 배란가능일

〈계산 예〉 배란 시기는 다음 월경 예정일 전 12~16일(약 5일간) 사이이며, 난자의 수명은 보통 12~24시간 정도이다.

- 질문 : 지난달 월경이 3월 20일부터 3월 24일까지라면 배란시기는? (단, 월경주기는 30일)
- 답 : 다음 월경 예정일이 4월 20일이므로 여기에서 12~16일을 빼면 배란 시기는 4월 4일~4월 8일 사이가 된다.

(1) 기초 체온법

매일 아침 아무 활동을 하지 않은 상태에서 체온계로 3~5분간 체온 측정 그래프로 기록한다. 체온이 낮아지는 시기가 **배란기**이다.

정자
남성의 고환에서 만들어짐. 한 번 사정으로 3~5ml 배출됨.

난자
여성의 좌우 난소에 만들어짐. 월 1회씩 배출됨.

배란
여성의 1달에 한 번 원시난자가 성숙하여 배출되는 것

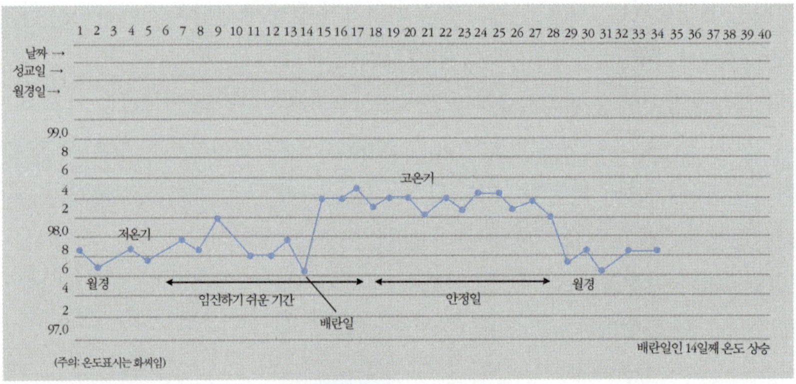

그림 8-2 기초체온법

(2) 초음파 검사법

월경시작 9일째부터 초음파를 이용하여 난포를 측정한다. 난포의 성숙된 크기는 1.8~2mm 정도이다. 난포 성숙에 따른 황체형성호르몬(LH) 분비 정도로 산부인과에서 검사할 수 있다.

2. 임신

(1) 임신의 성립

① **수정** : 정자가 여성의 질내로 들어가 난관 끝의 **팽대부**에서 (배란되어 나온) 난자의 외피를 뚫고 들어가 결합하는 것을 **'수정'** 이라 한다. 수정되는 순간 **남녀 성**이 결정된다.

② **착상** : 수정된 난자는 2, 4, 8…식으로 세포분열을 하면서 나팔관을 통과하여 자궁쪽으로 이동(그림 8-3). 수정 후 7일 정도에 도달하여 가장 안전한 곳을 골라 자리를 잡는데 이를 **'착상'** 이라 하고 이때부터를 **"임신"** 이라고 한다.

팽대부
여성의 자궁과 연결되어 있는 부위로 나팔관 끝의 1/3 지점

자궁
태아가 10개월 동안 자라는 곳

수정
정자와 난자가 만나는 것

착상
수정란이 자궁내막에 자리를 잡는 것

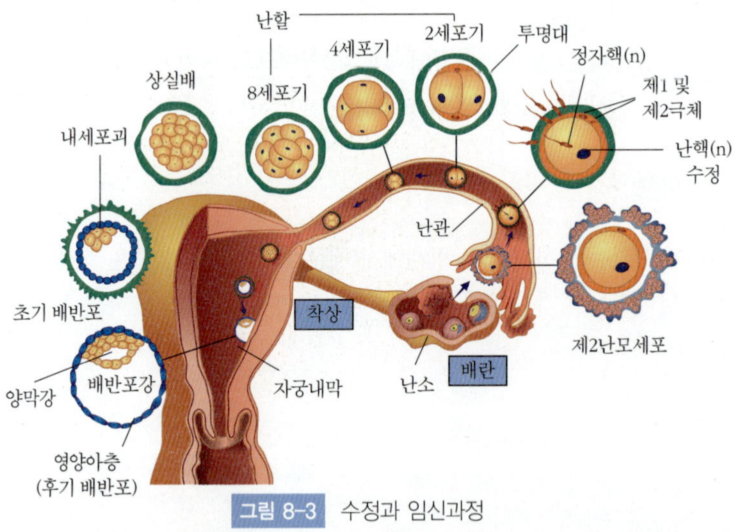

그림 8-3 수정과 임신과정

(2) 임신의 증상(표 8-1 참조)

① **월경의 정지** : 특히 청소년기의 소녀들은 월경이 불규칙한 경우가 많기 때문에 이 또한 간과하기 쉽다. 배란일에서 약 14일 이후에 임신진단시약(정확진단을 위해서는 월경예정일 2주 후에 측정할 때 보다 정확히 진단 가능)으로 임신여부를 진단하는 것이 가능하기는 하나, 확실한 진단은 **도플러 검사**와 **초음파 검사**를 통해 확실히 알 수 있다.

② **입덧** : 위장 활동이 둔해져서 변비증이 생기기 쉬우며, 오심이나 구토 등 입덧 증상, 머리가 무겁고 오한이 나서 감기로 착각하기도 한다. 보통 **임신 3개월** 내지 **4개월 초경**에 입덧은 사라진다.

③ **빈뇨** : 방광의 압박으로 소변이 자주 보고 싶어진다.

④ **체중증가와 신체변화** : **임신 5개월**이 되면, 체중이 두드러지게 증가하고, 태동을 느낄 수 있으며, 임신부 자신은 배가 불러지는 것을 알게 된다(그림 8-4 참조).

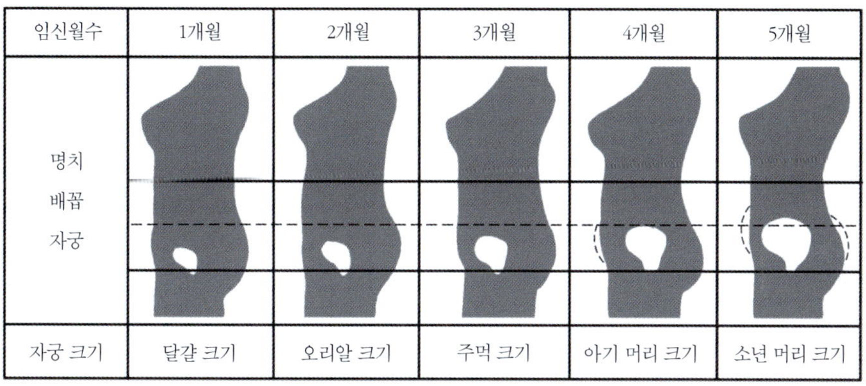

그림 8-4 모체의 변화

표 8-1 임신 후 나타나는 모체의 신체적, 심리적 변화

신체적 변화		심리적 변화
• 월경정지 • 소변량 증가 • 태동 • 하복부의 임신선 • 신경통, 요통, 치통 • 유방과 복부의 팽대	• 입덧과 구토 • 권태와 피로 • 피부색의 착색 • 체온 상승 • 변비 • 빈혈	• 흥분감 고조 • 신경예민 • 불안감(분만의 과정과 태아에 대한 궁금증)

(3) 임신의 진단

소변검사
시중에서 판매되는 임신진단 시약으로 대부분 소변검사를 통해 이루어짐.

① 소변검사

성관계 후, 첫 월경이 없을 때 임신가능을 확인해 봐야 한다. 임신확인은 **임신진단시약(소변검사)**으로 가능하다. **월경 예정일에서 최소 2주 이상**이 지나야만 정확한 진단가능성이 높아진다.

*오진가능성: 최초 월경에서 6주 이상 지났을 때, 임신의 정확진단율은 약 95%가 된다. 그러나 생리 예정일 직전에는 정확 진단율이 떨어진다. 특히 소변검사를 통한 임신진단은 시중에 알려진 것보다 실제 정확진단율은 더 떨어져 약 70% 내외의 정확진단율을 갖는 것으로 알려져 있다. 따라서 소변검사 결과를 맹신하기보다는 단지 참고자료로 활용하려는 자세가 필요하다.

② X-ray 또는 초음파 검사

임신진단시약은 자궁외 임신, 포상기태 등의 임신여부를 진단하는 데에는 오진 가능성이 있다. 이에 비해 X-ray 또는 **초음파 검사**를 통해 100% 확진이 가능하다.

3. 청소년들의 임신 실태

2014년 전국 중고등학생 72,060명을 대상으로 한 청소년건강행태 온라인조사자료(질병관리본부, 2014)에 따르면, 청소년들이 갖는 성관계 경험 비율은 5.3%이며, 성관계 유경험자 중에서 임신한 경험이 있는 경우는 0.2%였고 인공임신중절경험이 있는 경우도 0.2%였다.

한편 전국 중,고등학생 15,487명 대상으로 한 청소년유해환경접촉실태조사(여성가족부, 2012)에 따르면, 성관계를 통해 임신을 하거나 하게 한 경험이 있는 청소년은 전체 성관계 경험자 중 24.1%로서 1/4 수준에 달하였다. 성관계가 임신으로 연결된 비율은 성별로는 남자가 25.8%로서 여자(18.5%)보다 많았고, 학교급별로는 중학생이 40.5%로서 고교생(19.8%)과 비교하여 2배 이상인 점에 주목할 필요가 있다.

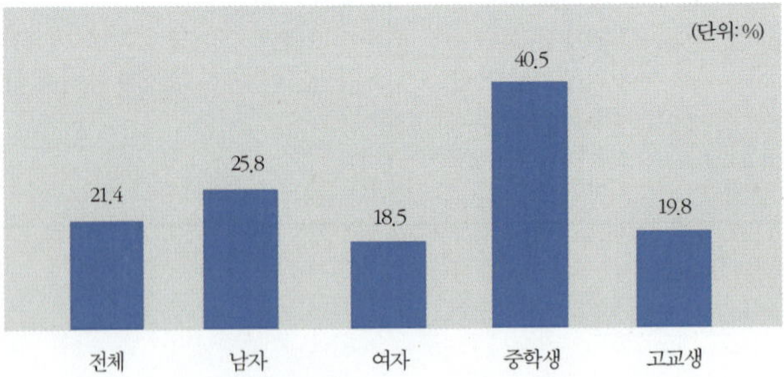

그림 8-5 성관계를 통한 임신

4. 청소년들의 혼전 임신의 영향과 위험

(1) 청소년 혼전 임신에서 올 수 있는 일반적인 문제들

- 결혼 여부와 상관없이 학업중단, 교육기회를 상실한다.
- 임신으로 인한 결혼 강요는 실패 가능성이 크다.
- 부모됨의 준비가 되지 않는 상태에서는 경제적으로, 심리적으로 어린 아이를 돌보기 어렵다는 문제가 생긴다.
- 태어난 아이의 미래도 문제가 된다.

(2) 의학적 영향과 위험

- 임신기간 중 호르몬의 변화로 미혼모의 성장이 억제된다.
- 출산 사망률, 저체중아 출산, 사망 또는 질병, 임신중독증의 위험이 정상적인 출산 연령에서보다 높다.

(3) 혼전 임신 후의 청소년들의 선택

혼전 임신을 한 청소년들이 선택할 수 있는 대안은 아래 3가지로 볼 수 있다.

- 임신중절수술을 한다.
- 낳아서 입양한다.
- 낳아서 키운다.

인공임신중절
임신한 태아를 강제적으로, 물리적으로 자궁 밖으로 끌어내 임신을 중지시킴.

8-1-2. 상담사례

8-1-2-1. 임신이 되었을까요? (김가영, 여, 중)

성고민 및 문제

저는 중학교 3학년 여학생인데, 한 가지 물어볼 게 있어서요. 팬티를 입은 상태에서 남자 친구와 성관계를 했는데요. 그냥 남자 친구를 성기를 제 것에다 살짝 넣었다 뺐다 하는 시늉만 한 것인데. 조금, 아주 조금 제 몸으로 들어갔겠죠. 직접한 것은 아니지만, 제 팬티는 흥분으로 젖어 있었던 상태였구요. 혹시, 임신 가능성이 있나요? 혹시나 해서 테스트를 해보았는데 결과가 두 줄이, 하얀색 두 줄이 나타났는데, 그럼 임신인가요? 직접 성관계를 한 것도 아닌데 하면서 도 걱정이 되어서요.

상담자 답변

내담자 문제에 대한 공감

안녕하세요, 가영양

성관계를 진짜로 하는 것은 아니니까, 속옷 하나를 입고 있으니까 괜찮겠지 하는 마음에 남자친구와 신체적 접촉을 했었는데, '설마, 내가 임신이 되었을까' 하고 많이 놀랐을 거예요.

정보 제공 1: 임신 가능성 검색

자, 그러면 우선 임신 가능성의 여부와 임신테스트 결과를 어떻게 봐야 할지에 대해서 같이 한번 생각해 보기로 하죠.

속옷을 입은 상태에서 성관계를 했다고 해도, 성기 삽입이 어느 정도 되었는지, 사정이 있었는지, 그리고 배란 상태였는지에 따라서 임신 가능성에는 차이가 있습니다. 만약 사정이 이루어졌고, 가영양이 배란한 상태였다면 삽입은 적었어도 임신되었을 가능성을 배제할 수는 없습니다.

정보 제공 2: 임신테스트의 결과 확인(임신이면 파란색 두 줄 나타남)

자 이제, 임신테스트의 반응에 대해서 한번 살펴보지요. 임신테스트기의 줄은 대부분 파란색이며, 하얀 경우는 거의 없기 때문에 그 결과의 신뢰도에 대해서 조금 의심이 갑니다. 혹시 임신테스트기에 이상이 있었는지 모르니까, 다시 한번 구입을 해서 사용을 해보시는게 좋겠습니다.

자신에 대한 이해: 성관계에 대한 생각 탐색

가영양, 성관계는 서로에게 사랑을 표현하는 아름다운 행동이지만, 그 행동으로 인해 아기가 생길 수 있다는 것을 꼭 기억해야 합니다. 아직 앞으로의 미래에 대한 계획을 세우는 청소년기에, 욕구만 앞서 성관계를 갖게 되면 가영양과 남자친구 모두가 심리적, 신체적 상처를 입기 쉽습니다.

상담종결

이번의 경험을 통해서 가영양이 자신의 성 가치관과 남자친구와의 미래에 대해서 진지하게 생각해보는 기회를 가지게 되었기를 진심으로 바랍니다.

8-1-2-2. 임신한 여자친구가 부담스러워요. (이민철, 남, 대)

성고민 및 문제

전 이제 막 대학에 입학한 남학생입니다. 너무 큰 고민이 생겨서요. 재수할 때부터 사귀던 여자친구가 있는데 그 친구가 임신을 했습니다. 대학에 입학한 뒤에 같이 여행을 갔는데 그때 임신이 된 모양이에요. 그런데 전 지금 아이를 낳을 수 없어요. 힘든 재수생활 끝에 겨우 대학에 들어왔고 이제부터 새로운 자유를 누리려고 하는데 아기라니 웬말입니까. 전 여자친구한테 낙태를 하자고 했는데 그 친구는 어찌할 바를 모르고 있어요. 사실 은근히 이 기회로 결혼을 하면 어떨까 생각하고 있나 봅니다. 하지만 제 나이에 결혼이라는 게 말이나 됩니까? 아이가 생겼다는 이유로 저한테 요구하는 게 많아지는 것 같아서 부담스러워요. 말도 안 되는 소리라고 하시겠지만 어떨 땐 그냥 헤어졌으면 하는 생각까지 들어요. 도대체 어떻게 하면 좋죠?

상담자 답변

내담자 맞아들이기

민철씨, 지금 몹시 곤란한 상황에 처해 계시군요. 대학생활에 대한 기대에 부풀었을 텐데 전혀 예상치 못한 버거운 문제에 부딪히신 것 같습니다.

새 생명에 대한 그리고 자신의 삶에 대한 책임감

그런데 민철씨, 자유를 누리는 것이 대학생의 특권이라면, 자유 뒷면에는 아주 중요한 것 바로 책임이 있답니다. 지금의 경우는 민철씨가 원했던 성관계에 대한 책임을 져야 하는 문제네요.

여자친구의 입장 이해

재수생 때부터 여자친구를 사귀었다면 참 힘든 시간을 함께 보낸 친구였을 거라고 짐작이 됩니다. 힘들 때 서로 위로하고 격려해주었던 여자친구의 입장이 한번 되어 볼까요.

민철씨는 그저 애기가 생겼다는 사실을 머리로만 알고 있을 뿐이지 몸으로 느끼는 것은 아닐겁니다. 여자친구는 변화를 온몸으로 느끼고 있답니다. 특히 여성은 임신을 하면 호르몬 변화를 비롯해 각종 변화들이 일어나고 그에 따라서 심리적인 우울감도 뒤따라 올 수 있답니다. 여자친구의 심정은 어떻겠습니까? 몸에 변화가 일어나고 있다는 사실, 그리고 생명이 사라나고 있다는 사실을 직접 느끼면서 정말 불안하고 두려울 겁니다.

여성에게 있어 낙태는 심리적, 신체적으로 아주 큰 상처를 남기기 때문에 신중히 결정하여야 합니다. 자신의 몸속에서 생명이 자라나고 있다는 것을 느끼는데 그 생명을 죽인 기억을 쉽게 지우기는 어렵습니다.

상담종결
낙태문제나 결혼문제나 모두 민철씨 혼자 결정하기보다는 여자친구가 진정으로 원하는 것이 무엇인지 정확하게 들어보고 의논하는 것이 좋습니다. 정말 힘드시겠지만 혼자 고민하시기보다 여자친구와 함께 힘을 합쳐서 이 문제를 풀어나가셨으면 좋겠네요.

주제 2. 출산

8-2-1. 이론강의

1. 출산의 준비

출산을 위해서는 여러 가지 준비할 사항들이 있다.

- 출산 준비시 : 출산할 병원은 임신 초 미리 결정하고, 정기적 산전관리가 필요하다.
- 임신 말기: 아기와 산모에게 필요한 물품은 목록을 작성, 준비해야 한다.
- 병원 퇴원 후: 돌봐줄 사람을 미리 결정해 두는 것이 필요하다.

2. 출산의 과정

(1) 출산의 신호

출산의 전구 증상으로는 태아의 하강감, 이슬(첫 징후. 태아가 처져 난막 일부가 자궁벽에서 탈락으로 생김), 파수(양수가 흐름), 잦은 소변(방광의 압박으로 오줌이 자주 마려움), 태동 감소, 가진통(분만이 가까워질수록 진통 간 간격이 10분에서 5분으로 좁아짐)이 나타난다.

- **출산 예정일 계산법** : 출산 예정일은 최종월경 시작일에 '+7' 을 하고 (출산날짜)
  최종월경 시작달에 '+9' 혹은 '-3' 을 하면(출산달)
  출산 예정일이 계산된다.

> **출산 예정일** : 네겔의 법칙, 최종월경 시작일+7 → 날짜
> 최종월경 시작달+9(또는 -3) → 달

(2) 출산의 과정

출산의 과정은 1기(개구기), 2기(만출기), 3기(후산기)로 구분된다(그림 8-6 참조).

- **출산 1기(개구기)** : 진통이 시작되어 자궁 입구가 분만이 가능할 정도로 열리는 시기를 말한다. 확장이 완전히 이루어진 자궁입구 직경이 약 10cm가 된다. 이 시기는 분만기간 중 제일 긴 시기로 보통 8시간 이상 지속되기도 한다(초산은 12시간 이상을 끌기도 함).
- **출산 2기(만출기)** : 자궁의 입구가 완전히 열려 태아의 몸이 돌면서 산도를 따라 밖으로 나온다. 자궁입구가 완전히 확장되어 열리는 순간부터 모체로부터 태아가

완전히 빠져나오는 시기이다.

- **출산 3기(후산기)** : 태아가 나온 후, 태반(5~10분 후)이 나오는 시기이다.

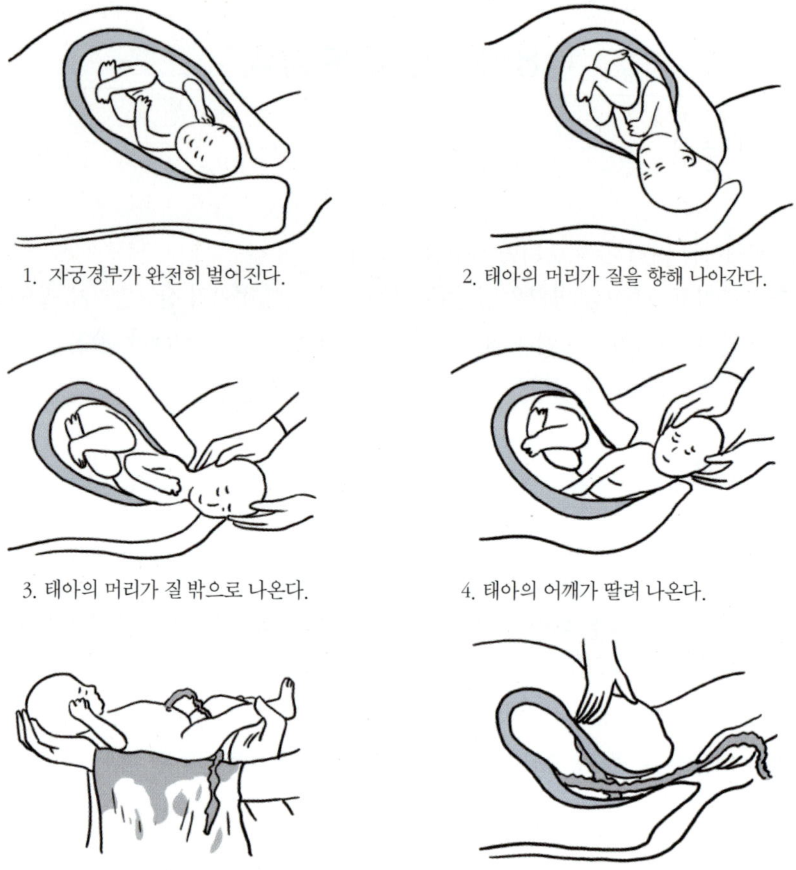

1. 자궁경부가 완전히 벌어진다.
2. 태아의 머리가 질을 향해 나아간다.
3. 태아의 머리가 질 밖으로 나온다.
4. 태아의 어깨가 딸려 나온다.
5. 태어난 아기는 복부에 탯줄을 달고 있다.
6. 아기가 태어나고 조금 지나 태반을 꺼낸다.

그림 8-6 출산과정

3. 산후관리와 유의점

산후관리를 위해 다음 사항들을 유의해야 한다.

① 산후에는 모체의 건강관리에 유의해야 한다.
② 외음부 좌욕은 하루에 2~3회씩 깨끗이 씻는다.
③ 임신기간보다도 더 많은 영양을 섭취, 충분한 휴식을 취해야 한다.
④ 분만 4주 이내에 의사의 진찰과 건강지도를 받아야 한다.
⑤ 또한 젖의 분비를 위해 유방을 잘 풀어주고 청결을 유지해야 한다.
⑥ 성생활은 분만 4~6주 이후에 가능하며, 월경이 없더라도 피임은 해야 한다.

4. 미혼모의 출산 현황

한국여성정책연구원(2009)의 조사에 따르면, 국내 미혼모 출산은 연간 6,000 ~ 13,000여 명 내외인 것으로 나타났다. 개방적인 성문화 유입으로 사랑이 전제된 성인 남녀의 혼전 성관계를 개인의 선택영역으로 인정하는 사회분위기가 조성되면서 이를 도덕적 차원에서 단죄하거나 부정시하는 경향이 약화되고 있다. 그럼에도 미혼으로서 임신과 출산을 경험하는 여성에 대한 사회적 시선은 곱지 않고 여성 개인의 시민적, 모성적 권리를 부인하는 측면도 적지 않으며, 이러한 사회적 편견은 낙태에 대한 유혹, 출산 후 자녀 양육의 포기를 가져오는 주요 요인으로 작용하게 된다. 한국은 낙태비합법화 국가이지만 연간 35만 건에서 150만 건에 이르는 낙태가 이루어지고 있다. 이는 연간 출산아(60~80만 명)의 수와 크게 비교되는 수치이다.

8-2-2. 상담사례

8-2-2-1. 임신을 했는데 언제 아기를 낳게 되는지 그 날짜를 알고 싶어요. (이혜진, 여, 근로청소년)

성고민 및 문제

안녕하세요? 저는 20살의 근로 청소년입니다. 집이 어려워서 고 3 말부터 지금까지 공장에 나가서 돈을 벌고 있어요. 처음에는 공장 기숙사에서 지내다가 지금은 자취생활을 합니다. 같은 공장에 다니는 오빠와 잘 지내고 서로 좋아하고 있고, 그 사람에게 신뢰가 가기에 같이 잠자리도 하게 되었지요. 그 사람도 지금 이 사실을 알고 있고 아기를 낳아서 기르기로 했어요. 그런데 현실적으로 어떻게 준비해야 되는지 고민이 되네요. 구체적으로 앞으로 얼마 뒤에 아기가 태어나는지 알고 싶습니다. 생리를 안 한 지 3개월 정도 되었어요. 그리고 저도 아직은 공장에 다니고 있는데, 일은 계속해도 되는지 구체적인 도움을 주십시오.

상담자 답변

내담자 맞아들이기

안녕하세요? 혜진씨가 남자친구와 서로 동의하에 장래를 약속했고 임신에 대해서 책임을 지고 낳아 기르기로 했다니, 두 분이 분명한 가치관을 가지고 있는 것 같아 보기 좋군요.

정보 제공 1: 출산일 계산

먼저 앞으로의 구체적인 계획을 세우려면 임신기간과 출산예정일에 대해서 알아야겠죠. 먼저 마지막으로 월경이 있었던 달에 더하기 9개월을 하면 됩니다. 그런데 지금 생리를 안 한 지 3개월이 지났으니, 그것을 감안해서 계산해야겠죠. 분만 예정일은 마지막 월경일 첫날에 +7일을 하면 됩니다. 첫 출산의 경우 분만예정일이 좀 늦어지거나 빨라지는 경우도 있으니까요. 그러므로 산부인과에 가서 임신여부에 대해서 다시 한번 확인을 하고 의사의 진찰을 받아서 판단을 하는 것이 좋으리라고 봅니다.

정보제공 2: 임신 중의 건강 관리 및 정서적 지지

산모의 건강이나 태아의 건강을 생각해서 공장일이 너무 고된 일이라면, 임신 중에는 피하는 것이 좋습니다. 특히 임신 4개월 전까지는 엄마의 태반이 완전히 완성되지 않기 때문에, 태아가 안정되게 자리를 잡지 않은 상태이므로 더욱 조심해야 합니다. 5개월에 넘어서면 너무 가만히 있는 것보다는 웬만큼 움직이고 운동을 하는 것이 좋습니다. 임신 중에는 되도록 마음을 편하게 가지고 태교를 위해 평안한 음악을 듣거나 태교에 관한 책을 읽는 것도 도움이 됩니다.

상담종결

아이를 낳기로 함께 결정하였듯이 임신 및 출산 과정에서 남자친구와 상의하여 건강한 아이를 출산하기를 바랍니다.

8-2-2-2. 아기를 낳아야 할 상황인데.. 도와주세요. (이혜진, 여, 근로청소년)

성고민 및 문제

저는 고 2 여학생입니다. 남자 친구는 고3이고, 사귀었다가 헤어졌는데 임신을 했어요. 그래서 그 남자친구에서 며칠 전에 연락을 했지만, 부담 주기도 싫고, 도움을 기대하지는 않습니다. 지금 이 애를 어떻게 해야 할지 모르겠어요. 임신한 지는 7~8개월 정도 되었습니다. 수술을 하기에는 늦었고 낳아서 키우기에는 사정이 여의치 않습니다. 아이를 입양시킬 수 있다면 낙태보다는 낳고 싶습니다. 제가 아이를 낳기 위해 도움을 받을 수 있는 곳이 있으면 알려 주십시오.

상담자 답변

내담자 맞아들이기

아직은 어린 나이인데 계획하지 않은 임신을 하게 되어 많이 당황스럽겠군요. 남자친구도 비슷한 연령으로 수현양에게 많은 도움을 주지는 못할 상황으로 보이고, 아기를 낳기 위해 도움받을 곳을 찾는 것으로 보아 부모님으로부터의 도움도 기대하기 어려운 상황인 듯합니다.

내담자 결정에 대한 지지

많은 경우에 낙태를 생각하는데, 사실 한 생명을 포기한다는 것과, 낙태로 인한 산모의 건강의 악화 가능성을 생각할 때 꼭 바람직한 것만은 아닙니다. 수현양은 아이를 낳기로 결정하셨군요. 용기 있는 선택일 수 있습니다.

정보 제공: 미혼모 출산을 도와주는 곳

미혼모가 아이를 낳을 수 있는 곳은 여러 곳이 있으며, 홀트 아동복지회 홈페이지(www.holt.co.kr)에서 도움을 받을 수 있는 여러 기관을 소개하고 있습니다. 미혼모를 도와주는 곳들은 대부분 연락한 후 바로 입소할 수 있습니다. 보통 신분증과 갈아입을 속옷(팬티, 양말)과 편한 옷 한 두 벌, 그리고 개인적으로 쓸 용돈을 준비해 가시면 됩니다. 대체로 외출도 허용하고, 가족들이나 면회도 가능합니다. 그리고 그 곳에서는 최대한 임산부들의 건강한 출산을 위해 도움을 주며 출한 후 아동의 입양문제 등에 대해서도 도움을 제공합니다.

상담종결

계획하지 않은 임신으로 많이 당황스러울 테지만, 출산을 돕는 기관에서 도움을 받으며, 안정된 환경에서 아이를 낳을 수 있기를 바랍니다.

주제 3. 인공임신중절

8-3-1. 이론강의

1. 인공임신중절의 방법

인공임신중절이란, "태아가 모체 밖에서 생명을 유지할 수 없는 시기에 태아와 그 부속물을 인공적으로 모체 밖으로 배출시키는 수술"을 말한다(출처: 모자보건법, 2조 6호). 우리나라의 경우 인공임신중절은 법적으로는 아래 5가지 경우를 제외하곤 불법이다. 다음의 경우에라도 임신 7개월(28주)까지만 허용된다.

- 우생학적 또는 유전학적 정신장애 또는 신체질환이 있는 경우,
- 전염성 질환이 있는 경우,
- 강간 또는 준강간으로 임신된 경우,
- 혈족 또는 인척 간에 임신된 경우,
- 모체의 건강을 심하게 훼손하는 경우에 한함.

단, 미성년자(만 20세 미만) 인 경우는 성인 보호자와 함께 동행하여야 수술이 가능하다.

인공임신중절방법으로는 수술요법으로 소파술, 태아 축소술, 개복수술이 있고 약물요법은 자궁수축제, 고농도 액체 주입법, PG제제, 항프로게스트론 제제를 사용하는 방법이 있다. 임신시기상으로 볼때 임신 16주 이전은 주로 소파술을 적용하며 임신 16주 이후에는 태아 축소술의 방법 등을 적용한다.

여기서는 인공임신중절의 방법 중에서 약물요법, 소파술, 태아축소술 3가지만을 간략히 소개한다.

(1) 약물요법

약물요법은 임신 초기, 12주 이내에 시행하는 인공임신중절 방법 중에 하나이다. 약물요법에 사용하는 약물은 자궁수축제, 고농도 액체 주입법, PG제제, 항프로게스트론 제제 등을 이용한다. 약물요법의 적용과 시술은 전문의사의 진단과 처방에 의해서만 사용이 가능하다.

(2) 소파술

임신 초기의 배아(임신 8주까지를 배아라 하고, 그 이후를 태아라고 함)일 경우, 임신 16주 이전에 보통 적용하는 수술방법이다. 자궁경부(입구)를 약물을 통해 확장시키고(자궁경부는

단단히 닫혀 있기 때문에 그냥 열리기도 어렵고 손상받기 쉽다) 큐렛(가는 수저처럼 생긴)이라는 고리모양의 강철 나이프를 자궁에 삽입해 배아(혹은 태아), 태반 및 임신 부속물을 얇게 긁어내거나 흡입하여 자궁 바깥으로 배출하는 방법이다. 소파술의 경우, 육안으로 보지 않고 단지 손감각에 의존하여 하는 수술이기 때문에 전문의로부터 수술을 받는 경우에도 자궁에 구멍을 나게 할 위험이 있다.

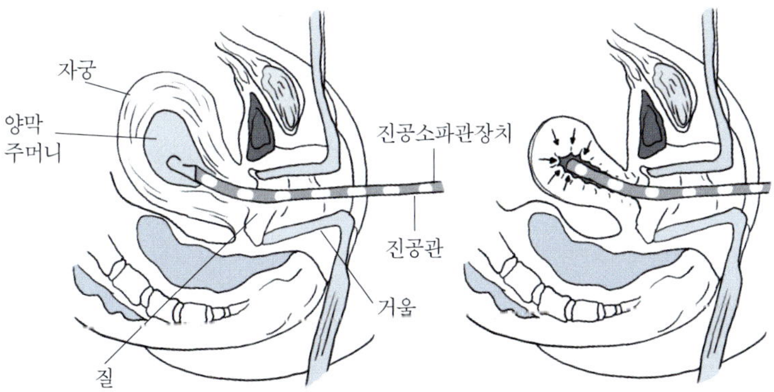

그림 8-7 소파수술법(진공흡입 낙태수술법)

(3) 태아 축소술

- 태아의 위치가 정상이 아닐 경우나, 임신 16주 이후에 적용하는 수술법으로, 자궁경부를 확장시킨 후, 아이의 신체를 부분별로 절단하여 자궁 밖으로 배출하는 방법이다. 자궁경부를 확장시켜야 하기 때문에 출산의 경험이 없는 경우에는 시술하기 어렵다.

참고자료

■ 인공임신중절은 사후 피임법?

흔히 인공임신중절을 성교 후, 사후 피임의 한 방법으로 생각하는 경우가 있다. 인공임신중절은 태아의 생명을 죽인다는 의미에서의 도덕적, 윤리적 문제뿐만 아니라, 임산부의 생명을 위협할 수 있다는 점을 생각한다면 피임에 대한 사후 방법이 되어서는 안 된다.

2. 인공임신중절의 위험

(1) 인공임신중절의 위험성

인공임신중절에서 확장기라는 기계를 사용하여 자궁입구를 확대시킬 경우, 중 · 고등학생의 경우 아이를 낳아 본 적이 없는 사람은 자궁을 확대시키는 일이 어렵다. 무리하게 확장하려고 할 경우, 자궁입구가 찢어지거나 심하면 구멍이 나기도 한다. 청소년 미혼모의 경우 인공임신중절 시 개인병원에서 몰래 수술을 받고 그대로 학교에 출석하는 등 수술 후에 사후관리를 안 하는 경우가 대부분이다.

(2) 유의사항

인공임신중절 시 다음과 같은 점에 유의해야 한다.

① 임신중절수술은 다른 외과적 수술과 달리 육안으로 보지 않고 하는 수술이기 때문에 합병증을 유발하는 경우가 많으므로 반드시 **산부인과 전문의와 상의**한다.

② 시술 전에 **자궁 경부염, 질염** 등이 발견되면 **치료**와 함께 세균 배양검사를 받아야 한다.

③ 마취를 시행할 때 그 약제 투여에 따라 구토가 일어나 의식없는 상태에서는 기도의 폐쇄로 질식할 수 있으므로 **충분한 금식 및 전문의의 지시**를 잘 따라야 한다.

④ 수술 후에는 **충분한 안정과 휴식, 적절한 치료 및 약제의 복용**으로 2차 감염에 따른 심각한 후유증을 방지해야 한다.

3. 청소년들의 인공임신중절의 실태

최근 전국의 중고등학생 72,060명을 대상으로 한 온라인조사자료에 따르면(질병관리본부, 2014), 청소년들이 갖는 성관계 경험 비율은 5.3%이며, 성관계 경험자 중에서 임신 경험 또한 0.2%이며, 인공임신중절수술 경험(여학생 중에서) 또한 0.2%에 달하는 것으로 나타났다.

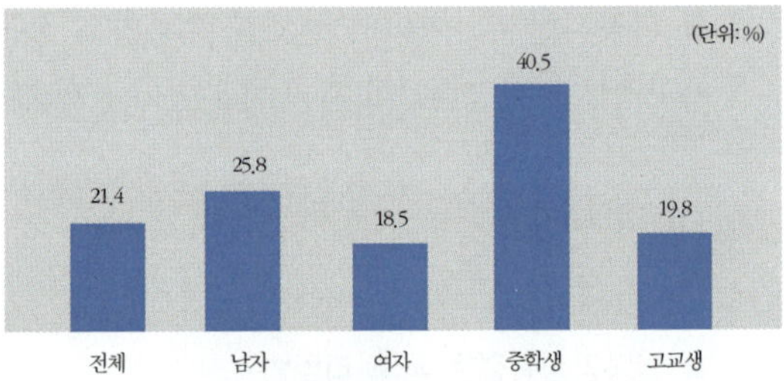

그림 8-8 낙태 경험 유무

한편, 한국여성정책연구원(2012년)의 중고생 3,672명을 대상으로 한 연구 결과에 의하면 126명이 성관계 경험이 있고, 이중 10명은 임신 혹은 상대방의 임신을 경험햇으며, 6명은 출산을 했다고 대답했다. 또한 시설청소년의 경우는 1,067명의 조사대상 중 61.6%인 653명이 성관계 경험이 있고, 이중 138명이 임신이나 상대방의 입신을 경험했다고 답해 일반 청소년보다 이런 문제에 더 많이 경험하고 있음을 알 수 있다. 또한 성관계를 경험한 청소년들의 낙태율도 상당히 높게 나왔다. 성경험이 있는 청소년 가운데 126명 중 10명이 임신을 경험했으며, 낙태를 경험한 이들도 10명에 달했다. 시설청소년의 경우 성관계를 맺은 653명 가운데 138명(21.04%)이 임신을 경험하였고, 113명(17.36%)이 낙태를 선택하여 낙태에 대한 인식의 변화가 필요한 시점이다.

8-3-2. 상담사례

8-3-2-1. 낙태를 어떻게 설명해야 할까요?

성고민 및 문제

저는 중학생 자녀를 둔 엄마입니다. 아이들이 사춘기에 접어들기 시작했고, 매스컴에서 낙태에 대한 이야기가 나오면 질문을 합니다. 낙태가 인공유산을 의미하나요? 그리고 낙태에 대해서는 어떻게 설명해 주어야 할까요?

상담자 답변

내담자 맞아들이기

안녕하세요? 성교육에 관심을 갖고 계시는 어머님을 만나게 되어서 반갑습니다. 성교육은 학교에서도 이루어져야 하지만 특히 가정에서 이루어질 때 가장 효과가 있는 교육이라고 생각합니다. 성이라는 주제가 우리 문화상 자연스럽게 꺼내기 쉬운 주제가 아니기 때문에 부모님들이 교육의 필요성을 느끼고 계시기는 하지만 잘 이루어지지 않는 교육의 한 영역인 것 같습니다. 하지만 이렇게 사춘기에 접어든 아이들에게 어머님이 성에 대해 알려주시는 것이 한 시발점이라고 생각하며 어머님을 격려해 드리고 싶습니다.

낙태에 대한 설명

낙태 예방에서 처리까지 순서대로 이야기하실 수 있을 것입니다.

낙태가 인공유산을 의미하는가 문의하셨는데 흔히 인공유산, 임신중절 수술을 할 경우 낙태라는 말을 사용하고, 자연유산일 경우 유산이라는 말을 사용하는 것 같습니다. 하지만 낙태는 유산과 같은 말로 태아의 생존이 가능한 발육시기 이전에 임신이 종결됨을 말하는 것으로 미국에서는 최종월경 시작일부터 20주 이전에 임신이 종결됨을 유산(낙태)으로 정의하고 있습니다. 따라서 인공유산만을 낙태라고 이야기하는 것이 아니며, 낙태(유산)에 자연유산과 인공유산이 있습니다.

자연유산은 발생되는 빈도가 일반적으로 총 임신의 10%로 보고되고 있습니다. 그러나 실제로는 산모가 느끼지 못하고 자연적으로 유산되는 경우가 있으므로 약 30% 정도의 유산이 있을 것으로 보고되고 있습니다. 자연유산의 80% 이상이 임신 12주 이전에 발생하며 그중 반수는 염색체이상이 원인이며 그 시기가 경과한 후는 자연유산이 급속히 감소합니다. 분만횟수와 부모의 연령에 비례하여 증가하는데 20세 미만일 경우 12%, 40세 이상은 26%로 나타납니다. 유산하는 엄마의 몸에 각종 감염성 질환이 있을 경우, 내분비이상(당뇨, 갑상선기능항진증, 황체호르몬결핍..)이 있을 경우, 영양실조, 흡연과 음주, 환경독성물질 등이 있을 경우 유산이 일어날 가능성이 높습니다.

인공유산의 경우 법적으로 규정되어 있는데 다음과 같은 원인일 경우 인공유산이 합법적으로 병원에서 시술할 수 있습니다. 1. 우생학적 또는 유전학적 정신장애 또는 신체질환이 있는 경우. 2. 전염성 질환이 있는 경우. 3. 강간 또는 준강간으로 임신된 경우. 4. 혈족 또는 인척 간에 임신된 경우. 5. 모체의 건강을 심히 훼손하는 경우. 따라서 이러한 원인을 제외하고는 불법적인 의료행위로 간주되기 때문에 생명의 존엄성과 출생의 기쁨을 함께 누릴 수 있는 밝은 사회를 위해 인공유산은 신중하게 이루어져야 할 것입니다.

낙태의 후유증

낙태에 대한 윤리적인 측면보다는 낙태의 후유증에 대해 알려주신다면 더 관심을 갖고 들을 것입니다. 10대에 낙태를 할 경우 몸에 후유증이 많은데 생리가 없어진다든지, 자연유산, 불임, 자궁에 구멍, 염증 등 문제가 심각합니다. 제일 큰 문제는 모성성을 잃을 수도 있다는 것입니다. 하지만 부득이한 경우로 낙태를 했을 경우, 산후조리를 하듯 몸조리를 잘 해야 하며, 가능한 한 일주일 동안은 외출을 삼가해서 바람을 쏘이지 않고, 따뜻한 방안에 누워 있고, 영양가 있는 음식을 먹으며, 항생제 등을 복용하여 염증이 생기지 않도록 해야 할 것입니다.

상담 종결

임신과 낙태, 낙태의 의미에 대해 함께 생각을 나누어 보았습니다. 어머님의 자녀교육에 도움이 되기를 바랍니다.

8-3-2-2. 그녀가 임신 중절을 원합니다. 어쩌면 좋죠? (정재민, 남, 대)

성고민 및 문제

저는 20대 초반의 대학생입니다. 2년간 연애를 해왔으며 졸업 후에 결혼을 약속하고, 부모님의 인정하에 연애를 하고 있습니다. 그런데 애인이 얼마 전 임신한 것을 알게 되었습니다. 피임법으로 콘돔과 질외사정을 이용했는데 질외사정이 실패한 것 같습니다. 날짜로 봐서 아직 한 달이 넘지 않았습니다. 물론 아직 준비가 덜 된 상태이기는 하지만, 저는 결혼을 하고 아이를 낳자고 하였습니다. 하지만 그녀는 직장 문제와 장래 문제 등을 들며 중절을 주장하고 있고, 낙태에 동의하지 않으면 혼자라도 병원에 갈 것이며 저와 헤어지겠다고 합니다. 중절이 도덕적으로나 산모의 건강에도 매우 나쁜 것이라는 것을 알고 있기에 반대하고 있지만 그녀는 막무가내입니다. 어떻게 하면 좋을까요?

상담자 답변

내담자 맞아들이기

도덕적인 문제와 애인의 건강을 생각하는 마음으로 중절수술을 반대하고 계신데, 애인은 수술하겠다고 주장하니, 매우 안타깝고 걱정도 많으시겠군요.

자신의 문제에 대한 통찰

재민씨의 의견은 건강하고 윤리적인 것이라 생각됩니다만, 이 상황에서는 무엇보다도 두 사람 간의 충분한 대화가 가정 절실할 것으로 생각되는군요. 여자분이 여러 가지 문제를 내세워 중절을 원하듯이, 재민씨는 단지 임신을 했기 때문에 서둘러 결혼하려는 것은 아닌지 잘 생각해 보세요.

여자친구의 입장 이해

임신된 아이를 출산한다면 태아의 생명은 존중될 수 있지만, 여자분이 제기하는 여러 가지 문제들은 그녀에게 정말로 중요한 것일 겁니다. 여성의 경우 자신의 몸에 대한 선택 또한 중요한 문제인데, 충분한 존중과 고려없이 출산만을 주장하신다면, 여자친구는 재민씨가 출산을 강요한다고 느낄 수 있습니다.

상담종결

무엇보다 서로의 입장에 대해 두 분이 충분히 대화를 나누고 공감하신 후 일치된 결정을 내리는 것이 중요하겠죠. 물론 여자분이 중절 수술을 받게 되었을 때의 신체적, 심리적 상처에 대해서도 충분히 대화를 나누어야 할 것입니다.

학·습·정·리

✲ 주제 1 임신

- **배란** : 직전 생리일에서 12~16일 사이에 이루어진다.
- **배란시기 측정법**: 월경주기법, 기초체온법, 초음파검사법이 있다.
- **임신**: 수정란이 착상이 이루어지는 순간부터를 임신이라 한다.
- **임신의 증상** : 월경의 정지, 입덧, 빈뇨, 체중증가와 신체변화 등이 나타난다.

✲ 주제 2 출산

- **출산의 전구증상**은 태아의 하강감, 이슬, 잦은 소변, 태동감소, 가진통이 특징이다.
- **출산과정**은 개구기, 만출기, 후산기로 구분한다.
- 출산 후 산후의 모체관리에 주의해야 한다.

✲ 주제 3 인공임신중절

- 10대 청소년들의 인공임신중절은 보호자가 동행했을 때만 가능하다.
- 출산경험이 없는 청소년의 경우 자궁손상을 초래할 수 있다.
- 인공임신중절을 해야 할 경우, 전문의에게 시술받아야 한다.

  수술 후, 충분한 안정과 휴식, 사후 후유증 방지를 위한 전문의의 진료가 필수적이다.

학·습·평·가

※ 아래의 각 문항 내용이 옳다고 생각하면 O표, 틀리다고 생각하면 X표를 적으시오.

1. 난소에서 성숙한 난자가 파열되어 나오는 현상을 배란이라 한다.(　　)
2. 배란은 다음 월경 예정일 전 12~16일 사이에 된다.(　　)
3. 정자와 난자가 수정되는 순간부터 임신이라 부른다.(　　)
4. 정자와 난자가 만나는 곳은 난관의 1/3 지점인 팽대부이다.(　　)
5. 염색체 중 남녀를 결정하는 것은 정자 속의 X 또는 Y 염색체이다.(　　)
6. 소변검사로 100% 임신이 확인된다.(　　)
7. 남녀 성별은 착상에서 결정되어진다.(　　)
8. 임신은 산모의 나이가 어릴수록 좋다.(　　)
9. 10대 미혼모의 출산은 사산아, 미숙아일 가능성이 높다.(　　)
10. 출산에서 가장 먼저 나타나는 전구증상은 태아의 하강감, 이슬이다.(　　)
11. 인공임신중절은 성교 후에 하는 피임 방법 중의 하나이다.(　　)
12. 청소년의 인공임신중절은 법으로 허용되어 있다.(　　)
13. 월경주기법은 월경주기가 일정하지 않은 청소년들에게는 적합하지 않은 피임법이다.(　　)
14. 임신 초기(3개월 이내)에는 인공임신중절이 법으로 허용된다.(　　)

※ 다음 질문에 정답을 고르시오.

15. 월경주기 30일, 최종 월경일 7월 20일일 경우 이 여성의 배란주기는? (　　)
    ① 8월 4일~8월 8일
    ② 8월 5일~8월 9일
    ③ 8월 10일~8월 16일
    ④ 8월 11일~8월 17일

16. 최종월경일은 2014년 7월 20일, 이 여성의 출산 예정일은? (　　)
    ① 2015년 4월 27일
    ② 2015년 5월 27일
    ③ 2015년 4월 29일
    ④ 2015년 5월 29일

☞ 정답은 p.378에서 확인하세요.

9장 피임

최근 청소년 미혼부모와 입양아의 문제, 청소년 성매매가 사회적인 문제로 등장했음에도 불구하고, 우리 사회에서는 피임교육 그 자체가 성적인 방종을 부추긴다는 우려로 피임교육에 소극적이거나 그 중요성을 간과한 경향이 있다.

이 장의 목적은 피임의 원리와 방법, 실제, 피임에 대한 바른 태도와 가치관 정립을 통해 청소년들의 10대 임신과 미혼부모의 문제를 예방하는 데 있다.

● 학습내용

- 주제 1 : 피임의 종류와 원리
- 주제 2 : 피임의 실제

● 학습목표

1. 청소년기 피임교육의 필요성을 인식한다.
2. 피임방법의 장단점을 설명할 수 있다.
3. 피임방법을 실제에 적용할 수 있다.
4. 피임은 남녀의 공동책임을 인식한다.

주제 1. 피임의 종류와 원리

9-1-1. 이론강의

1. 청소년 피임 실태

전국 중고등학생 72,060명을 대상으로 한 온라인조사자료에 따르면(질병관리본부, 2014) 청소년들이 갖는 성관계 경험 비율은 5.3%이며, 중학교 입학 전 성관계 경험률 또한 2.7%에 달하는 것으로 나타났다(그림 1-1 참조). 이성과의 성관계 경험은 4.8%였으며, 동성과의 성관계 경험률은 1.1%로 나타났다.

성관계 경험이 있는 청소년들 중에서 피임실천자들은 39%에 불과하였으며, 남자 청소년(38.5%)보다는 여자 청소년(40.5%)의 피임 실천률이 다소 높았다(그림 9-1 참조). 주로 사용하는 피임방법으로는 콘돔(67.6%) 사용률이 월등히 높았으며, 그 외에 질외사정법(13.9%), 먹는 피임약(12.1%) 순으로 이용하였다(그림 9-2 참조).

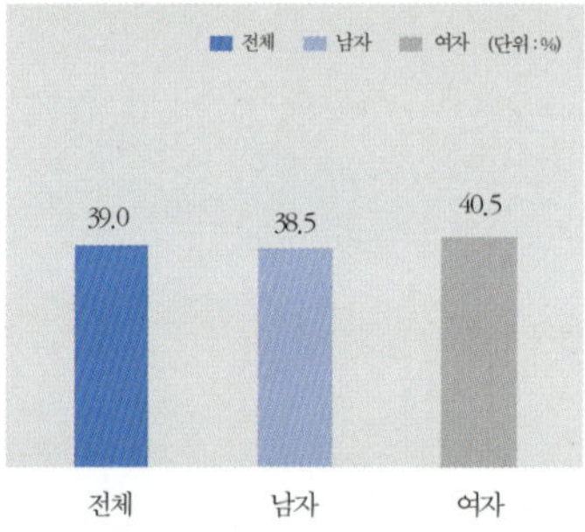

그림 9-1 성관계 경험자들의 피임 실천율

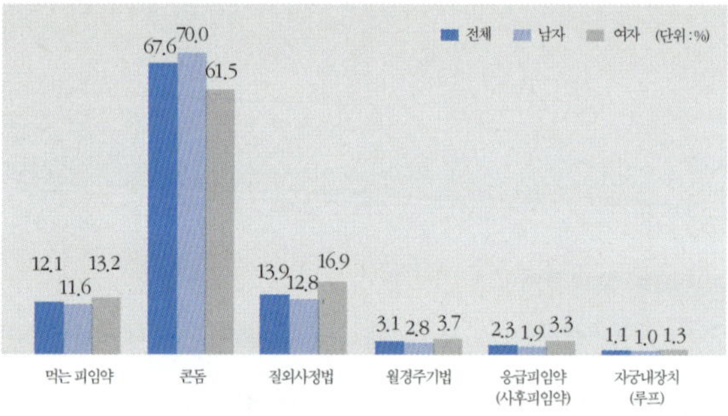

그림 9-2 주로 사용하는 피임방법

2. 피임교육의 필요성

① 10대 임신과 미혼부모 방지

10대들의 조기 성관계 경험이 많아지면서 10대 미혼부모와 입양의 문제가 사회적인 문제로 등장하였다. 한국은 전세계적으로 '입양아 최대 수출국' 이라는 오명을 갖고 있으며, 이들 입양아의 대부분은 10대 미혼부모에 의해 낳아진 유아들이다.

참고자료

■ 미혼모, 입양........

출처: 세계일보/we+이슈why/유명준 기자, 2010. 4. 17일자,

재외동포재단에서 2007년 발간한 '국외 입양인 백서' 에 따르면 1956년부터 2005년 현재까지 국외 입양인은 15만7145명에 이른다. 그러나 실제 신고하지 않는 숫자와 입양기관이 아닌 개인 입양까지 따지면 20만 명이 넘을 것으로 추정된다. 입양 원인은 미혼모 9만8178명, 기아 2만9950명, 결손가정 2만8823명 등이며 남자는 6만9325명, 혼혈 3810명, 장애인 3만7276명이다.

지난 2008년에 보건복지부가 발표한 '시설입소 미혼모 현황' (03년~07년)을 보면 2003년 1835명, 2004년 1791명, 2005년 1970명, 2006년 1985명, 2007년 2161명으로 매년 증가 추세다. 특히 미성년자 중 중학생 연령대인 15세 이하 미혼모가 최근 5년간 42.3%나 증가했다.

입양과 미혼모의 문제는 이전부터 꾸준히 제기된 문제다. 그러나 최근 특히 이 문제가 부각된 것은 세 가지 이유 때문이다. 저출산과 불법 낙태 논란, 그리고 빨라진 청소년들의 성의식 때문이다. 빨라진 청소년 성의식은 책임지기 어려운 아이를 낳고 미혼모가 되는 상황을 만들고 이는 다시 입양으로 연결되기 때문이다. (중략)

② 인공임신중절로 인한 생명파괴와 범죄행위 예방

10대들이 아이를 낳아 기르는 것이 현실적으로 어렵기 때문에 쉽게 선택되어지는 방법이 낙태라는 점에서 10대의 임신은 낙태의 비율을 증가시키는 요인이 된다. 10대의 인공임신중절은 미성년자라 할지라도 법적으로는 불법행위이다. 무엇보다 두 가지 점에서 청소년들의 건강을 심각하게 손상시킬 수 있다. 10대의 경우 비용의 문제로 병원보다는 무허가시술기관에서 낙태가 이루어지는 경우가 많고, 민간요법으로 낙태를 시도하는 경우가 많다. 예를 들어, 통경제(사루비아, 사프란 등)는 생리일을 조정하는 방법으로 낙태가 되더라도 그 찌꺼기가 몸 밖으로 나오지 않고 자궁에 남아 부패할 경우 두고두고 건강에 치명적이 된다. 이런 약을 먹고 유산이 되지 않을 경우 기형아를 낳는 경우가 생기기도 한다(김혜원, 이해경, 2001년에서 재인용).

또한 10대의 인공임신중절은 몸이 아직 충분히 성장하지 않은 청소년의 경우 심각한 문제를 야기한다. 확장기를 통해 자궁입구를 무리하게 확대할 경우, 자궁입구가 찢어지거나 심하면 구멍이 나기도 한다. 그리고 미혼모의 경우 낙태 시 개인병원에서 몰래 수술을 받고 그대로 출석하는 등 수술 후 사후관리를 안 하는 경우가 대부분이다. 이것은 위험천만한 일로 수술 후에도 자궁 속에 병균이 침입하지 않도록 안정을 취하고 곧바로 활동해서는 안된다.

③ 성인성 질환과 에이즈로부터 개인의 보호

실제 최근 조사자료에 따르면(질병관리본부, 2014) 청소년들이 갖는 성관계 경험 비율(5.3%)은 높아지고 있지만, 성관계 경험자 중 43%만이 피임을 실천하고 있고, 성인성 질환에 걸린 경우도 9%에 달하고 있다.

더욱이 최근 사회적 문제가 되고 있는 인터넷을 창구로 일어나고 있는 청소년 성매매는 더욱 저연령화되고 있고 성매매를 하는 청소년의 비율은 매년 증가하고 있어 우려의 소리가 높다. 성매매 경험 청소년을 대상으로 한 연구에 따르면(조아미, 이명화, 2001), 실제 성매매 청소년들의 대부분은 피임을 하지 않고 있어 임신과 성인성 질환, 에이즈의 위험에 무방비로 노출되어 있다.

(2) 피임의 목적

피임에 대한 교육은 인간생명의 존엄성에 비추어 볼 때 소중한 지식이며, 남녀 상호 간의 책임 문제를 전제로 하여 반드시 잘 알아야 할 사항이다. 따라서 청소년들의 성교육 중 피임교육에서는 다음과 같은 점들이 강조되어야 한다(김혜원, 이해경, 2001에서 재인용).

① 피임은 생명을 귀중히 여기고 책임지면서 더 큰 즐거움을 얻기 위한 것이라는 점
② 피임의 방법은 몸의 법칙을 알고 활용하는 방법이어야 한다는 점
③ 여성생리에는 일정한 주기도 있고 배란기도 측정할 수 있으므로 이런 법칙을 익혀 자신의 몸의 주인이 되어야 한다는 점
④ 피임의 방식과 책임은 반드시 남성과 여성이 함께 책임져야 한다는 점

3. 피임의 종류, 원리 및 방법

이상적으로는 피임이 100% 안전하고, 효과적이어야 하지만 그런 피임방법은 실제 존재하지 않는다. 청소년 성교육에서는 각 피임법의 효과, 사용방법, 장단점을 알고 각 개인의 사정에 맞는 최선의 방법을 선택할 수 있도록 하는 것이 중요하다.

피임방법을 피임효과가 지속되는 시간과 남성과 여성에 따라 분류하면 다음과 같다.

표 9-1 피임방법의 분류

방법		남성	여성
일시적	자연	질외사정법	기초체온법, 월경주기법
	물리	콘돔	페미돔, 자궁내장치, 질격막
	화학		피임약, 질정제, 피하이식호르몬피임제, 사후피임약
영구적	외과적	정관수술	난관수술

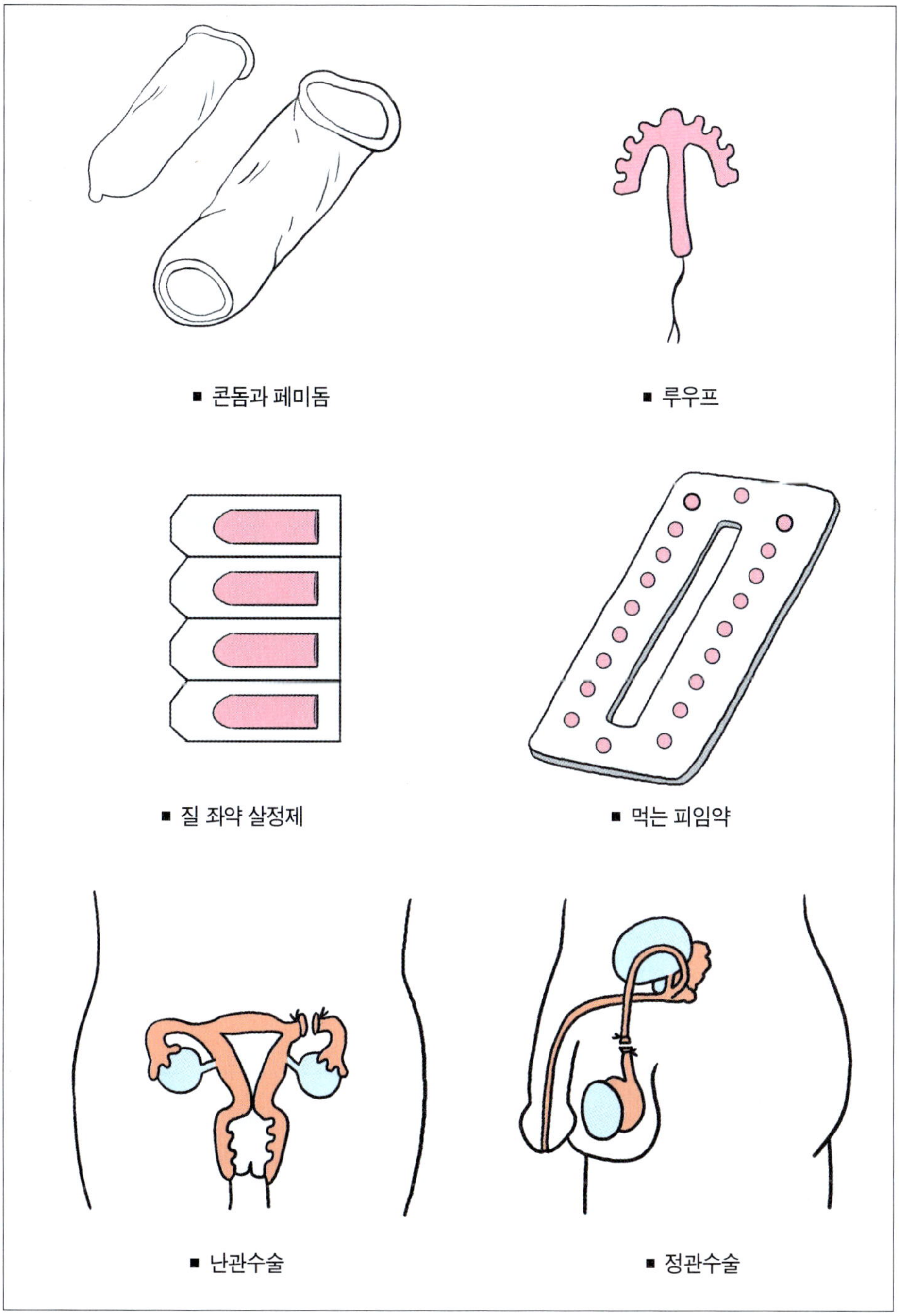

그림 9-3 피임의 종류

콘돔
정자가 질 속으로 들어가지 못하도록 막기 위해서 남성 성기를 씌우는 얇은 고무로 만들어진 덮개다.

페미돔
여성용 콘돔. 성관계 전에 여성의 질 내부를 고무로 감싸줌으로써 여성 스스로가 임신과 성병으로부터 자신을 보호할 수 있도록 고안되었다.

자궁내삽입장치(예, 루우프)
자궁 내에서 삽입하여 수정란의 착상을 방해하는 피임 방법이다.

질 좌약(살정제)
성교를 갖기 10~15분 전에 질 내에 깊숙이 삽입하여 질에서 정자세포를 죽이는 방법이다. 실패율이 높기 때문에 콘돔과 함께 사용하면 안전하다.

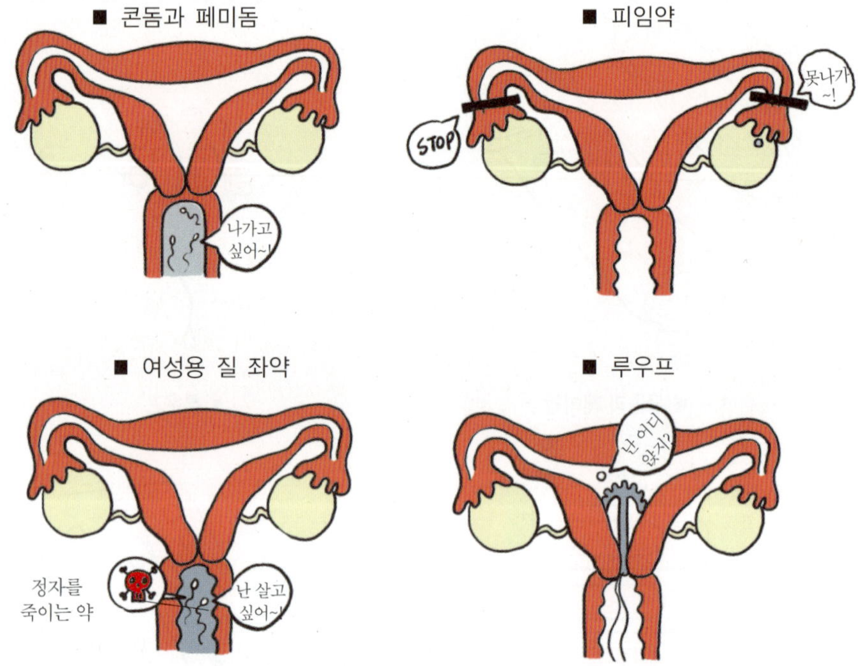

그림 9-4 피임의 원리

(1) 물리적인 기구를 이용한 피임법

① 콘돔

남성 성기를 씌우는 고무덮개 형태로 만들어져 있다. 콘돔은 성병을 예방할 수 있고 휴대가 간편하고, 가격이 저렴하고, 피임성공률(80~90%)이 비교적 높다는 장점이 있다. 콘돔을 사용한 피임법은 다른 피임법에 비해 가장 보편적인 피임방법 중에 하나이며 청소년에게 가장 권장할 만한 피임법이다. 최근에는 여성용 콘돔인 페미돔이 개발, 시판된 바 있다.

■ 페미돔(femidom)

- 여성용 피임도구로서 여성의 질내에 장치하는 여성용 콘돔이다.
- 성병감염 및 에이즈 예방에 탁월한 효과가 있다.
- 시판이 이루어진 지 얼마 되지 않아 보편적으로 사용하지는 않는 방법이다.
- 여성의 성감을 거의 떨어뜨리지 않는다는 장점이 있다.

* 국내에서는 페미돔의 가격이 콘돔에 비하여 비싸고 수요가 적어 시판이 중지되었다.

② 자궁내 장치

자궁내 장치(예, 루우프)는 자궁 내에서 수정란의 착상을 방해하는 방법이다. 출산 경험이 없거나, 자궁의 위치, 모양 등에 이상이 있는 사람은 시술이 불가능하다. 한번 시술로 장기간 피임 효과가 보장된다. 반드시 6개월에 한 번 정도 루우프가 재위치에 있는지 확인해야 한다. 월경 이외의 출혈, 요통이나 복통 등의 부작용이 있을 수 있고, 성병과 골반염을 악화시킬 수 있으므로 청소년의 피임법으로 장기간 사용하는 것은 바람직하지 않다.

(2) 화학제재를 이용한 피임법

① 먹는 피임약

난소에서 배란을 억제하는 약을 복용하여 피임하는 방법이다. 피임효과는 매우 높은 편이나 매일 빠지지 않고 먹어야 하는 번거로움이 있다. 단, 두통, 메스꺼움, 비만, 심근경색증, 자궁경부암 등의 부작용이 있다.

② 피임용 질 좌약(=질정제)

발포성 정제(드롭스 모양)와 좌약 종류의 살정제이다. 성교를 갖기 10~15분 전에 질 내에 깊숙이 삽입하여 질에서 정자세포를 죽이는 방법이다. 여성의 일시적 피임법이나 피임 효과는 그리 높지 않지만, 콘돔과 병행시 피임률이 높다.

③ 피하 이식 호르몬 피임제

- **노플란트** : 노플란트(Norplant)는 길이 34mm, 외경 2.4mm인 6개의 실라스틱 관 속에 각각 6mg의 황체호르몬인 레보놀게스트렐(levonorgestrel)이 들어 있다. 이 6개의 관을 팔의 안쪽에 심어 놓으면 1년간은 레보놀게스트렐이 매일 40~50㎍씩 방출되고, 그 후 5년까지는 매일 30~35㎍이 방출되므로 피임효과를 나타내게 된다(이임순, 2010).
- **임플라논** : 임플라논(Implanon)은 황체호르몬이 함유된 가느다란 관 하나로 되어 있는데, 황체호르몬 단일제제로 에토노제스트렐 68mg을 함유하고 있다. 생리주기 1~5일 사이에 가는 관을 팔의 안쪽에 한 번 심으면 황체호르몬이 배란을 억제하여 3년간 피임효과를 나타내게 되며, 관을 제거하면 대부분 3주 후에 배란이 다시 돌아온다(이임순, 2010).

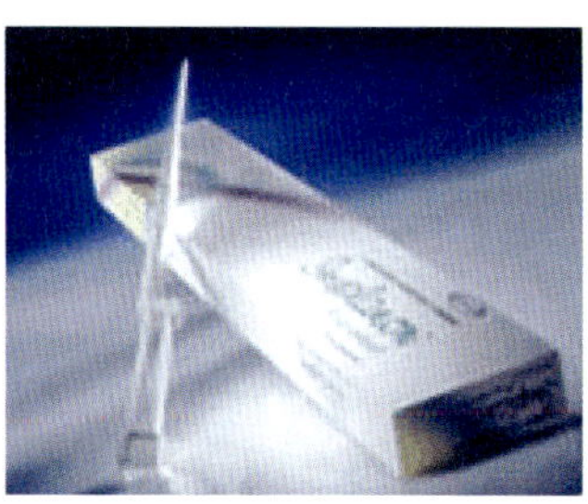
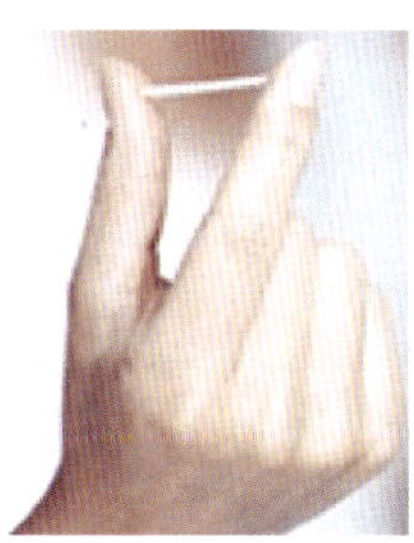
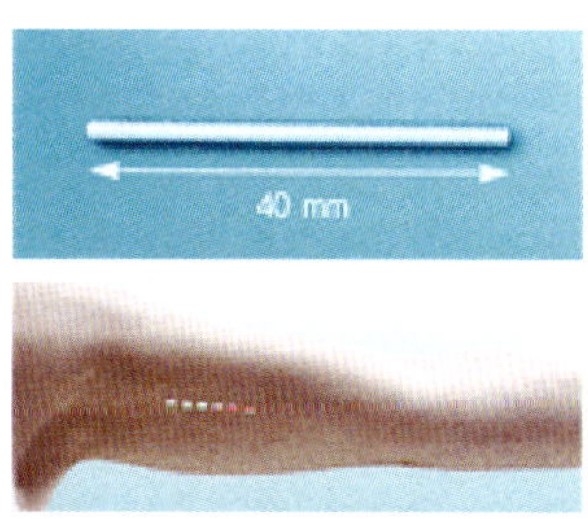

사후피임약
성관계 후에 먹는 응급 피임약을 말한다. 성폭력과 같이 특수한 경우에 여성의 임신이 우려되는 경우 사용한다.

④ 사후 피임약

성폭력과 같은 특수한 경우 임신이 우려되는 경우 드물게 일회적으로 사용하는 방법이다. 성관계 후 72시간 이내에 약을 복용(72시간 내 2정씩 12시간 간격으로 복용)해야 하며, 반드시 전문의사의 처방에 따라 사용 가능하다. 실제 100% 완벽한 효과를 보장하는 피임약은 없지만, 85~90%의 효과가 있다. 그러나 과다한 호르몬 투여로 인한 신체균형을 깨트리는 부작용이 있다. 사후피임약으로 Schring PC4(성폭력상담소에서 성폭력 피해자에게 적용), 모닝에프터필 등이 있다.

(3) 영구 피임법

정관수술
남자가 하는 방법으로 약간 피부를 째고 정소에서 정낭으로 연결되는 정관을 찾아 묶은 다음 절단시키는 방법이다. 여성보다 훨씬 수술이 쉽고 후유증이 적다.

① 남자의 정관 수술

남성이 하는 영구 불임수술 방법, 남성이 여성보다 시술하였을 때 후유증이 적다. 약간 피부를 째고 정소에서 정낭으로 연결되는 통로인 정관을 찾아 묶은 다음 절단하는 방법이다.

② 여자의 난관 수술

여성이 하는 영구 불임수술 방법이다. 배꼽 아래의 피부를 절개하고 복강경을 넣어 난관을 잘라서 묶는 시술방법이다.

난관수술
배꼽 아래의 피부를 절개하고 복강경을 넣어 난관을 찾은 다음 잘라서 묶는 방법이다.

(4) 기타 피임법

① 기초체온법

배란 1~2일 후 황체호르몬의 증가에 따라 기초체온이 증가하는 현상을 이용한 피임법이다. 최소한 6개월 이상, 매일 아침 활동하지 않은 상태에서 체온 측정하고 기록하여야 한다. 체온이 낮아지는 시기가 배란기, 체온이 저온기에서 고온기(0.3~0.5℃ 상승)로 완전히 이행한 때부터 다음 월경까지 불임기이다. 월경 첫째 날부터 시작하여 체온이 상승하고 3일째까지는 성교를 피한다. 즉, 체온이 연속적으로 상승한(고온기 시작) 3일째 밤부터 다음 월경일 전까지는 안심하고 성교할 수 있는 시기이다. 기초체온법은 감기나 신체적 질병 등으로 체온의 변화가 일어날 때에는 활용하기 어려운 방법이다.

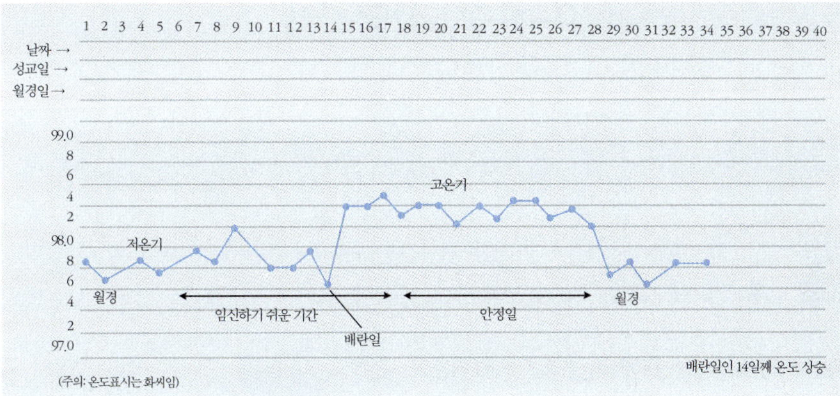

그림 9-5 기초체온의 변화에 따른 피임기

② 월경주기법(리듬조절법)–오기노법

여성의 월경주기 중에서 임신가능기(위험기)와 안전기를 산출하여 안전기에만 성교하는 방법이다. 수정능력이 난자는 배란 후 1~2일, 정자는 성교 후 3~5일의 생존기간을 고려하고, 배란가능기간이 다음 월경예정일부터 12~16일(평균 14일) 전이라는 전제하에서 월경주기에 따라 성관계를 피해야 할 기간이 달라진다. 지난 6개월간의 월경주기 중 가장 짧은 주기에서 18일을 뺀 날짜로부터 가장 긴 주기에서 11일을 뺀 날짜까지가 임신위험이 높은 기간이다. 예를 들어 월경주기가 28~30일인 여성은 월경주기 10~19일까지가 위험기간이다(이임순, 2010).

임신 위험기간의 계산법 :

임신 위험기간의 시작일 = 가장 짧은 월경주기 − 18일
임신 위험기간의 끝날 = 가장 긴 월경주기 − 11일

(5) 질외 사정법(성교 중단법)

질외사정
성관계 시 남성이 여성의 질 외에 정액을 사정하는 방법을 말한다.

사정을 여성의 질 밖에 사정하는 방법으로, 피임을 위해 보편적으로 가장 많이 이용하는 방법이긴 하지만, 실패율이 매우 높다. 그 이유는 사정되기 전에도 남성의 정액 속에서 정자가 일부 배출될 수 있기 때문이다. 질외 사정법은 엄밀한 의미에서 적극적인 피임방법은 아니다.

9-1-2. 상담사례

9-1-2-1. 성관계 후에 피임약을 복용하였는데, 임신될 수도 있나요? (이지영, 여, 고)

성고민 및 문제

성관계 후 약 두 시간 뒤에 피임약을 먹었거든요. 전에도 피임약을 구입한 적이 있어서, 같은 약을 샀습니다. 모두 21개의 알약으로 되어 있고, 한 알씩 먹으라는 설명은 들었지만, 많은 양을 복용하면 더 효과가 있을까 하여 한 번에 4알을 복용하였습니다. 전에는 성관계 후에 이 피임약을 4알 먹었는데, 정상적으로 생리를 시작하였는데, 이번에는 생리가 늦어지고 있어요. 피임약을 복용했는데도, 임신이 될 수도 있나요?

상담자 답변

내담자 맞아들이기

피임약도 먹었는데, 성관계 후 아직 생리가 없어서 임신이 된 것이 아닐까 하고 두렵고 불안하겠어요.

경구피임약
먹는 피임약. 난소에서 배란을 억제시킨다.

정보제공 1: 복합필 (경구피임약)

요즘 청소년들 사이에서 성관계 후 피임약을 복용하면 임신을 하지 않을 수 있다는 잘못된 정보가 떠돌고 있다고 합니다. 먹는 피임약은 크게 '복합필'과 '미니필'로 나눌 수 있습니다. '복합필'은 임신했을 때와 같은 호르몬 상태를 피드백으로 뇌에 알림으로써 배란을 억제하는 작용과 난자의 생성에 필요한 호르몬의 분비를 억제해 피임을 하게 하는 피임방법입니다. 복용방법은 3주 동안 1알씩 복용하고 그 다음 7일은 중지합니다. 그리고 다시 3주일을 먹고 1주일 쉬는 방법으로 복용합니다. 3주일간 빠뜨리지 않고 약을 복용하면 그 다음 쉬는 1주일은 약을 먹지 않아도 임신이 되지 않게 되지요. 지영양이 21알이라고 한 것으로 보아 복합필을 복용한 것 같은데요.

정보제공 2: 미니필 (경구피임약)

미니필은 에스트로겐(난포호르몬) 효과가 전혀 없는 프로게스테론(황체호르몬)의 피임 효과만 이용하는 방법입니다. 미니필을 복용하면 자궁경관에서 분비되는 경관 점액의 양을 증가시켜 정자의 진입을 차단시키며 자궁내막을 얇게 하여 수정란의 착상을 어렵게 합니다.

또한 나팔관에서 정자와 난자의 이동를 방해하여 피임을 하게 되는 것이지요.

미니필은 복합필보다 부작용은 적지만 피임효과는 다소 낮고 매일 정해진 시간에 복용해야 합니다. 시간의 오차는 3시간 정도입니다. 따라서 만약 복용시간이 경과하면 점액이 묽어지면서 피임효과가 없을 수 있기 때문에 그 이후 7일간은 다른 피임법과 함께 사용하는 것이 좋습니다. 미니필을 복용하면 월경 불순 등의 부작용이 있을 수 있습니다.

정보제공 3: 모닝필(응급피임약)

모닝필(Morning Pill)은 사후 혹은 응급피임약입니다. 응급피임약은 피임을 하지 않고 성관계를 가졌거나 또는 콘돔의 파열, 강간 등의 문제 있는 성교 후에 먹는 피임약입니다. 성교 후 가능한 한 빨리 약을 복용하는 것이 좋은데 적어도 72시간(3일) 이내에 먹어야 효과가 있습니다. 우선 2알을 복용하고 12시간 후에 두 알을 더 복용해야 하는데, 주의해야 할 점은 두 번째 먹는 약은 정확한 시간에 복용해야 한다는 점이지요. 복용한 후 3주 이내에는 월경이 있으므로 피임이 되었는지 여부를 확인할 수 있습니다. 만약 3주가 지나도 월경이 없으면 즉시 임신진단을 받아 임신여부를 확인해야 합니다. 질에서 출혈이 있을 수 있으며 이는 일시적이거나 며칠 계속되기도 합니다. 일찍 복용하기만 하면 피임효과는 98% 정도로 높은 편입니다.

상담종결

지영양의 경우에는 일반피임약을 응급피임약처럼 복용한 것입니다. 청소년 시기에 성관계를 하고 피임약을 복용하는 것은 쾌락을 위해서 자신의 몸을 함부로 사용한 것입니다. 성관계 외에 남자 친구를 사랑하는 방법에 대해서 그리고 성관계를 한다면 피임하는 방법에 대해서 고려해 보았으면 합니다.

9-1-2-2. 여성이 할 수 있는 자연피임법에 대하여 알려주세요. (유하영, 여, 대)

성고민 및 문제

저는 대학교 2학년의 여학생입니다. 여성이 할 수 있는 피임에 대하여 알고 싶습니다. 자연적으로 할 수 있는 피임방법으로 월경주기를 이용하는 방법과 기초체온을 재는 방법이 있다고 들었는데, 구체적인 방법에 대해서는 잘 모르겠습니다. 방법을 알려주셨으면 합니다.

월경주기법
월경과 월경 사이의 간격(일반적으로 28~32일)을 파악하여 배란, 임신, 피임에 활용하는 방법을 말한다.

상담자 답변

내담자 맞아들이기

하영씨는 부작용이 없는 자연피임법에 대하여 알고 싶으시군요.

정보제공 1: 월경주기법

월경주기법은 정자와 난자의 수명에 기초한 방법으로 정자의 생존 최대 시간인 72시간과 배란기에 여성의 난소에서 배출되는 난자의 생존 시간인 24시간 동안 성관계를 피함으로써 임신을 막는 방법입니다. 배란기는 다음 월경 예정일 전날부터 거꾸로 셈하여 12일째에서 16일째까지의 5일간이지만 배란기 이전에 정자가 들어가는 경우까지 생각해서 정자의 생존기간 3일을 가산하면, 수태 가능기간은 8일이 됩니다. 이 방법에서의 주의할 점은 월경주기에서 최장주기와 최단주기의 두 가지의 경우를 모두 고려하여야 하고, 정확한 월경력을 만들지 않으면 피임에 실패할 확률이 매우 높습니다.

정보제공 2: 기초체온법

기초체온법은 배란 후 증가하는 황체호르몬의 영향으로 기초체온이 증가되는 현상을 이용하는 것이에요. 아침에 일어나 아무 활동도 하지 않은 상태에서 혀 밑에 체온계를 넣고 3~5분 정도 두어 체온을 측정합니다. 체온이 저온기에서 고온기로 완전히 이행하였으면 이 시기부터 다음 월경까지는 불임기입니다. 고온기에는 체온이 0.3~0.5℃ 상승합니다.

상담 종결

제공해드린 정보를 활용해서 자연피임법을 효과적으로 활용하시기를 바랍니다.

주제 2. 피임의 실제

9-2-1. 이론강의

1. 콘돔 사용의 실제

콘돔은 가장 보편적으로 사용하는 피임법 중에 하나이면서도 사용이 간편하고 가격이 저렴하며, 성병과 에이즈 예방을 할 수 있으며, 비교적 피임율이 높다는 장점이 있다. 콘돔의 피임 성공률을 높이기 위해서는 다음과 사항들을 유의하여야 한다.

먼저 **콘돔 사용 전 주의사항**으로는 첫째, 콘돔의 세소일자를 먼저 확인해야 한다. 콘돔은 오래된 콘돔은 미세한 구멍이 있어 정액이 흘러나올 위험이 있으므로 반드시 유효기간 내에 있는 제품을 사용해야 한다. 둘째, 콘돔은 남성의 음경을 질속에 삽입하기 전에 착용하여야 한다. 보통 성적인 흥분이 일어나면 음경이 발기되면서 분비물이 분비되는데, 그 속에는 한두 방울의 정액이 포함될 수 있다. 비록 남성의 분비물 속에는 적은 양이라 하더리도 그 속에는 몇 천 마리의 정자가 포함되어 있을 수 있기 때문에 사정을 본격적으로 하지 않았을 때조차 정자가 질속에 들어갈 수 있으므로 반드시 음경을 질속에 삽입 전에 콘돔을 착용해야 피임 성공률을 높일 수 있다.

콘돔 사용법과 단계별 유의사항은 다음과 같다.

- **1단계** : 콘돔을 포장지에 꺼낸다. 콘돔을 꺼낼 때 날까로운 손톱 등에 의해 콘돔이 찢어지지 않도록 유의한다.
- **2단계** : 콘돔 끝에 있는 공기 주머니를 비틀어 공기를 뺀다. 공기를 빼지 않으면 성교과정에서 일어나는 마찰로 인해 콘돔이 파열될 수 있다.
- **3단계** : 콘돔을 음경에 씌운다. 콘돔을 음경에 씌울 때, 음경의 아래쪽까지 완전히 씌운다. 콘돔을 한 개 사용하는 것이 불안하다고 하여 2개를 동시에 사용하지 않는다. 2개를 사용하면 1개를 사용했을 때보다 콘돔끼리 마찰로 인해 파열될 위험이 더 높아진다.
- **4단계** : 성교 후에는 음경의 발기가 사라지기 전에 콘돔을 잡고 질에서 분리시킨다. 사정 후 음경을 질에서 바로 뺄 경우, 콘돔 속에 남아 있던 사정된 정액이 흘러나올 수 있으므로 콘돔의 아랫부분을 잡고 질에서 음경을 뺀다.
- **5단계** : 콘돔을 벗겨낸다. 한 번 사용한 콘돔은 재사용하지 않는다.
- **6단계** : 콘돔을 휴지에 싸서 버린다.

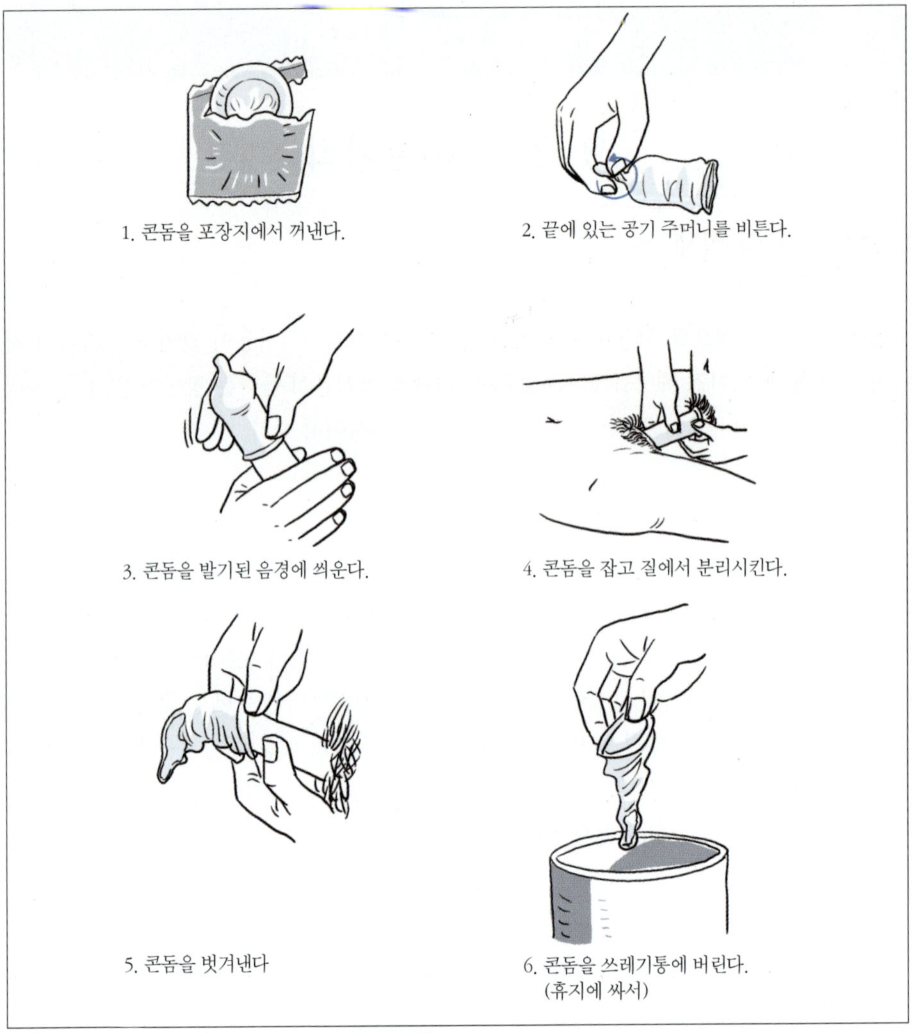

그림 9-6 콘돔의 사용법

2. 먹는 피임약 사용의 실제

먹는 피임약은 크게 21알짜리와 28알짜리가 있으며, 복용하는 방법은 다음과 같다.

- **21알짜리 복용법** : 21알짜리 피임약의 경우 3주 동안 매일 복용 후, 1주일은 복용을 쉰다. 월경이 시작되는 1일째부터 복용, 매일 1알씩 마지막 알까지 잊지 않고 복용한다. 21번째 알을 먹은 다음날부터 7일간 쉬었다가(7일 이후에 생리가 시작된다) 제8일째부터 다시 복용한다.
- **28알짜리 복용법** : 28알짜리 피임약은 21알짜리 피임약과 달리 7일간의 휴지기가 필요 없이 월경이 시작되는 1일부터 28일간 매일 복용한다. 먹는 피임약은 며칠간 복용하

지 않다가 한꺼번에 여러 알을 먹는 것은 아무런 효과 없으므로 이 점을 유의하여야 한다.

3. 피임에 대한 올바른 태도

(1) 피임을 하지 않거나 실패하는 원인

① 피임에 대한 남성의 이중성

남성들은 여성이 피임에 적극적이면 '경험이 많은 여자' 로 의심하면서, 막상 임신을 하게 되면 임신이 여성의 몸에서 일어난 일이라고 그 책임을 여성이 져야 한다고 생각하는 '남성의 이중성' 이 피임에 적극적이지 않게 한다.

② 잘못된 피임 지식

질외 사정법과 질세척법을 효과적인 피임방법으로 잘못 생각하는 경우 피임에 실패하게 하는 원인이 된다. 성교 후 임신이 되더라도 인공임신중절을 사후 피임으로 잘못 생각하는 경우 또한 태아생명을 죽이는 비도덕적이고 비윤리적 행위가 되며, 여성의 육체적 · 정신적 고통을 고려하지 않는 것이다.

③ 남성의 이기성

남성은 콘돔을 사용함으로써 성감이 떨어진다는 이유만으로 임신으로 겪을 여성의 육체적 · 정신적 고통을 외면하는 '남성의 이기성' 이 피임을 하지 않게 한다.

④ 책임의식의 부재 혹은 잘못된 책임의식

임신은 여성의 몸에서 이루어지므로 당연히 여성이 져야 한다는 '남성의 책임의식의 부재', 남자의 책임은 인공임신중절수술 비용만 대면 된다는 '남녀의 잘못된 책임의식', 피임을 하지 않는 남자에 대해 적극적인 주장을 펴지 못하는 '여성의 수동성' 이 피임을 실패하게 하는 원인이 된다.

(2) 피임방법의 선택과 책임

피임방법은 개인의 체질과 특성에 따라 달리 선택해야 한다. 또한 성교, 임신과 마찬가지로 피임 또한 남녀가 공동으로 책임을 져야 한다. 피임 또한 성관계의 과정 중에 하나로 생각할 때 책임 있는 성관계가 성립할 것이다. 여성의 출산(혹은 원치 않는 임신)에 대한 고통을 안다면 남성은 피임에 적극적인 것이 바른 역할분담이 될 것이다.

9-2-2. 상담사례

9-2-2-1. 여자친구와 성관계를 하려고 하는데, 콘돔은 어떻게 사용해야 합니까? (문상국, 남, 대)

성고민 및 문제

대학교에 다니고 있는 남학생입니다. 1년 정도 사귄 여자친구가 있는데, 요즘 들어서 성관계를 하고 싶다는 생각이 머리에서 떠나지 않습니다. 성관계를 하게 된다면, 피임은 해야 할텐데, 보통 콘돔으로 피임을 한다고 하더군요. 콘돔의 사용 방법에 대해 알려주세요.

상담자 답변

내담자 피임 행동 결정에 대한 지지

피임을 함으로 청소년들이 마음 놓고 무절제한 성관계를 즐기면 어떻게 하나 하는 걱정스러운 마음이 들기도 합니다. 하지만 낙태와 미혼모 발생 등의 더 큰 위험을 예방할 수 있는 보다 책임 있는 행동을 계획하는 태도는 지지해 드리고 싶네요.

정보제공: 콘돔사용법

콘돔은 끝이 막혀 있고 재료는 얇은 고무로 되어 있습니다. 포장을 뜯을 때는 날카로운 손톱이나 반지에 걸려 찢어지지 않도록 주의해야 합니다. 콘돔은 반드시 발기된 음경에 씌워야 합니다. 엄지와 검지 손가락으로 잘 잡은 다음 음경에 씌우는데 다른 한 손으로 콘돔을 밑으로 끌어내리고, 끝부분에 정액이 모여질 수 있도록 약간 넉넉하게 공간을 남겨둡니다. 이때 주의할 것은 발기한 음경을 콘돔을 씌우지 않은 채 질입구에 가져가서는 안 됩니다. 절정에 이르기도 전에 사정하여 정액이 질 속으로 들어가 임신이 될 수 있기 때문입니다. 대부분의 콘돔의 표면에는 미끄러운 크림처럼 보이는 투명한 액체가 묻어 있는데, 이것이 정자를 죽이는 성분입니다. 최근에는 끝부분에 "노녹시놀"이라는 에이즈를 예방하는 성분이 함유된 콘돔이 새로 나왔습니다. 이 성분은 정자뿐만이 아니라 병균도 함께 죽이는 효과를 냅니다. 사정을 한 후에는 음경이 콘돔에서 빠지지 않도록 곧 조심스럽게 질에서 빼내도록 합니다.

상담종결

상국씨, 자신의 성관계를 하고자 하는 마음과 상대도 같은 마음인지를 확인하고, 두 사람이 자신의 결정에 어떤 마음인지를 나누셨으면 합니다.

9-2-2-2. 남자친구가 콘돔을 사용하지 않으려 하는데… (박선희, 여, 고)

성고민 및 문제

저는 아직 고등학생이지만, 조금 연상인 20살 남자친구와 교제하고 있는데요… 중학교 1학년 초부터 알던 오빠라 굉장히 편하고 친합니다. 오래 사귀다 보니깐 할 것 안 할 것 다하게 되었는데… 문제는 오빠가 섹스할 때 콘돔을 안 쓰려고 합니다. 콘돔을 쓰면 느낌이 없고 답답하다고 하면서 자꾸 거부해요. 하지만 저는 임신이 걱정되고 여자가 먹는 피임약은 약국에서 구하기도 어렵고… 엄마 몰래 숨기는 것도 죄를 짓는 기분이 들어서… 지금은 어떻게 해야 할지 모르겠습니다. 오빠에게 자꾸 콘돔을 쓰라고 하면 내가 무슨 변태가 된 듯한 기분도 들고… 너무 밝히는 것처럼 보이지 않나 걱정도 됩니다. 어떻게 하면 좋을까요?

상담자 답변

내담자 맞아들이기

성행위는 인생에서 새로운 것을 경험하는 첫 단계이고, 남녀가 서로의 사랑을 확인하는 방법이 될 수 있지요. 선희양과 남자친구는 한창 성에 대하여 관심이 많고 그것을 행동으로 옮기고 싶은 마음이 드는 시기입니다.

내담자의 태도 탐색

우선 확인하고 싶은 것은 선희양도 성관계를 하고자 하는 마음에서 혹은 두 사람의 합의하에 성관계를 하고 있는 것인지, 혹시 남자친구가 원해서 마지못해 응하고 있는지입니다. 사랑하여서 성관계를 하는 것이 가장 바람직한데, 간혹 성관계의 즐거움 때문에 사랑 없이도 성관계를 하는 경우들이 있습니다. 또 남학생의 경우에 사정을 통한 쾌감이 두 사람의 관계보다 우선시되는 경향을 보이기도 합니다.

피임에 관한 바른 태도

성관계와 마찬가지로 피임 방법에 대해서도 상의 및 합의를 하는 것이 가장 바람직한 태도입니다. 피임을 꼭 임신을 피하는 방법이라고만 생각하지 말고, 이성교제 혹은 성관계 중 하나의 행동이라고 보는 시각을 가져 보기를 권합니다. 인간관계에서 여성은 남성과 동등하게 대우 받기를 오랜 시간 주장해 왔고, 지금도 그런 노력들을 하고 있습니다. 성관계에서도 마찬가지이지요. 성관계의 주체로서 내가 원하는 바를 상대에게 설명해 주고, 상대로부터 배려를 받아야 정직한 의미에서의 친밀한 관계를 가지고 있다고 말할 수 있습니다. 선희양의 피임을 하고자 하는 마음에 대해서 남자친구도 이해할 필요가 있습니다.

상담종결
성관계를 통해 상대방과의 일치감과 깊은 만족감을 누릴 수 있지만, 충분한 준비가 없이 이루어졌을 때에는 오히려 허탈감과 실망, 깊은 마음의 상처를 남길 수가 있습니다. 피임뿐 아니라 이성교제, 성관계에 대한의 나의 준비도를 다시 한번 생각하는 기회를 가지시길 바랍니다.

학·습·정·리

✲ 주제 1 피임의 종류와 원리

1. 피임의 필요성

- 10대 임신과 미혼부모 문제, 청소년 성매매 등의 문제예방
- 낙태로 인한 생명 파괴와 범죄행위 유발방지
- 성병으로부터 개인을 보호
- 주체적인 성적 자기결정

2. 피임의 종류와 원리

- 콘돔
- 루우프
- 페서리
- 질좌약 살정제
- 먹는 피임약
- 정관수술과 난관수술

✲ 주제 2 피임의 실제

- 콘돔 사용의 실제
- 먹는 피임약 사용의 실제
- 피임에 대한 바른 태도와 가치관
- 피임을 하지 않거나 실패하는 원인 : 피임에 대한 남성의 이중성, 잘못된 피임지식, 남성의 이기성, 여성의 수동성, 책임의식의 부재 및 잘못된 책임의식 등
- 피임방법의 선택과 책임 : 피임방법은 개인의 체질과 특성에 따라 선택하는 게 바람직하며, 성교, 임신과 마찬가지로 피임 또한 남녀의 공동 책임으로 여겨야 하며, 피임 또한 성관계의 과정 중의 하나로 생각할 때 책임 있는 성관계가 성립될 수 있다.

학·습·평·가

※ 아래의 각 문항 내용이 옳다고 생각하면 O표, 틀리다고 생각하면 X표를 적으시오.

1. 콘돔은 가장 손쉽고도 안전한 피임방법 중의 하나이다. (　)
2. 피임은 임신가능기를 잘 아는 여자가 책임져야 한다. (　)
3. 질외 사정법은 좋은 피임방법 중의 하나이다. (　)
4. 월경주기법은 월경주기가 불규칙한 여성들에게는 부적합한 피임법이다. (　)
5. 여자가 사용하는 콘돔의 이름은 페미돔이다. (　)
6. 모든 피임 방법은 100% 완벽하게 피임이 된다. (　)
7. 여성의 자궁 내에 삽입하는 루우프는 불규칙적인 하혈이나 하복부 통증 등의 부작용이 있다. (　)
8. 여성의 경우 처음 성관계를 할 때는 임신이 되지 않으므로 피임을 하지 않아도 안전하다. (　)
9. 질내 사정을 하더라도 성관계 후 질을 세척하면 임신을 막을 수 있다. (　)
10. 성병을 예방하는 방법으로 콘돔을 사용한다. (　)
11. 남자가 콘돔을 사용하면 성감이 떨어진다. (　)
12. 피임도 성관계의 과정 중 하나이다. (　)
13. 정자의 수명은 3~4일 정도이다. (　)
14. 월경주기법은 청소년이 사용하기 좋은 피임방법이다. (　)
15. 콘돔은 에이즈를 예방할 수 있다. (　)
16. 생리 중에는 자연피임이 되므로 임신이 성립하지 않는다. (　)
17. 정관수술을 하면 정자가 생성되지 않으므로 건강에 해롭다. (　)
18. 살정제는 피임 실패율이 높다. (　)
19. 각자의 체질에 맞는 피임방법을 사용해야 한다. (　)
20. 여자가 적극적으로 남자에게 피임을 권하는 것은 바람직하지 못하다. (　)

☞ 정답은 p.378에서 확인하세요.

10장 사이버 세계와 성

최근 인터넷의 발달로 인해 음란물의 범람은 청소년들의 잘못된 성지식과 모방 성범죄를 부추기고 있다. 실제 10대 청소년들의 성범죄의 대부분이 인터넷 속의 음란물과 음란채팅 중독과 밀접한 관련이 있다.

이 장에서는 '성 상품화의 문제'와, '예술과 외설'의 시비 속에서도 청소년들의 생활 속에 깊숙이 침투해 있는 음란물의 영향에 대해 학습하며, 또한 음란물과 음란채팅 중독에 대한 폐해와 예방방안에 대해 학습한다. 이를 통해 청소년들이 사이버 세계에서의 바른 성지식을 습득하고 성비행과 일탈을 예방하고자 한다.

● 학습내용

- 주제 1 : 성상품화와 인터넷
- 주제 2 : 인터넷과 음란물
- 주제 3 : 음란물 중독과 음란채팅(사이버섹스) 중독

● 학습목표

1. 성상품화의 문제점과 일상에서의 예를 설명할 수 있다.
2. 음란물의 영향과 피해를 안다.
3. 음란물과 음란채팅 중독에 대한 영향과 폐해를 설명할 수 있다.
4. 음란물과 음란채팅 중독에 대한 예방과 대처방안을 설명할 수 있다.

주제 1. 성상품화와 인터넷

10-1-1. 이론강의

1. 청소년들의 인터넷과 성문제

문자세대인 성인들과 달리 태어날 때부터 영상세대로 성장해온 청소년들의 경우 가장 친숙한 환경 중에 하나가 컴퓨터와 인터넷이다. 실제 다른 연령대에 비해 인터넷을 가장 많이 사용하고 있는 것이 청소년들이며, 이들 중에서 인터넷의 중독적 사용 비율 또한 가장 높은 것으로 알려져 있다(한국정보문화진흥원, 2014).

인터넷을 통해 여과없이 전달되는 폭력적이고 자극적인 음란물들은 청소년들로 하여금 잘못된 성지식을 갖게 하고, 왜곡된 성의식과 여성에 대한 비하감, 도덕적 타락감을 갖게 하며, 음란물에서 보여진 성행위를 모방한 성범죄를 양상하게 만든다.

실제 청소년들의 성과 관련해 인터넷에서 현재 가장 문제가 되고 있는 것은 '일반 음란 동영상 및 사진' (89.2%), '청소년성매매' (87.7%), '아동포르노' (61.7%), '일반성매매' (60.0%)이다(정보통신윤리위원회, 2007). 이 중에서 청소년 성폭력이나 모방 성범죄는 음란물의 과다한 노출과 직접적인 관련이 있고(예, 2006년 대구 초등학교 집단 성폭력사건), 청소년 성매매의 대부분은 인터넷의 채팅을 통해 이루어지고 있다(여성가족부, 2014).

최근 기사(여성신문, 2010. 3. 5)에서 청소년들의 인터넷과 성문제가 어떤 관련성이 있는지를 잘 보여주고 있다.

2. 성상품화와 인터넷

(1) 성상품화란?

성상품화란, 인간의 성을 하나의 상품처럼 취급하는 현상을 말한다. 현재 우리 사회에서 이루어지는 직접 · 간접적인 성상품화의 유형은 다음과 같이 정리될 수 있다.

① 직접적 성상품화

- 적극적 방식의 성상품화 : 매매춘, 쇼걸 등
- 소극적 방식의 성상품화 : 미인대회, 러브호텔, 성을 상품화하는 연극, 전위예술, 행위 예술 등

참고자료

■ 음란물 모방…죄의식없는 '집단놀이' 돼

출처: 여성신문, 2010.3.5일자

(중략)

교육과학기술부가 보건복지가족부의 '2008년 청소년 유해환경 접촉 종합실태조사'를 분석한 결과 전국 중·고등학생(일반 청소년 13,770명, 위기청소년 1,597명) 3명 중 1명은 '야동'을 본 경험이 있는 것으로 나타났다. 전국 1만4716명을 대상으로 한 이 조사에서 최근 1년 새 성인용 게임을 한 적이 있다는 청소년이 44.1%, 성인용 영상물(비디오 영화 DVD)을 본 경험이 있는 학생은 37.3%, 인터넷 음란 사이트에 접속한 적이 있는 학생은 35.9%로 드러났다. 청소년들이 야동을 처음 접한 시기는 중학교 1학년이 가장 많았고, 초등학교 이하도 10%에 가까웠다.

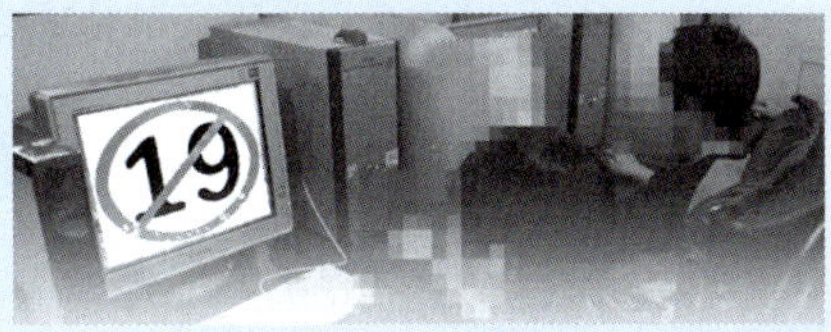

유아기부터 인터넷을 사용하는 한국 사회에서 청소년들은 음란물의 소비자를 넘어 유통의 영역까지 진입하고 있다. 더 큰 문제는 여과 없는 음란물 접촉이 청소년의 왜곡된 성의식을 공고히 해 성범죄의 직접적인 원인이 되고 있다는 것이다.

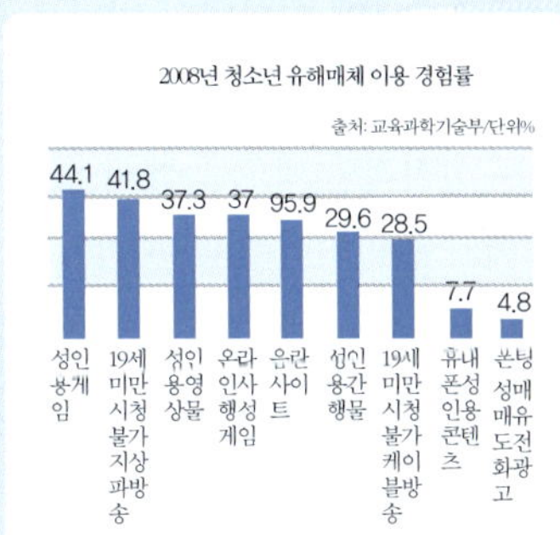

보건복지가족부의 '2009 아동·청소년 백서'에 따르면 청소년 범죄는 2004년 9만2976건으로 전체 범죄 대비 3.6%에서 2008년 13만3072건으로 4.9%까지 증가했다. 이 중 성폭력은 2004년 1508건에서 2008년 2126건으로 5년 새 40% 이상 급증한 것으로 나타났다.

배정원 소장(배정원의 성문화 센터 & 행복한 성)은 "인터넷을 통한 동영상들이 청소년에게 폭력적으로 성을 가르치고 있어 모방 범죄가 증가하고 있으며 IT 강국인 한국 사회가 발달한 문명의 그림자 또한 먼저 겪고 있는 것 같다"고 지적했다. 김희순 수원탁틴내일 상담소 소장은 "아이들이 PMP, MP3 등으로 음란물을 교실로 가져와 친구들과 공유하고 장난삼아 따라해 보는 것이 쉽게 성희롱이 되고, 추행이 되고, 성폭력까지 발전하게 된다"고 말했다.

전문가들은 청소년 성범죄가 아이들의 신체 발달이 빨라지고, 음란 매체와의 접촉이 빨라져 저연령화, 집단화의 특징을 보인다고 입을 모은다. 또래집단의 영향력이 큰 이 시기에 성범죄는 쉽게 집단화된다. 집단화된 성범죄는 죄의식을 경감시켜 범죄가 아닌 집단화된 '놀이'가 되며, 가해자 수가 늘어나는 만큼 범죄는 대범해진다. 성범죄의 집단화 양상은 2003년 건당 1.68명이던 징계 학생 수가 지난해에는 건당 2.09명으로 늘었다. (한나라당 황우여 의원이 교과부에서 받은 '학교 내 성범죄 징계현황')

이유미 서초구청소년지원센터 상담부장은 "직접적인 음란물이 아니더라도 공중파와 뮤직비디오 등에도 선정적인 장면이 여과 없이 나오기 때문에 아이들이 아무런 죄의식 없이 행위를 모방하게 된다"고 목소리를 높였다. 또한 "(선정적인 장면에 대해) 부모님이나 타인의 피드백을 보고 성 인식을 수정할 수 있지만, 그것이 단절되어 있는 청소년들의 경우는 성 인식이 왜곡될 수밖에 없다"고 말했나.

(생략)

② 간접적 성상품화

- 일반대중을 대상으로 하는 성상품화(대중매체 이용)
  - 인쇄매체 이용: 신문, 잡지, 만화, 소설, 광고지, 포스터, 달력 등
  - 영상매체 이용: TV, 비디오, 영화 등
- 특정집단을 대상으로 하는 성상품화(전자매체 이용)
  - Phone매체 이용: 음성정보, 폰섹스, 동영상, 모바일화보 등
  - PC매체 이용: 게임, CD-ROM, DVD-ROM 등
  - 인터넷 : 대화방, 사이트, 화상채팅 등

(2) 인터넷 속의 성상품화

연예인들의 성상품화

최근 들어 TV, 외모지상주의 문화는 대중매체와 인터넷의 발달로 인한 성상품화를 더욱 가속시키고 있다. 그중에서도 연예인들의 성상품화는 연예인들이 경쟁적으로 찍고 있는 누드화보 촬영, 광고의 내용과 상관없는 선정적인 광고 등에서 쉽게 찾아볼 수 있다. 성상품화의 가장 큰 문제는 이것이 곧 성매매와 관련되어 있다는 점이다. 연예인들을 우상시하는 청소년들의 경우 연예인들의 성상품화에 익숙해져 있으며, 성을 상품으로 파는 것을 당연히 할 수 있으며 이는 곧 청소년들의 성매매를 부추기는 또 하나의 요인이 되고 있다.

청소년들의 성상품화: 청소년 성매매

연예인들을 우상시하는 청소년들의 경우 연예인들의 성상품화에 익숙해져 있으며, 성을 상품으로 파는 것을 당연시하게 되고 이는 곧 청소년들의 성매매를 부추기는 또하나의 요인이 되고 있다.

인터넷 채팅 사이트를 통해 청소년들의 성상품화(예, 청소년 성매수)의 경향 또한 증가하고 있다. 아래 신문기사는 원조교제 커뮤니티가 청소년 성매매의 풍속도를 보여준다.

그림 10-1 여성의 성상품화

[원조교제 커뮤니티도 있었다 …청소년에 무차별 노출된 사이버 성매매]

출처: 인터넷 inew/국순신 기자, 2004. 6. 4일자, 19:33

지난 해 말 원조교제를 하는 10대 여성들을 대상으로 한 인터넷 커뮤니티가 등장, 3개월 이상 운영됐던 것으로 드러나 충격을 안겨주고 있다. 그동안 인터넷공간의 성매매가 청소년에게 노출됐다는 지적을 받았으나 이 커뮤니티의 등장으로 청소년들이 버젓이 성매매의 한 축을 이루고 있는 것이 사실로 드러났다.

성매매의 온상이 된 이 커뮤니티는 인터넷업체 A사의 좋은 조건 좋은 만남, 인터넷에서 성매매를 의미하는 속어 조건만남을 풀어쓴 이름이다. 조건만남은 남녀 양측이 조건을 내걸어서 만난다는 뜻.

좋은 조건 좋은 만남에서 성매매는 더 이상 감출 대상이 아니었다. 이 커뮤니티는 오히려 회원들이 성매매에 관한 각종 정보를 제공, 타 회원들이 불이익을 당하지 않도록 설명해주는 공간이 마련될 정도로 회원들은 성매매 사실을 당당히 드러내놓고 있다.

이곳에는 각종 성매매 관련 피해사례들이 가득했다고 한다. 성매매를 하지 말도록 경각심을 유도하는 게 아니라, 어떻게 해야 성매매를 잘 할 수 있는지에 대한 사례들이 많았다는 것. 예를 들면, 어떤 남자를 만났는데 이상한 걸 자꾸 요구하면서 계약조건을 어긴다 혹은 돈을 줄 것처럼 말해놓고선 약속했던 돈을 주지 않았다, 경찰이라고 남자가 우기면서 폭력을 행사한다 류의 글이 게재돼 있었다. 글을 읽은 회원들은 자신이 겪었던 경험담과 함께 각종 위기 대처법들을 댓글로 올려놓기도 했다.

특히 이놈조심 게시판에는 성매매 시 조심해야 하는 남자들의 리스트가 게재됐다. 심지어 어느 회원은 "지금껏 만났던 사람들 중의 최악"이라고 적어놓은 다음, 남자의 인상착의와 휴대폰 번호, 자동차 등을 상세히 설명해 놨다. 또 커뮤니티 한쪽에는 '갠적으로 일이 젤 잘된다고 생각하는 요일을 말씀해 주세여~' 라는 내용으로 설문조사도 실시되고 있다. 이 커뮤니티의 심각한 문제점은 성매매 알선 커뮤니티와도 연계돼 있다는 점. 단순히 정보교환 장소를 넘어서서 성매매를 알선해주는 장소의 기능을 수행하고 있다. 커뮤니티의 운영자가 바로 포주가 된 셈이다.

10-1-2. 상담사례

10-1-2-1. 외모가 문제입니다. (손예진, 여, 대)

성고민 및 문제

저는 정말 작년에 대학을 들어오기 전까진 아무 문제가 없었습니다. 순탄하게 좋은 대학에도 합격했고 고등학교 생활도 모범적으로 훌륭하게 잘했어요. 그런데 대학을 들어와서 자꾸만 주눅이 들고 사람들을 만나기가 싫고 사람들이 저를 무시한다고 느낍니다.
저는 약간의 외모 콤플렉스가 있는데요… 사실 저는 중학교 때까지는 집 근처 남학생들이 따라와서 말을 걸 정도였는데 갑자기 살이 많이 찌면서 주눅이 들기 시작했습니다. 그래서 그런지 사람들 앞에 나서기도 두렵고 살을 빼려고 많이 시도해 보았지만 번번이 실패로 돌아가서 이제는 거의 포기 상태입니다. 이런 이유로 자꾸만 사람들 만나는 게 꺼려집니다. 그리고 학기 초에 좋아하는 사람한테 고백을 했었는데 보기 좋게 차였습니다… 그게 큰 상처가 됐구 하루에 두세 번도 넘게 생각이 나요… 어쩌면 좋을까요…

상담자 답변

내담자 맞아들이기

약간의 외모 콤플렉스를 가지고 계시다구요.

문제 명료화

사람들에게 주눅이 든다고 하셨는데.. 외모에 대한 콤플렉스를 가지게 된 계기가 예전에 비해 살이 찐 것과, 좋아하는 사람에게 거절당한 경험인 것 같네요.

체중 증가

외모는 중요하지 않다고 말을 하기도 하지만, 체중이 증가된 상태에서는 그 말에 공감하기는 어렵기도 합니다. 혹시 예진씨가 너무 민감해서 체중이 늘었다고 느낄 수도 있겠지요. 그렇지 않다면 건강을 위해서 그리고 자기 관리라는 측면에서 운동과 식이 요법으로 예전 체중으로 돌아가는 것이 바람직할 수도 있겠지요.

호감을 거절당한 경험

좋아하는 분에게 고백을 하셨다가 거절을 당하셨다구요. 용기를 내어 마음을 건네었던 것일 텐데… 마음이 많이 아프셨을 것 같습니다. 외모 때문에 거절을 당했다고 생각할 수도 있지만, 다른 사람의 마음을 알기는 어렵지요. 외모 때문이라면, 그분이 내면을 탐색할 기회를 갖지 않은 아직은 준비되지 않은 사람일 수 있습니다. 외모 때문이 아닌 경우에는 그 사람도 나름대로의 이유가 있을 수도 있고, 아직 예진 씨의 참모습을 알지 못했을 수도 있지요.

외모의 가치

흔히들 하는 말이지만… 외모는 그렇게 중요한 것이 아닙니다. 처음에 눈에 들어오는 것은 물론 외모일 겁니다. 하지만 정작 사람과 사람을 친숙하게 만들어 주는 것은 그 사람의 외모가 아닙니다. 그 사람이 가진 인간적인 매력이 관계를 돈독하게 합니다. 예진씨의 인간적 매력이 외모보다 더 우선시되었으면 해요.

또 외양이라도 생김새보다는 밝은 얼굴과 호감을 주는 태도가 더 중요하지요. 사람들에게 먼저 밝은 얼굴로 인사하고 말을 건네 보세요. 예진씨의 인사를 받은 사람이 누구든 기분 좋아할 것입니다. 누구든 자신에게 관심을 보이는 사람에 대해서는 좋은 인상을 갖기 마련입니다.

상담 종결

어때요, 아직도 외모의 중요성 때문에 힘는가요? 방송 등 매체에서 외모가 중요시되는 문화이기 때문에, 나 자신도 영향을 받지 않을 수는 없습니다. 다만 잠시 다시 생각해 보면, 외모라는 것에 내가 부여하는 개인적인 의미는 또 달라질 수 있습니다.

10-1-2-2. 저는 성형수술을 하고 싶어요. (이수경, 여, 고)

상고민 및 문제

안녕하세요? 저는 고등학교 2학년인 이수경이라고 합니다. TV광고의 모델을 보았는데, 얼굴이 참 도시적이라고 생각하였습니다. 그런데 알고 보니 거의 모두가 성형수술을 한 얼굴이라고 그러더군요. 그래서 저도 성형수술을 해 보고 싶은 마음이 생겼어요. 근데 비용도 적지 않을 뿐만 아니라 왠지 마음이 꺼림칙한 게 사실이네요. 제가 어떻게 해야 할까요?

상담자 답변

내담자 맞아들이기

수경양의 고민을 이해합니다.

TV vs 나

사실 TV를 보면 우리나라의 미인의 숫자가 갈수록 증가하고 있다는 생각이 듭니다. 현대로 접어들수록 사람들의 미모가 더 뛰어나다는 말을 자주 듣기도 하죠.

그런데 수경양의 고민에 대해 뭐라고 분명히 대답하기 이전에, 수경양의 얼굴을 객관적으로 한번 살펴볼 필요가 있을 것 같습니다. 만일 눈이나 코, 혹은 다른 부분이 이상하고 밉게 생겨서 꼭 성형수술을 해야만 할 것 같다면, 그다지 반대하지는 않습니다. 사람은 누구나 아름다워지고 싶어 할 뿐만 아니라 얼굴로 인한 열등감으로 인해 위축되어 사는 것보다는 자연스럽게 바꾸는 것은 괜찮다고 생각합니다. 그것은 성형이라기보다는 정형이라는 말이 더 적절할 것 같군요.

그런데 객관적으로 보아도 별 문제가 없어 보이는데, 괜히 자기 자신만의 생각으로 성형수술을 해야 한다고 생각했다면 만류하고 싶군요. 특히, 수경양이 TV의 광고모델을 보고 성형수술을 하고 싶다고 느끼는 부분은 좀 문제가 있는 것 같습니다. 그리고 자기 얼굴에 별 문제가 없는 여성들이 욕심을 포기하지 않고 몇 명의 연예인들의 얼굴처럼 고치고자 성형외과를 다니고 있다고 합니다. 수경양, 토요일 오후, 번화가를 걸어본 적이 있나요? 그때 여성들의 얼굴을 유심히 살펴보세요. 모두가 미인이기는 하지만, 너무나 똑같다는 느낌을 받지 않나요?

나의 내면

중요한 것은 눈에 보이지 않는 내면적인 것임을 알아야 합니다. 따라서 가치관 정립이 중요한 청소년기에 정말 강하고도 아름다운 내면의 가치를 익히고 지식을 추구하며 지혜를 쌓는 것이 가장 중요한 일이라 여깁니다. 사회에서도 그런 사람들이 가장 인정받으며, 마치 진주처럼 귀한 대우를 받는답니다. 수경양! 성상품화를 좇아서 인위적인 미인이 되는 것보다는 내면이 알차고 아름다운 여성이 되도록 노력하는 것이 더 좋을 것 같습니다. 우리가 TV를 보아도, 잘 생기고, 멋있는 사람보다는 성실하게 자기가 맡은 일을 열심히 하며, 겸손한 사람에게 더 많은 점수를 주는 것처럼, 수경양도 자기가 맡은 일에 열심히 하며, 겸손한 사람이 되고자 하는 것이 진정한 아름다움이 될 것입니다.

상담 종결

청소년기에 외모에 관심이 가는 것은 당연한 일이지요. 하지만 아름다운 청소년 시절에 자신의 외면적인 모습에만 관심을 쏟지 마시고, 내면의 모습인 친구들 간의 우정, 사랑 등에 노력을 기울이세요. 그렇게 한다면 멋진 학창시절을 보낼 수 있으리라 생각됩니다.

주제 2. 인터넷과 음란물

10-2-1. 이론강의

1. 음란물의 이해

최근 들어 인터넷과 스마트폰의 급속한 확산으로 음란물의 폐해가 속출하고 있다. 특히 판단능력이 부족한 청소년들의 경우 음란물의 폐해는 더 심각하다(여성신문, 2010.3.5).

(1) 음란물의 의미

포르노(Pornography)라는 단어는 그리스어로 창녀(porne: 매춘부 또는 전쟁에서 포로가 된 여성) + 그림이나 묘사(graphos)를 뜻하는 것으로 원래는 성애를 다룬 예술을 의미한다. 이렇게 볼 때 포르노는 원래 성을 다룬 예술의 일종으로 해석할 수 있는데, 그 역사는 수천 년에 이른다. 또 묘사의 대상이 여성에 한정된 예술이라면, 이는 주로 남성들의 욕구충족을 위해서 발달했다고 짐작할 수 있다. 고대사회에서는 전쟁 도중 붙잡힌 여성을 남성들의 성적 노리개로 여겼으므로, 이를 묘사한 것 자체가 현역병을 비롯한 젊은이들의 사기를 드높이는 도구로 이용되었을 것이다(윤가현, 1998).

현재 일반적으로 '포르노' 하면 성애를 다룬 예술작품 중 음란한 것만을 지칭하게 된다. 말하자면 그 시대의 기준으로 따져 성묘사가 많은 사람들에게 충격을 줄 정도로 노골적이고, 그 때문에 대중 앞에 진시될 수 없는 성애를 다룬 작품들이다. 그러나 성애를 다룬 예술작품과 포르노에 대한 법적 · 도덕적 · 미학적 관점은 문화권에 따라 다르다. 또한 둘 사이에는 밀접한 관련이 있으며, 그 구별이 애매모호한 것도 많다.

(2) 예술 vs 외설

예술과 이설을 구분하는 것은 사실상 어려움이 많으며 외설여부의 시비는 끝없이 이어지기도 한다. 이러한 어려움에도 불구하고 예술로서의 포르노와 음란물로서의 포르노는 다음과 같은 몇 가지의 차이를 갖는다(김혜원, 이해경, 2001에서 재인용).

① **예술로서의 포르노**는 성행위를 적나라하게 묘사했더라도 이를 음미하는 사람에게 음란한 마음을 심하게 유발시키지 않았다. 또한 감상하는 사람에게 미적인 매력과 자극을 제공한다.

② **음란물로서의 포르노**는 인간의 전성human sexuality을 묘사하는 내용이 아니라 인간성을 빼앗는 파괴적인 묘사로 인간의 가치를 떨어뜨리는 기능을 한다. 또한 사람들이 오로지 '성' 만을 갈망한다거나, 큰 성기와 성적 매력만을 주요 관심거리로 부각시킴으로써 인간의 존엄한 전성human sexuality의 가치를 왜곡시키고 있다.

표 10-1 예술적 포르노와 음란물 포르노의 비교

예술적 포르노	음란물 포르노
성행위 묘사 - 음란한 마음을 심하게 유발치 않음.	인간의 sexuality를 묘사하기보다는 인간성 파괴적 묘사, 인간 가치 하락
감상하는 자에게 미적인 매력과 자극 제공	사람들이 오직 '성' 적 존재로 부각, 큰 성기와 성적 매력만을 관심으로 부각, 인간의 sexuality 가치를 왜곡

이상에서 살펴보았듯이 포르노는 원래 예술로서의 포르노와 외설로서의 포르노로 구분될 수 있다. 그러나 최근 포르노는 예술로서의 가치는 배제된 외설로서의 기능만이 부각되고 있어, 일반적으로 포르노는 외설물 혹은 음란물과 동일한 용어로 사용되고 있다. 따라서 이하의 내용에서는 포르노를 음란물로서 사회적 비판을 받고 있는 장르만을 지칭하도록 한다.

(3) 최근 동향

1970년대부터 자위행위에 대한 공포가 사라지면서 포르노의 제작과 보급이 급속도로 팽창했다. 이러한 포르노 내용들은 주로 잡지나 비디오테이프에 의존했었는데, 요즘은 음란 CD롬과 음란 PC통신, 인터넷, 모바일 등을 통해 음란물이 배포되고 있어 사회적 문제로 부각되고 있다.

2. 일반 영화와 포르노 영화의 차이

(1) 포르노 영화의 특징

일반 영화와 비교하여 포르노 영화는 다음과 같은 특징을 갖는다.

① 폭력이나 학대가 성적인 만족의 수단이며 그 희생자는 주로 여성이다.
② 여성의 성기, 유방, 엉덩이를 극단적으로 노출하여 여성이란 하나의 육신에 불과한 성적인 대상물이며, 음란하고 위험한 존재라는 개념을 일반인에게 인식시키고 있다.
③ 스트립쇼가 보여주는 구체적인 성애 표현은 옷을 벗어 나체를 보여주는 데 그치는 것이 아니라 성애의 의도 및 의향이 추가된 육체의 노출행위로 스트리퍼가 자신의 몸짓, 얼굴 표정으로 전달하는 것이다.
④ 고통, 고문을 주고받으면서 변태적으로 성적인 쾌감을 얻는다.
⑤ 아동이나 미성년자를 이용하는 경우가 있다.
⑥ 강간을 비롯한 여러 가지 성범죄 내용을 담는 경우가 있다.

(2) 포르노 영화에서의 성행동

포르노 영화에서의 성행동과 잘못된 성지식의 내용은 다음과 같다.

① 쉽게 여성을 정복하는 정복자 남성상의 모습
☞ 성기 크기 열등감. 성적 수행능력에 대한 불안감 조장. "변강쇠 콤플렉스" 조장

② 여성은 관능적 육체만을 가진 열등한 존재, 음란하고 위험한 존재
☞ 남성의 권력행사를 정당화시킴.

③ 동물적인 몸짓, 특히 여성은 강간 당하기를 원하며, 또한 즐기는 것으로 묘사. 남성은 성적 쾌락을 제공하는 구세주로 묘사
☞ 포르노에 많이 노출될수록 과장되고, 부풀려진 성적 환상을 가짐.

포르노 영화에 출연하는 여성배우들은 일반적으로 관능적인 행위를 나타내고 관능적인 신체적인 특성을 갖는 것이 일반적이다. 남성배우들의 경우는 초인적인 성적 수행 능력을 갖는 것으로 묘사되어 관람하는 사람에게 실제의 성적 기능과는 다른 오해를 불러일으키게 한다.

포르노에 보여지는 남성상은, 힘들이지 않고 정복한 모습으로 제시되어 다른 남성들에게는 성기 크기에 대한 열등감과 성적 수행능력에 대한 불안감을 조장하고 있어 변강쇠 콤플렉스를 심어주고 있다. 한편 요구되는 여성상은 젊고 아름다우며, 남으로부터 예찬의 대상이 되고, 순종을 잘하며, 남성의 힘이나 진취성 등에 곧잘 감탄하는 여성상이다. 포르노에서 여성은 한갓 관능적 육체만을 지닌 열등한 존재이며, 음란하고 위험한 존재이므로 남자들이 마음대로 권력을 행사할 수 있을 뿐만 아니라 그 권력은 반드시 행사되어야 한다고 묘사된다.

포르노의 내용들은 사랑하는 남녀 간의 성행동이라기보다는 표정도 없고 감정교류도 없이 동물적인 무표정한 몸짓으로 괴성을 지르는 모습들이다. 특히 여성이 강간당하기를 원

하며 또한 즐기는 것으로 묘사되고 있고, 반면에 남성은 여성에게 성적 쾌락을 제공하는 구세주처럼 묘사되고 있다. 따라서 이런 포르노를 많이 접한 청소년들일수록 과장되고 부풀려진 성적 환상들로부터 벗어나기 어렵다.

3. 음란물의 영향: 찬반론

우리 사회에 음란물의 보급을 허용해야 한다는 입장을 정리하면 다음과 같다.

(1) 찬성론

이 입장에서는 금지하면 호기심이 더 커진다고 주장한다. 이 입장에서는 다음과 같은 구체적인 이유로 포르노의 보급에 찬성을 표시한다.

① 성인의 권리
성인들은 성에 관한 모든 정보와 자료를 보거나 즐길 권리가 있다. 그리고 사람들은 볼 것인가 말 것인가에 대한 결정을 스스로 내릴 수 있다.

② 금지에 따른 불법적 유통
금지할 경우 그것을 제작, 배포하는 것은 하나의 범죄가 되므로 거래와 유통이 비밀리에 훨씬 비싸게 이루어진다.

③ 억압에 따른 욕구증가
빅토리아 시대에는 자위행위를 두려워했을 뿐만 아니라, 임신을 하기 위해서는 여성이 반드시 오르가슴에 도달해야 할 필요가 없기 때문에 여성의 성적 쾌락을 무시해도 된다고 생각하였다. 이와 더불어 성애의 표현은 검열되어야 한다는 요구가 높아져 성애물들은 지하로 숨어들었다. 그러나 당시의 성에 관한 정보의 수요는 오히려 오늘날보다도 많았다. 이것은 성적으로 억압된 사회에서는 포르노에 대한 수용이 더 많다는 것을 시사한다.

(2) 반대론

포르노가 갖고 있는 여러 가지 문제점을 지적하면서 포르노의 사회적 허용에 반대입장을 정리하면 다음과 같다.

① 폭력성, 성범죄의 증가
현대사회에서 포르노를 큰 문제로 부각시키는 대표적인 이유 중의 하나는 날이 갈수록 폭력을 수반한 영화가 증가한다는 점이다. 점점 폭력적이고 변태적인 것으로 변해감으로써

이러한 부도덕적인 내용이 사회의 성범죄를 조장한다는 지적이다.

예를 들어, 성에 관해 상당히 개방적인 일본에서는 심야의 드라마에 포르노에 가까운 내용을 자주 보여주어 보는 사람들을 무감각하게 만든다. 그 주제는 주로 남성이 여성을 희롱하고 이어 강제로 여성을 때리며 범하는 내용이다. 그런 프로를 본 청소년들이 여성을 인격체로 다루고 사랑하지 않으리라는 예상은 쉽게 가능하다. 즉, 이러한 포르노를 통해 성을 배운 일본의 젊은 남성들은 섹스가 사랑의 표현이 아니라 폭력의 표현이라고 착각하게 되는 것이다.

우리나라의 연구결과에서도 이러한 경향은 그대로 드러났다. 서울 시내 중고생 827명을 대상으로 한 연구에서(이명화, 1998) 청소년들은 포르노 접촉경험이 증가할수록 성 갈등(성과 관련된 고민이나 걱정거리)과 성 비행이 증가하고 올바른 성 지식이 감소하는 것으로 나타났다. 이와 함께 포르노 접촉경험이 증가할수록 성에 대해 허용적인 태도를 갖고 성에 대한 긍정적인 태도는 줄어드는 것으로 나타났다.

② 여성에 대한 가치 저하와 차별의 양산

포르노의 내용은 대개 여성들이 처음에는 거부반응을 보이다 가슴이나 엉덩이만 만져도 처음의 거부 반응이 사라지고 좋아하게 된다는 장면들이 나온다. 이런 모습을 통해서 '여성들은 은근히 상간당하고 싶어 한다' 라며 강간에 대한 욕구를 증대시키고 있다.

Donnerstein과 Malamuth(1981, 1982)연구결과: 남자대학생들을 대상으로 실험한 결과, 각종 포르노에 접한 경우 폭력 포르노가 악영향을 미친다는 사실이 '데이트를 이용한 강간범' 을 통해 입증되었다. 마찬가지로 미국에서 폭력적 내용을 담은 포르노를 본 사람들은 여성에 대한 남성의 공격성을 당연시하고, 강간에 대해서도 사소하게 생각하는 것을 밝혔다.

포르노의 장기간 노출에서 오는 영향: ① 남녀 모두 폭력적인 포르노에 대한 관용이 증가하고, ② 성적 평등에 대한 개념을 반대하게 되며, ③ 신문지상에 소개된 강간범의 처벌에 대하여 보다 관대한 태도를 보이며 ④ 자기 파트너에 대한 신체 외모 및 성적 수행에 대한 불만을 제기하게 되고, ⑤ 결혼의 가치까지도 의심하게 만들며, ⑥ 남성들 역시 여성들에 대한 경직된 태도가 증가한다.

③ 도덕적 타락

인간과 동물의 성교는 흡사한 점이 있으나 다른 점은 인간은 남녀 간에 '정서적 유대관계'를 바탕으로 성교를 한다는 점이다. 포르노는 이런 정신적 유대관계에는 관심이 없고 오로지 성 관계 행위방식이나 테크닉, 쾌락의 정도만이 중요한 관심거리인 양 나타내고 있어 인간을 외설적, 동물적인 짝짓기에 급급한 모습으로 묘사하고 있다. 실제로 남성 포르노 애호가들은 남녀 간에 인간적인 만남이나 정서적인 관계보다는 환상적인 환경 속에서 성적 자극과 쾌락을 추구하는 데 흥미가 있을 뿐이다.

4. 청소년들의 음란물 경험과 실태

(1) 청소년들의 유해매체접촉 실태

2014년 전국의 중, 고등학교에 재학하는 청소년 16,000명을 대상으로 청소년유해환경 접촉실태조사(여성가족부, 2014)를 실시하였다.

① 성인물 매체이용 생애 경험률

청소년들의 생애동안 매체이용 경험률을 살펴보면, '성인용 영상물' 경험률이 65.5%로 가장 높았고, '휴대폰 성인물'(52.6%), '성인용 간행물'(34.1%), '성인용 게임'(33.1%), '컴퓨터 성인물'(26%) 순으로 나타났으며, '이성만남 전화번호' 경험률(1.8%)이 가장 낮았다(그림 10-2).

성인용 영상물을 접하는 경로로는 케이블 성인용 TV프로그램(42.7%)을 통하여 가장 많이 접하였고, 지상파 TV프로그램이 22.8%였으며, 이에 비해 영화관(5.2%)과 비디오/DVD/CD(3.4%)를 통한 경험률은 낮은 편에 속하였다(그림 10-2). 그러나 이러한 결과들은 청소년들이 다양한 접근 경로를 통해 성인 영상물을 경험하고 있음을 보여준다.

청소년들의 성인물 경험률 중 특히 휴대폰을 통한 경험률은 컴퓨터 등 다른 경로를 통한 경험률보다 상대적으로 높게 나타났다. 이는 스마트폰의 보급률이 증가함에 따라 발생하는 현상으로 이해된다(여성가족부, 2014).

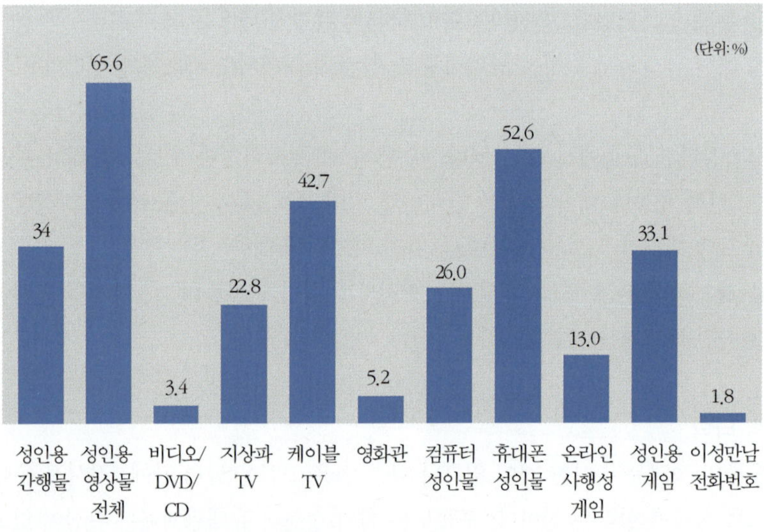

*성인용영상물=비디오/DVD/CD/지상파 TV 케이블TV+영화관

그림 10-2 2014년 청소년들의 성인물 매체 이용 생애 경험률

② 성인물 이용 연간 이용빈도

최근 1년간 청소년들의 성인물 매체 이용 경험빈도를 보면, '한달에 한번 이상' 이용한 빈도가 가장 높았던 매체는 '성인용 영상물'(38.4%), '간행물'(19.3%), 성인용 게임(18.3%)의 순으로 나타났다. 특히 성인용 영상물과 게임의 경우 '일주일에 한번 이상' 이용한다고 응답한 경우는 각각 13.5%와 9.4%로 나타나 가장 빈번하게 이용하는 매체인 것으로 나타났다. 한편 '한번도 이용 경험이 없었던 매체'는 이성만남 전화번호(99%)와 온라인 사행성 게임(92.9%)이었다.

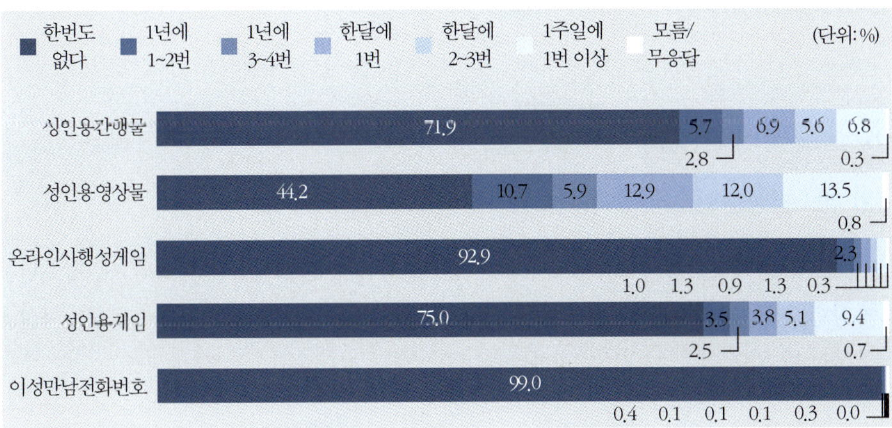

그림 10-3 성인물 매체 연간 이용빈도

③ 성인물 처음(경험)시기

성인물을 경험한 이들을 대상으로 처음 이용시기를 살펴보면, 초등학교 시기가 32.2%로 가장 높게 나왔으며, 중학교 1학년시기가 28.3%로 그 뒤를 이어 청소년들은 비교적 이른 나이에 성인물을 처음 접함을 알 수 있다. 특히 성인용 게임은 초등학교 때 처음 이용했다는 응답이 전체 응답의 63.1%로 나타나 성인물에 대한 청소년들의 접근이 어렵지 않음을 시사한다. 성인물을 경험한 청소년들을 대상으로 평균값을 통하여 처음 이용시기를 알아본 결과, 성인용 영상물과 지상파 및 케이블 TV를 통한 성인용 프로그램, 온라인 사행성 게임 등 대부분의 경우 6.7~6.9(초등학교 6학년 말경)에 성인용 매체를 접하는 것으로 분석되었다. 한편 성인용 게임의 경우는 이용시기가 가장 빨라 5학년 말(평균값 5.7)경에 처음 접하는 것으로 성인용 간행물의 경우는 가장 느려 중학교 1학년 초(평균값 7.0)에 처음 접하는 것으로 나타났다.

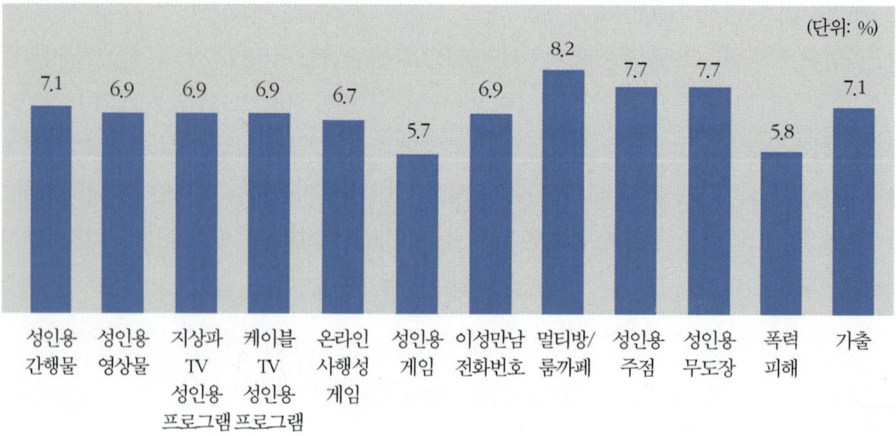

그림 10-4 성인물 처음 경험 시기

(2) 청소년성문화 실태조사(아하청소년성문화센타, 2013)

2012년 서울지역의 중, 고등학교 2학년 청소년과 보호관찰청소년과 쉼터거주청소년들을 포함한 2,297명의 청소년들을 대상으로 음란물 접촉 경험을 포함한 청소년성문화실태를 조사한 바 있다(아하청소년성문화센타, 2013).

① 성표현물 이용 유무

서울시내 거주하는 청소년의 87.7%(494명)명이 성표현물 이용 경험이 있었다. 지난 10년간 성표현물 이용률은 남자청소년은 0.24p 증가한데 비해, 여자청소년은 1.98p 증가한 것으로 나타나, 여자청소년의 성표현물 이용률이 남자청소년보다 더 큰 폭으로 증가한 것으로 나타났다.

	2004		2007		2010		2013	
	남	여	남	여	남	여	남	여
있다	661 (96.5)	468 (82.7)	448 (88.4)	432 (75.8)	551 (95.2)	479 (73.5)	594 (97.2)	494 (87.7)
없다	24 (3.5)	98 (17.3)	59 (11.6)	138 (24.2)	28 (4.8)	173 (26.5)	17 (2.8)	69 (12.3)
합계	68.5 (100.0)	566 (100.0)	570 (100.0)	570 (100.0)	579 (100.0)	652 (100.0)	611 (100.0)	563 (100.0)

표 10-2 성표현물 이용 유무 (단위: %)

② 가장 많이 접해본 성표현물 분야

청소년들이 가장 많이 접해본 성표현물 분야는 '야동' 33.5%(1,855명)로 가장 많았고, 그 다음으로 '야사' 15.1%(836명), '야설' 9.9%(550명), '팬픽/야오이' 7.9%(438명) 등의 순으로 나타났다.

③ 자주 접하는 경로

청소년들이 성표현물을 자주 접하는 경로는 'P2P(파일공유사이트)'가 22.8%로 가장 많았으며, 그 다음으로 '인터넷커뮤니티'가 15.3%, 소셜미디어 11.2%, 스마트폰앱 9.1%, 광고배너 5.6%의 순으로 적었다.

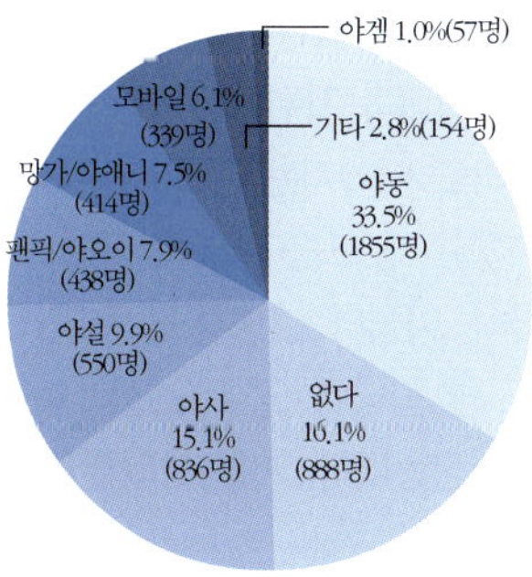

그림 10-5 가장 많이 접해본 성표현물 분야

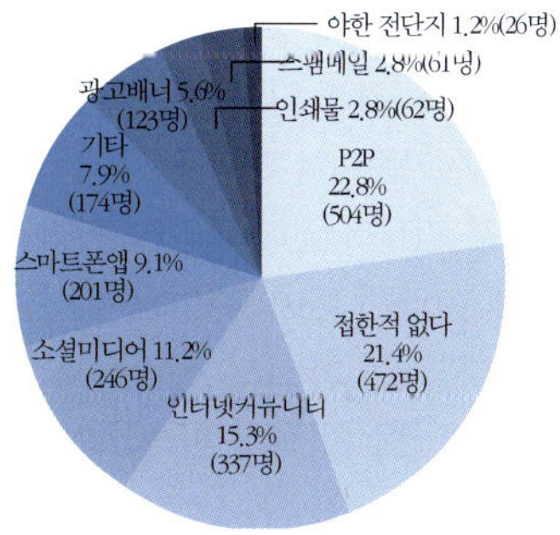

그림 10-6 성표현물 자주 접하는 경로

야동 야한 동영상

야사 야한 사진

야설 야한 소설

망가 일본만화

야오이 남성사이의 동성연예물

팬픽 팬들이 연예인을 대상으로 직접 쓰는 소설

야겜 야한 19금 게임

야애니 야한 애니메이션

10-2-2. 상담사례

10-2-2-1. 음란물 때문에 고민이에요. (이동건, 남, 중)

성고민 및 문제

저는 중학교 3학년 남학생입니다. 얼마 전부터 인터넷을 통해 음란물에 대해 알게 되었어요. 물론 부모님이나 동생은 제가 컴퓨터로 이러한 음란물을 보고 있다는 것은 모르지요. 그런데 저는 벌써 지금까지 받은 음란물만 해도 100여 개가 넘습니다. 집에 아무도 없으면 자연스럽게 컴퓨터 앞에 가게 되고 음란물을 보게 되고 자위행위를 하게 됩니다. 자위행위를 요즘은 일주일에 3~4번가량이나 하고 있고, 하고 나면 너무 허무하고, 머리도 나빠지는 것 같아 걱정이 됩니다. 자꾸 컴퓨터 앞에 앉기만 하면, 음란물만 보게 되는데, 이런 제 모습에 무척 실망스런 마음입니다. 그래서 아예 이런 음란물을 컴퓨터에서 지워버리자니, 아깝다는 생각도 들고… 어떻게 해야 할지 모르겠어요. 자위행위도 그만 하고 싶은데 맘대로 안 됩니다. 공부도 많이 해야 하는데 이런데 정신이 팔려 피곤하고 잠만 자게 되니 제가 무척 한심합니다. 저를 도와주세요.

상담자 답변

내담자 맞아들이기

인터넷의 음란물을 자주 보게 되고, 중 3이면 공부도 많이 해야 하는데, 이런 데 정신이 팔린 자신의 모습에 스스로 무척 실망스럽고 속상하다는 말이지요?

성에 대한 관심과 자위

동건군, 청소년기에 성에 대한 관심을 가지는 것과 자위를 하는 것은 극히 건강하다고 할 수 있습니다. 일주일에 3~4번의 자위행위를 한다는 것은 지극히 정상적인 것으로 결코 그렇게 지나친 것은 아닙니다. 청소년기는 성호르몬의 왕성한 분비로 자신의 힘으로 성적인 욕구를 억제하기가 쉽지 않아 자위를 통해서 이러한 흥분들을 조절하는 일은 지극히 자연스럽고 건강한 것이지요. 자위로 인해 공부가 안 되고 머리가 나빠지거나 키가 안 클 거라는 걱정들을 많은 청소년들이 하고 있지만, 그러한 것은 걱정일 뿐이지 사실과는 다릅니다. 오히려 자위를 하면 성적인 긴장이 풀리고 쾌감을 느껴 몸과 마음이 질 수도 있습니다.

음란물을 보는 습관

성에 대한 충동이 생기고 자꾸 그러한 음란물을 보게 되는 것이 동건군이 이상한 까닭은 아니지요. 성욕은 식욕처럼 지극히 자연스러운 것이니, 앞으로는 이러한 욕구를 어떻게 관리를 해나가는가 하는 것을 배우는 일이 필요할 뿐입니다. 과식을 하면 몸에 해롭고 건강에 나쁜 것처럼 성욕도 지나치게 탐닉을 하면, 다른 일상생활에 방해를 주거나, 올바르고 균형 있게 성장해야 할 나이에 성적인 것에만 빠져 자신의 미래를 준비하지 못하는 수도 있습니다.

새로운 행동 제안

따라서 자위를 하고 나면, 본인의 경우 쾌감보다는 허무감이 더 많이 들고 졸리고 피곤하여 공부가 안 되고 잠만 자게 된다면, 그 횟수를 줄여보는 것이 좋겠지요. 그리고 자신이 지나치게 자주 음란물을 보게 되어 자위가 조절이 안 된다면, 그러한 자위욕구가 일어나게 되는 상황, 즉 컴퓨터의 음란물을 보게 되는 시간에 음란물 대신에 밖으로 나가 운동을 하거나, 친구들을 만나보면 어떨까요? 그래도 자꾸 다시 보고 싶거나 하면, 그럴 때 가급적 혼자 있지 않도록 TV시청이나 가족들과의 시간을 스스로 적극적으로 만들어 가보세요. 보통 많은 청소년들은 이러한 자위행위를 조절하는 방법으로 운동이나 독서, 취미, 예술작품 감상 등의 시간이나 자신이 바라는 일이나 성적의 향상을 위하여 더 열중하는 모습을 보인다고 합니다.

상담 종결

자신이 성적인 것들을 상상하거나 지나친 자위행동을 하는 것이 바람직하지 않은 것이라는 생각을 하였다는 것 자체로 동건군은 그만큼 성숙한 것이고, 훌륭한 어른으로 자랄 수 있는 성장기를 준비하고 있다는 뜻입니다. 스스로를 지나치게 자책하고 실망하기보다는 자신과 약속을 맺고 구체적으로 어떻게 이러한 문제를 해결해 나가야겠다는 계획과 실천을 하는 것이 막연한 걱정과 실망을 하는 것보다는 더 현명하고 쉬운 일입니다.

10-2-2-2. 여자가 성관계, 쾌락의 대상으로만 보입니다. (김진철, 남, 중)

성고민 및 문제

저는 중학교 3학년 남학생입니다. 얼마 전에 친구 집에 가서 친구와 컴퓨터 게임을 하다가 우연히 친구가 접속한 음란 사이트에서 야한 모습의 여자 사진들을 보게 되었습니다. 그날 이후로 그 장면들이 제 뇌리에서 떠나지 않고 자꾸 떠오르고, 무엇보다도 제가 괴로운 것은 길거리를 다닐 때 지나가다가 예쁜 여자만 봐도 그 여자의 나체 모습, 그 여자와 관계를 하는 상상을 합니다. 아는 여자는 물론이고 연예인도 마찬가지입니다.
자위나 야한 상상의 대상을 만나면 당황하고 죄책감도 듭니다. '얘가 내 이런 모습을 알면…' 하는 생각도 들고, 여자가 성관계 대상으로만 보이는 제가 너무 이상합니다. 이래 가지고 여자를 진정으로 사랑할 수나 있을지… 어떻게 하죠? 조언해 주세요.

상담자 답변

내담자 맞아들이기

자신의 상태를 알고 있으니 크게 걱정하지 않아도 될 것 같네요.

성적인 상상을 할 때 그런 장면을 끌어다 쓰는 경우야 어쩔 수 없는 것이지만 다른 일상적인 생활에서 만나는 여성까지 성관계 대상으로 보이는 것은 결코 좋은 일이 아닙니다. 남이 알든 모르든 진철군 자신이 당황하고 불편하니까요.

하나의 인격으로서의 여성

남성도 마찬가지겠지만 여성 또한 하나의 인격체이면서 생활인이지요. 인격을 가졌기에 자신을 존중하고 아끼는 사람에는 정을 주는 것이고 함부로 섹스를 하지도 않습니다. 또한 사랑하는 사람과 성관계를 할 때도 음란물에 나오는 것 같이 지나치게 하지도 않아요. 자신의 앞날을 위해 열심히 공부하며 밥도 먹고 화장실도 가고 피곤해서 잠에 빠져들고 책도 보고 음악도 듣지요. 또한 산부인과 병원에서는 아기를 낳기도 하고 아기를 낳은 후에는 남편과 함께 너무 좋아서 기쁨의 눈물을 흘리기도 하지요. 태어난 아기는 눈을 감고 배시시 웃기도 하고요.

상담 종결

또한 언제나 그런 것도 아니지요. 유독 그런 생각에 더 빠져 있을 때가 있을 겁니다. 그러니 자신을 너무 이상한 사람으로 몰아가지 마시고 이제 서서히 균형 잡힌 생각으로 돌아와 보세요.

주제 3. 음란물 중독과 음란채팅(사이버섹스) 중독

10-3-1. 이론강의

1. 청소년 성범죄와 음란물 및 음란채팅(사이버 섹스)중독

실제 사이버상에서 일어나는 범죄의 49%인 675건이 10대에 의해 저질러지고 있으며, 사이버상의 범죄가 주로 폭력적인 게임, 음란물, 음란채팅 중독과 관계가 있는 것으로 알려져 있다(중앙일보, 2001. 3. 26). 즉, 음란물은 성폭력이나 모방 성범죄와 직접적인 관련이 있고, 음란채팅은 청소년 성매매와 밀접한 관련이 있다.

아래는 실제 음란물/음란채팅을 통한 중독/과다 이용이 가져올 수 있는 폐해를 보여주는 사례이다.

(1) 음란물 중독 사례

♥ 사례:

나도 음란물을 안 보고 싶어요. 저는 중학교 3학년 남학생입니다. 저희 또래치고 음란사이트 안 들어가본 사람은 없을 겁니다. 어디가 죽여준다 하고 알려주지요. 또 자기가 끝내주는 사진을 갖고 있다고 자랑도 합니다. 물론 저도 음란사이트를 보는 학생입니다. 그런데 처음에는 호기심으로 시작했던 것이 날이 가면 갈수록 시간이 늘어나게 되었습니다. 그리고 지금은 하루라도 안 보면 견디지를 못합니다. 보통 보면 적어도 1시간은 봅니다. 그리고 보면서 자위도 하지요. 문제는 음란사이트를 보기 시작하면서 사이트에 나오는 성행위를 해보고 싶은 충동에 시달린다는 것입니다. 지나가는 여자 잡아다가 성행위를 해보고 싶은 충동에 시달린다는 것입니다. 지나가는 여자 잡아다가 강간도 해보고 싶고, 제 성기도 보여주고 싶은 생각이 듭니다. 그리고 어떨 때는 엄마가 엄마로 보이지 않기도 합니다. 저 어떡하면 좋을까요. 음란사이트를 보지 않는 것은 너무 어려운 일일 것 같아요(http://www.ahsex.org).

♥ 사례:

PC방에서 음란물을 본 뒤 PC통신 채팅을 통해 알고 지내던 여학생을 성폭행한 고교생들이 잇따라 경찰에 붙잡혔다. 대전동부경찰서는 12일 PC통신 채팅 상대를 성폭력한 혐의(강간)로 송모(17)군을 긴급 체포했다. 경찰에 따르면 송군은 지난달 10일 집 근처 PC방에서 음란물을 보고 성충동을 느끼자 같은 날 오후 8시 30분께 평소 PC통신 채팅을 통해 알고 지내던 이모(18)양에게 전화를 걸어 "PC방에 함께 놀러가자"며 자신의 집으로 유인, 강제로 성관계를 맺은 혐의다.

(한겨레신문, 2000. 2. 12.)

♥ 사례: 청소년성범죄(대구 초등학교 집단 성폭력사건)

2006년 전후로 대구에 있는 학교의 초등학교 수십 명의 남학생들이 같은 학교의 남, 여학생들을 1년 넘게 음란물을 보고 이를 모방한 성추행, 구강성교, 항문성교 등의 성폭력을 가해 한 사건이 발생함.

사례1. 대구 초등학교 근처 테니스장, 공원, 놀이터, 오락실, 학교 뒷건물 등에서 가해 남학생이 피해 남학생의 바지를 내리고 신체의 일부를 만지고 항문 성폭력과 구강성 폭력을 함. 하기 싫다고 하거나 시키는 대로 하지 않으면 구타를 함.

사례2. 가해 남학생이 피해 남학생에게 발로 음경과 엉덩이를 때리고 손으로 가슴과 엉덩이를 만지고 입으로 음경을 만지고 빨기도 함. 가해자들이 피해자들에게 손가락과 음경으로 항문을 찌르기도 하고 돈을 빼앗으려고 함.

사례3. 가해 남학생들이 피해 남학생들에게 공원 나무 사이 등 안 보이는 곳으로 데려가서 돈이 있는지 살펴보고 때림. 가해자들이 자신의 음경을 보여주면서 피해자의 것을 보여달라고 해서 보여줌. 입, 볼, 막대기, 손, 발 등으로 음경을 때리면서 만지고 장난을 침. 음경을 항문에 집어넣음.

사례4. 피해 여학생이 공원에서 놀고 있는데 가해 남학생들이 구석으로 끌고 가서 성기를 만지고 손가락과 고추를 넣었다고 함.

사례5. 다수의 피해 여학생들이 공원과 놀이터에서 놀고 있는데 다수의 가해 남학생들이 학교 건물 뒤고 끌고 가서 다수의 피해 여학생들을 눕혀 놓고 다수의 가해 남학생들이 차례로 성폭력을 함. 가해 남학생들은 1년 동안 몰려다니면서 놀고 있는 피해 여학생들을 유인하거나 끌고 와서 강제로 성폭력을 함.

사례6. 성폭력 피해자가 성폭력 피해를 주위에 이야기했을 때 사실을 알린 보복으로 성폭력 가해자가 피해자에게 심각한 상해를 입히는 사건이 발생함.

사례7. 점심시간에 학교 화장실에서 두 명의 가해자 중 한 명이 망을 보고 있는 동안 한 명은 강간을 하는 등 교대로 성폭력을 함.

사례8. 토요일 가해자는 피해자의 집에 수신자 부담 전화를 하여 불러내어 지속적으로 성폭력을 함.

(2) 음란채팅 사례

♥ 사례: 청소년성범죄

상습 원조교제를 하다 경찰에 잡힌 중학교 3학년 학생 H양이 처음 채팅을 접한 것은 12월 초이고, pc방에서 채팅을 하던 H양은 대학생 C씨(22세)를 만나 성관계를 갖게 되었다. 평범한 중학생인 H양은 "원조교제가 가장 손쉽게 돈을 벌 수 있는 방법"이라는 말을 듣고 가출하여 PC방을 전전하는 생활을 시작했다. 그 이후에도 10여 명의 남자와 원조교제를 해왔다.

2001년 1월 말 윤락 행위 방지법 위반 혐의로 구속된 K모양(16세 고교중퇴)은 PC통신을 통해 성관계를 가진 사람이 최소 60명 이상에 달하는 것으로 파악되었다. 성관계를 전제로 만난 남성의 연령은 20~40대에 걸쳐 있으면 신분도 자영업자, 대학생, 회사원 등 다양한 것으로 나타났다. K양은 주로 저녁 시간 PC방에서 채팅을 통해 남성과 접촉한 것으로 나타났다.

2. 음란물과 음란채팅 중독의 정의

이해경(2001)은 음란물과 음란채팅 중독 경향은 다음과 같은 하위요소를 갖고 있을 때로 정의한다.

① 인터넷 이용을 스스로 통제할 수 없다(예, 생각보다 더 오래 인터넷을 이용하게 된다).
② 인터넷 이용으로 인해 현실생활(학업, 교우, 가정 등)에 지장을 받는다.
(예, (청소년의 경우)공부를 소홀히 하게 된다.)
③ 인터넷 이용에 대한 내성(예: 현재의 만족을 위해 더 오랜 시간 인터넷을 이용해서 만족한다)과 금단현상(인터넷을 하지 않으면 불안, 초조 등의 감정을 경험한다)이 나타난다.

3. 음란물과 음란채팅 실태

(1) 인터넷중독: 음란물과 음란채팅 중독의 실태

한국 청소년들의 인터넷중독 비율 : 한국정보문화진흥원(2007)의 9~19세 청소년의 경우, 청소년응답자 2,495명 중에 고위험사용자군은 2.3%, 잠재적 위험사용자군은 12.1%인 것으로 나타났다. 인터넷중독의 고위험사용자군 중 온라인게임을 이용한 경험은 90.8%인 것으로 나타났다.

한편 청소년들의 인터넷중독 유형은 대표적으로 게임중독, 음란물중독, 음란채팅중독이 가장 많다(이해경, 2001). 최근 인터넷중독의 대부분이 온라인게임중독자라는 것은 이미 밝혀진 바 있으나(한국정보문화진흥원, 2007) 음란물중독과 음란채팅중독의 경우의 최근 연구는 찾아보기 어렵다. 단지 이해경(2001) 연구에서 청소년들의 인터넷중독 중에서 폭력게임중독이 10%로 압도적으로 많고, 그 다음으로 음란물중독은 3.3%, 음란채팅 중독 2.1%의 순으로 나타났다.

(2) 섹스팅(sexting)의 실태

한국형사정책연구원(2009) 자료에 따르면 청소년들이 휴대폰을 통해 유해환경에 노출되거나 범죄행위에 가담하는 예가 늘어나고 있는 추세이다. 특히 휴대폰은 대부분의 청소년들이 개별적으로 소지하여 사용하고 있으며, 언제 어디서나 인터넷에 접속할 수 있는 고기능 단말기의 등장으로 청소년들이 유해환경에 더욱더 쉽게 접근할 수 있다는 잠재적 위험성을 안고 있다. 더불어 근래에는 청소년들이 휴대폰을 이용하여 제공되는 성인음란물보다 더 선정적인 음란물의 주인공으로 등장하고 있다(한국형사정책연구원, 2009).

참고자료

■ **중고생 20% 음란물 제작 · 유통 경험**

출처: 경향신문 & 경향닷컴, 2010. 3. 7

- 한국형사정책연구원(2009)에 따르면 중, 고등학생의 5명 중 1명꼴로 음란물을 제작, 유통한 경험이 있는 것으로 나타났다. '청소년의 휴대폰을 이용한 음란물 유통 실태 및 원인에 관한 연구'에 따르면 지난해 11월 전국의 중 · 고등학생 1,612명을 대상으로 설문조사한 결과 전체의 20%인 323명이 '섹스팅'(Sexting · 휴대전화로 성적인 내용의 문자 · 음성메시지를 보내거나 그런 사진 · 동영상을 보내는 행위)을 해봤다고 응답했다.
- 섹스팅 유경험자 가운데 자신이나 친구의 특정 신체부위 노출사진이나 속옷사진을 찍어봤다는 답변이 21.9%로 가장 큰 비중을 차지했다. 또 야한 문자메시지나 e메일을 보낸 경험이 있다는 학생이 5.2%, 자신 또는 친구의 자위나 성행위 장면을 동영상으로 촬영했다는 답변이 2.8%였다. 이렇게 촬영된 사진이나 동영상이 타인에게 전달돼 피해를 입는 경우도 상당한 것으로 조사됐다. 섹스팅 피해학생으로 추정되는 전체 응답자의 4.5%가 주변에서 자신에 대해 수군거리는 것을 느꼈고, 2.9%는 학교 가기가 싫었다고 답했다. 2.6%의 학생은 친구들로부터 비난받거나 왕따까지 당했다고 답변, 2차 피해가 심각한 수준인 것으로 드러났다.

가해학생 중에서 경찰수사를 받거나 재판에 회부된 경우도 있었다. 응답자의 16.8%가 경찰과 접촉한 경험이 있고, 2.4%는 체포경험이 있다고 밝혔다. 1%의 학생은 법원에서 재판까지 받은 것으로 조사됐다.

형사정책연구원 관계자는 "음란물 전송에 따른 잠재적 피해 유발을 막기 위한 대책 마련이 시급하다"고 말했다.

4. 음란물 중독과 음란채팅중독의 영향

이해경(2001)의 연구결과에 따르면 음란물중독과 음란채팅중독의 영향과 폐해는 다음과 같다.

① 음란물 중독의 영향과 폐해

- 성범죄: 성폭력 등 음란물 모방 성범죄가 증가한다.
- 여성에 대한 차별의식과 비하감을 증가시킨다.
- 왜곡된 성의식: 성에 대한 신비감 저하, 성스러운 성관계를 생각하지 어렵다.
- (청소년들의 경우) 일상생활에서 학업, 가족, 대인관계에서 심각한 지장을 받는다.
- 도덕적 타락감이 증가한다.

② 음란채팅(사이버섹스) 중독의 영향과 폐해

- 성범죄 : 청소년 성매매 등 탈선이 증가한다.
- 인간관계의 왜곡가능성: 인간관계가 모두 성관계의 대상으로 보여지거나, 대인관계에서 진지한 만남을 생각하기 어렵다.
- 언어습관의 변화: 채팅에서처럼 말을 함부로 하고, 충동적으로 말한다.

③ 기타

- VDT(Visual Display Terminal) 증후군 증가
  : 안구피로- 눈이 아픔, 눈물, 사물이 흐릿하게 보임, 눈 주위의 압박감/불쾌감
  : 목, 어깨, 팔이 결리거나 아픔, 요통
  : 주위 사람의 속도를 따라가려는 스트레스 증가, 피로감, 초조감

5. 음란물 중독과 음란채팅 중독의 예방책

(1) 음란물 중독의 예방법

■ 한국정보문화진흥원(2008) :

① 차단프로그램을 이용해서 유해 사이트를 미리 차단한다.
② 발신인이 불명확한 음란광고 메일은 열어보지 말고 바로 삭제한다.
③ 이상한 사이트에 접속했을 경우 혼자 고민하지 말고 부모님과 상의한다.
④ '아하성문화센터(aha.ymca.or.kr)' 등 성교육기관을 통해 성에 대한 올바른 지식을 갖도록 한다.
⑤ 스스로가 분별력을 갖고 옳고 그른 것을 판단할 수 있는 능력을 기르는 것이 무엇보다 중요하다는 점을 명심한다.

(2) 음란채팅 중독의 예방법

■ 한국정보문화진흥원(2008) :

① 컴퓨터를 켜고 끄는 시간을 정하여 반드시 지키도록 한다.
② 혼자 컴퓨터를 사용하는 것은 피하고, 가능하면 거실과 같은 공개된 장소로 컴퓨터를 옮긴다.
③ 쉬는 시간에는 컴퓨터만 하지 말고, 적절한 운동으로 스트레스를 푼다.
④ 현실공간에서 가족이나 친구들과의 관계를 늘리도록 노력한다.
⑤ 번개팅을 할 때는 보호자나 친구에게 행선지를 알린다.
⑥ 이런 노력에도 해결되지 않는다면 전문가의 상담을 받도록 한다.

■ 음란물, 음란채팅 중독 예방법(이해경, 2002) :

① 가능한 한 인터넷 활동 외의 개인이 재미를 붙일 수 있는 여가활동을 하도록 지도한다.
② 학업 스트레스 풀 수 있는 신체적 활동을 일정시간 배정한다.
③ 가족 간의 유대를 증가시켜 청소년 스스로 인터넷 사용에 대한 자율적 통제를 유도한다.
④ 음란물 차단 프로그램을 설치한다.
⑤ 컴퓨터를 공공장소에 두고 사용한다.
⑥ 성교육 실시하여 음란물의 허와 실, 바른 성지식 및 성교육을 실시한다.
⑦ 신뢰로운 부모-자녀관계를 통한 자발적인 통제를 유도한다.
⑧ 부모들의 컴퓨터 활용 능력을 키운다.

10-3-2. 상담사례

10-3-2-1. 폰팅을 더 이상 안 하고 싶어요. (임동현, 남, 고)

성고민 및 문제

저는 고등학교 1학년 남학생인데 혼자 고민하다가 도움을 받고 싶어요. 우연히 인터넷 배너에서 폰팅 광고를 보고 호기심이 생겨 부모님 몰래 폰팅을 하게 되었는데 처음에는 가슴이 떨리고 두려웠는데 상대방 여자 목소리가 너무 마음에 들어서 계속 전화를 하게 되었습니다. 매일 전화하는 것을 학수고대하며 기다릴 정도니까요. 주로 부모님 주무시는 시간에 전화를 하는데 시간 가는 줄 모르고 해요. 개인적인 생활이나 고민얘기를 하는데 그중 성 얘기를 많이 해요. 상대방은 모르는 것이 없다는 듯이 저한테 상세히 알려주기도 하는데 그럴 때는 제가 직접 성행동을 하고 있다는 착각이 들었어요. 저도 모르게 들으면서 흥분하고 자위행위도 하고 그랬어요. 엄마는 요즈음 부쩍 핸드폰 요금이 많이 나왔다고 투털대면서 제가 이상한 서비스를 이용한 것이 아니냐고 물으시는데 물론 그 자리에서는 딱 잘라 안 그랬다고 말을 했지만 의심하세요. 아무래도 들킬 것 같아요. 저도 이래서는 안 되겠다는 생각을 하지만 마음먹은 것은 잠시 자꾸 전화에 손이 가요. 벗어나고 싶은데 어떻게 해야 될까요?

상담자 답변

내담자 맞아들이기

많이 망설이다가 상담을 의뢰하셨는데 참으로 잘하셨어요. 혼자 고민하는 것보다 본인에게 도움을 줄 수도 있을 테니까요. 언제부터 하게 되었는지는 모르겠지만 지금 상황이 단순한 호기심 수준에서 하는 것이 아닌 것으로 보여지네요.

폰팅의 부작용 1: 성에 대한 잘못된 인식

본인처럼 폰팅에 대한 부작용이 상상 외로 크다고 봅니다. 인터넷 배너에 폰팅 광고를 내어 호기심을 갖도록 하고 폰팅을 하도록 자극하는데 청소년 및 성인 사이에서도 많이 하는 것으로 보고되고 있습니다.

거의 대부분의 내용이 성적인 것인데 올바른 성 이해를 돕고자 하는 것이 아니라 성적 호기심만을 자극하고 쾌락을 부추기는 경우가 많아 고려해봐야 한다고 봅니다. 폰팅을 하게 되면 초창기에는 듣는 것으로 만족하다가 나중에는 직접 체험하고 싶은 충동이 일어나게 되고 적절하지 못한 성관계를 시도해 보기도 하게 되죠. 성에 대한 잘못된 정보가 많아질수록 성적 욕망은 커질 수밖에 없는 것이기 때문에 잘못된 방향으로 흐를 수 있어요. 성적인 충족을 하고 싶은데 현실적으로 당당하게 풀 수는 없고 그러다 보면 타인에게 피해를 주지 않으면서 해결하는 방법인 자위행위를 하게 되고 심지어는 이성 간의 성관계를 시도하기도 하게 되죠.

폰팅의 부작용 2: 삶의 리듬이 깨짐

동현군의 경우도 이미 핸드폰 요금의 부담이 크게 다가오고 있지요. 심지어는 핸드폰 요금이 몇 십 만원에서 몇 백 만원에 달하기도 하는데 이로 인해 부모님과의 마찰이 생기기도 하지요.

폰팅을 하는 시간이 늘어남에 따라 학업이나 다른 활동에 투자할 시간이 줄어듭니다. 본인입장에서 성(性)을 간과하지 못하겠지만 현재 고등학생이므로 자신의 장래를 위해 열심히 학업에 임해야 한다고 봅니다. 미래의 희망하는 일을 하기 위해 열심히 학생으로서의 본분을 지켜야 하듯이 말이죠. 학업 외에도 취미 활동이나 친구들과 보내는 시간이 폰팅 때문에 줄어들고 있지는 않은지요.

상담 종결

폰팅이 주는 부작용을 감안해서 보다 신중하게 대처해 나갔으면 합니다. 폰팅을 하면 할수록 성에 대한 호기심만 증폭되고 그렇다고 현실적으로 해결할 수 있는 것도 아니므로 폰팅하는 것을 자제하는 것이 좋을 거라고 봅니다.

10-3-2-2. 저는 사이버섹스에 중독된 것 같아요. (감우성, 남, 대)

성고민 및 문제

저는 대학 2학년 남학생입니다. 대학에 갓 올라갔을 때는 성적도 좋았고 장학금을 탔을 정도였는데, 언제부턴가 인터넷을 하면서 온라인으로 여성들과 음담패설을 주고받으며, 실제 성행위하는 모습을 상상으로 주고받곤 합니다. 그런 저의 모습을 부모님은 공부한다고 밤샘을 하는 줄 알 정도로 낮에는 늦게 일어나고 눈이 충혈되어 있을 정도이니까요. 밤이면 밤마다 마치 마법에 걸린 듯 사이버섹스에 빠져드는 거죠. 그래서 학교생활은 물론 학점은 엉망이 되었고, 과 친구들이 연락하면 바쁘다고 핑계를 대고 밖에 나가지 않는 날도 늘어나고…

상담자 답변

내담자 맞아들이기

사이버섹스 중독된 환자처럼 학과 공부나 친구관계는 엉망이 되어가고 자기도 모르게 컴퓨터 앞에 앉아서 벗어나지 못하는 모습이 두렵다는 생각이 드는군요. 뭐든지 중독되면 자기 스스로 절제하기 힘들어지는 것이지요.

중독 중단의 첫 단계: 자기 모습의 현실적 인식

모든 중독의 경우 치료의 첫 단계는 자기 스스로 자신의 모습을 볼 수 있는 것에서 시작됩니다. 문제가 단번에 해결될 수 있는 방법이 있기를 바라는 것은 무리입니다. 자신에게 만족감과 쾌감을 주는 만큼의 대가를 치루어야 되며, 중독되기까지 걸린 시간만큼 더 많은 시간을 투자해야 치료가 될 수 있음을 명심하고 굳은 의지를 지녀야 합니다.

사이버에서의 성관련 경험 및 중독의 문제점

요즘은 가상공간인 사이버 세계에서 성(性)의 분출구를 찾으면서 사이버섹스에 탐닉하는 젊은이들이 늘고 있습니다. 이는 성을 은밀하게, 자신의 얼굴이나 신분을 밝히지 않는 익명성과 폐쇄공간에서 표현하는 것을 말합니다. 실제 내 모습이 아닌, 사이버 에고(cyber-ego)로 위장된 나의 모습으로 안전하게 성욕구를 풀 수 있다는 것입니다. 그리고 심리적으로 억압되어 있는 성을 분출할 수 있고, 은밀히 성적 호기심을 풀 수 있다는 이 같은 사이버만의 매력에 최근 젊은이들을 유혹하는 미끼가 아닐 수 없습니다.

이러한 사이버섹스 중독증을 호소하는 이들은 기본적으로 사회생활에 적응을 못한다고 합니다. 심할 경우 자폐증세마저 보인다고 합니다. 그러나 문제는 이에 그치지 않습니다. 사이버섹스의 경우 단순한 중독, 탐닉을 넘어 판타지에 가깝다고 봅니다. 포르노 비디오를 보며 주인공들을 부러워하는 심리를 사이버공간에서 '절반' 가량 해소하는 셈이기 때문입니다. 그는 "가상공간의 환상을 쫓다보니 자연 현실 속의 정상적인 성생활에 문제를 일으킬 수도 있다. 심지어 변태적인 증상을 보이기도 한다"고 지적합니다.

이런 사이버 섹스에 중독되면 일상생활을 해나가기 힘들고 대인관계도 회피하게 되어 자기 안의 세계에 갇히기 쉽습니다. 이처럼 정상적인 사회적응이 힘들어지는 것입니다.

상담종결

서서히 컴퓨터를 만질 때 좀 더 건설적이고 현실에서 활용할 수 있는 쪽으로 접근해 보세요. 주변에 우성씨처럼 오락이나 음란물에서 컴퓨터를 시작해서 지금은 프로그래머나 컴퓨터 박사라고 불리는 친구들도 많이 보았으니까요.

학•습•정•리

✲ 주제 1 성상품화와 인터넷

- **성상품화**: 인간의 성을 하나의 상품처럼 취급하는 현상을 말한다. 포르노는 대표적인 성상품화의 한 유형이다.

- **성상품화의 유형** : 직접적인 성상품화에는 매매춘, 쇼걸, 미인대회 등이 있고, 간접적인 성상품화는 인쇄 및 영상매체를 통한 음란물 등이 대표적이며, 최근에는 연예인들의 누드, 청소년 성매매 등이 새롭게 등장한 성상품화의 추세로 볼 수 있다.

✲ 주제 2 인터넷과 음란물

- **음란물**이란, 현재 일반적으로는 '포르노' 하면 성애를 다룬 예술작품 중 음란한 것만을 지칭한다.

- **음란물 허용에 대한 반대론**에 따르면 폭력성 및 성범죄의 증가, 여성에 대한 가치저하와 차별의 양상, 도덕적 타락 등을 이유로 반대를 제기하고 있다.

- **음란물의 접촉 경로와 실태** : 과거와 달리 최근 음란물의 대부분은 인터넷을 통해 가장 많이 접촉하고 있는 것으로 나타났고, 초등학생들의 60% 이상이 음란물을 접촉한 것으로 나타나 심각한 사회적 문제가 되고 있다.

✲ 주제 3 음란물 중독과 음란채팅(사이버섹스) 중독

- **청소년 성교육에서 음란물과 음란채팅에 대해 관심을 가져야 하는 이유** : 사이버 범죄의 절반 이상이 10대 청소년에 의해 저질러지고 있고, 사이버상의 범죄가 주로 폭력적인 게임, 음란물, 음란채팅 중독과 관계가 있기 때문이다. 즉, 음란물은 성폭력이나 모방 성범죄와 직접적인 관련이 있고, 음란채팅은 청소년 성매매와 밀접한 관련이 있기 때문이다.

학·습·평·가

※ 아래의 각 문항 내용이 옳다고 생각하면 O표, 틀리다고 생각하면 X표를 적으시오.

1. 매스컴에서 보여주는 성은 과장된 것과 왜곡된 것이 많다. (　　)
2. 인간의 성을 하나의 상품처럼 취급하는 현상을 음란물 중독이라고 한다. (　　)
3. 청소년들의 우상이 되는 연예인들의 노출은 성적인 매력만을 주요 관심거리로 부각시킴으로써 외모지상주의와 같은 문제점을 가져온다. (　　)
4. 음란물을 통해 올바른 성지식을 얻을 수 있다. (　　)
5. 성적인 장면이 있더라도 진실성에 근거를 두고 있고, 보는 사람으로 하여금 감동을 준다면 포르노라 하기 어렵다. (　　)
6. 포르노 영화나 음란물에서는 폭력이나 학대가 성적 만족의 수단이며 그 희생자는 주로 여성이다. (　　)
7. 사이버상에서 이루어지는 성매매는 모두 통제가 가능하다. (　　)
8. 포르노에 대한 평가 기준은 시대, 문화에 따라 다르다. (　　)
9. 최근의 조사에 의하면 청소년들은 인터넷을 통하여 음란물을 접촉하는 경우가 비디오 다음으로 높다. (　　)
10. 음란물은 중독성이 있다. (　　)
11. 포르노 영화에서는 폭력이나 학대가 성적 만족의 수단이며 그 희생자는 주로 여성이다. (　　)
12. 포르노는 성범죄를 조장한다. (　　)
13. 포르노를 많이 접한 청소년들일수록 과장된 성적 환상을 가지고 있다. (　　)
14. 포르노의 뜻은 본래 '성애를 다룬 예술' 을 의미한다. (　　)
15. 음란물 중독은 성폭력이나 모방 성범죄와 직접적인 관련이 있다. (　　)
16. 음란채팅중독은 청소년 성매매 등 성범죄와 직접 관련이 있다. (　　)

※ 다음 질문에 알맞은 답을 고르시오.

17. 다음 중 인터넷 중독에 대한 진단기준이 아닌 것은? (　　)
    ① 인터넷 사용에 대한 통제를 할 수 없다.
    ② 가정, 학교, 대인관계에서 심각한 지장을 받는다.
    ③ 인터넷을 사용하지 않을 때 금단현상이 나타난다.
    ④ 인터넷에서 본 내용에 대한 환상이 빈번하다.

18. 포르노 영화 내용의 공통적인 특징이 아닌 것은? (　　)
    ① 변태적으로 성적 쾌감을 얻는다.
    ② 아동이나 미성년자를 이용하는 경우가 있다.
    ③ 강간 등 성범죄의 내용을 포함하고 있다.
    ④ 여성을 인격적인 존재로 묘사한다.

19. 음란물의 보급을 찬성하는 입장이 아닌 것은? (　　)
    ① 성인들은 성에 관한 모든 정보와 자료를 보거나 즐길 권리가 있다.
    ② 폭력을 수반한 내용이 증가하면서 성범죄를 소상한다.
    ③ 음란물 보급을 금지할 경우 음란물의 거래와 유통이 비밀리에 비싸게 이루어진다.
    ④ 음란물 보급을 반대할수록 사람들의 성적 욕구는 증가한다.

☞ 정답은 p.378에서 확인하세요.

11장 비정상적인 성행동

인간의 성행동 중에서 어떤 행동은 정상행동이고, 어떤 행동은 비정상 성행동일까? 이 장에서는 비정상적인 성행동에 대한 정의, 진단기준, 성도착의 유형별 특징을 다루어 비정상 성행동의 가해와 피해를 예방하고, 적절한 대처방안을 소개하고자 한다.

비정상적인 성행동의 유형 중에는 구체적으로 사춘기에 흔히 나타날 수 있는 비정상 성행동의 하나로 타인의 모습을 몰래 훔쳐보는 관음증, 특히 학교나 주변 환경에서 비교적 쉽게 경험할 수 있는 성도착의 경우로 복잡한 전철 속이나 버스에서 볼 수 있는 접촉 도착증, 성기를 노출하여 놀라는 반응을 즐기는 노출증, 여성물건애(페티시즘), 음란전화증, 가학적인 혹은 피학적인 변태성욕 등을 다루어 비정상적인 성행동에 대한 적절한 대처와 예방에 그 목적을 두고 있다.

음란전화증
모르는 사람에게 자신의 남성다움을 과시하려는 행위로, 자기를 방어할 능력이 없는 대상에게 전화를 걸어 성적인 내용을 말하면서 성적 만족을 얻는 성도착증의 하나이다.

● 학습내용

- 주제 1 : 비정상 성행동의 진단기준
- 주제 2 : 비정상 성행동의 유형과 대처

● 학습목표

1. 정상적인 성과 비정상 성행동을 구별할 수 있다.
2. 성도착증의 종류별 특징을 설명할 수 있다.
3. 성도착증에 따른 적절한 대처방안을 실제에서 적용할 수 있다.

주제 1. 비정상 성행동의 진단기준

11-1-1. 이론강의

1. 비정상 성행동의 진단기준

(1) 사회문화적 기준

인간의 성행동은 매우 다양해서 정상과 비정상을 구분하기는 상당히 힘들며, 그 기준은 사회적, 문화적 기준에 따라, 학자에 따라 매우 다양하다. 예를 들어, 누드촌에서는 옷을 입고 다니는 것은 비정상적인 행동이지만, 한국에서는 옷을 벗고 다니는 것이 비정상적인 행동이다.

(2) 의학적 기준

DSM-IV(Diagnostic and Statistical Manual of Mental Disorder-IV, 1994)에 따르면 '성적 장애 및 성정체감 장애'를 성기능 부전, 변태성욕(성도착), 성정체감 장애로 분류하고 있다.

성도착증
성적인 행동에 있어서의 변태적인 이상 습성을 말한다. 이상성욕, 변태성욕, 성적이상, 색정도착증이라고도 한다.

소아기호증
사춘기 이전의 소아(13세 이하)를 대상으로 하는 성도착증의 하나이다.

변태성욕 혹은 성도착(paraphillas)은 비정상적인 대상, 행위 및 상황, 그리고 반복적이고 강한 성적 충동, 성적 환상 및 성적 행동이 특징이며, 이는 사회적, 직업적, 또는 기타 중요한 기능 영역에서 심각한 고통이나 장애를 일으킨다.

변태성욕 혹은 성도착에는 노출증, 물품 음란증, 접촉도착증, 소아기호증, 복장 도착증, 관음증, 그리고 기타 달리 분류되지 않은 변태성욕을 포함한다(DSM-IV, 1994). 성정체감 장애(gender identity disorder)는 강하고 지속적인, 반대 성에 대한 동일시(identification)가 특징이다. 생물학적으로 지정된 자신의 성에 대한 지속적인 고통을 동반한다.

'성도착증'의 진단기준은 다음의 세 가지 조건 중 어딘가에 해당될 때이다.

① 성적 흥분을 위해 사람을 선택하지 않거나 특정 물건이나 대상을 향할 때.

② 가학증(sadism)과 피학증(masochism)과 같이 사람을 선택하되 가학적이거나 굴욕을 당하는 방법을 사용할 때.

③ 마지막으로 소아기호증, 노출증, 관음증과 같이 동의하지 않은 사람과의 성적 행동일 경우가 6개월 이상 비정상적으로 지속될 때를 성도착증(paraphillas)이라고 한다. 이러한 성도착증 행동은 타인에게 심각한 심리적 고통을 줄 뿐만 아니라 이성 간에 정상적인 성행동으로는 만족을 못 느끼는 경우이다. 이들 성도착자들에 있어서 성은 사람과 관련 맺기, 사랑, 자녀의 생산 등 정상적인 성과 거리가 멀다.

11-1-2. 상담사례

11-1-2-1. 제가 변태는 아니겠죠? (한지은, 여, 중)

성고민 및 문제

저는 올해로 16살이 되는 여학생인데요. 성폭행을 당하는 장면을 보거나 상상하면서 자위를 합니다. 그냥 잘생긴 남학생이나 남자 연예인을 생각하면 흥분이 되지 않는데, 성폭행 당하는 장면을 상상하면 흥분이 됩니다. 제가 비정상한 만화에 나오는 변태가 아닌가 하는 생각마저 듭니다 그렇다고 제가 실제 성관계를 갖고 싶다거나 성폭행을 당하고 싶은 것은 아닙니다. 제가 정말 변태일까요?

상담자 답변

내담자 맞아들이기

자위를 자주 하게 되고, 비정상한 생각을 많이 하게 되서 나만 이런 건 아닐까 염려스럽고, 성과 관련하여 죄책감도 들고, 여러 가지 고민이 많은 것 같네요.

자위

청소년기에 자위는 누구나 자연스럽게 경험하는 것 중의 하나이기 때문에 나만 이러는 거 아닐까, 나 스스로를 비정상하다고 생각하지 않을까, 고민하지 않아도 될 것 같아요. 이러한 성충동은 인간이면 누구나 다 가지고 있거든요.

성적 공상

성적 공상을 하면서 자위행위를 하게 되었고, 하고 나면 후회되지만 자꾸 상상하게 되어 고민이 많이 되나 봐요. 대부분의 사람들은 일생 동안 적어도 한 번 정도는 비정상의 성행위에 대한 공상을 합니다. 그 내용과 정도의 차이는 있지만 자위행위나 성행위를 할 때 더 큰 성적 쾌감을 얻기 위하여 여러 가지 성적 공상을 하고 있습니다. 공상이란 현실에서 이루어질 수 없는 것을 마음속에 그려 봄으로써 간접 체험을 하는 것입니다. 우리나라에서는 예로부터 자신의 행동을 선택하고 충동을 억제하는 것을 미덕으로 삼아왔기에 억제되거나 잠재되어 있는 욕구들이 꿈이나 공상을 통해서 표출되는 것입니다.

특히 청소년들처럼 성적 경험이 제한되어 있는 경우에는 흔히들 성적인 공상을 하게 되는데, 이것은 자위행위를 할 때만 성적 공상을 하게 되는 것이 아니라 어느 때라도 성적 공상을 할 수 있습니다. 그러므로 지은양도 나 혼자만 성적 공상을 하고 실제로 행동으로 옮긴다면 그것은 문제가 되겠지만, 남녀 모두에게 있을 수 있는 자연스런 현상이라고 생각하고 죄책감까지 가질 필요는 없겠죠.

이런 성적 공상으로 타인에게 노출되는 일이 없이 성적인 긴장이나 욕구를 비교적 안전하게 즐길 수 있습니다. 한편 성적 공상을 현실로 만들고 싶어 하는 욕구를 표현하는 수단으로 여겨 일종의 병적인 현상으로 보는 사람도 있습니다. 그러나 요즘은 성의학에서 성적 공상을 비교적 긍정적으로 해석하며, 실제 성치료에서도 많이 이용하고 있습니다.

상담 종결

자위와 성적 공상은 청소년기의 자연스러운 행동이라고 할 수 있습니다. 다만 만약 지은양이 자신의 공상 내용에 대해 의문이 들고 고민이 된다면 상담을 받으면서, 공상 내용을 탐색하여, 그 안의 의미를 해석해 보는 시간을 가질 수도 있습니다.

11-1-2-2. 바바리맨

(이영재, 남, 고)

성고민 및 문제

저는 고등학교 1학년의 남학생입니다. 요즘 학교 뒷산에서 이상한 남자 아저씨를 보았습니다. 여자아이들이 소리를 질러서 무슨 일인가 하고 보았더니 그 이상한 아저씨가 바지를 벗고 자신의 성기를 보여 주면서 흔드는 것이었어요. 제가 보기에도 민망스러웠는데 여자아이들은 난리가 났었어요. 그 아저씨는 왜 밖에서 성기를 노출할까요?

상담자 답변

내담자 맞아들이기

학교 뒷산에서 성기를 노출하고 다니는 이상한 남자 아저씨를 보았다구요? 그때 여자친구들이 소리를 지르고 달아나고, 무서워하는 상황이 일어났을 것 같군요. 그런 일이 왜 일어난다고 생각이 드나요? 한번 이 문제를 함께 생각해 보도록 합시다.

노출증

사람은 누구나 성적인 욕구를 가지고 있습니다. 청소년기에 성적 욕구가 생기게 되고, 사랑이라는 감정이 생기게 되며, 앞으로 성인이 되기 위한 준비를 하게 됩니다. 그러나 이러한 정상적인 성적 욕구가 아닌 비정상적인 성적 욕구를 가지고 있는 사람들이 있습니다. 지금 영재군이 궁금해하는 이상한 아저씨의 경우도 비정상적인 성적 욕구를 가진 환자라고 볼 수 있습니다.

노출증은 성적인 흥분을 경험하기 위해 낯선 사람에게 자신의 성기를 노출하는 행동을 말합니다. 성적 욕구를 충족하기 위해 성기노출을 하는데, 사람이 많은 곳을 찾고 대상을 찾아다니다가 노출을 합니다. 그 후에 죄의식과 실망감을 느끼게 되고, 이는 여성에 대한 갈등을 고조시켜 다시 성기를 노출하고 싶은 의욕을 불러일으킵니다. 이들은 심한 불안과 두통, 발한 등의 증상을 가지고 있고 양심의 가책으로 우울증에 시달립니다. 보통 20대 초반의 청년기에 이런 증상이 나타나며 강한 열등감을 가지고 있고, 자기주장을 못하며 적응수준이 떨어져 있고 사회에 대한 반감과 분노가 많은 사람일 경우가 많습니다.

상담 종결

영재군이 앞으로 이런 경우를 본다면 환자로 생각하여야 할 것이고 바르고 아름다운 성을 가꾸기 위해 자신의 행동을 통제하는 연습을 하는 것이 도움이 될 것입니다.

주제 2. 비정상 성행동의 유형과 대처

11-2-1. 이론강의

1. 비정상 성행동의 유형

관음증
이성이나 동성의 나체를 훔쳐보거나 남의 성행위를 봄으로써 성적 흥분을 느끼는 이상 성행동

(1) 관음증(훔쳐보기)

특징 : 관음증은 이성과의 성적 접촉에서 얻는 쾌감보다 이성이나 동성의 나체를 훔쳐보거나 남의 성행위를 봄으로써 성적 흥분을 느끼는 경우이다(DSM-IV, 1994). 훔쳐보기는 성적 흥분을 얻기 위한 것이며, 일반적으로 피관찰자와의 성행위는 시도되지 않는다. 대개 자위행위에서 느끼는 절정감은 관음 행위 중이나 나중에 목격한 내용을 기억할 때 일어난다. 흔히 피관찰자와의 성행위를 하는 상상이 있긴 하지만, 실제로 이런 일이 발생되는 일은 매우 드물다. 심한 경우 훔쳐보기가 성행위의 유일한 형태가 된다. 관음증적 행동의 발병은 대개 15세 이전이다.

원인 : 대부분의 사람들은 어릴 때 소꿉놀이, 의사놀이 등을 통해 다른 사람의 성기를 보고자 하는 성적호기심을 갖는다. 그런데 관음증 환자들은 성인이 되었는데도 8살짜리의 유아적인 성 놀이에서 벗어나지 못하고 있는 상태로 성발달의 중지에서 비롯된다. 남자 동성애 관음증 환자들의 경우, 공중변소의 칸막이에 구멍을 뚫어 놓고 하루 종일 남자들의 용변보는 것을 구경하기도 한다.

참고자료

■ **관음증의 진단기준(DSM-IV, 1994)**

A. 옷을 벗는 과정에 있거나 성행위 중에 있는, 전혀 눈치채지 못한, 옷을 벗는 대상을 관찰하는 행위를 중심으로, 성적 흥분을 강하게 일으키는 공상, 성적 충동, 성적 행동이 반복되며, 적어도 6개월 이상 지속된다.

B. 이러한 공상, 성적 충동, 행동이 임상적으로 심각한 고통이나 사회적, 직업적, 또는 다른 중요한 기능 영역에서 장애를 초래한다.

(2) 노출증

특징 : 여성이나 어린이들이 지나갈 때 자신의 성기를 노출시켜 보임으로써 상대방의 공포, 불안, 깜짝 놀라는 반응을 통해서만 성적 만족을 얻는 경우를 말한다. 노출증의 성도착의 초점은 낯선 사람에게 성기를 노출하는 것이다(DSM-IV, 1994). 때로는 성기를 노출시키면서 또는 노출시켰다는 상상을 하면서 자위행위를 하기도 한다. 개인이 이러한 충동을 행동화하는 경우 낯선 사람과 성행위를 하려는 시도는 없다. 보통 자신의 애인이나 부인에게는 그런 행동을 안 하고 낯선 사람만 골라서 이루어지며, 만일에 노출증을 보이는 남자에게 관심을 보이고 접근하거나 구경하려고 하면 놀라서 도망가 버린다. 노출증은 보통 18세 이전에 발병되며, 그 이후에도 시작될 수 있다. 나이든 사람들이 이 문제로 구속된 적이 거의 없는 점으로 미루어 보아 40세 이후에는 상태가 보다 완화된다고 시사된다.

노출증
자신의 성기를 노출시킴으로써 성적 만족을 얻는 이상 성행동

원인 : 노출증 환자들은 남성다워서가 아니라 자신의 남성다움을 확인받고 싶어서 그런 행동을 한다. 이들은 내성적이고 수줍은 성격의 소유지이며, 여지외의 성관계에서 한 번도 만족해 보지 못했거나 이성과 마주치면 불편을 느끼는 사람들이다. 정신분석자들은 노출증 환자들도 관음증과 마찬가지로 성적인 발달이 중지된 경우라고 설명한다.

참고자료

■ 노출증에 대한 문화적 차이

문화에 따라 노출증은 다르게 해석된다. 한 예로서 중세 일본의 공동 목욕탕 제도는 노출증으로 해석되지 않는다. 일본에서 1650년경부터 터키식 목욕탕이 등장하여 남녀가 함께 목욕하고 동일한 목욕 도구를 사용했었다. 목욕탕 내에서는 허리에 간단한 옷을 걸치긴 하지만 서로 나체를 접촉할 기회가 많다. 또한 발리족의 여성들은 유방은 노출시키지만 다리만은 가리고 다닌다.

Q 노출증은 성병 환자인가? 성도착인가?

☞ 노출증자들은 성병 환자는 아니다. 비정상적인 성행동(성도착)의 일종이다.
여학교 주변에서 성기를 노출하는 노출증 환자를 성병 환자로 생각하는 경우는 잘못된 것이다. 노출증 환자는 자신의 성기를 노출하였을 때 여학생들의 반응을 즐기는 성도착의 한 유형이며, 성병 환자는 아니다.

(3) 의상도착증(복장 도착적 물품 음란증)

의상도착증
성적인 흥분이나 정서적인 안정을 얻기 위하여 이성의 복장으로 옷을 바꾸어 입는 행위를 말한다.

특징 : 의상도착증은 성적인 흥분이나 정서적인 안정을 얻기 위하여 이성의 복장으로 옷을 바꾸어 입는 행위를 말한다. 의상도착증들은 대개 두 집단으로 분류된다. 하나는 신발과 같은 한 가지 착용물만을 일생 동안 즐겨 이용하는 집단이고, 또 다른 집단은 완전한 여성 복장을 하는 사람들이다. 이런 집단은 이성복장을 착용하지 않을 때는 외모나 직업에서 한 남성으로 활동하나 이성 복장을 착용했을 때는 몸가짐에서 목소리에 이르기까지 완전한 여성으로 행세한다. 이성 복장을 착용하는 목적은 여성에 대한 적개심을 표현하려는 것과 여성과 동일시함으로써 쾌감을 느끼려고 하는 것이다.

원인 : 의상도착증은 남녀 모두에게서 나타날 수 있는 현상이다. 우리는 일반적으로 여자가 남자 복장을 하는 것은 유행을 따르는 것이라 하고, 남자가 여자처럼 치마 입고, 손톱에 매니큐어 바르고, 뾰족 구두 신으면 '성도착증'이라고 한다. 그러나 정치적으로 여자가 남성 복장을 한다거나 승마복 착용은 공적으로 공공연하게 나타나는 현상들이다. 따라서 이런 경우를 모두 의상도착증으로 볼 수는 없고, 개인이 속해 있는 사회문화적 배경에 따라 다르게 판단될 수 있다.

(4) 물품 음란증 혹은 여성물건애(페티시즘, fetishism)

여성물건애 (페티시즘)
이성이 몸에 걸치거나 입었던 것을 애무하며 만족하는 것을 말한다.

특징 : 물품 음란증 혹은 여성물건애의 초점은 '무생물'의 사용이다. 흔히 여성의 속옷, 스타킹, 브래지어, 팬티, 거들, 헤어핀, 또는 밴드, 손수건 등뿐만 아니라 때로는 음모, 머리카락, 손톱, 발 모양, 성적 자극을 위한 기구 등을 수집하는데 이를 만지거나, 문지르거나, 냄새 맡으면서 자위행위를 하거나, 성교 시 상대방에게 그런 물건을 착용하도록 요구한다. 보통 그런 물건들은 성적 흥분을 위해 필요하며, 그런 물건이 없을 경우에는 발기 부전이 일어나기도 한다. 발병은 보통 청소년기에 시작되며, 일단 발병하면 물품 음란증은 만성적이다(DSM-Ⅳ, 1994).

유형 : 음란전화를 거는 사람은 대개 목소리 페티시즘이다. 그들은 다이얼을 아무 데나 돌리고는 특히 어린 여자아이나 여성이 전화를 받으면 신체적 특징 또는 성기에 관한 말이나 음란한 말을 마구 지껄이기도 하고, 성교 장면을 늘어놓는가 하면, 지금 전화받는 여성과 성관계를 하고 싶다는 말을 지껄이기도 한다. 한 보고서에 의하면 장난 전화 가해자가 남

자라고 대답한 경우가 95.5%나 되며, 추정연령은 20~30대가 63.8%로 가장 많다.

음란전화를 거는 사람들은 주로 대인관계에 자신감이 없기 때문에 안전한 방법으로 전화라는 매체를 이용하여 자신의 성적 욕구나 불만 등을 해소하게 된다. 이때 피해자가 화를 내면서 감정적으로 대응해 주면, 이들은 더욱더 성적 흥분을 느껴 자위행위를 하면서 전화통을 계속 붙든다. 그러나 피해자가 반응을 보이지 않으면 흥미가 없어져서 금방 끊어 버린다.

성적 가학증 (사디즘)
성적 대상에게 고통을 줌으로써 성적 쾌감을 얻는 이상 성행위

(5) 성적 가학증 혹은 가학성 변태 성욕

진단기준 : 성적 가학증은 다음 세 가지 중 하나의 행동을 할 때를 말한다.

① 동의하지 않는 상대방에 대해서 성적 흥분을 얻기 위해 반복적, 의도적으로 신체적, 심리적으로 고통을 주는 행위를 말한다.

② 성적 흥분을 위하여 동의한 상대방에게 가벼운 상처를 주고 괴롭히면서 고통을 주는 것이 애용되거나 또는 유일한 방식일 때를 말한다.

③ 성적 흥분에 도달하기 위해 동의한 상대방에 대해 광범위하고 지속적인 또는 치명적일 수도 있는 신체적 상해를 가하는 경우이다. 강간, 난폭한 성행동, 성적 살인이 이와 관련된다.

원인 : 성적 가학증에 대한 정신분석적 설명은 희생자에 대한 지배 및 통제의 욕구로서 성적 무능감이 병적으로 극복되었다고 본다. 기타 유전적 소인, 호르몬 비정상, 병적 대인관계, 과거 성적 남용의 경험, 정신장애(대개 정신분열증)의 동반 등이 원인이 된다. 가정 환경적으로는 어렸을 때 애정을 받지 못했거나 잔인한 환경에서 불신을 받고 자란 경우에 나타난다.

(6) 성적 피학증 혹은 피학성 변태성욕

진단기준 : 성적 피학증은 두 가지 중 하나의 행동을 하는 경우이다.

① 모욕, 구타, 채찍질, 묶임, 기타 고통을 당하는 방법이 성적 흥분을 얻기 위해 애용되거나 또는 유일한 방법이 될 때이다.

② 성적 흥분을 얻기 위해 신체적으로 상처를 입거나 생명의 위협을 받는 행동에 의해 의도적으로 몸을 내맡기는 경향이 있을 때이다. 이런 경우는 여자보다 남자에게 더 많고 성인 초기에 주로 시작되며 경과는 만성적이다.

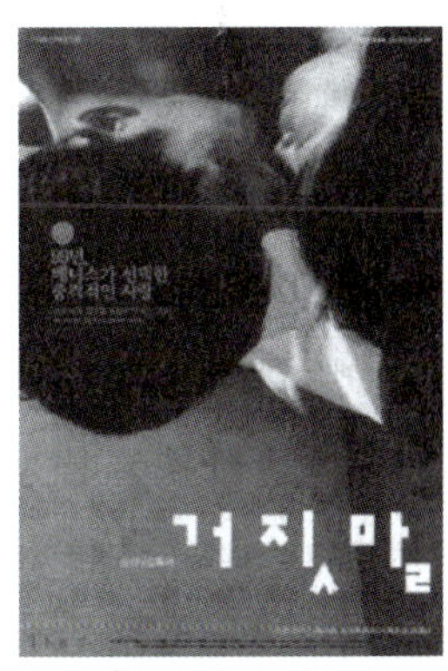

'거짓말' 영화포스터: '거짓말'의 주인공 남자는 피학증의 특징을 잘 보여 준다.

피학증
이성으로부터 육체적 또는 정신적으로 학대를 받고 고통을 받음으로써 성적인 만족을 느끼는 병적인 심리상태

피학증이 있는 일부 남성들은 물품 음란증, 복장 도착증, 또는 성적 가학증을 동반하기도 한다(DSM-Ⅳ, 1994).

원인 : 성적 피학적 상상은 소아기 때부터 존재하며, 상대방과 더불어 피학적 행위를 하는 연령은 다양하지만 대개는 성인 초기에 시작된다. 성적 피학증을 보이는 어떤 개인들은 유해한 행위의 증가 없이 수년 동안 지속되는 반면에 어떤 개인들은 시간이 경과함에 따라 또는 스트레스에 따라 상해나 죽음까지 초래하는 등 피학적 행위의 정도가 심화되기도 한다(DSM-Ⅳ, 1994).

최근 대중매체의 발달로 인해 외설물에서 가학적·피학적 변태 행위를 통해 성적 쾌락이 더 증가되는 것처럼 묘사하고 있어 성적 호기심이 많은 청소년들이 무분별하게 모방할 우려가 있다.

(7) 접촉 도착증

접촉 도착증
동의하지 않는 사람에게 자신의 신체 등을 접촉하거나 문지르는 행위를 하는 것

특징 : 동의하지 않는 사람에게 자신의 신체 등을 접촉하거나 문지르는 행위를 하는 것이다(DSM-Ⅳ, 1994). 이러한 행위는 체포될 염려가 없는 밀집된 지역(예, 혼잡한 지하철, 버스 안 등)과 같은 공공장소에서 자신의 음경(또는 손)을 옷을 입은 이성의 신체에 마찰하거나 손으로 만지면서 피해자와 비밀스런 애정관계를 맺게 된다는 상상을 하여 쾌락을 얻는 경우를 말한다. 만지거나 마찰하는 행동은 상대 여성이 거의 눈치채지 못할 정도로 가볍게 순간적으로 일어날 수도 있으나, 아주 뻔뻔할 정도로 때로는 공격적으로 행하기도 한다. 이들은 발각되면 바로 도주하며 숨어서 자위행위를 함으로써 마감한다. 때로는 만지거나 마찰하는 과정에서 사정을 하기도 한다.

발병 : 보통 청소년기에 시작된다. 대부분의 행위는 15~20세 사이에 발생하며 그 후 발생빈도는 점차 줄어든다.

2. 비정상 성행동의 원인과 예방

비정상 성행동은 기질적, 생리적인 원인에 의해 일어날 수도 있으나, 그보다는 성장과정의 물리적, 심리적 환경에 의해서 생길 수 있다. 그러나 비정상 성행동은 청소년기의 특정 행동이 성적 충동을 해소시켜 주는 경험을 함으로써 우연히 학습되고 강화되기도 한다(서울특별시 교육청, 1998).

(1) 생리적 혹은 기질적 원인

성호르몬이 성도착 환자들의 성적 행동의 한 원인이 될 수 있다. 동물실험에서 거세하거나 성호르몬을 주입시키면 분명히 성적 행동이 달라진다. 거세가 되면 성적 행동이 없어지고 혈액속의 성호르몬이 증가하면 그만큼 성행동이 많아지나 동물에 비해 인간의 경우는 호르몬의 영향을 덜 받는 것으로 알려져 있다. 성 호르몬의 증가가 성적 동기나 성적 행동에 영향을 미친다는 것은 많은 연구들을 통해 밝혀진 바 있다. 그러나 한편으론 성적 행동은 문화적 규범이나 경험에 의해 더 많은 영향을 받는다는 견해도 있다.

성호르몬
성선에서 분비되어 남성, 여성의 개성과 행동에 영향을 주는 호르몬. 주요한 성호르몬은 안드로겐과 에스트로겐이 있다.

(2) 성장과정에서의 좌절과 억압의 경험

정신분석적 관점에 따르면 성적 발달 과정에서 그때그때 만족되어야 할 심리적 만족이 좌절되거나 또는 과도하게 억압될 때 성차 성석 표현을 어떻게 해야 할지 몰라 잘못된 성행동 혹은 비정상 성행동이 나타날 수 있다.

성도착 행동은 노출증처럼 열등감에 사로잡혀 있거나 소심하고 내성적인 성격의 소유자에게 많이 발견되는데, 어린 시절의 성욕구에 대해 과도하게 억압하도록 교육받은 환경에서 나타날 수 있다. 또한 타인의 성행위나 나체를 보기 좋아하는 관음증은 성적 열등감에서 비롯된다. 가학증은 정을 받지 못하고 자랐거나 불신 속에서 억압을 받은 경험이 있는 사람에게 나타난다. 피학증은 어린 시절에 성적인 장난을 하다가 들켜서 심한 벌을 받은 것이 원인이 되어 나타나는 수도 있고, 성을 죄악시하는 사람들이 심리적으로 처벌을 받고자 하여 이러한 증상을 보인다고 한다. 음란전화는 대부분 대인관계에 자신이 없는 사람들이 매체를 통해 성욕구를 해소하려는 경우이다(서울특별시 교육청, 1998). 정신분석학적 견해에서는 성도착의 원인을 좌절과 억압의 경험에서 비롯된다고 보기 때문에 좌절되거나 억압된 감정을 의식 밖으로 표출시키거나 정화함으로써 치료가 가능하다고 본다.

(3) 학습과 강화

성도착 행동의 원인이 생리적이고 기질적인 요인도 있으나, 그보다는 성장 과정의 물리적, 심리적 환경에 의해 생길 수도 있다. 환경적 요인에 의해 인간의 특정 행동이 학습된다는 견해는 행동주의자들의 관점이다. 행동주의자들은 성도착이 우연한 행동에 대한 강화 혹은 보상을 받았기 때문으로 설명한다. 즉, 여러 음란매체를 통해 보여지는 비정상 성행동을 보고 모방을 하는 과정에서 쾌감을 느끼게 되어 그런 행동을 반복하는 것이 성도착의 한 원인이 될 수 있다. 따라서 행동주의자들은 성도착의 치료 또한 특정 자극에 대해 강화된 부분을 처벌로 대체하는 혐오치료나, 특정 자극에 대한 민감한 반응을 둔감화시키는 체계적 둔감화 등의 방법을 통해 치료한다.

(4) 성에 대한 무지

성도착에 대한 진단기준에 대한 지식이 없는 것이 원인이 될 수도 있다. 무엇이 정상적인 성적 행동이고, 어떤 것이 그릇된 것인지를 배운 적이 없는 성가치관이나 성교육의 부재가 개인의 행동양식을 변화시킬 수 있다. 즉, 사회적으로 허용되지 않는 방법으로 성행동을 하거나 잘못된 가치관에 따른 성행동을 하게 할 수 있다. 따라서 이런 경우 비정상 성행동에 대한 성교육이 필수적이다.

11-2-2. 상담사례

11-2-2-1. 옆집 누나의 방을 훔쳐보고 있어요. (유태웅, 남, 중)

성고민 및 문제

저는 중학교 3학년의 남학생입니다. 정말 부끄러움을 무릅쓰고 저의 문제에 관하여 상담을 하고자 합니다. 솔직하게 말하여도 확실하게 비밀보장이 되는 거지요? 사실은 저는 빌라 동네에 살고 있는데, 각 집마다 간격이 좁아서 거의 붙어 있는 상황이라고 할 수 있습니다. 제 방 창문으로 옆 빌라의 방 안이 우연히 보이게 되었는데, 저도 놀라 커튼을 닫고 그 틈으로 보았더니, 어떤 누나가 옷을 갈아입는 것을 보게 되었어요. 놀라고 당황도 했지만, 호기심이 발동하여 저는 집에만 오면 제 방 창문을 통하여 옆집 누나의 행동을 관찰하게 되었어요. 누나는 커튼을 잘 닫지 않는 것 같아 오히려 저에게는 좋은 기회가 되었지요. 그러다가 화장실에서 나오는 누나의 벌거벗은 모습을 보게 되면서 죄책감도 느끼고, 내가 이러다가 정말 비정상 환자가 되는 것은 아닌지 모르겠다는 생각도 들면서 겁이 덜컥 나게 되었어요. 그러나 점점 저는 죄책감도 줄어들고, 이것으로 성적인 자극을 받으며 자위행위도 하고 오히려 다른 일을 할 때 방해를 받을 정도였어요. 조절할 수 있으리라 다짐도 했지만, 성적인 호기심이 늘어만 갑니다. 어떻게 하면 좋을까요?

상담자 답변

내담자 맞아들이기

어려운 문제로 혼자서 고민이 많았지요? 드러내기 어려운 문제임에도 불구하고 이렇게까지 자신의 문제에 대해 도움을 요청하는 태웅군의 자세가 마음에 드는군요. 환경적인 요인으로 시작하게 되었는데, 이제 와서 조절할 수 없고, 오히려 빠져만 드는 것 같아서 아마도 겁이 많이 났었나 봐요. 또한 성과 관련된 문제이어서 다른 사람들에게 마음껏 의논할 수도 없는 문제여서 보다 어려웠으리라 생각해요.

관음증

옷을 벗는 과정에 있거나, 성행위 중에 있다거나, 이미 옷을 벗은 대상을 관찰하는 행위를 관음증이라고 합니다. 여성의 나체를 보면서, 혹은 남녀의 성행위를 관찰하면서 성적인 만족을 얻는 상태라고 할 수 있습니다. 이때 상대방은 보통 낯선 사람이며 전혀 눈치 채지 못하고 있는 상태이지요. 바라보는 행위, 즉 엿보기는 성적인 흥분을 얻기 위한 것이고 일반적으로 바라보는 대상과의 성행위는 시도되지 않습니다.

관음증인 사람들은 자위행위를 시도할 때 일어나는 절정감은 관음행위 중이거나 나중에 목격한 내용을 기억할 때 일어나는 것이 일반적이라고 합니다. 흔히 바라보는 이성과 성행위를 하는 상상을 하지만, 실제로 이러한 일이 발생되는 일은 매우 드물다고 할 수 있습니다. 심할 경우에는 엿보기가 성행위의 유일한 형태가 될 수 있습니다. 관음증적인 행동의 발병은 대개 15세 이전에 일어나고, 만성화되기가 쉽다고 합니다.

관음증의 원인

이러한 행동이 나오게 되는 원인에 대해 살펴보는 것이 도움이 되겠지요. 첫째로, 성적 역할에 대해 심한 부적합감을 가지는 것이라고 할 수 있겠습니다. 이성과의 관계가 아주 좋지 않은 경우도 있으며, 실제적인 성적 접촉을 두려워하며 이성을 바라보는 것으로서 만족을 얻게 되면 그로 인하여 성관계를 하지 않고도 성관계에서 따라오는 실제적인 두려움을 피할 수 있게 되는 것입니다. 일반적으로 성관계에서 오는 두려움을 푸는 방법이 왜곡된 경우라고 할 수 있습니다.

둘째 원인은 건전한 성지식의 결핍과 태도의 부족이라고 할 수 있는데, 이는 어린 시절부터 적절한 성교육을 받지 못하고 자라면 성적 행위에 대하여 호기심만을 갖거나, 성에 대해 잘못된 개념을 가지고 성장하게 되고, 성을 금기시하여 숨어서 왜곡된 행동을 하게 되고, 성적인 지식과 성적인 자극을 갈망하는 결과로서 눈에 띄지 않게 비밀스럽게 만족하려 하는 현상으로 이해되어질 수 있습니다.

내담자 문제 명료화

이제까지 관음증에 대한 일반적인 지식을 드렸는데, 본인이 생각하기에 자신의 행동이 어느 수준에 와 있다는 생각이 드는지요? 일단 이성의 신체를 몰래 보는 행동은 발전하면 병적인 부분이 되고, 일반적으로 한두 번에 그친다 하여도 윤리적인 측면과 동시에, 태웅군의 마음에 상처로 남을 가능성이 있기 때문에 이러한 문제행동을 빨리 없애는 것이 좋겠지요? 일단, 우리 한번 노력하여 봅시다.

대안 행동 제시

태웅군이 실천할 수 있는 첫 번째 방법으로 지금 쓰고 있는 방을 바꾸십시오. 인간은 환경의 지배를 받기 쉬우므로 가능하다면 문제될 수 있는 환경은 없애주는 것이 바람직한 것으로 여겨집니다. 방을 바꾸어 문제행동을 일으킬 소지를 완전히 없애십시오.

둘째로, 성적인 욕구는 건전한 방법으로 푸십시오. 여기에는 여러 가지가 해당될 수 있겠지요. 먼저 자위행위도 청소년기에 자신의 성적인 욕구를 풀 수 있는 방법 중의 하나입니다. 다만, 그것이 과도하거나 왜곡되지만 않는다면 말입니다. 또 운동을 시작하십시오. 운동은 땀을 배출시키고 이로 인해 잡념을 줄여주고 우리의 스트레스를 밖으로 분출시키는 데 많은 도움을 줄 것입니다. 이것은 개인마다 조금씩 차이가 있겠지요.

상담 종결

노력하여도 문제행동이 줄어들지 않는다면 전문적인 상담실이나 신경정신과 전문의의 도움을 받는 것이 필요하리라 생각됩니다.

11-2-2-2. 의상도착증 (서재호, 남, 고)

성고민 및 문제

저는 고등학교 1학년 남학생입니다. 저는 치마를 입고 싶습니다. 성적인 쾌락을 느끼게 되는 것 같기도 하고, 여자가 되고 싶은 것 같기도 하고 저도 그 이유를 잘 모르겠어요. 비정상이라는 생각만 듭니다. 왜 그럴까요?

상담자 답변

내담자 맞아들이기

용기 있게 자신의 문제를 털어놓는 모습을 격려해 주고 싶습니다.

문제 명료화

남학생인데, 치마를 입고 싶다구요? 단지 이 사실만을 가지고 재호군에게 문제가 있다고 이야기할 수는 없는 것 같습니다. 또 지금은 성적 충동이 심한 시기이므로 여성에 대한 관심이 높아지다 보면 치마를 입고 싶어질 수도 있지요. 재호군의 경우는 치마를 입게 되면 어떤 느낌을 받게 되는지요? 정말 실제로 여자 같은 행동을 해본 적은 있습니까? 또 그 횟수는 어느 정도 되지요? 여러 가지로 궁금한 점들이 많지만, 질문하신 상태에서 상담을 해 드리겠습니다.

의상도착증과 성정체감 장애

여성의 옷을 입고 싶어 하는 정도가 아주 심하다면 성도착증의 한 경우로 의상도착증으로 볼 수 있습니다. 성도착증이란 성행위의 대상이 이성이 아니며, 사람과 사람 간의 애정 관계를 형성하지 못하고, 비정상적인 대상이나 상황에 의해 성적으로 흥분되는 경우를 말합니다. 성도착증의 가장 흔한 것은 여성의 속옷, 신발을 통해 성적으로 흥분하고 쾌감을 경험하는 것입니다. 이러한 성도착증 또한 여러 범주로 나누어 볼 수 있습니다.

의상도착증이란 행동은 남자가 성적인 흥분과 쾌감을 경험하기 위해 상습적으로 여자의 옷을 입는 것을 말합니다. 여기서 주의해서 볼 점은 그 정도가 상습적이라는 것이지요. 이러한 장애 행동은 주로 남자들한테서 일어나고 대체로 음밀하게 이루어집니다. 이는 동성애와는 다른데 대개 이성을 사랑의 대상으로 삼으며 이성과의 관계도 원만하고 사회적 관계도 원만한 경우가 많기 때문입니다.

상담 종결

의상도착증에 대해서 설명했는데, 재호군이 이러한 문제가 있다는 것이 아니라 심각한 수준에 있는 환자들의 경우에 이러한 상태가 나타난다는 것을 알려주기 위해 설명했습니다. 자신의 행동에 대해 생각해보고, 바람직한 행동을 할 수 있도록 자신을 통제하는 노력이 필요하겠지요.

학•습•정•리

✲ 주제 1 비정상 성행동의 진단기준

- **비정상 성행동의 진단기준**은 사회문화적 기준과 의학적 기준의 2가지로 구분할 수 있다. 의학적 기준에서 볼 때 DSM-Ⅴ(1994)에 따르면 변태성욕 또는 성도착은 비정상적인 대상, 행위 및 상황, 그리고 반복적이고 강한 성적 충동, 성적 환상 및 성적 행동이 특징이며, 이는 사회적, 직업적 또는 기타 중요한 기능 영역에서 심각한 고통이나 장애를 유발하는 행동을 일컫는다.

- **성도착의 종류**에는 노출증, 물품음란증, 접촉도착증, 소아기호증, 복장도착증, 관음증 등이 있다.

✲ 주제 2 비정상 성행동의 유형과 대처

- **비정상 성행동의 유형**에는 관음증(훔쳐보기), 노출증, 의상도착증(복장도착적 물품음란증), 물품음란증 혹은 여성물건애(페티시즘)(음란전화 포함), 성적 가학증(가학성 변태성욕)과 성적 피학증(피학성 변태성욕), 접촉 도착증 등이 있다.

- **비정상 성행동의 원인**은 성호르몬의 증가와 관련된 생리적 · 기질적 원인, 성장과정에서의 좌절과 억압경험, 학습과 강화, 성에 대한 무지 등이 있다.

학•습•평•가

※ 아래의 각 문항 내용이 옳다고 생각하면 O표, 틀리다고 생각하면 X표를 적으시오.

1. 성도착의 분류기준은 문화에 따라 다를 수 있다. ( )
2. 타인에게 해를 주는 성행동은 성도착으로 분류된다. ( )
3. 포르노에서 보여주는 성행동은 대부분의 경우 성도착 내용이다. ( )
4. 여성과 관련된 물건을 수집해서 성적 흥분을 얻는 것을 물품 음란증(페티시즘)이라고 한다. ( )
5. 전철 속의 여성의 엉덩이를 만지는 것은 접촉도착증이다. ( )
6. 음란 전화를 거는 경우는 이상 성행동이 아니다. ( )
7. 음란 전화를 거는 사람에 대한 대처방법으로 화를 내면서 싫다고 분명히 말하는 것이 좋다. ( )
8. 자신의 성기를 노출하는 노출증 환자는 성병환자들이다. ( )
9. 강간이나 난폭한 성행동은 피학성 변태성욕과 관련된 행동이다. ( )
10. 성도착 행동은 열등감에 사로잡혀 있거나 소심하고 내성적인 성격의 소유자에게 많이 발견된다. ( )
11. 이상 성행동은 기질적, 생리적 원인에 의해 일어나는 경우가 지배적이다. ( )
12. 노출증은 사회문화적 기준에 따라 이상 성행동의 판단기준이 다르다. ( )

※ 다음 질문에 알맞은 답을 고르시오.

13. 성도착의 진단기준이 아닌 것은? ( )
    ① 성적 흥분을 위해 사람을 선택하지 않고 특정 물건이나 대상을 향할 때
    ② 가학적이거나 굴욕을 당하는 방법을 사용할 때
    ③ 내성적이고 소극적인 사람의 성행동
    ④ 동의하지 않은 사람과의 성적 행동이 6개월 이상 지속할 때

14. 다음 문제를 읽고 알맞은 답을 고르시오. ( )

행동주의자들은 성도착이 (   ) 혹은 (   )으로 인해 나타난다고 설명한다.

① 강화, 보상　　③ 보상, 학습
② 학습, 강화　　④ 좌절, 억압

☞ 정답은 p.378에서 확인하세요.

12장 성희롱 · 성폭력

국내외에서 사회적으로 가장 이슈가 되고 있는 한 가지 문제는 성희롱과 성폭력의 문제이다. 이 장에서는 성폭력에 대한 바른 이해를 통해 성폭력에 대한 예방과 적절한 대처방안을 습득하게 하는 데 그 목적이 있다.

구체적으로 이 장에서는 성폭력의 정의, 유형, 실태를 알아보고, 특히 청소년들 사이에 일어나는 데이트 성폭력의 원인과 대처방안, 성폭력을 예방하기 위한 방안과 법률적, 의료적 대처방안을 학습하게 된다.

● 학습내용

- 주제 1 : 성희롱과 성폭력의 개념과 유형
- 주제 2 : 데이트 성폭력
- 주제 3 : 성희롱, 성폭력의 예방과 대처

● 학습목표

1. 성폭력의 정의와 유형, 유형별 특징을 이해한다.
2. 성폭력에 대한 사회 · 문화적 배경 및 원인을 이해한다.
3. 성폭력 피해자가 도움 받을 수 있는 구체적인 의료적, 법률적 사항과 기관을 익힌다.
4. 성폭력과 관련된 오해점을 밝히고 성폭력에 대한 정확한 이해를 한다.
5. 데이트 성폭력에 대한 적절한 대처방안을 실제에서 적용한다.

주제 1. 성희롱과 성폭력의 개념과 유형

12-1-1. 이론강의

1. 성폭력에 대한 인식의 변화

(1) 1970년대

기생관광. 외국인, 그중에서도 특히 일본인 관광객을 위한 섹스관광을 묵시적으로 장려(외화를 버는 수단)하면서, 여성을 인간으로 보기보다 성적 대상으로 보게 함으로써 성폭력을 증가시키는 요인이 되었다.

(2) 1980년대

여성노동자들의 노동운동의 통제를 위해 '성적 통제' 방법을 사용하였다. '구사대' 라고 하는 남자 깡패를 투입함으로써 여성노동자들의 항의운동을 해산하고, 여성들의 수치심이나 정절이데올로기를 이용하였다.

예〉 여대생 성고문 사건…

(3) 1980년대 후반~1990년대 초

성폭력 문제가 심각한 사회적 문제로 등장하기 시작하였다.

• **변월수 사건(1988)**: 기혼여성이 한밤중에 집으로 돌아가는 길에서 두 명의 젊은 남자로부터 공격을 당했는데 저항과정에서 그녀는 한 가해자의 혀를 깨물어 일부를 자르게 됐다. 가해자를 처벌받게 하는 대신, 그 피해여성은 폭력과 상해 혐의로 체포되었다. 이 사건을 소재로 한 영화가 '단지 그대가 여자라는 이유만으로' 이었다.

• **김부남 사건(1991)** : 9살 때 이웃남자에게 성폭행을 당해서 외상후 스트레스 증상을 겪고 있던 30세의 여성이 21년 후에 그 남자를 발견해서 살해한 사건. 이 사건은 성폭력이 여성피해자의 생애에 미치는 고통과 후유증을 명백히 보여주었다.

• **김보은 사건(1992)** : 21세 여대생이 남자친구와 공모하여 9살 때부터 12년간 자신을 성적으로 학대해 온 의붓아버지를 죽인 사건이다.

이러한 사건들은 특정 여성집단에 대한 성폭력이 아니라 개인 여성에 대한 성폭력 사건들이라는 것이다. 또한 이른바 **'진짜 강간(어두운 길에서 낯선 남자가 갑자기 나타나 강간)' 뿐만 아니라 친근자 강간, 근친강간 및 덜 심각한 성폭력 유형도 포함**한다는 것을 의미한다.

(4) 1990년대 초반 이후

이전에는 성폭력으로 규정되지 않던 보다 미묘한 형태의 성폭력(성희롱)이 이제 따로 떨어져 나와서 성폭력으로 규정되기 시작했다(예, 친근자 강간, 성희롱, 사이버 성폭력 등) 성희롱이 공식적으로 성폭력으로 인정된 계기가 된 것은 서울대 우조교 사건이었다.

2. 성희롱, 성폭력의 개념

(1) 성폭력의 의미

성폭력이란 "성을 매개로 해서 상대방의 의사에 반해 가해지는 모든 행위"로 강간뿐만 아니라 추행, 성희롱 등 모든 신체적, 정신적 폭력을 포괄하는 광범위한 개념이다. 성폭력 여부를 판단하는 기준은 피해자의 기준에서 판단되며 가해자의 의도는 고려되지 않는다.

① 성 차별적인 언행 또는 남녀 불평등적인 발언을 하는 경우 : 예를들어, 여자는 얼굴이 예뻐야지. 여자가 조신해야지 시집이나 가겠냐? 등의 표현을 할때 성폭력에 해당한다.
② 상대가 성적 굴욕감 내지는 혐오감을 느낄 때 : 가해자가 비록 좋은 의도로 말했다고 할지라도 상대가 그것을 불쾌감이나 혐오감을 느낄 때도 성폭력에 해당한다. 예를들어, "몸매 죽인다야. 역시 넌 쭉쭉빵빵이야.", "오늘 치마가 짧은데. 섹시해." 등.

(2) 성폭력의 유형

성폭력의 유형은 행위와 대상에 따라 분류될 수 있다.

- 행위에 따른 분류 : 강간, 강간미수, 성추행, 성희롱, 성기노출, 음란전화, 인신매매, 강제매매춘, 성적 가혹행위 등
- 대상에 따른 분류 : 어린이 성폭력, 청소년 성폭력, 데이트 성폭력, 부부강간, 친족 성폭력

인신매매
사람을 물건처럼 매매함으로써 타인에 대하여 예속적인 상태에 두는 일

① 행위에 따른 분류

강제매매춘
사회적 의미로는 보통 여자가 돈 등 기타 대가를 받거나 받기로 약속하고 남자에게 웃음이나 몸을 파는 행위

강간
가해자가 자신의 성기를 피해자의 생식기에 강제로 삽입하는 행위로 처녀막의 손상이나 사정의 흔적이 없더라도 가해자의 성기가 소음순까지 닿는 경우도 강간으로 취급한다. 아내강간, 구강성교, 항문성교, 다른 물질을 성기에 삽입하는 행위를 모두 포함한다.

사람들은 흔히 인적이 드문 장소에서 낯선 사람에게서 강제적으로 당하는 성교만을 강간으로 이해하고 있지만, 낯선 자로부터 범해지는 강간은 전체의 강간 중에서 극히 일부를

강간
가해자가 자신의 성기를 피해자의 생식기에 강제로 삽입하는 행위

차지한다. **대부분의 강간은 서로 안면이 있는 사람과의 관계에서 발생**한다 그렇지만 서로 아는 사이이기 때문에 다른 사람들이 강간이라고 인정하지 않으려고 한다. 이러한 친근자 강간은 1980년대 이후에 관심을 갖게 되었으며, 남녀 간의 상황 해석이 다르다.

성추행

성교는 하지 않고 가슴, 엉덩이, 성기부위를 접촉하거나 문지르기, 키스, 음란한 행위, 피해자나 가해자의 성기를 노출시키는 행위이다.

강간미수

가해자가 강간을 의도하였으나 주변의 상황이나 피해자의 저항으로 성기 삽입이 되지 않은 상태이다.

성희롱

성희롱
직장 등에서 상대방 의사에 반하는 성과 관련된 언동으로 불쾌하고 굴욕적인 느낌을 갖게 하거나 고용상의 불이익 등 유무형의 피해를 주는 행위

상대방 여자의 몸을 흘끔흘끔 쳐다보는 것에서부터 분명히 원하지 않는다는 것을 알면서 상대방의 동의 없이 몸을 만지거나, 성과 관련된 야한 농담을 하면서 강제로 끌어안거나 키스하는 행위 등이다. 한국 최초의 성희롱 사건은 서울대 우조교 성희롱 사건을 들 수 있다.

■ 성희롱의 유형

남녀고용평등법 시행령(99.3.17 공포 · 시행) 부칙에 따른 분류기준에 따르면 성희롱의 유형은 다음과 같이 4가지로 나눌 수 있다.

① 신체적, 육체적 행위

신체적 유형의 성희롱은 학교나 직장에서 많은 여성들에게 자주 발생한다. 특히 학교에서의 성희롱은 교사가 학생들을 어리게 여기면서 아무렇지 않을 것으로 생각하기도 하지만, 신체적으로 성장하고 있는 여학생들은 이러한 상황을 매우 민감하게 받아들이고 있다.

- 입맞춤이나 포옹, 뒤에서 껴안기 등의 신체접촉
- 가슴, 엉덩이 등 특정 신체부위를 만지는 행위
- 안마나 애무를 강요하는 행위 등

예) – 예쁘다면서 엉덩이를 두드렸다.
- 시험일 시험을 잘 보라며 반 학생들을 모두 안아주셨다. 선생님의 가슴의 고동소리를 들을 수 있었다.
- 상담실을 찾아가면 선생님께서 어깨의 손을 얹거나 허벅지를 쓰다듬었다.

- 이름표가 없다며 지휘봉으로 가슴을 찔렀다.

② 언어적 행위

언어적 유형의 성희롱은 성적인 언어나 차별적인 언어 표현에 의하여 상대방의 기분이나 감정을 상하게 하면서 상처를 주는 행위를 말한다. 많은 사람들은 이것을 그저 가벼운 농담으로 취급한다.

- 음란한 농담이나 음탕하고 상스러운 이야기(전화통화 포함)
- 외모에 대한 성적인 비유나 평가
- 성적 사실관계를 묻거나 성적인 내용의 정보를 의도적 유포 행위
- 성적 관계를 강요하거나 회유하는 행위
- 회식자리 등에서 무리하게 옆에서 술을 따르도록 강요하는 행위 등

예) - 너 맞을래, 안길래?
- 너 그렇게 뚱뚱해서, 대학 가서 남자친구나 사귀겠어? 여자는 날씬해야 된다.
- 너 얼굴값 하게 생겼다.
- 수업을 하러 교실에 오시면 '빨리 창문 열어라. 너희들은 모르지. 여학생들은 항상 냄새 난다' 하면서 여성의 월경현상을 비유하는 말을 하신다.

③ 시각적 행위

신체적, 육체적 성희롱과 언어적 유형의 성희롱과 달리 시각적 유형의 성희롱은 성희롱으로 여겨지지 않는 경우가 많다. 시각적 유형의 성희롱은 다음과 같은 경우에 해당된다.

- 음란한 사진, 그림, 낙서, 음란출판물 등을 게시하거나 보여주는 행위(컴퓨터통신이나 팩스밀리 등을 이용하는 경우 포함)
- 직접 또는 팩스나 컴퓨터 등을 통해 음란한 편지, 사진, 그림을 보내는 행위 등
- 성과 관련된 자신의 특정 신체부위를 고의적으로 노출하거나 만지는(자위하는) 행위

예) - 속옷검사를 한다며, 브래지어가 다 보이도록 지휘봉으로 겉옷을 들어올렸다.
- 자기 성기부위를 고의로 만진다.
- 자기 성기를 고의로 노출한다.

④ 기타 사회 통념상 성적 굴욕감, 혹은 성적 봉사를 요구하는 행위

예) - 안마해 달라. 음식을 먹여 달라.
- 옆에 앉아 술 따르라.
- 블루스를 추자.
- 바이어를 접대해라.
- 출장 중 방을 하나만 잡자 등

② 대상에 따른 분류

어린이 성폭력

어린이 성폭력이란 만 13세 미만의 어린이에게 가해지는 성폭력으로 '아동 성학대(child sexual abuse)' 라는 용어로도 사용된다. 어린이 성폭력의 약 80%는 아는 사람에 의해서 발생하는데, 아는 사람은 두 가지 유형으로 나누어 볼 수 있다. 첫 번째는 친부, 의부, 삼촌, 이모부, 할아버지 등 혈족 혹은 인척에 의해 일어나는 것으로, 이를 **친족 성폭력**이라고 한다. 다른 유형은 교사, 유치원 원장, 통학 버스 기사, 동네사람, 경비 등 어린이가 일상생활에서 접촉하기 쉬운 사람에 의해 일어나는 것이다. 실제 13세 미만의 어린이 성폭력은 전체 성폭력건수의 11.5%(한국성폭력상담소, 2014)인 것으로 나타나 어린이 성폭력 예방과 근절대책이 시급히 요구되고 있다.

청소년 성폭력

청소년 성폭력은 만 13세 이상 19세 이하의 청소년에게 발생하는 성폭력을 의미한다. 청소년 성폭력의 경우에는 어린이나 성인 피해의 경우와 비교해볼 때 윤간, 강도강간 등 특수강간의 비율이 높고 남성 피해자도 상당수 있다. 이는 불량배, 학교 폭력배 등이 집단 폭행, 강도, 흉기사용, 침입 등의 방법으로 폭행을 행하는데 청소년이 표적이 되고 있기 때문이다. 또한 다른 연령층과 비교하여 친족 내의 피해, 선배나 동급생에 의한 피해, 교사나 강사 등에 의한 성폭력의 비율이 높게 나타나고 있다.

- 성인과 청소년/ 청소년과 청소년(선배나 동급생)
- 성폭력으로 인한 여학생의 임신과 출산, 기관 단체장들의 여학생 성추행
- 때때로 동의된 성관계로 오인(어느 정도 판단능력과 방어능력이 있다고 여겨지기 때문)

데이트 성폭력

데이트 성폭력
이성 간의 데이트 중에 상대방으로부터 강요나 조종에 의해 일어나는 성폭력을 말한다.

데이트 성폭력이란 '이성 간의 데이트 중에 상대방으로부터 강요나 조종에 의해 일어나는 성폭력' 으로서 상대의 동의 없이 일어나는 성행위를 의미한다. 데이트 상대에 의해서 일어나는 성폭력은 매년 성폭력상담건수의 약 6~10%로 적지 않은 비율을 보이고 있으며, 대부분이 강간이다(한국성폭력상담소, 2014).

직장내 성폭력

직장내 성폭력이란 '채용과정이나 근무기간에 직장상사 · 동료 · 계열사 혹은 거래처 직원들이 상대방의 의사에 반하여 행하는 성적인 언어나 행위' 로서 피해자들에게 성적 불쾌감과 모욕감을 주는 행위를 말한다. 직장내 성폭력은 전체 성폭력상담건수 1,450건에서

20.7%를 차지하고 있으며(한국성폭력상담소, 2014), **가해자는 직장상사나 동료, 고객이나 거래처 직원** 등이다.

예> - 특정 여성 근로자를 특정 남자 간부 옆에 앉히는 행위
- 옆에 앉은 여성에게 술을 따르게 하거나 안주를 챙기게 하는 행위
- 여성 근로자에게 블루스를 출 것을 억지로 강요하고, 또 블루스를 추자고 강요하는 행위

친족 성폭력

친족 성폭력이란, 성인과 성인, 성인과 아동, 아동과 아동(4촌 이내의 혈족과 2촌 이내의 인척) 사이에서 일어나는 성폭력을 말한다. 성폭력의 실태에서 볼 때 직장내 성폭력(24.5%) 다음으로 친족 · 친인척의 성폭력(15.1%)이 높은 비율을 차지한다(한국성폭력상담소, 2009).

- 친오빠, 의붓아버지, 사촌오빠, 삼촌, 친아버지 등에 일어나는 성폭력
- 남매 간의 근친강간이 가장 흔함, 성인과 아동 간의 근친강간 가장 심각
- 아버지와 딸 / 어머니와 아들(부인의 역할/남편의 역할을 대신)

사이버 성폭력

최근 들어 인터넷의 발달로 인해 상대가 원치 않음에도 불구하고 음란물을 보내거나, 인터넷과 채팅방을 통해 오고가는 욕설 능 또한 사이버 성폭력으로 분류되며, 이 또한 성폭력 범죄로 처벌받는다. 사이버 성폭력은 최근 들어 꾸준한 증가추세에 있지만 정확한 통계치를 파악하기 힘들다.

3. 성폭력 실태

(1) 강간 범죄률

범죄백서(2014)에 따르면 최근 10년간 강력범죄 추이를 살펴보면(표 12-1, 그림 12-1)에서 살인, 강도, 방화 의 증가율에 비해 강간범죄율의 증가(2.5배 증가)가 가장 두드러진다(범죄백서, 2014). 강간범죄 발생건수는 2004년 11,105건에서 2013년에는 26,919명으로 2004년에 비해 2배 이상 증가하였으며, 과거 10년간 꾸준히 증가하는 추세이다(표 12-1). 실제 강력범죄(살인, 강도, 방화, 강간)에서 강간 범죄건수는 총범죄 건수의 약 85%를 차지하고 있다.

성폭력
상대방의 의사에 반(反)하여 가하는 성적 행위로 모든 신체적, 언어적, 정신적 폭력을 포괄하는 광범위한 개념이다.

표 12-1 지난 10년간 강간 범죄 발생건수(2004~2013)

죄명 / 연도	합계	살인	강도	성폭력	방화
2004	19,539	1,082	5,762	11,105	1,590
2005	19,941	1,091	5,266	11,757	1,827
2006	21,006	1,064	4,684	13,573	1,685
2007	20,922	1,124	4,470	13,634	1,694
2008	22,987	1,120	4,827	15,094	1,946
2009	25,791	1,390	6,379	16,156	1,866
2010	27,482	1,262	4,395	19,939	1,886
2011	29,248	1,221	4,021	22,034	1,972
2012	26,915	1,029	2,643	21,346	1,897
2013	31,642	966	2,013	26,919	1,744

주: 대검찰청, 「범죄분석」 각년도
*출처: 범죄백서(2014)

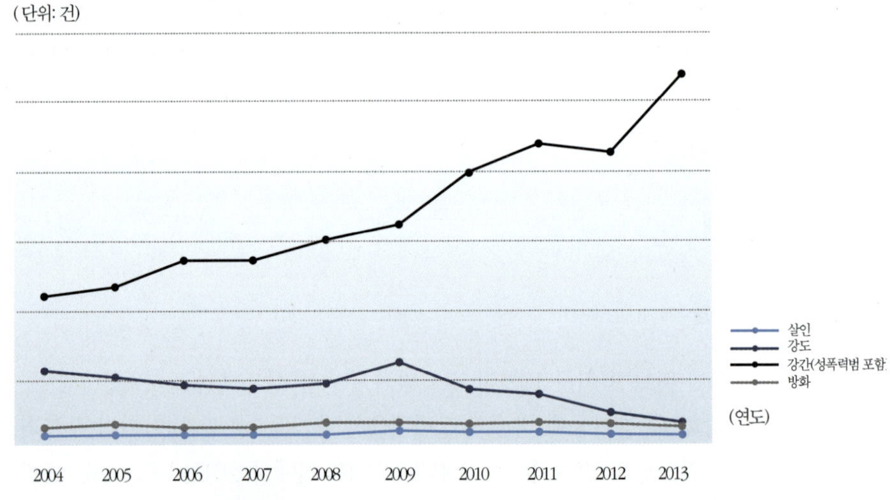

그림 12-1 강력범죄의 죄명별 발생추이(2004~2013)

(2) 청소년 강간 범죄률

청소년 가해에 의한 강간범죄 또한 최근까지 증가추세에 있다. 대검찰청(2014)자료에 따르면 청소년 강력범죄 2,521건 중에서 성폭력이 차지하는 비율이 1,735건(68.8%)으로 살인, 강도, 방화의 다른 강력범죄 비율보다 절대적으로 더 높았다. 과거 10년(2004~2013)간의 청소년 성폭력범죄의 연도별 추이를 살펴보면, 다른 강력범죄률(살인, 강도, 방화) 대비 성폭력 범죄의 비율이 2004년 44.8%에서 2013년 68.8%로 대폭 증가하였다.

표 12-2 청소년 강력범죄 유형별 현황(2004~2013)

연도 \ 죄명	합계	살인	강도	성폭력	방화
2004	1,708(100)	22(1.3)	871(51.0)	765(44.8)	50(2.9)
2005	1,549(100)	24(1.5)	696(44.9)	752(48.5)	77(5.0)
2006	1,857(100)	20(1.1)	766(41.2)	979(52.7)	92(5.0)
2007	19,28(100)	19(1.0)	929(487.2)	834(43.3)	146(7.6)
2008	3,016(100)	12(0.4)	1,226(40.6)	1,589(52.7)	189(6.3)
2009	3,182(100)	18(0.6)	1,414(44.4)	1,574(49.5)	176(5.5)
2010	3,106(100)	19(0.6)	819(26.4)	2,107(67.8)	161(5.2)
2011	3,289(100)	12(0.4)	1,082(32.9)	2,021(61.4)	174(5.3)
2012	2,790(100)	26(0.9)	877(31.4)	1,686(60.4)	201(7.2)
2013	2,521(100)	23(0.9)	623(24.7)	1,735(68.8)	140(5.6)

주: 1) 대검찰청, 「범죄분석」 각년도
2) ( ) 안은 분포백분율

2004~2013년 성폭력 가해자 연도별 추이

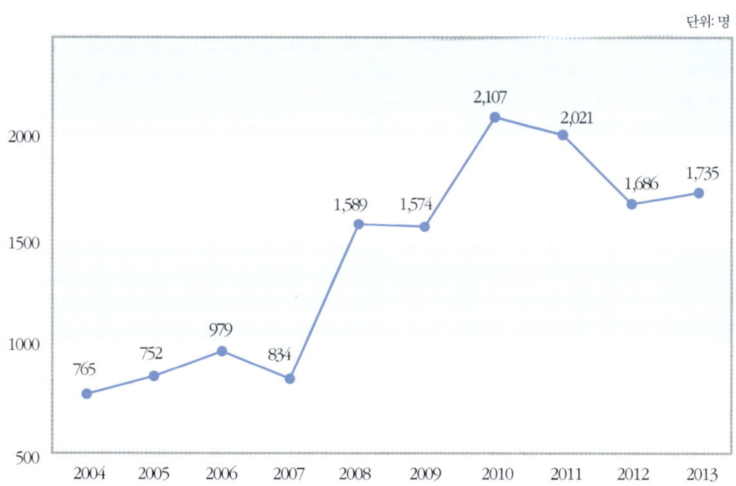

(3) 성폭력 관련 상담현황(한국성폭력상담소, 2014)

① 연도별 상담현황

한국성폭력상담소(2014)의 성폭력 상담비율을 살펴보면, 전체 상담건수의 90.5%가 성폭력상담비율인 것으로 나타났다. 과거 1990년대에서 2014년까지 성폭력상담비율을 살펴보면, 1990년대에는 60~83%였으나, 2000년대에 들어와서 성폭력상담비율이 증가하였고, 특히 2003년 이후부터 2014년까지 90% 이상으로 높아지고 있다.

표 12-3 연도별 상담현황(1991~2014) (단위: 건, (%))

연도	상담횟수	상담건수(A)	성폭력상담건수(B)	성폭력상담비율(B/A)
1991, 92	2,834	2,028	1,349	66.5
1993	1,765	1,182	841	71.1
1994	2,553	1,723	1,356	78.7
1995	2,050	1,238	1,021	82.5
1996	3,459	2,138	1,779	83.2
1997	3,424	2,295	1,647	71.8
1998	4,285	2,948	2,085	70.7
1999	5,397	3,692	2,564	69.4
2000	4,164	2,873	2,309	80.4
2001	4,995	3,593	2,869	79.8
2002	4,877	3,533	2,961	83.8
2003	4,871	3,135	2,839	90.6
2004	3,870	2,505	2,362	94.3
2005	3,979	2,348	2,151	91.6
2006	4,246	2,468	2,317	93.8
2007	3,330	2,101	1,948	92.7
2008	2,237	1,548	1,430	92.4
2009	2,305	1,481	1,338	90.3
2010	2,227	1,474	1,312	89.0
2011	1,764	1,474	1,312	92.9
2012	2,390	1,437	1,321	91.9
2013	2,253	1,531	1,450	90.5
2014	2,185	1,602	1,450	90.5
총	75,460	50,111	41,818	83.5

*출처: 한국성폭력상담소(2014)

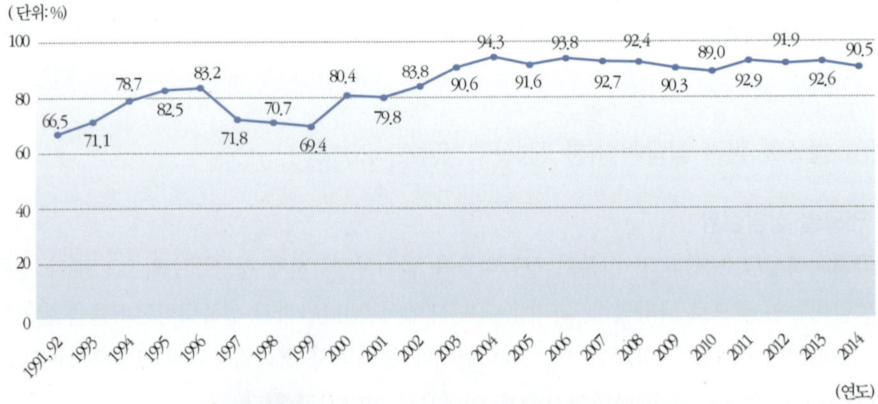

그림 12-2 연도별 성폭력 상담비율(2004~2013)

② 피해자 성별, 연령별 상담현황

2014년 성폭력상담건수 1,450건 중 성폭력피해자의 성별분포는 여성이 1,377건(95%), 남성이 73건(5%)으로 성폭력 주된 피해자가 여성임을 보여준다. 연령별로는 성인 피해가 994건(68.6%), 청소년 209건(14.4), 어린이 122건(8.4%), 유아 45건(3.1%), 미상 80건(5.5%)로 나타났다. 성폭력 피해자 대상으로 가장 많은 비율을 차지한 집단은 성인 여성 피해자로 951건(68.6%)으로 나타나며, 19세 미만의 미성년자인 경우도 26%로 높은 비율로 나타났다. 한편 남성 피해도 전체 5% 선에서 꾸준히 상담을 해 오고 있다(표 12-4).

표 12-4 2014년 피해자들의 성별, 연령별 현황 (단위: 건, (%))

연령대 / 성별	성인 (20세 이상)	청소년 (19~14세)	어린이 (13~8세)	유아 (7세 이하)	미상	총계
여	951(65.6)	199(13.7)	109(7.51)	41(2.82)	77(5.31)	1,377(95.0)
남	43(2.96)	10(0.69)	13(0.9)	4(0.28)	3(0.20)	73(5.0)
총계	994(68.6)	209(14.4)	122(8.4)	145(3.1)	80(5.5)	1,450(100.0)

*출처: 한국성폭력상담소(2014)

③ 피해 유형별, 연령별 상담현황

피해 유형별 상담현황을 살펴보면(그림 12-3), 모든 연령별로 강제추행의 피해가 542건(37.4%)으로 가장 많았고 그 다음으로 강간(440건, 30.3%), 성희롱(147건, 10.1%) 순으로 나타났다. 2014년에는 성희롱 피해 건수(147건, 10.1%)가 전년도에 비해 2013년(122건, 8.6%)에 비해 소폭 상승하였다. 이는 법적규정에 포섭되지 않는 여러 가지 성적 폭력의 피해에 고충을 느끼거나 문제를 인지하고 이를 해결하고자 하는 추세가 반영된 것으로도 볼 수 있다.

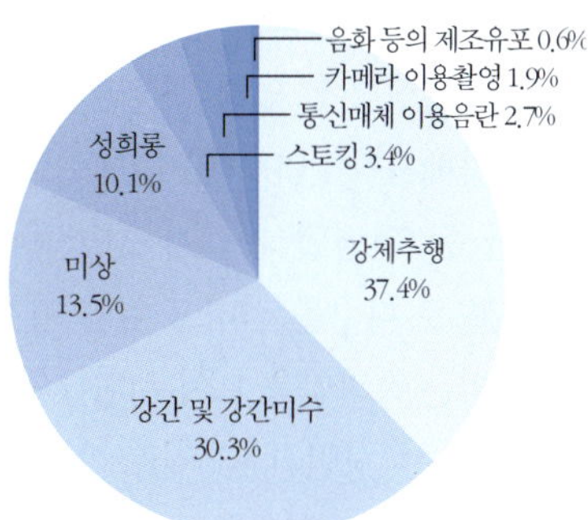

그림 12-3 2014년 피해 유형별 · 상담현황률

표 12-5 2014년 피해 유형별 · 연령별 상담현황 (단위: 건, (%))

피해유형		피해자 연령					계	
		성인	청소년	어린이	유아	미상		
강간 및 강간 미수	특수강간	16(1.1)	8(0.6)	0(0.0)	0(0.0)	2(0.1)	26(1.8)	440 (30.3)
	강간	157(10.8)	61(4.2)	36(2.5)	6(0.4)	14(1.0)	274(18.9)	
	준강간	92(6.3)	6(0.4)	0(0.0)	0(0.0)	5(0.3)	103(7.1)	
	강간미수	30(2.1)	3(0.2)	2(0.1)	1(0.1)	1(0.1)	37(2.6)	
강제 추행	강제추행	323(22.3)	66(4.6)	57(3.9)	34(2.3)	24(1.7)	505(34.8)	542 (37.4)
	준강제 추행	34(2.3)	2(0.1)	1(0.1)	0(0.0)	0(0.0)	37(2.6)	
성희롱		127(8.8)	9(0.6)	2(0.1)	0(0.0)	9(0.6)	147(10.1)	
통신매체 이용음란		29(2.0)	6(0.4)	3(0.2)	0(0.0)	1(0.1)	39(2.7)	
카메라이용촬영		23(1.6)	4(0.3)	1(0.1)	0(0.0)	0(0.0)	28(1.9)	
스토킹		48(3.3)	2(0.1)	0(0.0)	0(0.0)	0(0.0)	50(3.4)	
음회등의 제조유포		7(0.5)	0(0.0)	0(0.0)	0(0.0)	1(0.1)	8(0.6)	
미상		108(7.4)	42(2.9)	20(1.4)	4(0.3)	22(1.5)	196(13.5)	
성폭력 계		994(68.6)	209(14.4)	122(8.4)	45(3.1)	80(5.5)	1,450(100.0)	

*출처: 한국성폭력상담소(2014)

④ 가해자 성별, 연령별 상담현황

가해자들의 성별 및 연령별 상담현황을 살펴보면(표 12-6), 성폭력상담 건수 1,450건 중 성인남성 가해자가 1,097건(74.5%)으로 가장 많은 비율을 차지했다. 또한 성인, 청소년, 어린이 유아 등 연령별 가해자 성별을 살펴보면 남성가해자가 전체 1,450건 중 1,368건(94.3%)으로 다수를 점하고 있어 여전히 성폭력이 남성가해자-여성피해자의 구도로 성별화되어 있는 폭력임을 보여준다(한국성폭력상담소, 2014).

연령별로는 성인 1,135건(78.3%), 청소년 155건(7.9%), 어린이 26건(1.8%), 유아 10건(0.7%), 미상 164건(11.3%)으로 나타났다. 청소년 가해자는 2007년 133건, 2008년 135, 2014년 155건으로 꾸준히 증가 추세를 보이고 있다. 최근 아동청소년들에게 무차별적으로 노출되고 있는 인터넷음란물에 대한 모방범죄는 청소년들의 성폭력 가해비율을 높이고 있다는 점에서 사회적, 교육적 개입이 요청된다.

표 12-6 2014년 가해자들의 성별, 연령별 상담현 (단위: 건, (%))

연령대 / 성별	성인 (20세 이상)	청소년 (19~14세)	어린이 (13~8세)	유아 (7세 이하)	미상	총계
여	34(2.3)	0(0.0)	5(0.3)	0(0.0)	3(0.20)	42(2.9)
남	1,097(74.5)	115(7.9)	21(1.5)	10(0.7)	125(8.5)	1,368(94.3)
미상	4(90.3)	0(0.0)	0(0.0)	0(0.0)	36(2.5)	40(2.8)
총계	1,135(78.3)	115(7.9)	26(1.8)	10(0.7)	164(11.3)	1,450(100.0)

*출처: 한국성폭력상담소(2014)

⑤ 가해 유형별, 연령별 상담현황

가해 유형별, 연령 및 성별 상담현황(표 12-7)을 살펴보면, 성폭력 피해유형과 일관되게 성폭력 가해에 있어서 강제추행이 가장 높고 강간이 뒤를 잇는다. 이 중 성인 가해자가 1,135명으로 전체의 78.3%를 차지하고 있다.

표 12-7 가해 유형별 · 유형별 상담현황 (단위: 건, (%))

피해유형		피해자 연령					계	
		성인	청소년	어린이	유아	미상		
강간 및 강간 미수	특수강간	15(0.3)	4(0.3)	0(0.0)	0(0.0)	7(0.5)	26(1.8)	440 (30.0)
	강간	204(14.1)	30(2.1)	2(0.1)	0(0.0)	38(2.6)	274(18.9)	
	준강간	89(6.1)	6(0.4)	0(0.0)	0(0.0)	8(0.1)	103(2.6)	
	강간미수	32(2.2)	3(0.2)	0(0.0)	0(0.0)	2(0.1)	37(2.6)	
강제 추행	강제추행	406(28.0)	36(2.5)	20(1.4)	9(0.6)	34(2.3)	505(34.8)	542 (37.4)
	준강제 추행	36(2.5)	1(0.1)	0(0.0)	0(0.0)	0(0.0)	37(2.6)	
성희롱		134(9.2)	5(0.3)	0(0.0)	1(0.1)	7(0.5)	147(10.1)	
통신매체 이용음란		26(1.8)	7(0.5)	1(0.1)	0(0.0)	5(0.3)	39(2.7)	
카메라이용촬영		22(1 5)	4(0.3)	0(0.0)	0(0.0)	2(0.1)	28(1.9)	
스토킹		45(3.1)	2(0.1)	0(0.0)	0(0.0)	3(0.2)	50(3.4)	
음회등의 제조유포		4(0.3)	0(0.0)	0(0.0)	0(0.0)	4(0.3)	8(0.6)	
미상		122(8.4)	17(1.2)	3(0.2)	0(0.0)	54(3.7)	196(13.5)	
성폭력 계		1,135(78.3)	115(7.9)	26(1.8)	10(0.7)	164(11.3)	1,450(100.0)	

*출처: 한국성폭력상담소(2014)

⑥ 성폭력 피해자와 가해자와의 관계

성폭력 피해를 피해자와 가해자의 관계로 살펴보면(표 12-8), '아는 사람'이 1,174건(81.0%)으로 대다수를 차지하며, '모르는 사람' 132건(9.1%), '미상' 144건(9.9%)인 것으로 나타났다. 피해자와 가해자의 관계가 아는 사람인 경우, '직장 내'가 300건(20.7%)으로 가장 많았으며, 다음으로는 '친족'' 친 / 인척' 201건(13.9%), '초중고 및 대학' 120건(8.2%), '친밀한 관계' 130건(9.0%), '주변인의 지인' 109건(7.5%) 등의 순으로 나타나고 있다. 즉, 성폭력이 아는 사람에 의해 일어나는 경우는 81%인 반면에 모르는 사람인 경우는 단지 9.1%에 불과하다. 이는 이제까지 성폭력은 주로 '모르는 사람'에 의해 일어날 것

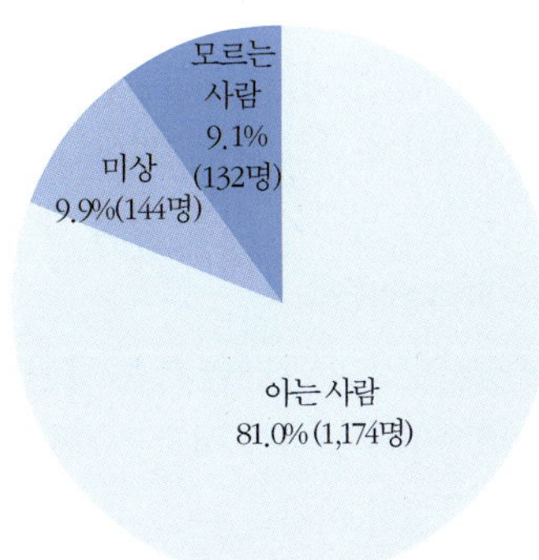

그림 12-4 성폭력 피해자와 가해자와의 관계

이라는 일반적인 통념과는 상반되며 성폭력을 우발적 범죄로 보는 인식에 무리가 있음을 보여준다.

표 12-8 2014년 성폭력 피해자/가해자 관계 (단위: 건, (%))

아는 사람 1,174(81.0)												모르는 사람	미상	총계
친족, 친/인척 201(13.9)		직장	친밀한 관계	채팅/인터넷	동네사람	서비스제공자	학교	유치원/학원	주변인의 지인	소개로 만난 사람	기타			
친족	친/인척													
107 (7.4)	94 (6.5)	300 (20.7)	130 (9.0)	55 (3.8)	118 (8.1)	60 (4.1)	120 (8.3)	31 (2.1)	109 (7.5)	19 (1.3)	31 (2.1)	132 (9.1)	144 (9.9)	1,450 (100)

주: 친밀한 관계(남편/전남편, 데이트상대/전데이트 상대), 교육기관(유치원, 학원, 초중고, 대학, 대학원)
* 출처: 한국성폭력상담소(2014)

4. 성폭력에 대한 통념

(1) 강간신화 rape myths : 성폭력에 대한 잘못된 인식과 통념

여성에 대한 남성의 공격행위를 정당화시키는 믿음

- 남성의 성욕을 통제할 수 없다.
- 여성들이 꼬리를 치고 다닌다.
- 좋아하면서 내숭을 떤다.
- 강간은 남자의 성충동 때문이라든지, 남자의 성충동은 불가피하므로 매매춘이 필요하다.
- 노출이 심한 옷차림과 화장을 하고 밤늦게 혼자 다니다가 강간당한 여자는 자신 행동에 대해 반성해야 한다.
- 여자가 필사적으로 저항하면 강간은 피할 수 있다(움직이는 칼집에 칼을 꽂을 수 없다).
- 모르는 남자의 차를 얻어 타고 가다가 강간당한 경우에는 피해자에게도 책임이 있다(피해자 책임).
- 강간범들이 강간을 하는 것은 순간적인 성 충동 때문이다.
- 매매춘은 남자의 성충동 때문에 꼭 필요하다.
- 강간당한 여자는 순결이나 정절을 잃은 것이다.

강간의 대상은 누구인가?

- 주로 젊은 여성인가? 성적 매력이 높은 여성인가? 꼬리를 치는 여성인가?
  ☞ 남녀노소 모두 해당된다!!

강간 희생자를 보는 눈

짙은 화장을 하고 다닌 대가다. 노출 심한 옷 입고 다닐 때 알아봤다. 또한 피해자의 과거 성 행적을 들추어내서 오히려 피해 여성을 비난하거나 성범죄자의 행위를 정당화하려는 경향이 많다. 실제로 성폭력 범죄의 피해자는 신체적, 정신적, 경제적 피해와 후유증 외에도, "성폭력을 당할 만한 여자여서 역시 당했다"거나 "자기가 유인했거나 부주의해서 그런 일을 당했지"라는 그릇된 사회적 인식으로 인해 이중, 삼중의 피해를 입게 된다.

Q 왜 희생자에게 적대적인가?

☞ 세상을 공평하다고 믿기 때문(just-world theory), (but not true!!) : 사람들이 갖는 잘못된 신화 중에 하나는 세상은 나름대로 공평하게 돌아가고, 벌을 받는 사람은 벌을 받을 만한 일을 했기 때문이라고 잘못 귀인을 하는 경향이 있다. 그러나 이것은 잘못된 것이며, 사실이 아니다.

(2) 성폭력의 대한 오해와 이해

① 청소년의 성폭력 피해율은 전체 성폭력 중 극히 일부에 해당한다.

☞ (거짓) 한국성폭력상담소(2014)의 청소년(14~19세) 성폭력 피해 실태를 보면 전체 상담건수 1,450건 중에서 209건(14.4%)를 차지한다.

② 성폭력은 잘 모르는 낯선 사람에 의해 우발적(충동적)으로 발생한다.

☞ (거짓) 한국성폭력상담소(2014)의 통계자료에 의하면 성폭력은 81%가 아는 사람(데이트 상대나 애인, 선후배, 직장동료나 상사, 이웃집 아저씨나 아는 오빠, 아버지 도는 친인척 등)에 의해 일어나며 단지 9%만이 모르는 사람에 의해 일어난다. 성폭력은 우발적이라기보다는 계획된 범죄가 많으며 가해자는 성폭력의 시간과 장소를 치밀하게 계획하고 실행에 옮기는 것으로 나타난다.

③ 성폭력 가해자는 정신이상자다.

☞ (거짓) 강간범은 남달리 포악하거나 정신적으로 비정상적인 사람도 있지만 대부분 사회생활을 멀쩡히 잘하는 정상적인 사람들이다. 이들은 자신이 겪는 소외감, 열등의식, 박탈감, 분노 등을 힘이 약한 여성과 어린이에게 표출하고 있는 잘못된 성의식을 갖고 있는 사람들이다.

④ 피해자는 대부분 노출이 심한 옷을 입은 젊은 여성들이다.

☞ (거짓) 성폭력의 피해자는 4세에서 60세에 이르기까지 나타나고 있으며, 2014년 전체 성폭력 비율에서 청소년 성폭력 피해자는 14.4%, 어린이 성폭력 피해자는 8.4%,

유아는 3.1%를 차지하고 있다(한국성폭력상담소, 2014). 또한 노출이 심한 여름철에만 성폭력이 많이 발생하는 것도 아니며, 노인에게도 성폭력이 일어나기 때문에 성폭력은 젊은 여성에 한정하지 않는다.

⑤ 여자가 끝까지 저항하면 강간은 불가능하다.

☞ (거짓) 강간범은 많은 경우 말로 위협하는 정도에 그치지 않고 때리거나 흉기로 위협하기도 한다. 그리고 피해자인 여성은 극도의 공포와 수치심을 느껴 저항하기보다는 무력해지기 쉽다. 이런 상황에서는 아무리 저항해도 강간을 피할 수 없다. 극심한 위기 상황에서 끝까지 저항하라는 것은 여성에게 목숨을 걸고서라도 순결을 지켜야 한다는 것을 강요한 것이다.

⑥ 이성교제 관계에서는 성폭력이 성립되지 않는다.

☞ (거짓) 이성교제 시에 손잡기, 어깨에 손 올리기, 키스, 포옹 등 다양한 성적인 행동이 일어날 수 있다. 그런 성적인 행동이 일어날 때 상대방의 동의가 없는 상태에서 성행위가 일어나는 경우도 많은데 이는 분명히 성폭력이다. 최근 부부간에서 상대의 동의 없이 하는 성행위는 성폭력으로 인정된다는 점을 유념해야 한다.

⑦ 성폭력은 폭력이 아니라 조금 난폭한 성관계이다.

☞ (거짓) 성폭력은 성관계가 아니다. 남성의 성이 공격의 무기가 되어 여성의 의지와 관계없이 성을 침해한 성적 폭력행위일 따름이다. 강간의 경우 남성성기의 삽입이라는 행위가 일어나지만 강간당한 여성은 순결을 잃은 것이 아니라 폭력을 당한 것이다.

⑧ 성폭력을 당한 여성은 순결을 잃은 것이 아니다.

☞ (참) 우리 사회에서는 남성의 성행동에 대해서는 허용적이기 때문에 남성의 육체적인 순결은 중요하게 생각하지 않는다. 반면 여성에게는 순결을 지킬 것을 엄격하게 요구한다. 이렇듯 여성에게만 엄격한 순결규범 때문에 여성들은 육체적인 순결을 아주 중시하고 이를 잃었을 때 깊은 상실감과 죄책감까지 갖게 된다. 그래서 심지어 성폭력을 당했을 때도 그것을 폭력으로 보지 않고 순결의 상실로 받아들여 스스로를 자책한다. 그러나 이는 잘못된 생각이다. 성폭력은 분명히 성관계가 아니라 본인의 의지와는 무관하게 이루어진 성적인 폭력이다. 성폭력 피해를 당한 사람은 성관계로 인한 순결을 잃은 것이 아니라 신체적으로나 정서적으로 보호를 받아야 할 피해자이다.

⑨ 남자는 성폭력을 당하지 않는다.

☞ (거짓) 남자 청소년들 역시 성폭력피해의 대상이 되고 있다. 비율상 여성 피해자에 비해 적기는 하지만, 그 실태는 더욱 복잡하다. 남성피해자들도 정서적 혼란과 죄책감 등 심각한 정신적 고통을 경험하게 된다.

⑩ 남성의 성적 접근에 대해 여성의 '침묵 또는 No'는 'Yes'라고 해석해도 괜찮다.

☞ (거짓) 정확하게 Yes라고 표현하지 않은 경우에 짐작으로 이를 넘겨짚는 것은 대단히 위험하다. 우리나라의 경우 여성들이 정확한 의사표현에 대해 교육받지 못한 반면 남성들은 이를 여성들의 내숭으로 알고 있는 경향이 있다. 여기에서는 뜻하지 않은 성폭력 피해자와 가해자가 생겨나는 경우도 많다. 여성들은 정확히 자신의 의사를 표현하는 능력을 키우는 것이 중요하고 남성들은 어떤 행동을 하기 전에 상대의 의사를 분명하게 확인하는 것이 필요하다.

12-1-2. 상담사례

12-1-2-1. 이럴 땐 어떻게 해야 하죠? 성폭력이 아닌가요? (황선영, 여, 대)

성고민 및 문제

며칠 전… 버스 안에서 일입니다. 여동생은 자리에 앉아 있고… 그 옆에 제가 서 있었습니다. 고등학생 2명이 타더군요. 버스 안은 붐비지 않았고 옆에 두 명이 섰어요. 제가 딴생각을 하다 보니까 한 명이 제 뒤에 서 있더군요. 서서 둘이 얘기를 하는데… 취업을 나가야 하는 둥… 하더군요… 그러다 제 뒷 머리카락에 입으로 바람을 부는 게 느껴지더라구요… 저도 모르게 움츠렸나봐요… 그러니까… 뒤에 놈이 하는 말이 '느끼네' 그러더군요. 그리곤 몰카를 찍어야겠다면서.. 카메라 폰으로 절 찍으려는 거 같았습니다. 전 놀라고 긴장되고 창피해서 고개를 돌리면서 피했습니다. 첨 당하는 일이라 어떻게 해야 할지도 몰라서요. 그리고는 하는 말이 취업을 하기 전에 강간도 해보고 뭐도 해보고 해야 한다면서… 제 뒤에서 저에게 들으라는 식으로 또렷이 말을 하는 것입니다… 정말 어떻게 해야 할지 모르겠고… 그 상황이 창피하기만 했습니다. 주변 사람들도 아무런 반응을 보이지 않고.. 정말 당황했습니다… 그때를 생각하면… 아무것도 할 수 없었던 제 자신이 부끄럽고 화가 납니다. 정말 이런 경우에는 어떻게 대처를 해야 합니까? 참고 있어야 합니까? 대처방법 좀 가르쳐주세요… 이것도 성폭력이 아닌지요?

상담자 답변

내담자 맞아들이기

불쾌했겠어요. 그리고 이런 상황이 다시 일어나면 어떻게 하지 하는 생각에 막막했겠어요.

성폭력의 정의

성폭력은 강간뿐만 아니라, 성희롱이나 성추행 등을 포괄하는 의미로, 상대방의 성적 자기결정권을 침해하는 행위를 말합니다. 공공장소에서의 원하지 않는 신체접촉, 직장 내에서의 음란한 농담, 외모에 대한 성적인 비유나 평가, 통신매체를 통한 희롱, 음란전화, 성기노출, 성매매, 포르노(음란영화, 도서, 음란만화), 스토킹 등이 있습니다. 또한 성폭력에 대한 막연한 불안감이나 공포 유발, 그를 이용한 행동 제약도 간접적인 성폭력이라 할 수 있습니다.

그러므로 선영씨가 경험한 것도 성희롱이고 추행이 될 수 있습니다. 그 사람들이 강간을 해봐야 한다는 말을 했다는 것은 무척이나 놀랍네요.

성폭력에 대한 대응

공공의 장소에서 추행을 하는 것은 신고해서 법적 처벌이 가능합니다. 그리고 몰카를 촬영하는 것 자체가 불법이므로 그것도 법적 조처가 가능합니다. 법적 처벌을 받게 하려면 가해에 관한 증거나 증인이 있어야 한다는 어려움이 있지만 그 사건 같은 경우는 동생이 증인이 될 수도 있을 거라 생각됩니다. 지금에 와서야 그 학생을 추적할 수도 없어 신고를 하는 것이 어려울 거라 생각이 들지만 추후에 그런 일이 생기면 가해자에 대해 정보를 알아놓고, 추행에 대한 증거나 증인을 확보하고 신고를 하십시오.

상담 종결

놀란 마음이 가라앉는 데는 조금 더 시간이 필요할 수도 있겠어요. 성폭력에 대해서는 여성들이 정면으로 맞서는 태도가 필요합니다. 쉬운 일은 아니지만, 상대 남성에게 지금 하는 행동이 성폭력에 해당된다는 것을 말해주는 것이 필요합니다.

12-1-2-2. 어릴 적에 성폭행을 당했어요. 그때의 기억으로 너무나 괴롭습니다. (김은미, 여, 중)

고민 및 문제

안녕하세요? 선생님, 도와주실 수 있나요? 저는 지금 중학교 3학년인데요. 아직도 지울 수 없는 일이 있거든요. 정말 저 혼자만 가슴이 묻어두었던 이야기입니다. 제 기억으로는 초등학교 4학년 때인 것 같아요. 학교에서 돌아오는데, 어떤 아저씨가 저를 불러 세웠어요. 그리고 건물 3층에 가서 누구를 좀 불러달라고 심부름을 시켰습니다. 저는 어른이 시키는 일이라서 그러겠다고 하며 3층으로 올라갔어요. 그런데 그 아저씨가 갑자기 뛰어올라와서 저를 옥상으로 잡아끌었어요. 저는 그 아저씨의 힘에 이끌려 따라갈 수밖에 없었지요. 그리고 아저씨는 제 옷을 벗기고 성기를 막 갖다 대었어요. 저는 반항을 했지만 주위에는 아무도 없었고, 도무지 어떻게 해야 할지 몰랐어요. 결국 한참을 너무나 큰 아픔이 있은 후 멈췄는데요. 그때는 어려서 무슨 일이 어디까지 일어난 것인지는 잘 모르겠어요. 그날 전 엄마에게도 그런 일을 이야기하지 않았어요. 그 이후 무슨 일이 있을까 봐 항상 혼자서 불안에 떨었는데, 다행히 지금까지 신체적인 증상은 없었어요. 생리도 정상적으로 했구요. 그렇지만, 저는 그때 그 장면이 생생하게 눈앞에서 지워지지 않고, 모든 남자들을 혐오하게 되었어요. 정말 어떻게 하면 좋지요? 모든 걸 잊자고 결심하지만 그때를 잊을 수가 없고 그 아저씨의 얼굴이 자꾸 떠오릅니다. 앞으로 결혼도 못할 것만 같아요. 순결을 잃은 여자와 누가 결혼을 하겠어요? 처녀막도 그때 파열되었을 거구요. 제가 그때 왜 사람을 너무나 쉽게 믿었었는지 모르겠어요. 엄마가 낯선 사람은 항상 조심하라고 입에 침이 마르게 이야기 하셨있는데. 한편으로는 제 질못인 것 같아서 괴롭습니다. 저는 징말 어떻게 하면 좋지요?

상담자 답변

내담자 맞아들이기

은미양, 남에게 털어놓기 힘든 자신의 아픈 기억을 이야기하는 것이 어려웠을 텐데, 이렇게 이야기하는 것이 다행이네요. 기억에서 지우고 싶지만 자꾸 떠오르는 나쁜 기억들은 누구든지 이야기하기 어렵거든요. 그럼에도 불구하고 얘기를 꺼낸 것은 그 일로부터 자유로워질 수 있는 은미양의 용기라는 생각이 들고 진심으로 격려를 보냅니다.

성폭력의 책임

그 사건의 가장 큰 영향은 은미양의 마음에 끼친 심리적인 영향일 것입니다. 그래서 남자들에 대하여 혐오감을 느끼게 되고 또는 뭔가 이성을 만나는 데 대해서 심한 거부감과 두려움을 가지게 되는 것이지요. 그러나 여기서 가장 중요하게 생각해야 할 것은 성폭행을 당한 것은 은미양의 잘못이 결코 아니라는 것입니다. 은미양은 어쩔 수 없었던 일이라는 것입니다. 또한 은미양이 사람들을 믿었던 것도 잘못은 아닙니다. 어른이 시키는 심부름을 하려고 한 착한 아이일 뿐이었지요. 그런 어려운 일을 경험했어도 여전히 변한 것은 없으며 은미양은 누구보다도 소중한 존재랍니다. 그것은 내가 원했거나 의도했던 것이 아니기 때문이지요.

상담 권유

이 사건을 마음속에만 품고 놓으면 오히려 점점 더 자신을 괴롭히게 될지 모르겠습니다. 이렇게 얘기를 들어줄 수 있는 사람들과 그 사건에 대해서 나누고 위로를 받음으로써 조금씩 편안해질 수 있을 텐데요. 마음 놓고 의논할 수 있는 사람이 주변에 없다면 전문 상담자를 찾아가서 의논하는 것도 좋은 방법이구요. 전문 상담자들이 좀 낯설 수 있겠지만 은미양과 비슷한 처지에 놓인 사람들을 여러 차례 상담해왔고, 은미양의 입장에 대해 객관적이면서도 비밀을 보장해 주는 장점을 가지고 있습니다.

상담 종결

혼자가 아니고 함께 할 수 있는 사람들이 있음을 기억하시고, 어린 시절의 그 일이 더 이상 나를 사로잡지 않도록 했으면 좋겠습니다. 용기를 내시고 그 일에서 빨리 벗어나 자유로워지시길 진심으로 바랍니다.

주제 2. 데이트 성폭력

12-2-1. 이론강의

1. 데이트 성폭력이란?

데이트 성폭력이란 '이성 간의 데이트 중에 상대방으로부터 강요나 조종에 의해 일어나는 성폭력' 으로서 상대의 동의 없이 일어나는 성행위를 의미한다. 데이트 상대에 의해 일어나는 성폭력은 대부분 강간이 주를 이룬다.

데이트 중인 남녀 간에 일어나는 데이트 강간은 가해자뿐만 아니라, 피해 당사자도 이것을 성폭력범죄로 인식하지 못하고, 다만 윤리적인 잘못으로 간주하는 경우가 많다. 그래서 데이트 강간으로 고소를 하는 경우도 드물지만, 간혹 법정까지 가는 경우에도 가해자가 동의된 성관계를 주장하면서 무고죄나 명예훼손죄로 맞고소하여 오히려 피해자가 패소할 우려조차 있다(김혜원, 이해경, 2001에서 재인용).

2. 데이트 성폭력의 현황

(1) 데이트성폭력 상담건수

최근 연예인들의 데이트, 가정폭력 피해가 보도되면서 사회적으로 논란이 더욱 가중되고 있는 것이 데이트 성폭력의 문제이다. 데이트 상대에 의해 일어나는 성폭력은 전체 성폭력상담건수의 약 6~10%로 적지 않은 비율을 보이며(한국성폭력상담소, 2014), 이들 중 대부분이 강간이라는 점이다. 2014년 상담사례 통계분석에서 친밀한 관계(남편/전남편, 데이트상대/전데이트 상대)에서 나타나는 데이트 성폭력 건수는 당해연도 총 성폭력상담건수 1,450건 중에서 9%(130건)를 차지하고 있다. 데이트 성폭력 피해자들의 연령별 현황을 살펴보면, 성인 28.7%, 청소년 17.7%, 어린이 0.8%, 미상 5.0%로 나타나 성인과 청소년이 데이트성폭력 피해 비율이 가장 높은 집단임을 알 수 있다.

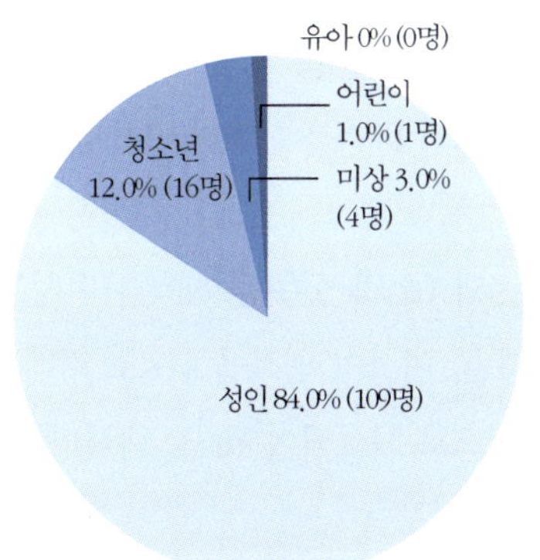

그림 12-5 데이트 성폭력 피해 연령별 현황

표 12-9 2000~2006년 데이트 성폭력 상담건수 (단위: 건, (%))

유형	아는 사람 1,174(81.0)												모르는 사람	미상	총계
	친족, 친/인척 201(13.9)		직장	친밀한 관계	채팅/인터넷	동네 사람	서비스 제공자	학교	유치원/학원	주변인의 지인	소개로 만난 사람	기타			
	친족	친/인척													
계	107 (7.4)	94 (6.5)	300 (20.7)	130 (9.0)	55 (3.8)	118 (8.1)	60 (4.1)	120 (8.3)	31 (2.1)	109 (7.5)	19 (1.3)	31 (2.1)	132 (9.1)	144 (9.9)	1,450 (100)
성인 (20세 이상)	26 (2.6)	31 (3.1)	285 (28.7)	109 (11.0	39 (3.9)	68 (6.8)	52 (5.2)	64 (6.4)	4 (0.4)	84 (8.5)	19 (1.9)	28 (2.8)	100 (10.1)	85 (8.6)	994 (100.0
청소년 (29세-14세)	33 (15.8	15 (7.2)	9 (4.3)	16 (17.7	12 (5.7)	23 (11.0)	3 (1.4)	45 (21.5)	7 (3.3)	13 (6.2)	0 (0.0)	0 (0.0)	14 (6.7)	19 (9.1)	209 (100.0
성인 (13세-8세)	33 (27.0	31 (25.4)	0 (0.0)	1 (0.8)	2 (1.6)	16 (13.1)	1 (0.8)	8 (6.6)	7 (5.7)	4 (3.3)	0 (0.0)	1 (0.8)	9 (7.4)	9 (7.4)	122 (100.0
유아 (7세 이하)	6 (13.3	14 (31.1)	0 (0.0)	0 (0.0)	0 (0.0)	9 (20.00)	1 (2.2)	0 (0.0)	12 (26.7)	3 (6.7)	0 (0.0)	0 (0.0)	0 (0.0)	0 (0.0)	45 (100.0
미상	9 (11.3	3 (3.8)	6 (7.5)	4 (5.0)	2 (2.5)	2 (2.5)	3 (3.8)	3 (3.8)	1 (1.3)	5 (6.3)	0 (0.0)	2 (2.5)	9 (11.3)	31 (38.8	80 (100.0

*출처: 한국성폭력상담소(2009)

3. 데이트 성폭력의 원인

데이트 성폭력의 원인은 매우 다양할 수 있지만, 다음과 같이 요약될 수 있다.

① 잘못된 의사소통 : 성에 대한 느낌과 의견은 다른 주제보다 솔직한 의사소통이 어렵다. 따라서 상대의 의견을 분명히 말하지 않을 때 잘못된 의사소통이 성폭력의 원인이 될 수 있다.

② Yes와 No의 잘못된 해석 : 이성교제에서 성행동에 대한 요구에 대해 Yes는 Yes로 해석되지만, 여성의 침묵을 Yes로 지레짐작하거나, No라고 표현했을 때에도 여성이 내숭을 떠는 것으로 해석되어 Yes로 해석되는 경향이 있다(Yes-Yes, No-Yes).

③ 가해자뿐만 아니라 피해 당사자도 성폭력 범죄로 인식하지 못한다. : 이성교제에서의 성행동은 보통 개인적인 애정문제로 해석되기 때문에 성폭력 범죄로 인식되기 어렵다. 이는 가해자뿐만 아니라 피해 당사자도 인식하지 못하기 때문에 데이트 성폭력에 대한 바른 이해가 요구된다.

④ 영화나 TV 드라마, 음란물에서 보여지는 모습 : 대중매체에서 보여지는 남녀의 모습은 자칫 실제 왜곡된 성문화를 전달하는 경향이 많다. 최근의 음란물에서 보여지는 여성의

모습은 마치 남성의 성적 노리개 내지는 여성이 성적으로 수동적인 모습으로 묘사되는 경향이 있다. 이런 매체를 통해 전달되는 잘못된 성지식은 자칫 실제 이성교제에서 성폭력을 야기하는 한 원인이 되기도 한다.

⑤ 데이트 비용의 문제 : 데이트 비용을 전적으로 남성이 부담하게 하는 것은 남성으로 하여금 성적 요구를 정당하게 만들고, 여성은 성적 요구에 대해 거절을 어렵게 한다.

4. 데이트 성폭력의 대처방안

데이트 성폭력의 예방과 대처방안은 다음과 같다.

① 정확한 의사표현이 중요하다. 평소에도 자신의 태도와 의사표현을 정확히 하는 것이 필요하다. 즉, Yes와 No의 표현을 정확히 하는 것이 필요하다.

② 상대방 의사를 존중해야 한다. 여성이 내숭이라고 생각될 때라도 상대 여성이 No라고 말하면 그것을 있는 그대로 수용하여 존중하는 것이 필요하다.

③ 데이트 상대라 할지라도 부부 성폭력과 마찬가지로 성폭력이 성립될 수 있음을 인지하는 것이 필요하다.

④ 영화나 TV, 음란물에서 보여지는 성표현은 사실과 다름을 인식하는 것이 필요하다.

⑤ 데이트 비용은 공동부담하라. 상대로 하여금 데이트 비용을 다 부담하는 것은 상대에게 자신의 솔직한 의사표현을 어렵게 한다. 따라서 데이트 비용은 남녀가 공동으로 부담하는 것이 좋다.

⑥ 데이트 행선지를 주변에 밝히고 가라. 첫 데이트에서는 가능한 한 멀리 교외에 드라이브를 가거나, 상대방의 집에 따라가지 않는 것이 필요하다. 가능하면 자신의 행적을 다른 사람에게 알리는 것이 한 방안이 될 수 있다.

12-2-2. 상담사례

12-2-2-1. 성폭행을 했어요. (김영재, 남, 고)

성고민 및 문제

저는 사설 독서실에 다니고 있습니다. 그곳에서 알게 된 여학생과 몇 번 만나면서 교제를 하게 되었는데, 어느 날 둘만 있게 되는 상황이 되었을 때 성폭행을 했습니다. 다음날부터 그 여학생이 보이지도 않고 저도 독서실에 갈 용기가 나지 않습니다. 그 여학생을 만날까 봐 두렵기도 하고, 소문이 나 버리면 어떻게 하나 겁나기도 합니다.

상담자 답변

내담자 맞아들이기

학생은 지금 성폭행의 가해자로서 고민하고 있습니다. 좀 더 일찍 상담실 문을 두드리고 성충동에 대한 고민을 나누었다면, 성폭행을 하지 않았을 수도 있었을 것이라는 아쉬움이 남습니다.

내담자 공감 및 피해자의 입장 이해

성폭행이 피해 여학생에게 주었을 신체적, 심리적인 충격과 좌절, 분노, 그리고 수치심, 우울감 등을 생각하면, 학생을 우선 심하게 나무라고 싶은 충동이 듭니다. 학생은 육체를 소유함으로써 상대방의 마음을 얻으려고 한 것 같습니다. 그러나 그 결과는 반대로 나타났습니다. 학생은 가해자이면서도 만족감을 전혀 느끼지 못하고 죄책감과 수치심에 괴로워하고 있습니다. 피해자인 여학생의 모습이 보이지 않아 보고 싶은 얼굴조차도 보지 못하게 되었습니다. 더불어 학생 자신은 심한 죄책감과 두려움에 빠지게 되었습니다.

사랑과 성

영재씨 나이에 누군가를 혼자서 짝사랑한다는 것은 얼마든지 있을 수 있는 일입니다. 중요한 것은 사랑을 실천하는 방법입니다. 인간의 사랑은 '마음'을 대상으로 이루어질 때 동물의 사랑과 구별됩니다. 성적인 충동이 따라오는 것도 당연하지만, 사랑하는 사람들 사이에서는 어느 한쪽에서 억지로 신체적인 접촉을 강요하지 않습니다. 서로의 마음을 확인하고, 자신의 사랑에 대한 책임을 깊이 생각해보고, 그러고 나서 상대방에게 해롭지 않은 방법으로 사랑을 전할 때 아름다운 사랑이 됩니다. 학생이 이번에 행한 성폭행은 사랑하는 감정을 성적인 충동과 혼돈하여 미숙하게 발산한 것입니다. 일단은 이번의 일로 인해 다음부터는 절대로 이런 일이 없도록 마음을 다져야겠습니다.

책임감 있는 행동

그리고 이번 일에 대하여도 책임질 수 있는 한 지겠다는 의지로 임하십시오. 아직 학생이고, 아무런 능력이 없다고 생각하겠지만 그럼에도 불구하고 진실한 사과를 할 수는 있습니다. 여학생 쪽에서 요구하는 처벌을 받을 수도 있습니다. 여학생의 입장에서 생각해보고 어떻게 하면 그 여학생의 상한 마음을 달래줄 수 있을지, 어떻게 하면 그 일로 인해 그 여학생이 자신을 수치스럽게 생각하지 않을 수 있을지, 어떻게 하면 성폭행은 가해자의 잘못이고 피해당한 여학생에게는 아무런 잘못이 없다는 것을 알릴 수 있을지를 생각하십시오. 정직하게 자신의 잘못에 책임을 지는 태도로 임해야 합니다.

다만, 먼저 여학생을 찾아가거나 성폭행 사건을 공개하지는 마십시오. 우선은 여학생이 마음을 안정시키는 게 중요하므로 일단은 기다리십시오. 여학생 쪽에서 학생에게 처벌을 내리려 하거나 사과를 요구하면 정중하게 임하십시오. 학생이 받아들이기에 벅찬 요구라 할지라도 일단은 존중하십시오. 혼자서 해결하기 어려울 때는 부모님과 의논하거나 상담실의 도움을 받으십시오.

상담 종결

아무리 현명하게 처리한다 할지라도 없는 것보다 못한 일이었지만, 이 일을 계기로 해서 책임 있는 성인으로 사라날 준비를 하기 바랍니다.

12-2-2-2. 남자친구인데, 성폭행을 당했다고 할 수 있나요? (이승현, 여, 대)

성고민 및 문제

저는 대학생입니다. 남자친구가 있는데, 저도 많이 좋아합니다. 하지만 아직 성관계를 하고 싶지는 않은데, 제가 저항하는데도 남자친구가 성관계를 했습니다. 좋아하는 사람에게 이런 일을 당하고 보니 너무 힘듭니다. 남자친구가 많이 미운데 교제 중에 당한 일이라 신고할 수도 없고, 생각하면 내가 잘못한게 아닌가 하는 죄책감이 들기도 합니다.

상담자 답변

내담자 맞아들이기

안녕하세요. 승현씨, 너무나 뜻밖의 일을 당해서 어떻게 해야 될지 마음이 혼란스럽고 고통스럽겠어요. 보통 성폭행은 잘 알고 지내는 사이에서 많이 일어납니다. 우리가 생각하기에 늦은 밤에 모르는 남자에게 폭행 끝에 당하는 강간보다는 아는 사람에 의한 강간이 더 많이 일어나는 것이 현실입니다. 아는 사이에 그럴 수 있는지 더욱 배신감을 느끼고 밉지만 신고를 하기에는 용기가 생기지 않는 겁니다. 그렇지만 일단 승현씨는 피해자일 뿐입니다. 그러므로 죄책감을 느낄 필요는 없습니다. 아무리 저항해도 남자애들의 힘과 폭력은 여자로서 견디기 힘든 상황입니다.

상담 권유

그러기에 먼저 이러한 성폭행을 당한 후에는 많은 후유증이 따르기 마련이며 시간이 흐를수록 수습하기 어려우니 빨리 마음을 가다듬고 누군가의 도움을 받으세요. 그러므로 용기를 내시고 주위에 신뢰할 수 있는 어른이나 친구에게 먼저 이야기를 하고 좀 더 직접적인 해결방법을 찾는 것이 바람직합니다. 혼자서 고민하고 쉬쉬한다고 해결될 문제가 아니므로 전문가의 도움이 필요합니다.

여성의 전화나 성폭력 상담소가 있으니 이런 곳을 통해서 좀 더 실제적인 도움을 받을 수 있었으면 합니다. 혼자서 속으로 끙끙 앓게 되면 마음의 병이 생기고 남자들에 대한 증오가 쌓여서 자기도 모르게 병이 될 수 있습니다. 구체적으로 임신여부나 만약 임신이 되었을 경우 어떻게 할 것인지에 대한 실질적인 도움을 얻을 수 있을 것입니다.

데이트 성폭력

좋아하는 남자친구가 가해자이기 때문에 배신감도 크고 성폭행에 대한 대처에 대해서 결정하기가 어렵지요. 성폭력을 당한다는 것은 여성의 가장 중요한 순결을 잃은 것으로 수치스럽고 또 비난받을 수 있다고 여기기 때문에 성폭력을 당해도 비밀로 하는 것이 옳다고 생각합니다. 그렇지만 이것은 길거리에서 소매치기를 당하고도 잃어버린 사람 잘못이니 그냥 조용히 넘어간다면 오히려 소매치기범이 더 큰소리를 치는 세상이 되어 갈 것입니다. 그러므로 승현씨도 남자친구에 대한 대처에 대해서 좀 더 생각해 보기를 바랍니다. 법적 대처 및 사회적 대처를 할 수도 있지만 적어도 교제하는 사이의 신뢰가 깨진 것에 대해서는 표현하는 것이 필요합니다. 성폭력을 저지른 남성은 순간적인 본능에 의해 어쩔 수 없이 저지른 일순간의 실수로 덮어 버리기도 합니다.

상담 종결

승현씨, 힘들겠지만 이 일은 승현씨의 의지로 한 것이 아니라 피해자이며 최선을 다해서 저항했었다는 것을 기억하고, 자신을 자학하지 마세요. 용기를 내시고 닫힌 마음의 문을 열어서 누군가에게 도움을 청해서 지혜롭게 해결하시기를 바랍니다.

주제 3. 성희롱, 성폭력의 예방과 대처

12-3-1. 이론강의

1. 성폭력의 피해 후유증

성폭력의 피해 후유증은 개인적 후유증과 사회적 후유증 두 가지로 나누어 볼 수 있다(최영애, 1999).

(1) 개인적 후유증

성폭력 피해는 피해자의 전 인격에 깊은 상처와 광범위한 후유증을 남긴다. 성폭력을 당한 나이, 가해자와의 관계, 피해 정도에 따라 차이는 있지만 피해자들은 공통적으로 자존심에 치명적인 상처를 입고 자신감을 상실하게 되고 그 결과 가족관계, 교우관계를 포함하는 대인관계의 균형을 잃게 되어 점차 환경으로부터 고립되거나 단절되며, 또한 자신의 내면세계에서 인격의 통합성을 상실하게 되어 종체적인 위기를 초래하게 된다. 성폭력피해자가 겪게 되는 후유증을 몇 가지 측면에서 살펴보면 다음과 같다.

신체적 후유증

① 상처, 처녀막파열, 출혈, 염증, 상해, 성병감염, 임신, 낙태, 불임, 불구, 사망

② 심인성 통증, 두통, 복통, 방광염, 경련, 근육통, 불면증, 수면장애

심리적 후유증

① 정서영역 : 과잉반응, 공포와 불안, 우울, 분노, 죄의식, 수치심, 순결상실감, 강박장애증, 악몽, 증오, 낮은 자존감

② 인지능력 : 해리, 억압, 다중인격, 부정, 부정적 자기 개념, 환각, 환청

대인관계상의 후유증

① 대인관계의 어려움 : 거부, 공포, 친밀공포, 남성기피, 남성혐오, 대인 불신, 과잉책임, 과잉통제, 방종, 불명확한 자아 경계

② 사회생활의 부적응 : 학습부진, 등교거부, 자퇴, 가출 등

③ 행동 영역 : 자해, 파괴적인 행동, 자살기도, 공격 행동, 우울증, 자살, 섭식장애(과식,거식), 알코올 및 약물남용

성적 후유증

성적인 후유증으로는 자위, 왜곡된 성정체감, 동성애착, 이성혐오, 성폭력가해, 성 기능 장애, 성 혐오, 불감증, 섹스와 애정의 혼란, 과잉 성행동이 나타난다.

(2) 사회적 후유증

어린이 성폭력은 청소년 문제, 매매춘 등의 사회적 문제를 야기한다. 세계관이나 자아가 확립되어 있지 않고 판단능력이 약한 사춘기에 처음으로 자신의 피해 사실을 인식하면서 우리 사회 순결관에 의해 좌절감으로 방황하다가 가출, 비행청소년이 되기도 하고 때로는 매춘여성으로 유입되기도 한다.

또한 성폭력은 현재 일반 여성의 스트레스 제1요인이 되고 있으며 94%가 불안감을 느낀다고 한다. 성폭력에 대한 불안감은 여성의 일상 생활에까지 영향을 미쳐 활동 범위를 축소시키고 있다. 또한 여성은 남성에게 피해를 입을지도 모른다는 두려움으로, 남성은 여성을 대할 때 가해자로 오해받을 두려움 등으로 인하여 남성과 여성이 서로에 대한 불신을 갖게 되어 사회적인 불신감으로 발전할 수 있다.

2. 성폭력의 발생원인 및 증가요인

성폭력의 발생원인 및 증가요인은 다양하게 지적될 수 있다. 여기서는 그중 대표적인 것들에 대해 살펴보기로 한다(최영애, 1999).

(1) 성차별적인 사회구조

우리 사회는 여성과 어린이를 남성이나 어른에 비해 낮은 존재, 함부로 대해도 되는 존재로 여기고 있다. 가정뿐만 아니라 직장과 사회에서도 지배와 복종의 관계에 놓이게 됨으로써 여성은 남성들의 성적 폭력에 쉽게 노출된다. 이러한 성차별적인 사회 분위기는 성폭력을 부추길 뿐만 아니라 남성에게 성폭력을 허용하게 만들고 나아가 성폭력을 한 경우에도 면죄부를 주게 된다.

(2) 성상품화와 퇴폐적 성문화

현대 자본주의 사회에서 인간의 성은 상품화되어 사교, 오락, 유흥, 향락과 퇴폐에 이르기까지 다양한 목적의 다기능적 소모품으로 만든다. 특히 여성의 성 상품화가 확산되어 여성의 가치를 오직 '성'으로 다루는 광고와 영화 등 왜곡된 성문화, 음란하고 변태적인 성행위를 보여주는 음란물의 범람, 대중매체의 가학적이고 폭력성에 공공연한 노출은 여성을 성적 대상, 성폭력의 대상으로 만들고 있으며, 성폭력과 성범죄를 조장하는 여건을 제공하고 있다. 실제로 청소년 성폭력 가해자들의 경우 90% 이상이 음란물을 보고 이에 대한 모방범죄를 저지른 것으로 알려져 있다.

(3) 의사소통의 불일치

우리 사회에서 여성은 성에 무지하고 소극적이어야 하지만, 남성은 적극적이고 과장된 표현을 해도 무방하다고 생각한다. 이와 같은 성문화에서는 남성과 여성이 성에 대해 원활한 의사소통을 할 수 없다. 성폭력과 같은 위기상황에서 여성이 "안 된다"라는 의사표현을 해도 남성은 이미 잘못 익힌 성문화에 의해 내숭 또는 긍정적 대답의 완곡한 표현으로 받아들여 성폭력을 행하게 된다.

(4) 성교육의 부재

학교에서의 성교육은 제한된 시간 내에 남녀의 신체구조나 생리현상 등 생물학적인 성지식 전달 차원에 머물러 있는 것이 우리의 현실이다. 특히 청소년의 경우 잡지나 포르노비디오 등에서 보여주는 과장되고 가학적인 성과 또래 집단에 떠도는 잘못된 성지식을 여과하지 않고 받아들임으로써 이들은 죄의식조차 느끼지 못한 채 성폭력을 행하게 된다.

(5) 성폭력에 대한 사법계의 인식부족

경찰이나 검찰의 조사과정에서 성폭력에 대한 잘못된 통념들을 수용하고 있는 형사나 검사는 남성의 입장에서 사건을 바라보고 처리하기 때문에 피해여성은 오히려 자신이 죄인이 된 느낌을 받는 경우가 많다. 따라서 성폭력 피해자는 고소를 하고 나서 겪는 이중의 고통을 못 이겨 고소를 취하하거나 아예 고소를 하지 못하게 되는 것이다. 결국 성폭력에 대한 사법계의 인식부족으로 인하여 피해자는 피해사실을 아예 은폐하거나 법적 과정을 포기하게 되고 가해자는 또다시 성폭력을 가하는 결과를 낳게 된다.

(6) 10%대의 낮은 신고율

성폭력범죄가 증가하는 주요한 요인 중에 하나는 10%대의 낮은 신고율(2013 경찰청 통계)을 들 수 있다. 신고율이 낮은 이유는 대다수의 피해 여성들은 남성의 성적 충동을 유발시켰거나 적어도 부주의해서 당했을 것이라는 사회적 비난과 사회적으로 성폭력을 당한 여성은 순결을 상실했다는 편견과 이에 대한 멸시에 대한 두려움을 들 수 있다. 그리고 증거물 확보에 있어서 병원의 지원체계가 없기 때문에 진단서 발급의 어려움, 고소에 있어서 법적인 정보의 부재, 증거물을 피해자가 확보해야 하는 등의 어려움이 신고를 꺼리게 한다. 따라서 대부분의 성폭력 범죄가 은폐됨으로써 성폭력 범죄의 심각성이 간과되고 성폭력을 사회적 범죄로 인식하지 못하게 한다.

(7) 사법처리 과정의 문제

현재 성폭력 처리과정은 일반 형사소송절차와 똑같아 개인의 사적인 권리가 보장되지 못하고 있다. 성폭력 사건의 대부분을 전담부서에서 통합적으로 처리하지 못하고, 성폭력 사건에 대한 전문 훈련을 받지 않는 경찰에 의해 수사가 진행되기 때문에 수사과정에서 피해자가 제2, 제3의 피해를 받게 되는 경우가 흔히 발생한다. 그리고 이러한 요인이 고소를 포기하는 주요한 요인이 되고 있다(최영애, 1999).

3. 성희롱, 성폭력에 대한 대처 방안

(1) 일반적인 예방책

① 평소 자기 주장을 분명히 하는 태도를 갖도록 한다.
② 규칙적인 운동과 체력단련을 통해 힘과 자신감을 기른다.
③ 성에 대한 가치관, 행동범위의 한계에 대해 분명한 결정선을 가지고 있어야 한다.
④ "예"와 "아니오"가 뒤섞인 태도를 보이지 말고, 의사표현을 분명히 한다.
⑤ 불쾌한 성적인 접촉이나 상황에 직면했을 때는 분명한 거부의사를 표시한다.
⑥ 평소 성폭력에 대한 충분한 예비지식과 대처방법을 숙지한다.
⑦ 음담패설을 삼간다.
⑧ 자신이 가는 곳을 주변에 명확히 알린다.
⑨ 숙박업소는 어떤 구실로든 따라가지 않는 것이 좋다. 부득이한 경우 구조 요청을 할 수 있는지, 비상구가 있는지 살펴둔다.
⑩ 평소 자신의 주량을 파악하고, 술은 자신이 조절가능한 만큼 마신다.
⑪ 어디서든 혼자 택시를 타고 집에 올 수 있도록 비상금을 소지하고, 콜택시의 전화번호를 가지고 다닌다.
⑫ 택시를 탈 경우는 차번호와 회사명을 알아둔다.

(2) 조심해야 할 유형의 사람

① 자신의 감정을 잘 드러내지 않는 사람
② 쌍스런 욕과 과격한 행동을 자주 하는 사람, 여성에 대한 부정적 발언을 자주하며, 천한 말을 사용하고, 퉁명스럽게 말하는 사람
③ '건장한 사나이(터프가이)' 처럼 행동하며 용맹스러움을 과장되게 설명하고 표현하는 사람
④ 화를 잘 내며, 폭력(때린다든지, 팔을 거칠게 붙잡는 행위 등)을 자주 사용하는 사람
⑤ 여성을 지나치게 소유하려 하고 질투심이 강한 사람

⑥ 공공장소에서 몸을 지나치게 밀착시키고, 손을 허벅지 위에 얹는 등 성적인 행동을 유도하는 사람
⑦ 여성이 원하는 것을 무시하는 사람
⑧ 여성을 정숙한 여성과 성적인 여성으로 이분화하여 여성의 순결함이나 고결함을 강조하는 반면, 그렇지 않게 보이는 여성을 함부로 대하는 사람
⑨ 여성이 "싫어요"라고 말하면 더 공격적이고 적대적으로 행동하는 사람
⑩ 모임이나 술자리에서 아주 친근하게 행동하며 다른 친구들로부터 여성을 떼어놓으려고 애쓰는 사람
⑪ 처음 만나서 단 둘이 있기만을 고집하는 사람
⑫ 부적절한 상황(예배시간, 수업시간 등)에서 여성의 관심과 순종을 요구하는 사람
⑬ 사적인 질문을 자주 하며 여성이 말하는 것보다 더 많은 것을 알기 원하는 사람
⑭ 남자는 여자의 하늘이고 반드시 여자는 남자에게 복종해야 하는 식으로 전통적인 여성상과 남성상에 지나치게 집착하는 사람

4. 피해를 당한 후의 대책

(1) 의료적 지원

① 성폭력 피해를 당한 후 즉시 진찰을 받아야 하는 이유는?

성폭력 피해로 몸에 상처가 날 수 있다. 성병이나 성기 주변의 상처를 치료해야 하고 임신 여부를 확인해야 한다. 일단 병원에 다녀오면 심리적으로 안정이 되고, 중요한 증거자료를 찾을 수도 있다.

② 병원은 언제 가야 하나?

빨리 갈수록 좋다. 특히 강간 피해의 경우는 정자가 몸 속에서 살아 있는 시간인 72시간 이내에 가는 것이 좋지만 보다 높은 정확성을 위해 48시간 이내에 가는 것이 좋다. 그 외 다른 상처도 시간이 지나면 약화되거나 아물 수 있으므로 빠른 시간 내에 가야 한다.

③ 어떤 준비를 해야 하나?

피해자는 절대 몸을 씻지 말아야 한다. 샤워 등으로 증거물이 씻겨서 소멸될 수 있기 때문이다. 또한 입은 옷 그대로 가야 한다. 옷 등에 묻은 다른 증거를 확보할 수 있기 때문이다.

④ 어떤 검사를 실시합니까?

전문상담소와 연계된 병원이라면 먼저 의사에게 성폭력 피해 사실을 이야기하여 심리적인 지원을 받을 수 있다. 그런 다음 몸에 난 상처를 살펴본다. 병원에서는 손톱 밑을 검사하여

혹시 가해자의 혈액이나 이물질 등을 확인하고 외성기와 내성기를 검진한다. 이는 증거확보나 진료를 위한 것이다. 또한 혈액 채취를 하고 소변검사와 임신 여부 검사도 한다.

⑤ 원치 않는데도 여러 증거를 수집하는가?

증거채취와 검진을 할 때는 피해 당사자나 가족의 동의가 필요하다.

(2) 법률적 지원

① 성폭력을 처벌하는 법은 무엇이 있는가?

형법 제22장 '성풍속에 관한 죄', 제31장 '약취와 유인의 죄', 제32장 '강간과 추행에 관한 죄' 와 '성폭력 범죄의 처벌 및 피해자 보호 등에 관한 특례법', '성매매 알선 등에 관한 법률' 등이 있다.

② 고소는 무엇이고 어떻게 하는가?

범죄의 피해자 또는 그와 일정한 관계에 있는 고소권자가 수사기관(검찰, 경찰 등)에 범죄사실을 알리고 범인의 처벌을 구하는 행위를 말한다. 고소장을 작성하여 범죄 발생지 또는 가해자나 피해자의 주소지를 관할 경찰서나 검찰에 제출하면 된다. 고소장은 특별한 형식이 요구되는 것이 아니라 6하 원칙에 따라 범죄사실과 가해자의 인적 사항을 기재하면 충분하다.

③ 고소를 하려면 어떤 준비를 해야 하나?

고소를 결정하는 사람은 피해자 본인이다. 당장 고소하지 않는다 하더라도 소멸될 우려가 있는 증거는 48시간 내에 진찰하여 미리 의학적인 증거를 확보해 두는 것이 좋다.

④ 고소하면 어떤 어려움을 겪게 되는가?

수사과정이나 법정진술에서 피해사실을 진술하고 증언하는 것이 힘들 수 있다. 이때 가해자와 대면할 수도 있고, 피해사실을 입증하는 증거가 불충분하면 가해자가 기소가 되지 않을 수도 있다. 수사나 재판기간이 길어져 경제적으로나 정신적으로 지칠 수 있다. 또 한 가지 고소과정에서 겪을 수 있는 어려움은 가해자가 사실을 인정하지 않고 도리어 무고나 명예훼손으로 피해자를 고소할 수 있다는 점이다. 이런 모든 어려움에도 불구하고 재판을 통해 가해자를 처벌하면 가해자의 재범을 막을 수 있을 뿐만 아니라 피해당사자도 심리적인 부담감에서 벗어날 수 있다.

그림 12-6 성폭행, 이중의 강간(김을호, 90. 10 인용)

⑤ 고소인에게는 어떤 권리가 부여되는가?

수사나 재판 과정 시 편안한 환경에서 진술할 수 있도록 피해자와 신뢰관계에 있는 사람(부모나 상담원, 변호사 등)이 동석할 수 있다. 또한 증인으로서 법원에 출석할 것을 요구받은 성폭력 피해자와 가족은 사생활 보호 등의 사유로 증인신문의 비공개를 신청할 수 있다.

⑥ 고소는 누가 할 수 있나?

성폭력에 대한 친고죄의 폐지(2013. 6)로 성폭력 피해 당사자의 고소(친고죄)가 아니더라도 범죄 사실을 안 누구라도 신고할 수 있으며, 신고만으로 수사가 시작된다(비친고죄).

친고죄
범죄의 피해자, 기타 법률이 정한 자의 고소, 고발이 있어야 공소할 수 있는 범죄를 말한다.

⑦ 고소는 언제까지 할 수 있나?

비친고죄일 경우, 성폭력 피해 이후, 범죄 사실을 안 누구나 10년 이내에 고소(신고)가 가능하다.

⑧ 손해배상을 요구할 수도 있는가?

손해배상은 민사소송을 통해 할 수 있다.

⑨ 민사소송은 언제 할 수 있나?

민사소송은 가해자를 안 날로부터 3년 이내에 제기하면 된다.

⑩ 합의는 언제 어떻게 하면 되나?

선고가 나기 이전이라면 언제라도 가능하다. 가해자에게 요구할 사항을 정확하게 기재하여 합의서를 작성하고 자필서명 또는 날인을 한 후 공증을 받아둔다.

⑪ 항고와 항소는 언제 어떻게 하나?

검찰에서 사건을 재판에 회부하지 않을 경우(즉, 불기소처분) 1개월 이내에 항고할 수 있고, 재항고까지 할 수 있다. 항소는 1심 판결에 불복할 시 1주일 이내에 해당법원에 항소장을 제출하면 된다.

12-3-2. 상담사례

12-3-2-1. 성폭력을 어떻게 예방할 수 있을까요? (강미희, 여, 대)

성고민 및 문제

성폭력으로부터 예방하기 위해서는 호신술을 배우든지, 호루라기를 들고 다니든지 하며 어떤 전략이 있어야 한다고 보는데, 구체적인 방법을 알려주세요.

상담자 답변

내담자 맞아들이기

어떻게 하면 성범죄지의 미수에서 벗어날 수 있을까요? 여성들이 자신의 안전을 위해 스스로 자기 몸의 역할을 해야 할 것입니다.

성폭력 대처 행동의 필요성

성폭력이 성을 무기로 한 개인에 대한 폭력적인 공격이라는 점을 감안할 때, 여성은 위험한 상황에서의 공격에 대비하여 소극적으로는 말로써 항의하거나 도망가는 방법, 적극적으로는 상대방에게 육체적으로 역공격하는 방법 등을 강구해야 할 것입니다.

효과적인 대처 행동: 저항

성범죄를 피하기 위해 먼저 명심해야 할 것은 가해자에게 소극적이든 적극적이든 저항하는 것이 매우 효과적이라는 것입니다. 물론 저항의 효과는 성범죄자가 누구이며 어떤 유형의 사람이고, 가해자와 피해자의 친숙도, 성범죄가 일어난 장소와 주위여건, 범죄발생시간, 가해자의 범죄목적에 따라 달라집니다. 하지만 성폭력 범죄에 직면하였을 때 저항을 하는 것이 하지 않는 것보다 성폭력을 피할 가능성이 훨씬 높습니다.

따라서 성폭력 상황에 직면하자마자 주위상황을 정확히 파악하고 어떠한 저항이 적절할지 판단하여 처음부터 재빠르게 저항할 수 있는 모든 방법을 강구해야 합니다. 예를 들어, 장소를 빠져나와 도망가거나 핑계나 협박을 가한다든지 하는 속이는 방법과 좀 더 적극적으로는 크게 소리를 지르거나 가능하다면 힘으로 대항하는 등 모든 방법을 다 쓰는 게 효과적입니다.

성폭력 범죄를 피하는 또 다른 방법으로는 소리 지르기가 있습니다. 소리 지르기는 성범죄자를 매우 당혹스럽게 할 뿐만 아니라 공격의 속도를 줄임으로써 피해여성이 도망갈 기회를 잡을 수 있습니다. 또 피해자는 소리를 지름으로써 스스로 긴장을 풀고 공포상태에서 벗어나 심리적인 안정을 찾을 수 있습니다.

저항이 효과적이지 않을 때

하지만 저항을 해서는 안 될 경우가 있습니다. 예컨대 성폭력 범죄자가 흉기를 들고 있거나 두 사람 이상이 공동으로 범죄를 저지르려고 할 때입니다. 이 경우 힘에 의한 저항이 오히려 역효과를 부를 뿐만 아니라 생명을 위협하는 상태로 악화될 수 있습니다. 또 여성에 대한 분노로써 성범죄를 저지르는 성도착증 범죄자일 경우에도 힘으로 저항하는 방법은 위험합니다.

상담 종결

성폭력 없는 사회가 구현되길 바라는 마음입니다.

12-3-2-2. 성폭력 신고의 문제점을 알고 싶어요. (강민경, 여, 대)

성고민 및 문제

TV나 신문에서 성폭력 사건을 보면 피해자가 정말 용기 있게 신고했다는 생각이 듭니다. 우리나라 분위기에서는 신고를 해도 피해자가 거꾸로 더 피해만 입지 않나요? 그 문제점과 대책에 대해 자세히 알려 주세요.

상담자 답변

내담자 맞아들이기

예전보다 나아졌다고는 하지만, 성폭력 피해자들이 대처 방안에 대해 모르는 경우들이 많습니다. 하지만 점차적으로 피해자들이 적극적으로 대처하려 하고, 사회도 도움을 제공하고자 하는 인식들을 갖추어 가고 있습니다.

신고율 높이기: 문제점과 대책

성범죄의 예방과 감소 대책으로 가장 먼저 손꼽히는 것은 피해자의 신고율을 높이는 것입니다. 우리나라의 경우 강간 피해 신고율은 약 2% 정도로 상당히 낮습니다. 신고율이 낮은 이유는 피해자들이 신고해 보았자 자신의 신분만 밝혀지고, 가해자가 처벌받을 수 있을지 불확실하다는 피해의식 때문일 것입니다. 미신고 이유를 보면 형사사법기관에 신고해 봐야 달라질 것이 없다는 것과 신고하기조차 불쾌하고 귀찮다, 신고하는 방법이나 장소를 모른다, 경찰, 검사, 판사가 피해사실을 액면 그대로 믿을 것 같지 않다, 수사하고 재판하는 절차가 괴롭고 번거롭다, 소송수행 중 세상에 알려지는 것이 싫다 등을 들 수 있습니다. 잘못된 사회통념과 형사사법기관에서 처리하는 과정상의 문제점이 성범죄 피해를 기피하는 중요한 이유일 것입니다.

피해자의 비밀 보장

성범죄 피해자들이 가장 두려워하는 것은 소송 수행 중 피해사실이 세상에 알려지는 일일 것입니다. 성폭력 특별법이 시행되기 전까지는 성범죄 역시 다른 사건과 마찬가지로 공개재판을 원칙으로 하였습니다. 왜냐하면 재판은 공정한 진행을 위해 공개되기 때문입니다. 그러나 성폭력 특별법이 제정된 이후 성폭력 범죄에 대한 심리와 재판은 피해자의 사생활을 보호하기 위해 법원의 결정으로 공개하지 않을 수도 있도록 하였습니다. 또 피해자나 그 가족은 사생활 보호 등을 이유로 법원에 대하여 증인 신문의 비공개 신청을 할 수 있기 때문에 방청인이 없는 상태에서 신문을 받거나 법원이 아닌 다른 장소에서 신문을 받을 수 있게 되었습니다.

하지만 더 나아가서 성폭력 피해자와 가해자가 만나지 않는 상태에서 재판이 진행될 수 있는 방안이 있다면 더 좋을 것입니다. 왜냐하면 성범죄 피해자가 가장 만나기 싫어하는 사람이 아마도 성폭력 가해자일 것입니다. 그러나 현실적으로는 소송진행 중 대질신문, 피해자 신문 등을 통해 범죄자와 만날 가능성이 높으므로 이 문제를 개선할 수 있는 방안이 모색되어야 할 것입니다. 서로 차단되어 말소리만 들을 수 있는 장소에서 대질신문이나, 증인신문, 피해자 신문이 이루어진다면 성범죄 신고가 더 늘어날 수도 있지 않을까 생각되며, 또 이러한 방안들이 성범죄 후유증을 조금이나마 줄이고 보복이 두려워 신고하지 못하는 사례를 줄일 수 있지 않을까 싶습니다.

성범죄해결과정의 여성 참여

또한 성범죄 사건을 수사하는 전문 수사관이나 검사에 여성들이 많이 배치된다면 범죄의 특성상 발생하는 문제를 조금이나마 줄일 수 있을 것 같습니다. 성범죄는 개인과 가정, 사회에 미치는 영향이 여느 범죄보다 크기에 그렇습니다. 그러나 여성의 입장에서 순수한 이론에만 근거해서 법을 적용하고 해석한다면 문제가 될 수 있겠지요. 법의 운영은 규범 속에서 자연스럽게 흘러온 관습과 실존하는 문화 속에서 행해져야만 좀 더 합리적일 수 있으니까요. 그렇기에 성범죄의 가해자는 반드시 남성이고, 피해자는 여성이라는 단순한 논리나 이분법적인 생각에서 벗어나야 할 것입니다.

전문 성폭력 상담소와 보호시설

성범죄 피해자들에게 필요한 조치로서 전문 성폭력 상담소와 보호시설을 설치, 운영하여 피해자들을 보호하고 실질적인 도움을 주도록 한다면 성폭력의 후유증은 조금이나마 사라질 수 있을 것 같습니다. 그리고 형사 사법기관과 긴밀한 협조체제를 이룩할 때 좀 더 효율적으로 운영할 수 있을 것입니다. 성폭력을 당한 피해자들은 신체적, 정신적, 경제적 고통뿐만 아니라 고소 및 수사과정에서도 이중 삼중의 고통을 받을 수밖에 없습니다. 그래서 성폭력 특별법에서는 피해자에게 실질적인 도움을 주기 위하여 국가 또는 지방자치단체가 성폭력 상담소나 보호시설을 설치, 운영할 수 있게 하였습니다. 이러한 상담소는 보호시설을 설치, 운영할 수 있게 하였고 형사사법기관과의 공조가 잘 이루어지는 가운데, 성폭력 피해자의 심리적 안정을 꾀하며 건강상태를 진단해 주고, 고소 등 법적 절차에 대한 도움을 줄 수 있을 것이라 생각합니다.

상담 종결

피해자들이 염려할 부분과 사회가 제공해야 할 도움에 대해서 말씀드렸습니다. 아직도 개선되어야 할 부분이 많고, 그것이 우리들의 과제이기도 합니다.

학·습·정·리

✲ 주제 1 성희롱과 성폭력의 개념과 유형

- **성폭력의 정의** : "성을 매개로 해서 상대방의 의사에 반해 가해지는 모든 행위"로 강간뿐만 아니라 추행, 성희롱 등 모든 신체적, 정신적 폭력을 포괄하는 광범위한 개념이다.
- **성폭력의 유형** : 행위에 따른 분류로는 강간, 강간미수, 성추행, 성희롱, 성기노출, 음란전화 등으로 구분되며, 대상에 따른 분류는 어린이 성폭력, 청소년 성폭력, 데이트 성폭력, 부부강간, 친족 성폭력, 사이버 성폭력으로 구분된다.
- **성희롱의 유형** : 신체 및 육체적 행위의 성희롱, 언어적 행위의 성희롱, 시각적 행위의 성희롱, 기타로 구분할 수 있다.
- **성폭력 현황 및 실태** : 성폭력의 발생빈도는 해마다 증가추세에 있으며, 가해자와의 관계에서 볼 때 친족 및 아는 사람에 의한 성폭력이 절내 다수를 차지한다. 성폭력 피해자의 연령으로 볼 때 청소년이나 어린이에 비해 성인이 절대 다수를 차지한다.

✲ 주제 2 데이트 성폭력

- **데이트 성폭력의 정의** : "이성 간의 데이트 중에 상대방으로부터 강요나 조정에 의해 일어나는 성폭력"을 뜻한다.
- **데이트 성폭력의 특징** : 데이트 상대에 의해 일어나는 성폭력은 전체 성폭력상담 건수의 약 6~10%를 차지하면서 적지 않은 비율을 보이며, 이들 중 대부분이 강간이다.
- **데이트 성폭력의 대처방안** : ① 평소 자신의 의사표현을 정확히 하는 것이 필요하다. ② 상대방의 의사를 존중한다. ③ 데이트 성폭력이라 할지라도 성폭력이 성립될 수 있음을 인지한다. ④ 대중매체의 잘못된 성지식을 바로 인지한다. ⑤ 데이트 비용은 남녀가 공평하게 분담한다. ⑥ 첫 데이트에서는 자신의 행적을 다른 사람에게 알려둔다.

✲ 주제 3 성희롱, 성폭력의 예방과 대처

- **성폭력 피해자의 영향들**: 신체적 증상으로는 위장장애, 신경증, 과식증, 두통, 복통 등이 있을 수 있으며, 정서적 반응으로는 분노, 두려움, 불안, 자존감 저하, 무력감, 수치심, 혐오감 등을 경험하며, 생활 전반에 심각한 영향으로는 주의집중곤란, 의욕상실 등을 경험하게 된다.
- **성폭력의 원인**: 성차별적인 사회구조, 왜곡된 성문화, 의사소통의 불일치, 성폭력에 대한 사법계의 인식 부족 등이 성폭력의 원인이 될 수 있다.
- **성폭력의 일반적 예방책**: ① 평소 자기주장을 분명히 하는 태도를 갖는다. ② 규칙적인 운동과 체력단련을 통해 힘과 자신감을 기른다. ③ 불쾌한 성적인 접촉이나 상황에 직면하였을 때 분명한 거부의사를 밝힌다. ④ 음담패설을 삼간다. ⑤ 자신이 가는 곳을 주변에 명확히 밝힌다. ⑥ 평소 자신의 주량을 파악하고 술은 자신이 조절 가능한 만큼 마신다.

학•습•평•가

※ 아래의 각 문항 내용이 옳다고 생각하면 O표, 틀리다고 생각하면 X표를 적으시오.

1. 청소년의 성폭력 피해율은 전체 성폭력 중 10% 정도를 차지한다. ( )
2. 성폭력은 잘 모르는 낯선 사람에 의해 충동적으로 발생하는 경우가 많다. ( )
3. 성폭력 가해자는 대부분 정신 이상자이다. ( )
4. 성폭력 피해자는 대부분 노출이 심한 옷을 입은 젊은 여성들이다. ( )
5. 공공장소에서 지나가는 여성들을 대상으로 성기를 노출하는 사람에 대해서는 법적인 처벌이 가능하다. ( )
6. 음란전화가 걸려 왔을 때 머뭇거리지 말고 당당하게 대하는 것은 좋은 방법이다.( )
7. 성폭력은 폭력이 아니라 조금 난폭한 성관계이다. ( )
8. 성폭력을 당한 여성은 순결을 잃은 것이다. ( )
9. 남자는 성폭력을 당하지 않는다. ( )
10. 남성의 성적 접근에 대해 여성의 '침묵' 또는 'No'는 'Yes'라고 해석해도 좋다. ( )
11. 컴퓨터 통신을 이용해서 계속 음란물을 올리거나, 전화를 이용해 음담패설을 하는 경우도 성폭력에 해당되고 처벌 조항이 있다. ( )
12. 버스나 지하철에서 엉덩이나 가슴을 만지는 것은 성폭력이 아니다. ( )
13. 데이트 중에 남자친구가 여자친구에게 허락 없이 키스를 한 경우는 성폭력이 아니다. ( )
14. 근친강간은 매우 특수한 경우로 우리나라에서는 극히 드물다. ( )
15. 근친강간의 경우 친족 간의 혈연관계로 인하여 성폭력으로 간주되지 않고 법적인 처벌도 받지 않는다. ( )
16. 데이트 상대에 의해서 일어나는 성폭력은 대부분이 강간이다. ( )
17. 데이트 성폭력은 가해자뿐 아니라 피해 당사자도 성폭력 범죄로 인식하지 못하는 경우가 많다. ( )
18. 데이트 비용을 전적으로 남성이 부담하게 하는 것은 남성으로 하여금 성적 요구를 정당하게 만드는 이유가 된다. ( )
19. 성폭력 피해자가 원치 않더라도 증거 확보를 위해 피해자의 몸에 난 상처를 검진해야 한다. ( )
20. 성폭력은 피해자가 13세 미만인 경우를 제외하고 모두 친고죄이다. ( )
21. 성폭력의 경우 고소는 10년이 지난 후에 하더라도 유효하다. ( )
22. 변태적인 성행위를 보여주는 음란물, 여성의 가치를 오직 '성'으로 다루는 광고나 영화 등이 여성을 성적인 대상으로 만들고 있다. ( )
23. 성폭력 사건의 경우 선고가 나기 전에는 언제든지 합의가 가능하다. ( )

☞ 정답은 p.378에서 확인하세요.

13장 성문화와 성심리

최근 한국 사회에서 청소년 성매매가 사회적 문제로 등장하여 이에 대한 사회적, 교육적 대처방안이 요청되고 있다. 이 장에서는 청소년 성매매의 특징, 폐해, 원인 및 대처방안에 대해 학습하여 잘못된 성문화가 가져다 줄 수 있는 부정적 결과에 대해 청소년 스스로 정확한 인식과 함께 주체적인 입장을 정립하도록 한다.

또한 최근 우리 사회에서 소수자의 성문제로 조명을 받고 있는 동성애의 문제를 주제로 다루어 동성애에 대한 바른 이해를 돕고자 한다. 동성애적 경향은 청소년기에 처음 나타나기 때문에 청소년들이 성정체감 형성과정에 중요한 영향을 미칠 수 있다. 따라서 발달적 경향으로서 나타나는 동성애적 경향과 동성애에 대한 바른 이해가 필요하다.

● 학습내용

- 주제 1 : 청소년 성매매
- 주제 2 : 동성애

● 학습목표

1. 성매매의 정의와 유형에 대해 이해한다.
2. 청소년 성매매의 심각성을 이해한다.
3. 청소년 성매매의 특징을 이해한다.
4. 청소년 성매매가 급증하는 원인을 이해한다.
5. 동성애를 정의할 수 있다.
6. 동성애의 원인, 특성, 오해에 대해 바르게 이해한다.

주제 1. 청소년 성매매

13-1-1. 이론강의

1. 매매춘이란?

매매춘(賣買春)이란, 사전적 의미에서 볼 때 '돈을 목적으로 하며, 난교적인, 습관적 또는 일시적인 정서적 무관심의 성적 결합 행위' 로 정의된다. 법적 의미로 볼 때 매매춘은 '성을 제공한 대가로 금전을 받았는가 여부' 에 초점을 두고 있다. 「아동 및 청소년 성 보호법, 2012」에서는 "아동 및 청소년의 성을 사거나 이를 알선하는 행위와 이들을 이용하여 음란물을 제작, 배포하는 행위"를 금지조항으로 규정하고 있다. 여기서 '성을 사거나 알선하는 행위' 란, 금품이나 기타 재산상의 이익, 편의 등을 제공하고 성교행위 또는 유사 성교행위를 하는 경우를 말한다.

매매춘
성을 사고파는 모든 행위를 지칭

매매춘 vs 윤락행위

한국의 공식적인 법적 용어는 매매춘을 사용하지 않고 '윤락(淪落)행위' 라는 용어를 사용하고 있다. 사전적인 의미상 윤락이란, '여자가 타락하여 몸을 파는 처지에 빠짐' 을 뜻한다. 매매춘 대신 윤락이라는 단어를 사용한다는 것은 행위자에게 도덕적, 윤리적인 평가를 함께 내린다는 의미를 포함한다. 최근에는 법적 용어인 윤락행위보다 매춘이나 매매춘이라는 용어를 더 많이 쓰는 추세이다.

청소년 성매매 (원조교제)
어른들이 어린 청소년을 상대로 금전적인 지원이나 기타 편의를 제공하는 대가로 청소년을 성행위의 대상으로 삼는 행위를 말한다.

☞ 매춘과 매매춘이라는 용어도 자주 혼용되고 있는데 성을 파는 행위만을 포함하는 매춘과 달리 매매춘은 성을 사고 파는 행위 모두를 포함하는 용어이다. 따라서 매매춘은 성을 파는 여성뿐 아니라 성을 알선하는 자나 이를 구매하는 남성이 공존하는 사회 현상을 포괄적으로 담고 있다.

윤락
타락하여 몸을 버리거나 파는 처지에 빠짐.

매매춘이 일반적인 성행위와 다른 점은 ① 성이 상품화된다는 점, ② 사회적으로 인정된 배우자 이외의 상대와 성행위를 맺는다는 점, ③ 성행위를 맺되 아무런 정서적 교감 없이 무차별적으로 관계를 갖는다(변화순, 황정임, 1998).

♥ 사례: 청소년 성매매

상습 원조교제를 하다 경찰에 잡힌 중학교 3학년 학생 H양이 처음 채팅을 접한 것은 12월 초이고, PC방에서 채팅을 하던 H양은 대학생 C씨(22세)를 만나 성관계를 갖게 되었다. 평범한 중학생인 H양은 "원조교제가 가장 손쉽게 돈을 벌 수 있는 방법"이라는 말을 듣고 가출하여 PC방을 전전하는 생활을 시작했다. 그 이후에도 10여 명의 남자와 원조교제를 해왔다.

2001년 1월 말 윤락 행위 방지법 위반 혐의로 구속된 K모양(16세 고등중퇴)은 PC통신을 통해 성관계를 가진 사람이 최소 60명 이상에 달하는 것으로 파악되었다. 성관계를 전제로 만난 남성의 연령은 20~40대에 걸쳐 있으며 신분도 자영업자, 대학생, 회사원 등 다양한 것으로 나타났다. K양은 주로 저녁 시간 PC방에서 채팅을 통해 남성과 접촉한 것으로 나타났다.

♥ 사례: '나체사진부터 십대 성매매' 까지 횡행

출처: 머니 투데이(2012. 4. 2.)

10대들의 스마트 폰은 '성매매 해방구' 였다. 기자는 최근 유행하는 한 스마트폰 랜덤채팅 애플리케이션(이하 앱)을 다운받았다. 성별과 나이를 기입했다. '애인구함', '술한잔 하자' 주제 중에서 하나를 고른 뒤 '입장' 을 눌렀다. 누르자마자 대화신청이 쇄도했다. 정신이 없었다. 5분도 채 걸리지 않아 다음과 같은 대화신청 메시지가 도착했다. [여 · 16세 · 10km] 지금 바로 만남 "XX사진 찍어 봤어요"(성별 · 나이 · 상대방 위치]] 대화주제 "대화신청 메시지") 메시지에서 XX는 여성 성기를 일컫는 말. 적나라한 표현도 스마트폰 앱에서는 일상적으로 쓰이고 있었다. 대화를 신청한 청소년은 스마트폰의 편리성을 제약없이 활용하고 있었다. 남성이 'OK' 사인만 내명 현재 10km 반경에 있으니 '언제든지' 성매매가 가능하다는 이야기다. 비슷한 종류의 만남 요구는 스마트폰 상에서 정신없이 이뤄지고 있었다.

2. 청소년 성매매 실태

(1) 청소년 성매매 검거 인원 추이

2004년 성매매특별법 시행 이후 청소년성매매 사범에 대한 단속을 지속적으로 실행하여 2008년도의 경우 청소년성매매 행위와 관련하여 검거된 건수는 850건으로 2,112명이 검거되었으며, 행위자는 1,464명, 업주 등 관련자는 196명, 절도 협박 등으로 입건된 청소년은 452명으로 나타났다. 2010년에 성매매 건수는 감소하였으나, 2011(2,006명)년과 2012년(2,676명)에 증가하였으며 2013년(2,078명)과 2014년(11월 기준, 1,950명)은 다소 감소하는 추세에 있다.

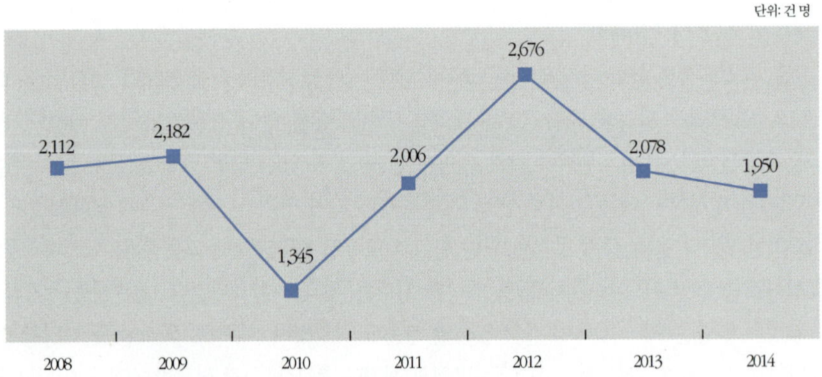

그림 13-1 청소년 성매매 검거인원 추이 (청소년백서, 2014)

*주: 2014년은 2014년 11월 기준임.
*출처: 경찰청(2014).

(2) 청소년 성매매 경험 실태

전국의 중, 고 청소년 15,487명을 대상으로 2011년 9월부터 11월까지 청소년 성경험실태를 조사(여성가족부, 2012)하였다.

① 조건부 성관계 경험률

조사대상자 15,487명중에서 서관계 경험율은 3.1%였으며, 성관계 경험 청소년(143명) 중 금품이나 편의 제공을 대가로 성관계를 가진 청소년은 21.7%로서 전체의 1/5수준에 달하였다. 조건부 성관계 경험에서 성별차이를 보면, 남자(23.1%)가 여자(17.0%)보다, 중학생(36.1%)이 고교생(17.9%)보다 더 많았다.

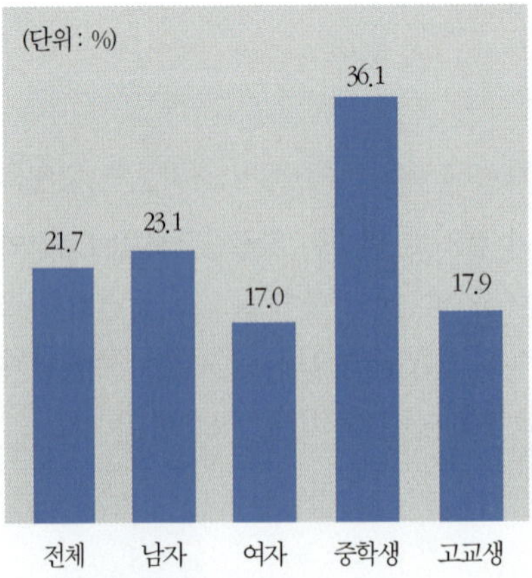

그림 13-2 조건부 성관계 경험

		사례수 (명)	조건부 선관계 경험(%)	
			있었다	없었다
전체		143	21.7	78.3
성별	남자	111	23.1	76.9
	여자	33	17.0	83.0
교급	중학생	30	36.1	63.9
	고교생	113	17.9	82.1

표 13-1 조건부 성관계 경험

② 조건만남 경험률

다른 사람으로부터 금품이나 편의 제공을 대가로 한 조건만남을 제안받은 경험이 있는 청소년은 2.1%로서 소수였다. 남자(2.1%)가 여자(1.7%)보다, 고교생(2.4%)이 중학생(1.7%)보다 제안 받은 경험이 많았다. 조건만남을 제안받은 뒤 그것이 성매매로 연결된 비율은 24.7%로서 전체의 1/5 수준이었다.

자신이 직접 조건만남을 제안한 경험이 있는 청소년은 0.9%로서 극히 소수였다. 남자(1.5%)가 여자(0.4%)보다, 고교생(1.2%)이 중학생(0.7%)보다 제안 경험이 있는 청소년이 많은 편이었다. 자신이 제안한 조건만남이 실제 성매매로 연결되었다고 응답한 비율은 58.3%로서, 조건만남을 제안한 경험이 있는 청소년은 극히 일부에 불과하지만 성매매로 연결될 확률은 매우 높은 수준임을 알 수 있다.

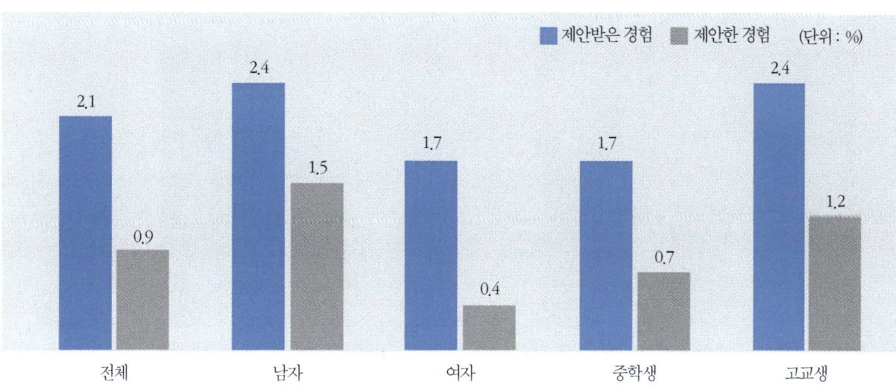

그림 13-3 조건만남 경험률('11년)

		제안받은 경험			제안한 경험		
		사례수 (명)	경험률 (%)	성매매로 연결	사례수 (명)	경험률 (%)	성매매로 연결
전체		5,107	2.1	24.7	4,868	0.9	58.3
성별	남자	2,595	2.4	35.9	2,455	1.5	67.6
	여자	2,512	1.7	9.3	2,413	0.4	16.5
교급	중학생	2,499	1.7	18.4	2,405	0.7	36.6
	고교생	2,608	2.4	28.9	2,463	1.2	71.2

표 13-2 조건만남 경험률('11년)

③ 조건만남 제안경로

조건만남을 제안받은 경로는 친구나 선후배의 소개가 26.0%, 휴대폰을 통한 채팅/문자 메시지가 25.9%로서 유사한 수준이었고, 이어서 길거리/공원(16.6%), 채팅/이성교제 사이트(15.6%), 식당/술집/나이트클럽 등 업소(12.0%), 조건만남 전화서비스(2.1%)의 순이었다. 휴대폰과 컴퓨터(인터넷)가 청소년들의 조건만남의 주요 경로가 되고 있음을 알 수 있다.

성별로는 남자는 친구나 선후배의 소개, 식당/술집 등 업소의 응답률이 여자는 길거리/공원, 채팅/이성교제 사이트, 휴대폰 채팅/문자메시지의 응답률이 상대적으로 높은 편이었다. 학교급별로는 '휴대폰 채팅/문자 메시지' 라는 응답은 중학생이 41.8%에 달하는 반면, 고교생은 15.3%에 머물렀다. 조건만남을 위한 휴대폰의 활용도가 중학생이 고교생에 비해 월등하게 높은 수준임을 알 수 있다.

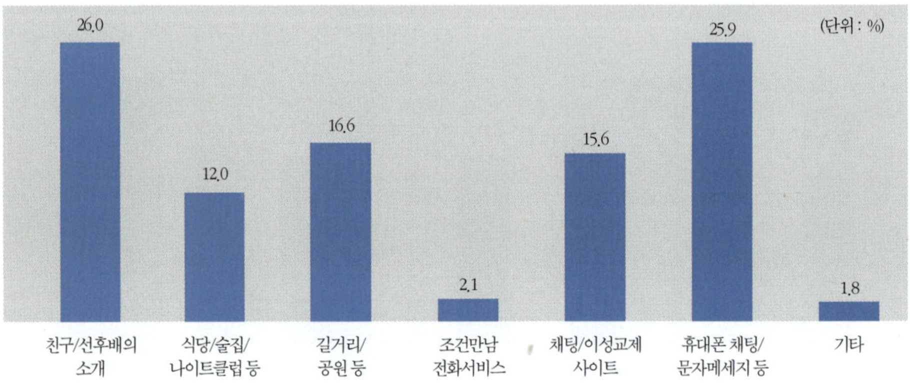

그림 13-4 조건만남 제안 경로

		사례수(명)	제안받은 경로(%)						
			친구나 선후배의 소개	식당/술집 나이트 클럽 등 업소에서	길거리/공원 등에서	조건만남 매개전화 서비스	채팅/이성 교제 사이트 등	휴대폰 채팅/문자 메시지 등	기타
전체		105	26.0	12.0	16.6	2.1	15.6	25.9	1.8
성별	남자	62	31.8	16.7	12.8	3.6	10.5	21.5	3.1
	여자	43	17.6	5.2	22.1	0.0	22.9	32.2	0.0
교급	중학생	42	30.2	5.4	10.6	0.0	12.0	41.8	0.0
	고교생	63	23.2	16.4	20.5	3.6	18.0	15.3	3.0

표 13-3 조건만남을 제안 경로

3. 청소년 성매매

(1) 청소년 성매매 vs 원조교제

① 정의

최근의 청소년 성매매(매매춘)은 유흥업소나 사창가와 같은 고전적인 공간을 벗어나 '사이버공간'을 활용한 일명 원조교제가 대표적인 유형이다. 청소년 성매매란, 남녀 청소년과 성인 간 일회성 매매춘을 의미한다.

원조교제란, 주로 10대의 소녀들이 자신보다 나이가 많은 성인 남성의 '원조'를 받는 대신 '교제'를 해 주는 행위이다. 원조란 용돈을 준다거나 물건을 사 주거나 술을 사 주는 등의 경제적 이익을 제공하는 것을 말하고, 교제는 단순히 같이 술을 마셔주거나, 같이 놀러가 주는 것에서부터 각종 성적 서비스와 신체접촉, 성교 등을 해 주는 것을 말한다.

사창가
매매춘을 하는 지역

② 기원

원조교제라는 말이 국내에 알려지기 시작한 것은 지난 90대 중반이다. 1992년 일본 언론들에 의해 이름 붙여진 원조교제를 국내 언론들이 일본인의 성적 타락을 한심해하는 어조로 다뤘던 것이 그 시발점으로 파악되고 있다.

국내에서 본격적으로 원조교제의 징후가 감지되기 시작한 것은 1997년경으로 추정되고 있다(중앙일보, 2000, 1). 1990년대 말 국내에는 '거짓말'과 같은 원조교제를 다룬 영화들까지 등장하면서 더욱 대중에게 알려지게 되었다.

우리나라에서 나타나고 있는 원조교제는 40 · 50대의 남성들이 10대의 소녀들에게 용돈이나 선물을 주고 지속적인 관계를 유지하는 일본의 그것과는 확연히 다르다. 우리나라의 원조교제는 상대의 신원을 알 수 없다는 점을 전제로 하고 돈과 성을 주고받는 일회적 만남인 경우가 대부분인 것이다(조선일보, 2000, 2).

서울지방검찰청(2001)의 청소년 성매매 사범의 실태분석에 의하면, 원조교제에서 '원조'와 '교제'는 없고 단지 '1회성 매춘행위'만 있다는 점에서 '청소년 성매매' '청소년 매매춘'이라는 표현이 더 정확하다.

강제추행
고의적으로 폭행 또는 협박으로 사람을 추행하는 범죄 행위(강제추행죄)

강간
가해자가 자신의 성기를 피해자의 생식기에 강제로 삽입하는 행위

③ 대상

꼭 어린 여성만이 원조교제를 한다고 할 수는 없다. 어린 남학생이 돈 많은 성인여성을 상대로 원조교제를 하는 '역원조교제'(예, 영화 '바람난 가족')도 심심치 않게 적발되고 있고, 또는 동성애적 기질을 가진 성인남성을 대상으로 성적 접촉을 하는 원조교제도 있을 수 있다. 따라서 원조교제는 넓은 의미로 '청소년과 성인 간의 원조교제'라는 표현이 더욱 정확한 의미가 된다.

미성년자
만 19세 미만(청소년 성보호법 기준). 아직 심신의 발육이 충분하지 않아 판단능력이 부족한 민법상 행위무능력자이므로 법으로 보호한다.

④ 특징

사적 매춘: 광고, 폰팅, 인터넷(채팅클럽)을 통해 이루어지며 최근 들어서는 거의 인터넷 채팅방을 통해 이루어진다. 이는 은밀함과 익명성 보장, 장소, 계층, 남녀노소를 가리지 않고 확산되고 있다.

자발적인 개입 : 향락성 아르바이트(동아일보, 2002. 2)로 주로 이루어진다.

[원조교제 커뮤니티도 있었다 …청소년에 무차별 노출된 사이버 성매매]

출처: 인터넷 inew/국순신 기자, 2004. 6. 4일자, 19:33

지난해 말 원조교제를 하는 10대 여성들을 대상으로 한 인터넷 커뮤니티가 등장, 3개월 이상 운영됐던 것으로 드러나 충격을 안겨주고 있다. 그동안 인터넷공간의 성매매가 청소년에게 노출됐다는 지적을 받았으나 이 커뮤니티의 등장으로 청소년들이 버젓이 성매매의 한 축을 이루고 있는 것이 사실로 드러났다.

성매매의 온상이 된 이 커뮤니티는 인터넷업체 A사의 좋은 조건 좋은 만남, 인터넷에서 성매매를 의미하는 속어 조건만남을 풀어쓴 이름이다. 조건만남은 남녀 양측이 조건을 내걸어서 만난다는 뜻.

좋은 조건 좋은 만남에서 성매매는 더 이상 감출 대상이 아니었다. 이 커뮤니티는 오히려 회원들이 성매매에 관한 각종 정보를 제공, 타 회원들이 불이익을 당하지 않도록 설명해주는 공간이 마련될 정도로 회원들은 성매매 사실을 당당히 드러내놓고 있다.

이곳에는 각종 성매매 관련 피해사례들이 가득했다고 한다. 성매매를 하지 말도록 경각심을 유도하는 게 아니라, 어떻게 해야 성매매를 잘 할 수 있는지에 대한 사례들이 많았다는 것. 예를 들면, 어떤 남자를 만났는데 이상한 걸 자꾸 요구하면서 계약조건을 어긴다 혹은 돈을 줄 것처럼 말해놓고선 약속했던 돈을 주지 않았다, 경찰이라고 남자가 우기면서 폭력을 행사한다 류의 글이 게재돼 있었다. 글을 읽은 회원들은 자신이 겪었던 경험담과 함께 각종 위기 대처법들을 댓글로 올려놓기도 했다.

특히 이놈조심 게시판에는 성매매 시 조심해야 하는 남자들의 리스트가 게재됐다. 심지어 어느 회원은 '지금껏 만났던 사람들 중의 최악'이라고 적어놓은 다음, 남자의 인상착의와 휴대폰 번호, 자동차 등을 상세히 설명해 놨다. 또 커뮤니티 한쪽에는 '갠적으로 일이 젤 잘된다고 생각하는 요일을 말씀해 주세여~'라는 내용으로 설문조사도 실시되고 있다.

이 커뮤니티의 심각한 문제점은 성매매 알선 커뮤니티와도 연계돼 있다는 점. 단순히 정보교환 장소를 넘어서서 성매매를 알선해주는 장소의 기능을 수행하고 있다. 커뮤니티의 운영자가 바로 포주가 된 셈이다.

(2) 청소년 성매매의 원인

① 개인적 원인

- **가정불화, 결손가정** : 원조교제 청소년들 중에는 정상적인 가정의 학교에 다니면서 원조교제를 하는 청소년도 다수인 것으로 알려져 있다(장필화 등, 2002).
- **성폭력 등의 개인의 충격적 사건의 경험**(이해경, 이경성, 신현숙, 2004)이 원인이 된다.

② 사회문화적 원인

- **인터넷의 발달** : 인터넷의 음란 채팅방이 익명의 만남의 장소가 되고 있다.
- **성윤리 및 도덕성의 부재** : 성개방 풍조의 만연과 도덕성의 상실은 성매매를 쉽게 생

각하는 요인이 되고 있다.

③ 성적 서비스 산업의 다양화: 최근 단란주점 및 유흥업소 등의 증가로 인해 청소년들의 유입이 쉬워졌다.

④ 물질만능주의, 소비심리의 팽배 : 명품이나 핸드폰 문화의 발달로 경제적인 이유가 성매매를 부추긴다.

(3) 전통적 매매춘 vs 청소년 성매매

다음과 같은 이유로 전통 매매춘에서 얻지 못하는 매력을 청소년 성매매에서 얻을 수 있기 때문이다.

① '전통적 매매춘과는 구별된다.'

이들은 기존의 성매매 업소를 통한 성매매와 달리 청소년 성매매는 익명성이 보장되고 개별적으로 만남이 이루어지기 때문에, 청소년 성매매를 할때 수치심이나 죄의식을 덜 느낀다. 이들은 때로 놀이의 한 형태로, 혹은 아르바이트로 청소년 성매매를 한다.

② '돈을 쉽게 벌고, 번 돈은 내 마음대로 쓸 수 있다.'

유행에 민감하고 '동조성' 이 강한 청소년들의 발달적인 특성을 겨냥하여 10대를 대상으로 한 소비시장이 급격히 늘어나면서, 청소년들의 소비규모가 점점 더 커지고 자연히 용돈에 대한 욕구가 증가하게 되었다. 자신이 처한 가정환경에서 물질적인 욕구를 채울 수 없는 청소년들은 쉽게 돈을 벌 수 있는 원조교제에 매력을 느끼게 된다. 또한 전통형 매매춘은 화대를 업주나 업소에서 바치게 되는데 원조교제에서 번 돈은 모두 내 몫이라는 것도 10대들을 유혹하게 한다.

③ '가정생활과 학교생활을 유지하는 데 어려움이 없다.'

원조교제는 청소년이 윤락 업주에게 얽매어 있거나 윤락 업소에 소속되어 있지 않은 상태에서도 가정과 학교생활을 유지하면서 할 수 있다는 매력을 안고 있다.

④ '대상을 선택할 수 있다.'

원조교제는 친구, 선후배 혹은 자매 간의 소개로 이루어지거나 전화방, 채팅 등의 통신을 통해 이루어진다. 이 과정에서 상대방에 대한 신원을 확인하고 교제에 대한 대가를 정한 후에 원조교제의 여부를 결정하므로 본인의 의사에 의해 상대방을 선택할 수 있는 권한을 가진다.

⑤ '비밀스럽게 진행된다.'

원조교제는 1:1로 은밀하게 이루어져서 신분 노출이 잘 안 되고, 단속이 잘 되지 않는다. 간혹 집단으로 이루어지는 경우도 있으나 대부분 은밀하게 이루어진다.

4. 청소년 성보호법

청소년성매매와 관련된 법률로써 「아동 · 청소년성보호에 대한 법률(약칭 청소년성보호법)」이 2000년도에 제정된 이후로 2006년과 2012년, 2015년에 각각 개정되었다. 2012년에 개정된 청소년보호법은 2006년에 비해 성을 사는 자, 알선하는 자, 알선을 업으로 하는 자에게 처벌이 더 강화되었다.

표 13-4 청소년성보호법(2012)의 개정 전후의 비교

항 목	청소년성보호법(2012)	청소년성보호법(2000, 2006)
청소년연령	만 19세 미만	만 19세 미만
청소년 성을 사는 자	1년 이상 10년 이하 징역 또는 2천만원 이상 5천만원 이하 벌금 신상공개	3년 이하 징역 또는 2천만원 이하 벌금, 신상공개
청소년의 성을 사는 행위 알선자	7년 이하의 징역 또는 5천만원 이하의 벌금, 신상공개	5년 이하의 징역 또는 3천만원 이하의 벌금, 신상공개
알선업으로 하는 자	7년 이상 유기징역, 신상공개	5년 이상 유기징역, 신상공개
청소년	형사처벌면제, 소년법상 보호처분, 신상공개금지	형사처벌면제, 소년법상 보호처분, 신상공개금지

13-1-2. 상담사례

13-1-2-1. 가출 학생이 노래방에 있습니다. (박경준(상담교사), 남, 40대)

성고민 및 문제

저는 학교에서 상담교사로 일하고 있는데, 학교에서 몇 개월 전에 가출을 하여 소재를 모르고

있던 아이에게서 갑자기 전화가 왔습니다. 가출 후 지방의 한 도시로 가서 어느 노래방에 도우미로 취직을 하게 되었는데, 노래방 주인이 손님들과의 2차 매춘행위를 강요한다네요. 2차를 나가려 하지 않자, 지금까지 먹여주고, 재워주고, 기타 비용으로 자신에게 900만원의 빚이 있다면서 장부까지 보여주며, 매춘 행위를 강요한다고 합니다. 아이는 이제는 그러한 생활을 청산하고 싶은데, 그곳을 벗어나고 싶어도 이 빚을 다 갚아야 나갈 수 있다고 협박을 하여 빠져나가지 못하고 있다고 합니다. 아이가 울면서 자신이 잘못했다고 하며 이러한 악덕 주인으로부터 자신을 구출해 달라고 전화가 왔는데, 이러한 경우에 어떻게 하는 것이 가장 현명한 것인지 방법을 알려 주시면 고맙겠습니다.

상담자 답변

내담자 맞아들이기

참으로 어려운 상담을 맡으신 것으로 생각이 됩니다. 하지만 우리 친구가 그토록 어렵고 절박한 상황에서 상담선생님에게 도움을 요청할 정도라면 평소에 선생님께서 참으로 평소에도 도움을 줄 수 있는 좋은 상담선생님으로 인식되어 있으리라 생각이 되네요.

문제 명료화

현재 선생님의 경우는 가출학생을 이러한 유해업소에서 구출해내고 동시에 그 과정에서 지게 된 빚을 어떻게 처리해야하는 것이 좋을지에 대해 상의하시고자 한 것으로 정리될 수 있을 것 같습니다. 이 부분에서 관련된 몇 가지의 법을 소개해 드리고, 그 조처방법에 대해 함께 논의해 보는 것이 좋을 것 같습니다.

청소년 보호법

먼저 나라에서는 우리 청소년들을 유해업소에 출입 또는 고용시키지 못하도록 법으로 규정하고 있습니다. 「청소년 보호법」(2015)에 의거하여 말씀을 드리면 청소년을 유해업소에 고용한 자에 대하여는 3년 이하의 징역 또는 2천만원 이하의 벌금에 처하도록 되어 있어서(제 29조 1항, 제58조 1항)법으로 청소년들을 보호하고 있습니다.

청소년성보호법

또한 「청소년성보호법」(2012, 2015)도 청소년을 유해업소로부터 보호하고 있는데, 이 법 제13조조에 의거하여 ① 아동 · 청소년의 성을 사는 행위를 한 자는 1년 이상 10년 이하의 징역 또는 2천만원 이상 5천만원 이하의 벌금에 ② 아동 · 청소년의 성을 사기 위하여 아동 · 청소년을 유인하거나 성을 팔도록 권유한 자는 1년 이하의 징역 또는 1천만원 이하의 벌금에 처해집니다.

법규의 적용

이러한 법의 규정으로 미루어 짐작하건데, 가출 학생을 힘들게 하고 있는 주인은 법적으로도 제재를 받을 충분한 근거가 있습니다. 일단은 노래방 주인을 구속하고 학생도 동시에 그 곳에서 빼내올 수 있는 방법으로 해당 경찰서에 신고하시어 구속하게 하면 주인은 절차에 의하여 법적인 제재를 받게 될 것입니다.

상담 종결

우리 친구가 이러한 과정을 통하여 지내던 노래방에서 벗어났을 경우 외형적으로나 내형적으로나 우리 친구는 많은 과정을 통하여 몸과 마음이 상처를 받았을 것이고, 많이 변해 있을 것으로 추측이 됩니다. 이제부터가 참으로 선생님의 손길이 진정 필요로 하는 상황일 것입니다.

13-1-2-2. 용돈이 부족해서 단란주점에 나가요. (김소영, 여, 고)

성고민 및 문제

저는 고 1입니다. 지금 단란주점에서 아르바이트를 하고 있어요. 중학교 때 친구들은 옷도 메이커만 입고 다니는데, 전 신발도 가방도 모두 이름이 없는 데서 산 것이어서 창피했습니다. 엄마한테 용돈을 올려달라고 했지만 절대로 안 된다고 하시면서, 공부하는 학생이 무슨 돈이 그렇게 많이 필요하냐고 하는 거예요. 그러던 중에 반에 잘 친하지는 않은 친구였지만 제게 아르바이트를 해보라고 권해주었어요. 단란주점에서 노래만 부르면 된다고 하면서 자기도 지금 나가고 있다고 했습니다. 그래서 지난해 겨울부터 단란주점에 나가기 시작했어요. 처음에는 너무 어색하고 쑥스러웠는데, 점점 익숙해지면서 돈도 많이 벌 수 있어서 좋았습니다. 그래서 친구들에게 제가 저녁도 한턱내고, 영화도 보여줄 수 있었어요. 백화점에서 옷도 몇 벌 사서 엄마가 의심했지만, 엄마는 메이커 이름을 잘 모르기 때문에 얼마나 비싼 건지 모르셔서 용돈 아껴서 산 거라고 말하니까 기특하게 생각하셨습니다. 그런데 점점 단란주점에 오는 손님들이 자꾸 같이 나가자고 그래요. 주인아저씨도 이제 그 정도 했으면 나갈 때도 되지 않았느냐고 하시고, 친구도 나갔다 오면 돈을 더 많이 받아서 좋다고 얘기했습니다. 그렇지만 전 같이 나가서 자고 싶지 않아요. 또 고등학교에 와서 새 친구들을 사귀게 되어서 이제 새롭게 시작하고 싶다는 생각이 들고, 이제는 단란주점에서 일하고 싶지 않지만 아직도 엄마는 제 용돈을 올려주지 않으셔서 전 단란주점을 계속 나가게 되요. 또 비싼 옷을 사는 것도 스트레스 해소가 되는 것 같고, 편의점이나 패스트푸드점 아르바이트를 알아보니까 제가 지금 나가는 데보다 훨씬 적게 주어서 그 돈을 벌려고 그렇게 힘들게 일하는 게 싫다는 생각이 들어요. 이제는 술 따르고, 노래 부르기도 싫고 그만두고 싶고, 그리고 새로운 친구들에게 이런 이야기를 하고 싶지도 않고, 늘 돈이 부족한 것 같구 새로운 생활도 하고 싶은데. 어떻게 하면 좋죠?

상담자 답변

내담자 맞아들이기

친구들이 비싼 상표의 옷을 입을 때 자신만이 뒤처지는 것 같다는 생각이 들었겠군요. 부모님께 이야기했을 때, 낭비를 하고자 하는 것이 아니라 다만 친구들과 함께 하고 싶다는 생각에서 용돈을 올려달라고 한 것인데 이해하지 못하시는 것 같아 많이 속상했겠어요.

문제 명료화

단란주점에 아르바이트를 나간 건 단지 용돈을 벌어서 친구들과 어울리기 위해서였지만, 지금은 이제 고등학교에 진학하고 새로운 친구들을 사귀기 시작하면서 자신도 새로운 생활을 하고 싶다는 생각에서 그만두고 싶어 하는 것 같다는 생각이 드는군요. 그렇지만 전처럼 돈을 다른 일을 하는 것보다는 쉽게 벌고 그만큼 많이 쓸 수 있는 생활에 익숙해져서 이제는 패스트푸드점이나 편의점 같은 곳에서 힘들게 일해서 적게 벌어 용돈을 충당하는 것이 어렵게 느껴지겠지요.

자신의 소비 성향에 대한 이해

우선 사신이 단란주점에서 아르바이트를 하는 것은 쉽게 돈을 벌어서 원하는 대로 소비하고 싶다는 욕구에서 시작된 일이겠지요. 자신의 소비생활을 한번 점검해보세요. 한 달에 어떤 용도로 얼마만큼의 돈을 쓰고 있는지 체크해보고 자신이 꼭 필요한 일에 돈을 쓰고 있는지 만약 그렇지 않다면 필요하지 않은 일에 돈을 얼마만큼 사용하고 줄일 수 있는 부분은 어떤 부분에서 소비를 줄일 수 있는지 점검해보는 것이 좋을 것 같습니다. 또 옷을 사거나 좋은 학용품 등을 구입할 때 자신이 원해서 사는 것인지 아니면 친구들에게 과시하고 싶어서인지도 생각해볼 필요가 있습니다. 중학교 때 친구들과 어울리는 동안 자신은 살 수 없는 것을 친구들이 사서 자랑하거나 할 때 자신의 심정이 어떠했는지를 떠올려보세요. 새로운 친구들을 사귈 때 자신의 외적인 모습보다는 자신을 이해해주고 이야기를 할 수 있는 친구를 만나고 싶다면, 스스로도 그러한 부분에 큰 가치를 두고 있게 되면 친구들을 사귀기가 어려워지겠지요.

나의 가치관 탐색

단란주점에서 일하면서 여러 가지 불쾌한 경험을 하게 되고, 그래서 돈을 더 많이 받는다고 생각을 하겠지만 스스로가 어른이 되어서 어떤 일을 하고 싶은지를 잘 생각해보아야 할 것 같군요. 청소년기에 비록 편의점이나 패스트푸드점이 일이 힘들다 하더라도 힘든 일을 통하여 얻은 성취감이 그 돈의 액수보다도 더 소중한 이유는 그러한 경험들이 나중에 어른이 되어서 자신의 미래를 가꾸어 가는데 더 큰 도움이 되기 때문일 것입니다. 부모님은 아직 소연이가 단란주점에서 아르바이트를 하고 있다는 사실을 모르고 계시는군요.

부모님께서 용돈을 너무 적게 주신다고 생각된다면, 소연이의 부모님께 다시 한번 용돈을 더 받고 싶다는 진지하게 이야기를 해보는 것도 좋겠습니다. 소연이가 친구들도 사귀고 할 때 용돈이 부족해서 어려움을 겪는다는 것을 솔직하게 이야기하고 그때는 부모님께 화를 내거나 하면서 이야기하는 것보다는 부모님이 진정으로 이해해주셨으면 하는 바람에서 이야기를 시작하는 것이 좋겠지요. 또 부모님께 무작정 용돈이 너무 적다고 이야기하는 것보다는 교통비로는 한 달에 어느 정도를 쓰고, 학용품이나 참고서를 사는 데는 얼마만큼의 돈이 필요한지를 구체적으로 종이에 적어 보는 거예요. 소연이가 깊이 생각하고 또 부모님과 진지하게 이야기하고 싶다는 의사를 분명하게 밝힌다면 부모님도 이해해 주실 거라고 생각됩니다.

결단 촉구

소연이가 진정으로 단란주점에서 아르바이트하는 일을 그만두고 싶다는 생각을 가져야 됩니다. 단란주점이라는 곳에서 여러 종류의 손님들을 대하면서 친구들과의 교제에서 느낄 수 없었던 수치감이라든지 불쾌함을 느끼지요. 그렇게 되면서 더 스트레스를 받고 그러면서도 다시 단란주점에 나가서 돈을 버는 일이 계속 반복되지 않도록 단호히 단란주점 아르바이트를 그만두어야 합니다. 반드시 돈을 벌거나 손님들을 대할 때 느끼는 스트레스 때문만이 아닙니다. 소연이가 할 수 있는 아르바이트 중에서 단란주점과 같은 유흥업소에서는 소연이와 같은 미성년자는 법적으로 일을 할 수가 없게 되어 있답니다. 소연이가 계속 단란주점에서 일을 한다면 끊임없이 소연이에게 함께 나갈 것을 권유하는 어른들과 주인아저씨의 유혹을 견디기 힘들 수 있으며, 본인의 의지와는 관계없이 그 상황에 따라 함께 나가게 될 수 있습니다. 많은 돈을 준다고 하더라도 유흥업소에서의 성경험을 하는 것은 지금 현재로서도 또한 성인이 되어서도 소연이에게 결코 좋은 영향을 미치지 못할 것입니다.

상담 종결

소연이가 이제는 자신이 결심을 하고 행동으로 옮겨야 할 때인 것 같군요. 빠른 시기에 결심을 하고 신중하게 부모님과 상의하여 소연이가 원하는 친구관계나 소비생활을 할 수 있기를 바랍니다.

주제 2. 동성애

13-2-1. 이론강의

1. 동성애와 이성애

대부분의 사람은 이성에 대해 성적 감정을 느끼지만, 어떤 사람은 동성에 대해 성적 감정을 느낀다. 오늘날 동성애는 **성적 지향성**(sexual orientation)의 문제로 간주된다(DSM-Ⅵ, 1994). **성적 지향성**이란 성욕구를 느끼는 대상이 누구인가하는 것이다. 즉, 이성에게 성욕을 느끼는가, 동성에게 성욕을 느끼는가를 말한다.

성적 지향성
성욕구를 느끼는 대상이 이성 혹은 동성으로 향하는가를 뜻한다.

(1) 동성애란?

동성애(homosexuality)란 "같은 성인 누군가에게 성적인 그리고 감정적인 매력을 지속적으로 느끼는 것"을 뜻한다. 오늘날 동성애는 다양한 성 표현(sexual expression)의 일부분이며, 성적 지향성의 문제로 간주된다. 남성 동성애자는 게이(gay), 여성 동성애자는 레즈비언(lesbian)라 불린다. 자신이 동성애자라는 인식은 아동, 청소년기에 처음 하게 된다. 그러나 실제 많은 수의 청소년이 동성에 대한 성적 감정을 느끼거나 성적인 경험을 할 수 있지만, 이들 모두가 동성애자는 아니며, 소수만이 진정한 동성애자가 된다.

레스비언(lesbian)의 유래

기원전 6세기 서정시인 사포가 소녀와 동성애로 자살. 레스포스섬의 사람들이란 뜻. 여성 동성애자를 일컬음.

참고자료

■ 사회적 문제로서의 동성애

"홍석천때문에 한국사회 동성애 인식변화"

[일간스포츠] 뉴욕타임스(NYT)는 1일 인터넷판에서 3년 전 커밍아웃한 탤런트 홍석천 씨(32)와 이를 계기로 동성애를 바라보는 한국 사회의 변화된 시각을 다뤘다.

NYT는 기사에서 동성애의 존재조차 모르거나 외국병으로만 간주되던 동성애 개념이 홍 씨의 커밍아웃으로 한국 사회에 도입됐다고 지적했다. 신문은 3년 전 커밍아웃 후 TV 출연이 금지됐던 홍씨가 TV드라마 복귀를 준비 중이며 이는 한국사회가 경험하고 있는 급격한 사회변화의 또 다른 상징이라고 해석했다. 홍씨는 NTY와의 인터뷰에서 "3년 전 커밍아웃했을 때 국민들 가운데 60% 정도가 나를 적대적으로 대했다." 당시를 회상하고 "이제는 그 반대이다. 나의 커밍아웃을 계기로 한국인들은 동성애를 받아들이기 시작했다."고 강조했다.

장국영 삼각동성애 갈등 끝 자살…유서공개

장국영

"장국영의 자살 이유는 동성애 삼각관계 때문?"

장국영이 1일 오후 7시 6분(한국시간 오후 8시 6분) 홍콩의 한 호텔에서 투신자살한 배경이 조금씩 밝혀지고 있다. 홍콩과 대만 언로들은 그의 자살 이유를 "남자"때문이라고 관측하고 있다.

대만의 주요 일간지인 중앙사(中央社)는 장국영은 유서에 당선생과 한 명의 20대 남자 사이에서 어떻게 선택을 해야할지 몰라 자살했다."고 보도했다. 싱가포르의 유력자인 '스트레이트 타임스'도 2일 홍콩스타 장국영이 자살을 결심한 이유가 그가 지난해 남자 연인과 헤어졌기 때문일 가능성이 크다고 보도했다.

대만 언론이 보도한 유사의 전문은 아래와 같다. "한 명의 20대 청년을 알았다. 그와 '당당'사이에서 누구를 선택해야될지 몰라 아주 괴롭다. 그래서 자살하려고 한다."

현지 언론이 보도한 '당선생'은 장국영이 최근 자신과 절친한 사이라고 고백한 은행원 출신으로 알려진 '당학덕'이라는 인물이다. 장국영은 당학덕과 함께 공개석상에 자주 모습을 드러냈다.
홍콩 언론은 2001년 10월 7일 '수도폭광'에서 장국영과 '당학덕'이 손을 맞잡고 찍은 사진을 폭로하면서 두 사람 간의 감정이 (중략)

참고자료

■ **호모/게이/드랙퀸/성전환자**

호모
'호모'는 동성애를 뜻하는 'homosexual'에서 유래한 말인데, 일반인들이 동성애자를 지칭하는 용어 가운데 가장 흔하게 사용하는 말입니다. 하지만 우리나라에서는 이 '호모'라는 단어가 상당히 모욕적인 단어로 사용되어 남성 동성애자를 지칭하는 용어로 쓰이고 있습니다.

가령, 어떤 사람에게 "너 호모니?", "저 사람 호모 같아"라고 말할 때, 그것은 그 사람에 대한 비하나 무시, 업신여김 등을 밑바닥에 깔고 이야기하는 것입니다. 그러므로 우리나라에서는 '호모'라는 말이 남성 동성애자들을 향한 일종의 욕으로 인식되기 때문에, 우리나라의 남성 동성애자들은 '호모'라고 불리우는 것을 상당히 싫어합니다. ('호모'라는 단어가 그렇게 변질된 이유는 일반인들의 '동성애 공포증' 때문이겠죠.)

게이, gay
동성애자를 뜻하는 긍정적이고 일반적인 말은 '게이'라는 단어입니다.(이것도 미국의 경우이고, 아직까지 우리나라에서는 여장남자를 게이로 알고 있는 경우가 많음), '게이'라는 말은 원래 남녀 동성애자 모두를 지칭하는 용어인데 우리나라에서는 남성 동성애자에 국한하여 사용하고 있습니다.

드랙퀸, drag queen, 드랙킹, drag king
여장 남자를 '드랙퀸', 남장 여자를 '드랙킹'이라고 칭하고, 성전환자는 트랜스(transsexual 혹은 transgender의 약자)라고 한다. 이성애, 동성애, 성전환자와 달리 '드랙퀸'은 선택적인 것이고, 일종의 라이프 스타일과 관련된다.

성전환자 또는 트랜스
동성애에 대한 이해가 부족한 사회에서는 동성애자와 트랜스를 동일하게 여기는 경향이 있다. 어떤 분들은 여자 같은 게이, 남자 같은 레즈비언을 트랜스라고 하기도 하고, 또 다른 분들은 동성애자의 극단적인 모습이 트랜스라고 하기도 하는데 이것은 잘못된 생각이다. '성전환자(트랜스)'란 남성이나 여성의 신체를 지니고 태어났지만 자신이 반대 성의 사람이라고 여기는 사람들을 가리킨다. 성전환자 중에서 동성애자가 있을 수 있고, 이성애자가 있을 수 있다.

게이
동성애자를 뜻하는 단어. 원래 남녀 동성애자 모두를 지칭하는 용어인데 우리나라에서는 남성 동성애자에 국한하여 사용한다.

레즈비언
여성 동성애자

동성애
같은 성인 누군가에게 성적, 감정적 매력을 지속적으로 느끼는 것을 말한다.

(2) 동성애에 대한 오해

동성애는 정신장애에 대한 진단 및 통계편람(DSM-Ⅴ, 1994)에서 이상 성행동(성도착)이 아닌 성적 지향성(sexual orientation)의 문제로 간주한다. 동성애가 이상 성행동으로 분류되지 않는 경우는 **자아-동질적**(ego-syntonic) **동성애자**로서, 동성애를 하는 것 때문에 괴로움을 겪는다거나 동성애 선호 경향을 바꿀 의지가 없는 경우이다. 반면에 이상 성행동으로 분류되는 경우는 **자아-이질적**(ego-dystonic) **동성애자**인 경우는 이상 성행동으로 분류되는데, 이 경우는 이성 간의 관계를 원하면서도 어쩔 수 없이 동성애를 하게 되거나 동성애 때문에 주관적인 괴로움을 경험하는 것을 말한다. 즉 자신의 의지와는 상반되게 동성애에 집착하게 되는 것을 말한다.

참고자료

■ 100년 만에 인정받은 동성애-오스카 와일드

오스카 와일드 사망-1900년 11월 30일

파리 이름없는 작은 여인숙에서 나그네 한 사람이 숨을 거두었다. 여관집 주인의 조화밖에 없었던 초라한 장례식. 후세 문명사가들은 그러나 이 장례식을 '19세기 도덕주의의 거대한 의식' 으로 부른다. 죽은 이가 바로 남색을 탐한 죄로 하루아침에 심연 속으로 추락한 천재 예술가였기 때문이다. (이어령)

런던 심장부 트라팔가 관장, '해가 지지 않는 제국' 의 영웅 넬슨 제독상이 굽어보이는 곳에 지난해 12월 한 인물의 흉상이 제막됐다. 제막식 축사는 '나는 동성연애자' 라고 밝힌 영국 문화부 장관, 한세기 전 '동성연애죄' 로 2년 옥살이를 마치고 파리로 달아났던 와일드가 8년 만에 부활한 것이다.

'세상은 놀랍도록 즐거운 곳. 그곳에 그냥 머무는 것은 지루할 뿐이다. 하지만 그곳에 있지 못한다는 것은 정말, 비극이다.' 자신의 최고 걸작으로 꼽히는 마지막 희곡, '진지함의 중요성'(The Importance of Being Earnest)에 삽입된 대사는 스스로를 말한 것이었을까. 그의 인생은 세상 속에 '그냥' 머물기에는 너무 뛰어났고, 청교도적 도덕심으로 중무장된 19세기 말을 살아내기에는 너무 대담했다. 19세기 도덕주의와 교조적 기독교의 눈으로 오갈 데 없는 이단자였다.

동성애는 오래도록 도덕적, 법적 금기로 여겨져 왔다. 헤브리즘은 자유로운 인간의 성적 표현으로 동성애를 관용했지만 로마제국 이래 유럽을 지배해온 기독교 정신은 동성애를 독선과 배덕으로 간주했다. 더블린 명문가 출신으로 옥스퍼드를 나온 천재 작가 와일드는 결혼하고 자녀 셋을 두었으나 뒤늦게 연하의 귀족 남성과 나눈 동성애 스캔들로 일생을 오욕 속에 마치게 된다.

와일드 복권은 20세기가 세계 시민에게 내놓은 키워드, '다양성 인정' 과 '관용' 이다. 중세 종교 재판에서 이단-마녀로 몰린 사람들이 몇 백년 만에 복권되듯, 동성애에 내려진 도덕적 비난과 법적 구속은 인간의 고유한 성적 주체성의 확보라는 시각에 밀려나고 있다. 동성애(homosexual)의 반대말은 이제 정상(nomal)이 아니라 이성애(heterosexual)다. 동성애와 인간의 정치적 함의를 뚜렷하게 드러내는 변화다.

미국에서 가장 자유주의적인 분위기가 짙은 샌프란시스코, 이 도시 주제가라고 할 '머리에 꽃을 꽂으세요' 는 동성애와 반전 · 평화 · 인권을 한 줄로 꿴다. 1970년대 이 도시가 낳은 플라워 칠드런(꽃의 아이들)은 개인적인 삶과 정치는 하나이며 인권확대를 요구했고, 1989년 세계 최초로 동성 부부등록을 받아주는 도시가 됐다. 샌프란시스코의 게이 거리, 카스트로 스트리트를 찾았던 명사 중 헐리우드 남성미를 상징하는 록 허드슨을 빼 놓을 수 없다.

1985년 후천성 면역결핍증(AIDS)으로 세상을 뜬 록 허드슨은 역설적으로 동성애자 권익 확보의 간판으로 등장했다. 1950년대 매력적인 남성미 우상이였던 그는 영화사 직원과 가짜 결혼까지 해가며 동성애를 숨기고 살았지만, 죽음에선 오스카 와일드보다 화려했다. 엘리자베스 테일러, 도리스 데이 등 영화 속 '연인' 과 팬들의 애도속에 눈물로 용서받으며 동성애 인권을 대변했다. 한 세기 동안 '우리' 가 만들어 낸 변화다.

(3) 동성애의 원인

사회문화적 원인 : 동성애를 이상 성행동으로 간주하게 되는 중요원인은 문화와 관련이 있다. 헤브리즘 문화에서는 동성애에 대해 터부시하지 않지만, 기독교 문화에서는 생식과 관련이 없는 동성애 문화에 대해 금기시하고 있다. 이런 문화의 영향은 오늘날 동성애를 이상 성행동으로 간주하게 된 중요 원인이 되고 있다.

환경적 원인 : 성정체감이나 성적 지향의 결정은 성장하면서 경험에 의해 영향을 받는다는 연구결과가 있다(이수원 외, 1992에서 재인용).

생물학적 원인 : 성호르몬은 성적 지향과 관련이 없다고 생각하는 학자들도 있지만 실제 성행동에서 성호르몬에 영향을 받는다는 연구결과들이 있다. 심리학 연구결과(이수원 외, 1992에서 재인용)에서 볼 때 이성애자의 경우는 성호르몬을 투여하면 이성에 대해 성적인 행동이 증가하나, 남성 동성애자의 경우 성호르몬을 투여하면 동성에 대한 성적인 행동이 증가한다. 즉, 성적 지향성은 호르몬의 영향을 받는다.

2. 청소년과 동성애

(1) 청소년들의 동성애 실태

■ 청소년들의 동성애 실태(이영선, 권보민, 이동훈, 2012)

전국의 중, 고 청소년들 2,205명을 대상으로 한 연구(이영선, 권보민, 이동훈, 2012)에서 동성과의 신체 및 성적 경험과 지속적인 사귐이 있다고 응답하여 동성애 유경험자로 분류된 청소년의 비율은 8.0%(177명)로 나타났다. 동성애 유경험자 중 성별로는 남자 2.2%(48명), 여자 5.9%(129명)로 나타났으며, 학교별로는 중학생이 4.6%(101명), 고등학생이 3.5%(76명)로 나타났다.

■ 전국 중, 고 청소년들의 동성애 실태(보건복지가족부, 2008)

① 동성애 경험률
전체 중 · 고 청소년 응답자 16,313명 중에 3.1%가 동성애 경험이 있는 것으로 나타났다. 이들 중에서 일반청소년은 2.0%, 위기청소년은 4.2%인 것으로 나타났다.

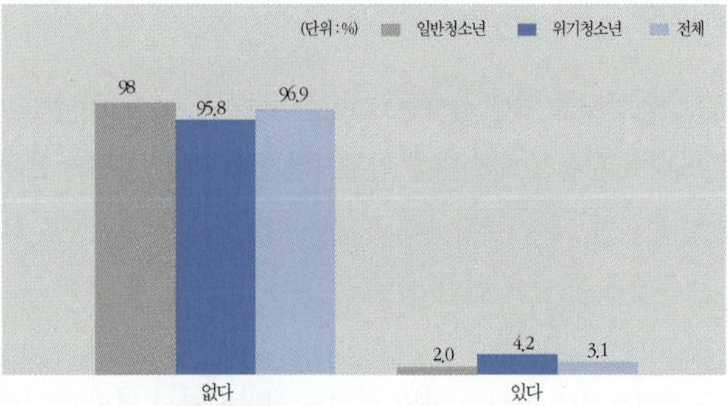

그림 13-5 동성애 경험 (단위: %)

*출처: 보건복지가족부(2008).

② 동성애 경험의 성차

- 일반청소년 : 일반청소년 14,716명 중에서 2.0%가 동성애 경험이 있다고 응답하였다. 그중에서 남자청소년은 2.1%, 여자청소년은 1.8%인 것으로 나타났다.
- 위기청소년 : 위기청소년 1,597명 중에 4.2%가 동성애 경험이 있다고 응답하였다. 그 중에서 남자청소년은 4.0%, 여자청소년은 4.9%인 것으로 나타났다. 학교별로 보면 중학교(6.3%)가 인문고(1.5%) 및 실업고(3.1%)보다 비율이 높았다.

표 13-5 동성애 경험 여부 (단위: %)

구분		일반청소년			위기청소년		
		사례수	없었다	있었다	사례수	없었다	있었다
전체		14,716	98.0	2.0	1,597	95.8	4.2
성별	남성	7,816	97.9	2.1	1,185	96.0	4.0
	여성	6,900	98.2	1.8	412	95.1	4.9
학교별	중학교	7,774	97.8	2.2	569	93.7	6.3
	인문고	5,079	98.5	1.5	197	98.5	1.5
	실업고	1,863	97.8	2.2	489	96.9	3.1

■ 서울시내 고등학교 2학년생들의 동성애 실태

아하청소년성문화센터(2007)에서는 서울시내 고등학교 2학년 청소년과 쉼터 청소년 1,077명을 대상으로 설문조사를 한 결과, 동성애 경험과 고민은 다음과 같다.

① 동성과의 성관련 경험

남녀 모두 '포옹'이 19.3%(여 27.6%, 남 9.7%)로 가장 많고, 그 다음으로 '사랑의 감정'이

7.8%(여 7.7%, 남 7.9%), '키스' 5.3%의 순으로 나타났으며, 그 외 소수이긴 하나 '기타'의 경험이 1.9%, '성충동경험'이 1.8%, '성관계경험'이 0.8%, '성폭력경험'이 0.2%로 각각 나타났다.

② 동성애에 대한 느낌과 고민

'동성친구에게 설레는 감정을 느낀 적이 있다'(여 7.6% 남 5.2%), '동성과 스킨십을 하고 싶다'(여 4.5%, 남 4.2%)의 순으로 대답했다. 또한 소수이긴 하나 청소년 중 1% 정도가 '성전환 수술을 하고 싶다'(여 1.2%, 남 0.8%)고 대답하였다.

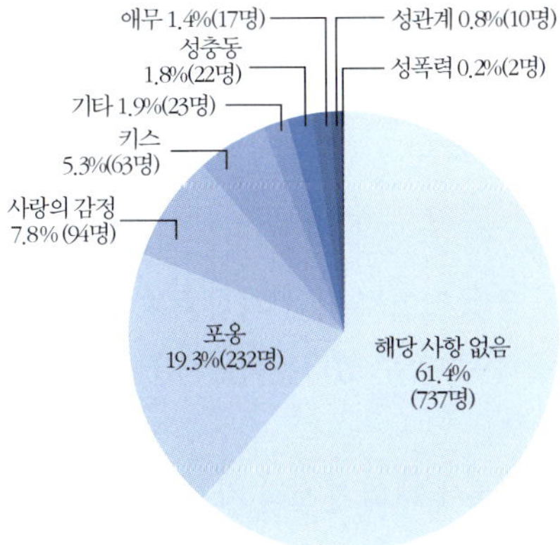

그림 13-6 동성과의 성관련 경험 (해당사항 모두 표시)

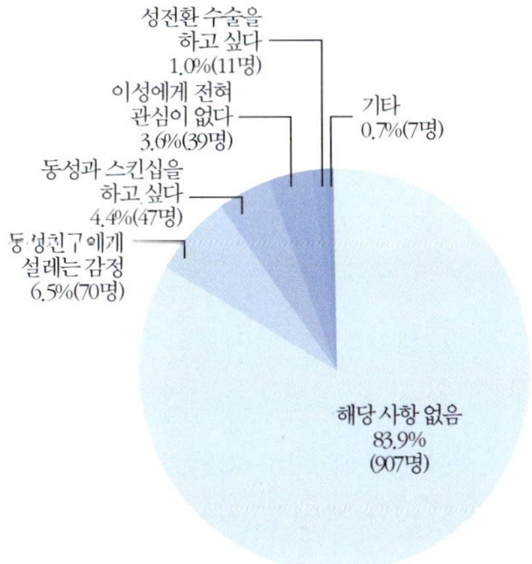

그림 13-7 동성애에 대한 느낌과 고민 (해당사항 모두 표시)

(2) 동성애 청소년들의 고민

한국 에이즈 퇴치연맹의 보고서 자료에 따르면, 한국 남성 동성애자 10만 명 정도로 추산되고 있다. 미국의 경우 청소년 자살의 30~40%는 동성애 문제 때문인 것으로 보고되고 있다. 동성애에 대한 사회적 인식의 많은 변화에도 불구하고 동성애 청소년들은 다음과 같은 걱정을 한다.

① 친구들과 다르다는 느낌
② 자신의 성 지향성(sexual orientation)에 대한 죄악감
③ 자신의 가족이나 사랑하는 사람들의 반응에 대한 걱정
④ 친구들의 놀림이나 조롱
⑤ 에이즈(AIDS), HIV 감염 및 다른 성병에 대한 걱정
⑥ 모임이나 스포츠 활동에 가입하거나, 대학 입학, 그리고 직업을 구할 때 차별 당하지 않을까 하는 두려움
⑦ 다른 사람들로부터 거절당하고 괴롭힘을 당하는 것

이와 같은 이유로 동성애를 인식한 청소년들은 사회적으로 고립되고, 친구들로부터 고립되며, 주의집중력이 떨어지며, 자존감이 떨어지는 것을 경험한다. 또한 우울증을 경험하며, 10대들의 상당수는 자살을 선택하기도 한다. 성지향성은 선택의 문제가 아니다. 즉, 동성애를 선택할 수 없는 문제이며, 모든 십대들은 성행동이나 생활방식의 표현에 있어서 선택할 권리가 있다. 대부분의 동성애 청소년들은 성정체감의 발달 외의 다른 문제에서는 이성애자 청소년과 유사한 발달과정을 경험한다.

(3) 동성애 청소년들을 위한 상담 및 개입방안

동성애 청소년들이 주변으로부터 배척당할 때 우울증에 걸려 사회적 부적응을 경험하거나 극단적으로는 자살을 선택한다는 점에서 이들에 대한 상담 및 몇 가지 지도방안이 필요하다.

① 사회적으로 고립되고, 활동과 친구들로부터 동떨어지며, 주의집중이 곤란하며 낮은 자존심, 우울증 등을 경험할 때, 자살을 선택할 수 있다는 점을 알고, 이런 고통의 신호에 대한 지식과 경각심을 가져야 한다.

② 부모 및 주변 어른들은 동성애 청소년들의 고통에 대해 정서적 지지를 필요로 한다.

③ 커밍아웃(coming-out)을 허용해야 한다.

④ 동성애로 인해 고민하는 청소년들은 상담을 받을 수 있지만, 성지향성을 바꾸는 방법은 옳지 않다.

⑤ 성지향성에 상관없이, 성 행동이나 생활 방식 표현에 있어서는 그들의 선택권을 인정해 줘야 한다.

성적 지향성 (sexual orientation) 성욕구를 느끼는 대상이 이성으로 향해 있는지 혹은 동성으로 향해 있는지의 문제

성적 정체감 (sexual identity) 생물학적으로 남성 혹은 여성으로서의 자신을 정체를 명확히 인식하는 것을 말한다.

커밍아웃 (coming-out) 자신이 동성애자임을 밝히는 것

13-2-2. 상담사례

13-2-2-1. 동성친구가 너무 좋아서 그애 생각만 해요. (김은구, 남, 고)

성고민 및 문제

저는 요즘에 고민이 많아 공부도 안 되고 어렵습니다. 그런데 누구에게 시원하게 물어보기엔 너무나 힘든 문제이기에 혼자 고민하다가 이렇게 문을 두드리게 되었습니다. 저는 지금 고등학교 2학년 남학생입니다. 제가 생각하기에도 저는 정상이라고 생각했었는데, 몇 달 전에 전학 온 친구가 있었는데, 너무나 남자답고 명랑하고 잘생기고 공부도 잘하고 못하는 운동이 없더라구요. 그러더니 전학온 지 두 달이 안되어서 인기 스타가 되어 버렸지요. 그런 친구를 시샘하고 싫어하는 친구들도 있지만, 저는 그 친구가 너무도 좋습니다. 하지만 가까이 가려고 하면 너무 부끄럽다는 생각도 들고 창피하다는 생각이 들어서 가까이 하지도 못합니다. 처음에는 제가 너무 나약하게 생겼고 키도 작고 몸도 말라서 그런 친구가 부러워서 좋아하는 줄 알았었는데, 점점 시간이 갈수록 우정과 부러움 이상의 감정이 마구 생기는 것이에요. 그 친구와 둘만이 있고 싶고 손도 잡고 싶고 그 친구가 안아줬으면 하는 충동까지 느껴집니다. 마치 제가 여자인것 같고 그 친구가 남자인 것 같은 그런 착각을 일으키면서요. 그래서 요즘은 그 친구가 보이지 않으면 불안하고 다른 친구들과 다니는 모습을 보면 심한 질투까지 느껴지고 한 번 그런 모습을 보면 머릿속에 공부고 뭐고 아무런 의욕도 의지도 사라져 버린답니다. 아무도 이런 제 마음을 모릅니다. 단지 제 속에서 혼자 고민하고 어려워 하고 있을 뿐이지요. 아마 친구들에게 이런 것에 대해서 이야기한다면 미쳤다고 할 거예요. 혹시 제가 동성애자가 아닌가요? 그전에는 예쁜 여자에게 눈길이 가기도 했는데 지금은 그 친구같이 몸도 좋고 잘생긴 남자만 지나가면 가슴이 쿵쾅거림을 느낍니다. 정말 제가 이상해지는 것 같은데, 이런 마음을 제가 통제할 수 없어서 너무나 고민이 됩니다. 정말 저는 어떻게 해야 되는 건가요? 저는 동성애자인가요?

상담자 답변

내담자 맞아들이기

지금 같은 반 친구에 대해 동성의 우정 이상의 감정이 느껴지는 것에 대해 당혹스럽고 걱정되시는 것 같이 보이네요.

동성애에 대한 설명

우선 동성애가 무엇인가를 설명드리는 것이 좋겠네요. 동성애자란 같은 성(性)을 가진 사람에게 성적인 매력을 느끼는 남성이나 여성을 말하지요. 동성애자(여기서는 Homosexual을 말하는데)란 단어는 '같다' 란 의미의 그리스어 단어와 '성' 을 의미하는 라틴어 단어를 조합한 것입니다. 이와 대조적으로 이성애자Heterosexual는 반대의 성을 가진 사람에게 성적인 매력을 느끼는 남성이나 여성을 말하지요.

동성애는 이성접촉에서의 불안이나 예전에 그렇지 않다가 갑자기 그리고 일시적으로 동성애 관심을 가진 경우가 있는가 하면 처음부터 동성애적 기질을 가지고 태어나는 사람도 있습니다. 아마 지금 상담을 원하는 학생의 경우 전에 그렇지 않았다는 내용에서 보면 처음부터 동성애적 기질이 있었던 것은 아니라고 봅니다.

태어날 때부터 동성애적 기질을 가진 사람이 있습니다. 하지만 지금 학생은 이성을 접촉할 기회가 있었는지에 대한 말이 없었기 때문에 잘은 모르겠지만 이성을 접촉할 기회가 없는 경우(예를 들면 기숙사 생활과 같은 동성 간의 집단생활, 군대, 감옥, 사춘기)에 일시적으로 나타나는 경우가 있습니다.

청소년기 동성에 대한 정상적인 관심

최근의 연구 조사를 보면 남학생의 경우 8.8%, 여학생의 경우 1.8%의 동성애적 경험이 있다고 했습니다. 많은 남자들이 사춘기 시절에 "혹 내가 동성연애자가 아닌가?" 하는 고민을 한 번쯤은 한답니다. 왜냐하면 항상 붙어 다니는 것이 남자이기 때문입니다. 그렇게 같이 친하게 다닌다면 어느새 본인도 다른 친구들의 선망의 대상이 될지도 모르고 그럼으로써 이성친구에게도 충분히 매력적일 수 있지 않을까 하는 생각이 듭니다.

상담 종결

동성애에 대한 생각은 과거보다는 많이 열려져 있다고 하지만 그래도 아직까지 우리나라에서는 동성애자들이 살아가는 데 겪어야 할 편견과 고통은 너무나 많습니다. 그리고 본인뿐만 아니라 가족에게도 엄청난 고통을 줄 수 있구요. 그러므로 자신이 동성에 대해 자꾸 마음이 끌린다고 생각되면 그것에 너무 몰두하거나 집착하기보다는 다른 관점의 새로운 일을 찾아보는 것이 좋지 않을까 생각되네요.

13-2-2-2. 자신이 동성애라는 것을 알게 되는 것은 언제인가요? (안재환, 남, 고)

성고민 및 문제

아는 사람이 동성애자라고 하는데요. 어느 날 가족에게 자신이 게이라고 폭탄선언을 했는데, 가족들은 너무 놀라 믿기지 않아 하고 있답니다. 저도 이야기를 듣고 놀랐고, 어느 날 갑자기 나도 동성애라는 걸 알게 되는 건 아닐까 하는 염려를 하게 됩니다. 어느 날 갑자기 자기 자신이 동성애자라는 걸 알게 되는 건가요?

상담자 답변

내담자 맞아들이기

갑자기 동성애자라는 선언을 하신 분이 있어서 주위 사람으로서 당황하셨나 봐요. 그리고 본인도 갑자기 동성애자를 걸 알게 되면 어떨까 하는 두려움이 있는 것 같네요. 하지만 갑자기 자신이 동성애자라고 생각되는 일은 거의 없습니다. 몇 가지 단계를 거치게 되지요.

동성애적 정체성의 발달 단계

동성애 정체성 빌딩에 내해 간략하게 설명하자면, 다음의 3단계로 설명할 수 있다.

첫 번째 단계에서는 같은 성에 대한 환상이나 욕망을 경험하면서 자신이 타인들과 다르다는 것을 느끼기 시작하고, 자신과 타인의 차이가 동성에게 매력을 느끼기 때문인가 하고 의심을 하는 단계입니다. 사회의 다수인이 이성애자이고 역사적으로도 동성애자를 정신병을 가진 것으로 여기기도 했기 때문에, 이 시기에 자신이 동성애자일지도 모른다는 인식은 두려움을 불러일으킵니다. 자기 자신도 사회화 과정 속에서 동성애 혐오증을 자연스럽게 발달시킨 경우에는 자기 스스로에 대한 두려움과 혐오감이 더 클 수 있습니다. 자기 자신이 동성애자일지도 모른다는 의심은 어린 시기부터 나타나기도 하지만, 성인기에 가서 나타나는 경우도 있습니다.

두 번째 단계는, 동성애자일지도 모른다는 의심을 동성애적 접촉과 이성애적 접촉으로 확인 및 시험해 보는 단계입니다. 같은 성의 친구들과 어울리면 자신이 타인과 같을 수도 있다는 것을 확인하기도 하고, 또 같은 성의 친구와 동성애적 접촉을 시도해 보기도 하는 시기입니다. 스스로 혼동스럽기도 하고, 두렵기도 하지만 스스로의 존재를 확인하고자 하는 동기도 강한 시기입니다.

세 번째 단계는 자신을 동성애자라고 인정하는 단계입니다. 두 번째 단계의 실험적 시기를 거치면서, 자신이 동성에게 성적 매력을 느끼며, 이성에게는 성적 매력을 느끼지 않는다는 것을 확인하고, 스스로를 받아들이게 됩니다. 자신의 동성애적 정체성이 확인된 후에도 이들이 보여주는 행동은 다를 수 있습니다. 어떤 사람은 자신의 정체성을 타인에게 알리지 않기로 결정하기도 하고, 어떤 사람은 동성애 문화권에 접촉하기 시작합니다. 처음에는 아무에게도 동성애자임을 밝히지 않으려던 사람도 밝히는 범위는 개인마다 차이가 있겠지만, 가장 친한 사람으로부터 시작하여 자신의 정체성을 밝히게 됩니다.

각 단계마다 개인적으로 보내는 시간이 다르기는 하지만, 어느 날 갑자기 자신이 동성애자임을 알게 되는 것은 아니며, 적어도 사춘기 시기부터는 자신의 성적 정체성에 고민을 시작하게 됩니다.

상담 종결

스스로 많은 심리적 갈등을 겪으며, 자신이 동성애자임을 밝혔을 주위 분에게 재환군이라도 따뜻한 태도를 보여주셨으면 좋겠습니다. 그리고 재환군이 이러한 성적 정체성에 대해서 생각해 보는 것은 이 시기에 자연스러운 현상입니다.

학·습·정·리

✲ 주제 1 청소년 성매매

- **청소년 성매매**란, 남녀 청소년과 성인 간 1회성 매매춘을 뜻한다.
- **청소년 매매춘의 특징** : 대부분 인터넷(채팅방)을 통해 이루어지며, 최근 들어 문제 청소년뿐만 아니라 학교에 재학하고 있는 일반 청소년들에게까지 급속도로 확산되고 있다.
- **청소년 매매춘 vs 전통적인 매매춘** : 청소년 매매춘은 전통적인 매매춘과 달리 윤락업소를 통한 매춘이 아니라 놀이나 아르바이트 형태로 하기 때문에 수치심이나 죄의식을 덜 느끼며, 가정생활과 학교생활을 유지하는 데 어려움이 없다는 점, 대상을 선택할 수 있고, 비밀스럽게 진행된다는 점 등에서 차이점이 있다.
- **청소년 성매매의 원인** : 가정 불화(결손가정) 및 심리적으로 충격적인 사건(예, 성폭력) 등의 개인적 원인과, 인터넷의 발달과 성적 서비스의 다양화, 물질만능주의 및 소비심리의 팽배 등 사회문화적 원인을 들 수 있다.
- **청소년 매매춘에 관련된 주요 현행법** : 청소년성보호법(2012, 2015)에 대한 법률은 만 19세 미만 청소년들을 그 대상으로 하며, 성을 사는 행위를 한 자는 '3년 이하의 징역 또는 2천만 원 이하의 벌금 및 신상공개' 를 하도록 규정되어 있다.

✲ 주제 2 동성애

- **동성애(homosexuality)**란, "같은 성인 누군가에게 성적인 그리고 감정적인 매력을 지속적으로 느끼는 것"을 뜻한다. 동성애는 다양한 성 표현의 일부분이며, 성적 지향성의 문제로 간주된다. 남성 동성애자는 게이(gay), 여성 동성애자는 레즈비언(lesbian)이라 불린다.
- 동성애자의 인식은 보통 아동, 청소년기에 처음 인식하게 된다. 그러나 청소년기에 동성애적 감정 혹은 성적 경험을 하였다고 해서 모두 동성애자가 되는 것이 아니며, 소수만이 성인기에 진정한 동성애자가 된다.
- **동성애 청소년들을 위한 상담 및 지도 방안** : ① 부모 및 주변 어른들은 동성애 청소년들의 고통에 대해 정서적 지지가 필요하며, ② 커밍아웃(coming-out)을 허용해야 하며 ③ 동성애로 인해 고민하는 청소년들을 위해 전문적인 상담을 받게 하거나, ④ 성 행동이나 생활 방식 표현에 있어서는 그들의 선택권을 인정해 줘야 한다.

학•습•평•가

※ 아래의 각 문항 내용이 옳다고 생각하면 O표, 틀리다고 생각하면 X표를 적으시오.

1. 성에 대해 돈으로만 가치를 매기는 것은 성을 정신적 교류가 없는 육체적 접촉만으로 이해하기 때문이다. ( )
2. 청소년들은 자신의 권리를 주장할 수 없는 나이이기 때문에 성인들이 그들의 성을 상업적 목적으로 이용하거나 사고 팔아도 큰 문제가 없다. ( )
3. 최근에 늘어나고 있는 청소년 매매춘이나 원조 교제는 청소년들의 성도덕 하락뿐 아니라 잘못된 사회문화적 성윤리가 모두 원인이 될 수 있다. ( )
4. 최근 청소년들의 성매매와 관련하여 제정된 특별법은 윤락행위 방지법이다. ( )
5. 청소년 성매매는 피해자가 남녀 모두를 포함한다는 점에서 전통적인 매매춘과 구분된다. ( )
6. 청소년 성보호법에 따르면 청소년 성매매에서 청소년의 해당 연령은 '만 19세 미만'이다. ( )
7. 아동 · 청소년 성보호법(2012)에 따르면 '청소년의 성을 사는 행위를 알선한 자' 또한 5년 이상 징역 또는 3천만원 이하의 벌금 및 신상공개에 처한다. ( )
8. 아동 · 청소년 성보호법(2012)에 따르면 '청소년의 성을 사는 행위를 한 자'는 1년 이상 10년 이하 징역 또는 2천만원 이상 5천만원 이하의 벌금 및 신상공개에 처한다. ( )
9. 동성에 대한 성적 감정을 느끼거나 성적인 경험을 한 사람은 모두 동성애자이다. ( )
10. 동성애는 이상 성행동으로 분류된다. ( )
11. 동성애자들은 모두 에이즈에 걸릴 위험이 있다. ( )
12. 청소년기에 동성애를 인식한 경우 청소년들은 사회적으로 고립되고, 낮은 자존감을 경험하게 된다. ( )
13. 동성애로 고민하는 청소년들을 상담하여 정서적으로 지지하고 성 지향성(sexual orientation)을 바꾸도록 유도해야 한다. ( )
14. 진보적인 성향의 소수 집단만이 동성애를 다양한 성 표현의 일부분이며 성 지향성의 문제로 간주하고 있다. ( )
15. 동성애는 나라와 시대에 따라 성도착으로 분류되는가 하면 어떤 나라에서는 정상적인 성행동으로 분류하기도 한다. ( )

☞ 정답은 p.378에서 확인하세요.

14장 성차와 성역할

과거에 비해 사회적으로 남녀의 성차와 성역할에 대한 인식의 큰 변화가 있었고, 또한 양성평등사회가 새로운 가치관으로 받아들여지고 있다.

이 장에서는 남성과 여성이 과연 어떤 영역에서 어느 정도의 성차를 갖고 있고, 그것이 의미를 살펴보고, 가정과 학교, 대중매체 속에서 성역할 사회화 과정을 살펴보고, 성역할에 대한 정형하된 기대의 폐해를 다루어, 청소년들이 긍정적이고 양성평등적인 성정체성과 성역할 정체성을 형성하도록 하는 데 목적이 있다.

● 학습내용

- 주제 1 : 성차와 성역할
- 주제 2 : 성역할 정형화

● 학습목표

1. 성, 성역할, 성역할 정체감, 성역할 사회화의 의미를 이해한다.
2. 가정, 학교, 대중매체를 통해 이루어지는 성역할 사회화 과정을 이해한다.
3. 자신의 성역할태도에 대한 관점을 확인한다.
4. 현대사회에서 성역할에 대한 사회의 정형화된 기대가 갖는 폐해를 설명할 수 있다.
5. 양성평등적인 성역할과 정체감을 갖는다.

주제 1. 성차와 성역할

14-1-1. 이론강의

● 수수께끼 한마당

아버지와 아들이 함께 탄 차가 사고가 났다. 아버지는 죽고 아들은 심하게 다쳤다. 아버지는 그 지방 영안실로 가고 아들은 가까운 병원으로 옮겨져 곧 수술하게 되었다. 외과의사는 환자를 보고 놀라 소리쳤다. "오 신이시여! 내 아들이구나!" 이게 어찌된 영문인가? 외과의사는 아들과 어떤 관계에 있는 사람인가? 절대로 교통사고로 죽은 아버지는 아이의 의붓 아버지가 아니며, 또한 그 의사도 아들의 의붓 아버지가 아니다.

Q 외과의사와 환자와의 관계는? ☞정답은 p. 378

1. '성'의 다양한 의미

'성'에 대한 다양한 용어가 존재한다. sex와 gender는 둘 다 '성'으로 번역되지만 어떤 차이가 있을까?

(1) 성 sex

보통 '성교' 혹은 '생물학적인 면에서 남녀'를 구분할 경우 사용하는 용어로 생식기의 특징에 따른 선천적인 성별을 뜻한다.

> ☞ **성정체감sex identity**은 해부학적으로 개인이 남성male인가 여성female인가를 나타낼 때의 주체성은 sex identity라는 용어를 사용한다.

(2) 성 gender

gender는 사회문화적으로 학습된 남녀를 구분하는 용어로 후천적인 성을 뜻한다.

> ☞ **성정체감gender identity**은 한 개인이 소속된 사회문화권에 통용되는 남성다움(masculinity, 남성성)이나 여성다움(femininity, 여성성)을 나타낼 때에는 gender identity라는 용어를 적용한다. 따라서 한 사회에서 남성과 여성의 특성에 대한 **성고정관념은 'gender stereotype'** 라는 용어를 적용한다.

(3) 성고정관념 : 남성성 masculinity, 여성성 femininity

남성성과 여성성의 차이: 우리 사회에서는 주로 남성적 특성은 수단적instrumental이어서, 이성적, 객관적, 독립적, 목표 지향적인 특징을 지닌다고 말하며 반면, 여성은 남성과 달리 표현적expressive이어서 감성적, 주관적, 의존적이며 수동적이라고 설명한다. 이러한 남성성과 여성성에 대한 고정관념에 따라 남성은 경쟁과 활동성이 필요한 사회적 역할에 적합한 반면 여성은 타인을 배려하고 돌보는 역할에 적합함이 강조되어 왔다.

성고정관념에 대한 문화적 차이: 성고정관념은 범문화적이어서 남성성과 여성성에 대한 의견은 크게 다르지 않은 것으로 밝혀졌다. 그러나 한편 남녀의 성격은 사회문화적 요구에 따라 달라진다고 주장한다.

고정관념
특정 대상에 대해 갖는 정형화된 태도, 신념.

성정체감
sex identity
자신이 남성(male) 혹은 여성(female)이라는 것에 대한 개인의 감정을 말한다.

성정체감
gender identity
개인이 소속된 사회문화권에 통용되는 남성다움(masculinity, 남성성)과 여성다움(femininity, 여성성)을 의미

참고자료

사회학자 Mead의 뉴기니아 세부족 연구 : 아가페쉬족은 남녀 모두 여성적(협동적)인 반면에, 먼더거머족은 남녀 모두 남성적(공격성과 비반응성), 참불리족은 여자는 남성적 특징을, 남자는 여성적 특징을 갖는 것으로 나타나 남녀의 성격이 사회문화적 요구에 따라 달라짐을 보여주었다.

2. 남성과 여성의 같음과 다름에 대한 오해

성차에 대한 기존 연구결과들에 따르면 여성은 남성에 비해 사교적이고 성취동기가 더 낮다고 알려져 있다. 한편 여성이 남성에 비해 언어능력이 뛰어나지만, 남성은 여성보다 더 공격적이고, 수학능력, 공간지각능력이 더 뛰어난 것으로 알려져 있다.

표 14-1 성차에 관한 기존연구 결과들

성차가 입증된 측면	
• 여아의 언어 능력이 더 높다.	• 남아의 수학 능력이 더 월등하다.
• 남아의 시각-공간 능력이 더 월등하다.	• 남아가 더 공격적이다.

(1) 수리능력

☞ **수리능력의 성차는 발달시기에 따라 다르다.** 소녀들은 사춘기 이전까지 소년들에 비해 수리능력이 우수하나 사춘기를 전후로 하여 이 양상은 바뀌고 청년, 성인기 동안 줄곧 남성들은 여성들보다 우수한 수리능력을 보인다고 한다(Maccoby & Jacklin, 1974).

(2) 언어능력

☞ Hyde와 Linn(1988) 연구에 따르면, 언어능력의 몇 개의 하위 영역에서 우수하나, 전반적 언어능력에서의 성차는 수리능력에서만큼 크지 않았다. 일반적으로 여성이 언어능력이 뛰어나다고 받아들이는 이유는 여성들이 갖고 있는 비언어적 소통 능력이 우수하기 때문으로 보인다. 여성들은 남성들에 비해 **비언어적 소통기술**에서 뛰어나며 따라서 더 적은 노력을 들이고도 남성들보다 쉽게 타인들의 감정을 알아낼 수 있기 때문이다(김태련 외, 1996).

3. 성역할 정체감의 발달

청년기 초기의 소년과 소녀는 다양한 신체적, 사회적 변화를 경험함으로써 자신들의 성역할에 대해 새로운 정의를 내린다. 신체적 성장과 더불어 남녀 청소년들은 사회로부터 강도 높은 성관련 기대를 부여받는다. Lynch(1991)는 이를 **'성집중화 가설'** gender intensification hypothesis이라고 하였다. 이 가설은 청소년 초기가 되면 사회가 청소년들에게 전통적인 남성과 여성의 성역할에 동조하도록 사회화 압력을 증가시킨다는 것으로, 이를 통해 남자와 여자의 심리적, 행동적 차이가 크게 나타난다(임영식, 한상철, 2000).

사회화
특정의 사회 내에서 자신의 사회적 역할을 수행하는 데 필요한 기술, 태도, 행위, 가치를 습득하는 과정을 뜻한다.

4. 성역할 사회화

성역할에 대한 사회화 과정은 어떻게 형성되는 것일까? 아마도 상당 부분은 사회가 개인에게 교육시키고 기대하는 바, 즉 사회화socialization의 과정을 통해 형성될 것이다. 사회화란 '특정의 사회적 지위에 있는 사람이 자신의 역할을 수행하는 데 필요한 기술, 태도, 행위, 가치를 습득하는 과정' (임정빈, 정혜정, 1997. p.66)이며, 남녀의 성 정체감과 관련된 사회화를 특별히 성역할 사회화의 과정이라 부를 수 있다.

성역할 사회화는 한 개인의 일생을 통해 이루어지며 개인이 접하는 거의 모든 사회적 기관을 통해 이루어진다. 여기서는 가족, 학교, 대중매체의 영향력에 대해 살펴보기로 한다.

(1) 가정에서의 성역할 사회화

① 첫 대면부터의 기대

남아와 여아는 탄생의 순간부터 남성과 여성으로 다르게 대접을 받아, 아기와 첫 대면을 하는 부모는 '씩씩한' 아들과 '예쁜' 딸에 대해 갖는 반응의 유형과 정도를 달리한다. 출산 이후 24시간이 지나지 않은 초산 부모들을 대상으로 한 Rubin과 그의 동료들의 연구에 의하면(Rubin, Provenzano, & Luria, 1974) 아들을 가진 부모들은 자녀를 보다 크고 단단하고 민첩하다고 여기는 반면, 딸을 가진 부모들은 자신의 자녀들을 작고 연약하며 주의력이 없다고 인식하고 있었다. 그러나 이들 연구대상 자녀들은 몸무게, 키, 기타의 건강지수에서 실제적 차이를 보이지 않았다. 이와 함께 [그림 14-1]는 막 태어난 신생아에게 축하카드로 보내는 내용조차 다른 우리 사회의 한 단면을 잘 보여주고 있다.

그림 14-1 남녀의 신생아에게 보내지는 축하카드

② 놀이기구와 상호작용

자녀를 돌보는 동안 어머니들은 여자 아이들을 더 많이 안아 주고 더 많은 대화를 하며 더 자주 상호작용함으로써 그들로 하여금 의존감과 감정적 유대의 발달을 유도하는 반면, 남자 아이들에게는 독립심을 강조하여 정서적 이유emotional weaning를 여아들에게 보다 일찍 시키려 노력하고 있었다(임정빈, 정혜정, 1997).

③ 과제부여

자녀가 성장하면서 부모들은 과제 할당에서 남아들은 주로 힘을 필요로 하는 집안일(예: 물건 옮기기 등)이나 집 밖의 사회적 망network을 늘릴 기회가 되는 심부름 등의 과제를 할당받는 반면, 여자아이들은 다른 사람을 돌보는 과제(예: 동생 돌보기)나 가족과의 상호작용이 빈번해질 수 있는 과제 등을 더 많이 할당받는 것으로 나타났다.

④ 기타

또한 부모는 자녀의 성에 따라 보이는 서로 다른 양육태도는 놀이 유형의 허용 정도, 언어 사용에의 제한, 미래의 자녀에 대해 거는 기대 등 다양한 측면들에서도 나타나는 것으로 밝혀져 왔다.

(2) 학교에서의 성역할 사회화

학교에서 여학생과 남학생에게 다르게 제공되는 사회화 내용은 학교의 구조, 교과과정의 내용, 교사와 학생들 간의 상호작용 등에서 구체화된다.

① 학교의 구조와 조직

먼저, 초등학교 시절부터 아이들은 남학생이 참여해야 하는 봉사활동, 여학생이 많이 배분되는 청소 당번 등 자신들이 속해 있는 세계가 엄격하게 성과 관련하여 조직되어 있음을 배우게 된다. 이러한 조직은 중등학교에서 남학생 반(班)과 여학생 반이 구분되면서 더욱 확연해진다.

특히 학교의 구조 속에서 교사의 여성화는 초등학교의 경우 더욱 두드러져서 구체적으로 2015년 전체 초등학교 교사의 76.9%(1999년은 61.2%)는 여성인 것으로 나타났다(한국교육개발원, 2015 교육통계연보). 여자 교원의 비율은 고등학교보다 중학교, 중학교보다 초등학교나 유치원으로 갈수록 더 높아진다. 그러나 학교 내에서 남성과 여성이 맡고 있는 일의 전문성과 책임성은 반대의 양상을 보여, 압도적인 여교사의 비율에도 불구하고 관리직 위치의 여성 교원(교감, 교장)의 비율은 놀라운 정도로 작다(2015년 전국 초등학교 교감 중 여성의 비율은 2.3%, 교장의 비율은 1.2%)(표 14-2). 이러한 현상은 중학교와 고등학교에서도 유사한 양상을 보이고 있다.

표 14-2 2015년 성별 및 직위별 초등학교 교원 수(%)

	전체 교원수	교장	교감
전체	182,658(100)	5,934(3.2)	6,063(3.3)
여자	140,516(100)	1,701(1.2)	3,295(2.3)
남자	42,142(100)	4,233(10.0)	2,768(6.6)

*출처: 한국교육개발원, 「2015 교육통계연보」

② 교과과정 및 내용

교과의 전 과정을 통해 학생들은 씩씩하고 독립적인 남성이나 사회활동을 통해 가정에 경제적 기여를 하는 남편, 반면 아름답고 착한 여성이나 자기희생을 통해 가족 구성원의 시중을 드는 부인 등의 모습은 거의 대부분의 교과과정을 통해 그려지는 남녀의 이미지를 통해 성역할에 대한 사회화가 이루어진다(그림 참조).

〈초등학교 「읽기」1-1, 8~9쪽〉

〈초등학교 「쓰기」1-1, 10쪽〉

〈초등학교 「쓰기」2-1, 13쪽〉

그림 14-2 아버지=직업인, 어머니=주부(교육부, 1999 인용)

〈고등학교 「공통사회(상)」, 166쪽〉

그림 14-3 남성중심적 직업세계(교육부, 1999 인용)

또한 남학생과 여학생들은 그들이 접하는 교과내용에서도 커다란 차이를 경험한다. 가장 분명한 예는 기술이나 가정과 같은 과목으로, 여학생은 가정과 가사, 남학생은 공업과 기술을 주로 배우게 되는 것이다. 구체적인 예로, 중학교 2학년 영어 교과서 중의 'His Dreams and Her Dreams' 이라는 단원에서는 남성의 꿈은 과학자, 의사, 근로자로 묘사된 반면, 여성의 꿈은 교사, 음악가, 그리고 어머니로 그려지고 있어(여성을 위한 모임, 1992) 학생들로 하여금 성에 따른 분명한 역할분리를 학습하도록 이끌고 있다.

③ 교사나 학교의 기대

학생에게 기대하는 학교와 교사의 기대에서 차이는 교훈을 통해 요약될 수 있다. 흥미롭게도, 조사결과(여성사회교육원, 1999)에 따르면 남학교와 여학교의 교훈들은 다음과 같이 눈에 띌 만큼 분명한 차이가 있다.

표 14-3 남학교와 여학교의 교훈 차이

남학교의 교훈	여학교의 교훈
정의, 실력, 단결/ 자유인, 문화인, 평화인/ 근면, 성실, 협동/ 자율인, 창조인, 건강인/ 씩씩하게, 부지런하게/ 근면, 성실, 정직	아름답고 슬기롭고 명랑하게/ 참되고 착한 여성이 되자/ 슬기롭고 아름다운 여성이 되자/ 아름다워라, 그리고 성실 근면하라/ 자기와 가정과 학교를 사랑하자/ 예의, 실력, 봉사/ 부지런하여 아름다워라/ 순결

- **교사의 기대 차이** : 일상에서 남학생들의 지적 수행은 보다 강력한 수단을 동원하여 육성되어지는 경우가 많지만, 여학생들의 우수한 학업 성취에 대해서는 "똑똑한 여자는 팔자가…" 등의 문구가 따라붙기 십상이다(그림 14-4 참조).

그림 14-4 여성교육 . . . 환상교육(김을호, 89. 4 인용)

(3) 대중매체 속에서의 성역할 사회화

작업 참가 비율의 차이

TV, 신문, 잡지 등의 형식과 뉴스, 드라마, 광고 등의 전달 내용을 갖는 대중매체는 전 과정을 통해 남성과 여성의 특성을 분리 강조한다. 대중매체 종사자의 성비를 살펴보면 과거에 비해 근래 들어 여성종사자의 비율이 많아지긴 하였으나, 여전히 남성종사자의 비율이 여성종사자의 비율에 비해 과반수 이상 많다. 이에 따른 구체적인 문제점들은 다음과 같다(김양희. 1995).

① 대중매체 조직 내 여성의 낮은 참여(표 14-4, 14-5 참조)
② 대중매체 관련 의사결정 과정에서의 여성의 낮은 참여
③ 여성의 관심사나 여성을 위한 주제를 다루는 매체 프로그램의 부족
④ 프로그램 내용의 여성 비하와 상품화, 성적 대상화

표 14-4 1995년 성별 및 매체별 대중매체 제작종사자 단위:명(%)

	여자	남자	전체
신문	3,585(16.2)	18,502(83.8)	22,087(100.0)
방송	2,131(11.8)	15,967(88.2)	18,088(100.0)
통신	54(8.0)	668(92.0)	722(100.0)
전체	5,770(14.1)	45,127(75.9)	40,897(100.0)

*출처: 한국언론연구원, 1995, 김양희, 1995 재인용

표 14-5 2011년 성별 및 매체별 대중매체 제작종사자 단위:명(%)

	여자	남자	전체
방송	10,826(28.2)	27,540(71.7)	38,366(100)
광고	13,659(39.4)	20,988(60.5)	34,647(100)
전체	24,485(33.5)	48,528(66.5)	73,013(100)

*출처: 문화체육관광부, 「2011 콘텐츠산업통계조사」

남성과 여성에 대한 고정적인 묘사

드라마, 주간지, 월간지 광고 속에서도 남성과 여성의 묘사에서 고정관념적으로 묘사된다. 남성의 특성으로는 직업에서의 성취, 적극성, 용감성, 책임감 등이 부각된 반면, 여성은 보조자로 등장하여 남성의 도움을 요구하고, 미에 대한 추구를 강조한다(그림 14-5, 14-6 참조).

■대중매체를 통한 성역할 사회화

비지니스에서도, 그녀 앞에서도 흐트러진 나는 있을 수 없다.
내게 가장 중요한 건 언제나 나와의 싸움,
나를 이겨야 세상도 이긴다.
나를 이기는 강한 남자, 빌트모아

그림 14-5 대중매체에서의 남성의 성역할 사회화

■대중매체를 통한 성역할 사회화

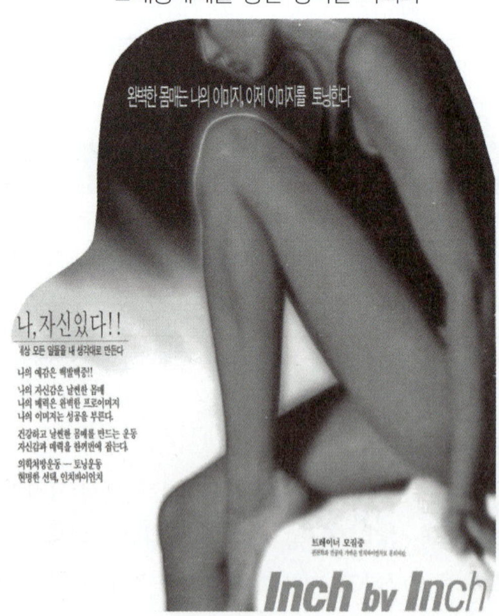

그림 14-6 대중매체에서 여성의 성역할 사회화

14-1-2. 상담사례

14-1-2-1. 사람들의 남자다워야 한다는 그 기준이 제게는 힘이 듭니다. (김인표, 남, 고)

성고민 및 문제

저의 고민은 여성취향, 여자 같은 말투 등등입니다. 제 개성이고 특성이니까 괜찮다고 하는 친구도 있지만 대부분 친구들은 저를 못살게 굴고 놀리기 일쑤입니다. 게다가 제 말과 행동이 호모 같다는 말을 자주 접하게 되면서 점점 의기소침해지는 것 같습니다.
전 술 드시면 주정이 심해지는 아버지를 항상 두려워하고 혐오스러워했습니다. 매일 저만 보면 "사내애가 왜 그러느냐, 너 남자는 맞냐?, 치마나 두르고 다녀라"하고 남자답지 못하다고 구박합니다. 그래도 엄마랑 누나는 따뜻하고 활발한 성격이 좋아 늘 저를 위로해 줍니다. 엄마랑 누나를 생각하며 열심히 공부를 한 덕분에 공부 잘하는 애들과 친구가 되어 잘 지내고 있었습니다.
고등학교 1학년 때부터 교회에 나가면서 여자를 밝히는 친구들이 동물처럼 느껴지면서 여자친구 자랑하는 애들이 싫어졌습니다. 그래도 정말 친한 친구 한 명이 있어서 늘 제 힘이 되어 준다고 생각하고 있었습니다. 근데 최근에 제가 호모라는 소문이 학교에 돌면서 전 그 친구를 잃게 되었습니다. 제일 친한 친구 역시 나를 이상한 눈으로 보고 저를 의심하는 것 같이 느껴졌습니다. 저의 행동이 전부 그런 식으로밖에 보이지 않는다는 것에 다시금 절망하게 되었고 아직도 그 친구에 대한 그리움과 증오가 동시에 저를 괴롭히고 있습니다. 전 공부에 집중할 수도 없고 친한 친구도 멀어져간 지금 너무 힘이 듭니다. 사람들의 남자다워야 한다는 그 기준이 제에게 너무 힘이 듭니다.

상담자 답변

내담자 맞아들이기

남성이라는 성으로 태어났지만 남자다움, 즉 씩씩함, 적극성 등이 적고 그 때문에 주위 친구들이 놀리고 결국 친한 친구까지 자신을 오해하고 있다니 정말 어려운 상황입니다. 그 친구에 대한 그리움과 증오를 경험하면서 정말 내가 호모는 아닐까 하는 우려도 하고 있는 것 같군요.

남성성 vs 여성성

남성성, 여성성이라는 것이 고정된 개념은 아닙니다. 일반적으로 남자는 씩씩하고 터프해야 한다고 하지요. 반면에 여자는 부드럽고 순종적이고 연약한 존재라고 생각합니다. 이런 생각들은 우리 사회에 만연한, 변화되어야 할 고정관념들입니다. 우리가 살아가야 할 시대는 21세기입니다. 남성성, 여성성이 중요한 가치기준이 아니라, 이제는 남성, 여성을 떠나 한 인간으로 존중받고 각자의 독자성을 인정하고 그 다양한 모습들을 받아들이는 다양성의 시대입니다.

심리학적 관점에서도 전형적인 남성, 여성보다는 남자와 여자의 특징을 모두 가진 사람이 여러 가지 상황에 따라 자유롭게 대처할 수 있고, 그런 양성적인 사람을 더 건강하고 적응적인 인격체로 규정하는 학자들이 많습니다. 인표군은 자신이 맡은 일에 책임을 다하려 하고 친밀한 관계의 사람들을 일관되게 대하려 하는 성실한 태도, 부드럽고 섬세한 감성을 지닌 것 같습니다. 게다가 자신을 돌아볼 줄 아는 진지한 자기 성찰의 자세까지 가지고 있습니다.

내 모습에 대한 재인정

자신의 모습을 잘 보십시오. 남의 평가와 시선이 중요하다고 생각하나요? 아닙니다. 자신이 당당할 때 주변 친구들은 학생을 더욱 멋진 사람이라고 여기게 됩니다. 자신의 모습을 인정해 보세요. 충분히 그럴 가치가 있는 장점을 많이 갖고 있습니다. 스스로의 모습에 자신 있어 할 때 다른 사람들이 스스로 고정관념을 변화시키게 될 것입니다.

상담 종결

인표군의 고민과 그 고민을 풀어보려고 애쓰는 이 태도들이 성숙한 한 인간으로 잘 성장하고 있다는 증거입니다. 사람들은 변화할 때 그리고 성장할 때 혼란스럽습니다. 이 시기를 거쳐 안정된 생활을 할 때 좀 더 생각이 깊어지고 진지해진 자신을 발견하게 될 것입니다.

14-1-2-2. 저희 부모님에게 자식이란 오빠들밖에 없는 것 같습니다. (이주현, 여, 고)

성고민 및 문제

안녕하세요? 저는 위로 오빠가 둘인 고등학교 2학년 여학생입니다. 저는 철이 들면서부터 '내가 왜 태어났을까' 하는 생각을 해왔습니다. 저희 부모님에게 자식이란 오빠들밖에 없는 것 같습니다. 아주 어렸을 때부터 저는 차별을 받으며 살아왔습니다. 예를 들어, 밥을 먹을 때도 오빠들이 다 먹고 난 뒤에 남은 반찬과 밥을 먹어야 하고, 제가 아무리 힘들고 바빠도 오빠들의 빨래며, 밥상 차리는 일을 해야 합니다. 더 참기 힘든 것은 엄마가 그런 것을 너무나 당연하게 받아들이고 있다는 것입니다. 물론 아빠는 그런 일들에 무관심하시지요. 며칠 전에는 제가 참다 못해 그동안 서러웠던 점들을 편지로 써서 엄마께 드렸습니다. 그랬더니 그 편지를 읽어 봤다는 말 한마디 안 하신 채, 제가 드린 편지를 뜨거운 냄비 받침으로 쓰고 계신 것이었습니다. 저는 정말 그런 부모님과 함께 살고 있다는 사실조차 숨 막히고 미칠 지경입니다. 집을 나가고 싶지만 돈도 없고, 아직 결혼할 나이도 안 되었고 남자들을 믿기도 힘듭니다. 다른 남자들도 우리 오빠들처럼 그렇게 자랐다면, 결혼 생활은 더 지옥 같을지 모른다는 생각이 듭니다. 제가 어떻게 살아가면 좋을까요?

상담자 답변

내담자 맞아들이기

아주 힘든 상황인 것 같습니다. 집에 '내편이 없다'는 생각을 하게 될 것 같군요. 더구나 같은 여자인 엄마까지 그렇게 하신다니 마음의 상처가 컸을 거라는 생각이 듭니다.

남아선호 사상에 대한 이해

우리나라의 가부장적인 사회 풍습은 오랜 역사를 가지고 있습니다. 부모님도 그런 사회적, 문화적 영향을 받고 살아 오셨겠지요. 그렇기 때문에 부모님의 남아선호 사고방식을 단기간에 변화시키기는 어려울 것 같습니다.

우선 부모님이 남아선호 사고방식을 가지게 된 이유를 한 번 탐색해 보십시오. 특히 어머니의 경우 어머니의 남자 형제들과 차별을 받으며 자라왔을 가능성이 큽니다. 그런 환경에서 자란 어머니는 '아들은 이렇게, 딸은 이렇게 키우는 것이구나' 하는 어떤 무의식적인 가치관이 형성되었을 수도 있습니다. 어머니 자신이 차별 받는 대상이었기 때문에, 아들을 우대하고 딸을 차별하는 것은 어찌 보면 당연한 결과일지도 모르겠습니다.

만약 어머니가 아들과 딸을 동등하게 대우했다면 문제는 없었겠지요. 하지만 그렇게 자라온 어머니가 딸을 더 대우하는 것은 생각조차 하기 힘든 일 중에 하나일 겁니다. 힘들겠지만 어머니가 그렇게밖에 할 수 없는 이유를 한 번 생각해보고 어머니를 진심으로 이해해 보세요. 차별 받으며 살아온 어머니의 인생도 한 번 어루만져 주는 여유를 가져보세요. 그러면 본인의 분노도 어느 정도는 누그러질 것으로 생각됩니다.

어머니와의 대화 시도

그런 다음에 어머니와 함께 대화해 보세요. 주현양이 서운한 부분에 대해서 얘기해 보세요. "어머니, 제가 드린 편지를 읽어 보시지도 않고 냄비 받침으로 쓰시는 것 같아서 제가 무척 화가 났었습니다."하고 화난 감정을 표현하세요. 화난 감정을 표현하지 못해서 그동안 더 힘들었을 거라는 생각이 들거든요. 그러고 나서, 본인의 소망을 얘기해 보세요. 본인의 소망은 아마도 엄마가 오빠들과 자신을 차별하지 않는 것일 겁니다. 엄마가 오빠들이 밥을 먹고 난 후 먹으라고 한다면, "어머니, 저는 오빠들이랑 같이 모두 다 함께 밥을 먹었으면 좋겠어요. 제가 아무리 동생이지만 오빠들 먹고 난 다음에 찌꺼기를 먹는 것 같아서 기분이 좋지 않거든요. 그리고 오빠는 아들이고 저는 딸이라서 차별 받는다는 생각도 들어요."라고 말해보세요. 그래도 통하지 않을 것 같다는 생각이 들더라도 일단은 한 번 그렇게 말해보세요. 그리고 그와 비슷한 상황이 또 일어났을 때 또 그렇게 말해보세요.

내 말이 수용되지 않을 것 같다는 생각이 계속 들더라도 부모님의 생각을 바꾸는 데는 그것보다 더 힘들고 긴 노력을 필요로 한다는 것을 잊지 마십시오. 왜냐하면 아까도 언급했듯이 그분들의 생각은 역사가 깊기 때문입니다. 그 역사만큼 긴 세월이 걸릴지도 모르거든요.

아버지와의 대화 시도

그리고 아버지와도 대화해 보세요. 의외로 아버지는 딸의 편을 들어주실 가능성이 많습니다. '엄마도 저러는데 아버지는 오죽하겠어.' 라고 생각하고 있지는 않으신지요. 일단 아버지에게 내가 어떻게 생각하고 어떤 점이 힘든지를 조목조목 설명해 보세요. 그래서 앞으로는 어떻게 되었으면 좋겠다고 말해보세요. 엄마한테 말했던 것과 비슷한 방식으로 말이에요. 아버지가 표현을 못 하시는 것일 뿐 실제로 마음은 어머니와 다를 수 있습니다.

오빠와의 대화 시도

그리고 오빠들을 한 번 설득해 보세요. 오빠들은 부모님보다는 덜 보수적인 사고방식을 가지고 있을 거라는 생각이 들거든요. 오빠들도 어머니가 그렇게 자신들만을 우대하는 것을 불편하게 생각했을 수도 있습니다. 그동안은 내가 차별을 받았기 때문에 오빠들하고도 대화하기조차 싫었을 거라는 생각이 듭니다. '오빠도 부모님들과 마찬가지겠지' 라는 생각을 가지고, 내 생각이나 느낌을 한 번도 오빠들에게 얘기하지 않고 지낸 건 아닐까요? 오빠는 어머니가 자신들만을 편애하는 것에 대해 어떻게 생각하고 있는지, 요즘 같은 세상에 그것이 정당하다고 생각하는지, 그리고 하나밖에 없는 여동생인 내가 이런 차별을 받는 것에 대해서는 어떻게 생각하고 있는지 서로 허심탄회하게 대화해 보세요. 오빠들도 동생을 이해할 수 있는 기회가 될 겁니다. 서로를 이해하게 되면, 변화하는 것은 시간문제이겠지요. 이제까지는 서로에 대한 이해가 없었기 때문에 본인만 혼자서 끙끙 앓게 되고 힘들었을 거라고 생각됩니다.

상담 종결

다른 남자들도 주현양 오빠들처럼 자랐을까 봐 두려워하시는 것 같더군요. 하지만 모든 가정에서 남자 형제들만을 대우하며 살지는 않습니다. 오히려 요즘에는 그렇지 않은 가정들도 많지요. 그렇다고 내 처지를 너무 비관하지는 마시고요. 이 고민을 나와 우리 가족 모두가 변화하는 기회가 될 수 있도록 노력해 봅시다.

주제 2. 성역할 정형화

14-2-1. 이론강의

1. 성역할 정형화의 영향과 폐해 : 여성

남성과 여성이 겪게 되는 성역할 사회화의 과정은 그들을 사회의 일원으로 무리없이 살아가도록 이끌어 준다. 그러나 지나친 성 고정관념과 정형적인 성역할의 강요는 남녀 모두에게 부정적인 영향을 미친다. 성역할 정형화로 인한 폐해는 일곱 가지 여성 콤플렉스에서 엿볼 수 있다(김혜원, 이해경, 2001에서 재인용).

(1) 일곱 가지 여성 콤플렉스

고정적인 성역할에서 여성에게 강조되는 바는 자신의 욕구를 포기 혹은 양보하고 타인(가족, 친구, 사회)을 위해 사는 것이다. 또한 온순하고 비공격적인 여성들은 자신들의 감정을 솔직히 표현하는 기회를 갖지 못하게 된다. 여성들에게 주어진 이러한 역할들은 여성들에게 좌절감, 모호함, 자기 비하, 고립감 등의 부정적 감정을 경험하도록 이끈다.

착한 여자 콤플렉스
착한 여자 콤플렉스란 언제나 순종적이고 착하다는 주위의 평판을 듣기 위해 자신의 내면과 갈등하는 심리상태를 말한다. 이런 여성들은 사회에서 요구하는 순종적인 여성상에 자신을 맞추기 위해 끝없이 노력하면서 갈등을 겪는 경우가 많다.

신데렐라 콤플렉스
신데렐라 콤플렉스는 여성의 삶을 통제하는 보이지 않는 벽으로 여성이 도전이나 경쟁을 기피하게 만든다. 또한 여성에게 어머니와 아내라는 '여성다운' 매력을 지키도록 하고 홀로 자립하여 살아가려는 독신 여성, 이혼녀 등을 비정상적이라고 규정하여 여성들 간의 분리를 조장하기도 한다.

성 콤플렉스
정숙하고 교양 있는 여자는 성적 쾌락을 즐겨서는 안 되며, 다만 출산의 수단이어야 한다는 사회 통념이 여성의 의식과 행동에 파고들어 갈등을 일으킨다. 이러한 갈등이 깊어지면 성적 부적응이 생기고 성적 표현이 어눌해지며, 심지어 성적 불만과 긴장, 강박관념과 자기 분열이라는 병리적 현상을 드러내기도 한다. 성 콤플렉스란 이러한 그릇된 성 규범을 무의식적으로 받아들여 성적 욕망과 성적 표현, 성에 대한 흥미를 억제하는 동안 갖게 되는 심리적 갈등을 말한다.

외모 콤플렉스

우리 나라 속담에 "여자 나이 삼십이면 눈먼 새도 돌아보지 않고, 여자 나이 사십이면 장승도 돌아보지 않는다"는 말이 있다. 이 속담처럼 남자의 의미는 사회적 성취에 있고 여자의 의미는 아름다움에 있다는 생각이 역사 이래 남녀 관계를 지배해 왔다. 외모가 자신의 생애에 중대한 영향을 미친다고 생각하는 여성들은 대부분 더 예뻐지고 싶어 한다. 이것을 흔히 외모 콤플렉스라고 한다. 특히 시간과 돈을 투자해서 외모를 가꿔야 한다는 부담과 현대 사회에서 요구하는 실력 있고 성실한 사회인으로서 역할을 다해야 한다는 것 사이에서 여성은 갈등에 빠진다(그림 14-7 참조).

그림 14-7 여성의 외모 콤플렉스(여성개발원, 1994 인용)

지적 콤플렉스
사회가 부여한 "여성은 남성에 비해 지적 능력에서 열등하다"는 것을 여성 스스로 내재화함으로써 나타나는 지적 열등감

맏딸 콤플렉스
맏이와 딸로서 잘해야 된다는 의무감과 그 기대에 부응하지 못할 때 느끼는 자책감

지적 콤플렉스

지적 능력을 갖고자 하는 욕구는 누구에게나 있다. 그러나 여자로 태어났다는 이유로 자라나는 과정에서 지적 능력을 발휘할 기회가 제한됨으로 해서 많은 여성은 자신의 지적 능력을 사회의 적재적소에서 발휘하기 어렵게 된다. 따라서 여성들은 심한 열등감을 느끼고 사회활동을 하는 데 적극성을 잃어버린다. 이와 같이 사회가 부여한 '여성은 남성에 비해 지적 능력에서 열등하다'는 것을 여성 스스로 내재화함으로써 나타나는 지적 열등감을 '지적 콤플렉스'라고 한다.

맏딸 콤플렉스

맏딸은 가부장적 제도와 유교적 전통 속에서 태어나면서부터 장남과는 다른 기대와 지원을 받으며 '살림 밑천'이라는 소리를 들으며 살아간다. 전통적으로 맏딸은 '딸'과 '맏이'라는 두 가지 역할을 해내야 했기 때문에 자유롭게 자아를 성취하며 살아가기 힘들다.

슈퍼우먼 콤플렉스

슈퍼우먼은 자신이 가지고 있는 능력에 관계없이 직장인, 주부, 어머니, 아내, 며느리라는 서로 상충되는 역할을 완벽하게 하려는 사람으로, 많은 여성들이 신체적 · 심리적으로 갈등하며 알게 모르게 슈퍼우먼 콤플렉스에 빠진다. 그래서 모든 것을 완벽하게 하지 못하면 심한 불안감, 초조감, 죄책감 등으로 고통을 받는다.

(2) '여자다워야 한다'는 부담

비록 현대사회에 오면서 여성에게 요구되는 특성에 변화가 있어 왔으나 우리 사회는 여전히 여성에게 다소곳해야 한다, 타인을 잘 배려해야 한다, 부드러워야 한다는 등의 여성성을 기대한다.

청소년들을 대상으로 한 설문조사의 결과(교육부, 1999)를 보면 이러한 성정형화로 인한 부담감이 청소년들에게도 예외가 아님을 알 수 있다. 다음은 고등학교 여학생들이 호소하는 불만사항들이다.

- "체육시간에 남학생들은 운동하는데, 여학생들은 체육복도 입지 않고 응원만 했어요. 참 황당하다고 생각했어요."
- "체육수업시간에 남자들은 축구 등의 운동을 하라고 하면서, 여학생들한테는 고무줄 넘기나 하라고 하는데요. 저는 솔직히 구기운동도 잘하거든요. 축구나 농구도 하고 싶은데, 너는 무용이나 해라 하면 솔직히 기분 나빠요. 여자도 농구선수가 될 수 있는데…"
- "청소시간에 우리가 하는 것이 마음에 들지 않으시면, '여자가 꼼꼼하게 하지 못하고…' 하면서 대충하는 남학생에게는 아무 말씀도 하지 않아요. 여자도 털털하면 그럴 수 있지, 그게 성격 차이지 남녀 차이인가요?"

2. 성역할 정형화의 폐해 : 남성

여성과 마찬가지로 남성들도 정형화된 성역할 속에서 어려움을 겪는다는 사실에 주의를 기울여야 한다는 인식이 최근 일고 있다. 남성 또한 성역할 정형화에 따른 폐해는 일곱가지 남성 콤플렉스에서 엿볼 수 있다(김혜원, 이해경, 2001에서 재인용).

(1) 일곱 가지 남성 콤플렉스

사내대장부 콤플렉스

남성은 대부분 지배와 권위에 대한 환상으로 사내 대장부가 되어야 하며, 주변 사람들로부터 "역시 사나이야"라는 칭찬을 받고 싶어 한다. 타인보다 우월해야 한다는 강박 관념에 성

슈퍼맨 콤플렉스
남자가 남성다움을 과시하려면 모든 능력에서 만능인이 되어야 한다고 여기는 데서 오는 열등감

공한 남자, 믿음직한 남자, 대범한 남자라는 인상을 심어 주기 위해 자신의 욕망과 개성을 희생하거나 지나치게 과장하면서까지 턱없는 우월감을 갖거나 한없는 열등 의식을 갖는다.

온달 콤플렉스 재력이나 능력이 뛰어난 여성을 배필로 만나 신분상승을 하려는 남성의 여성에 대한 의존감

온달 콤플렉스

온달형 남성상은 여성의 능력이나 물질에 의존해서 살아가던가 출세하려 한다는 점에서 기존의 사내대장부 남성상과 모순된다. 자의건 타의건 처가나 아내 덕을 보고자 하는 남성의 의존 심리가 온달 콤플렉스이다.

성 콤플렉스 성기가 작은 남성이 가지고 있는 열등감

성 콤플렉스

남성의 성은 적극적이고 공격적이고 능동적이지만, 여성의 성은 소극적이고 순종적이고 방어적이므로 남성이 성행위의 주도권을 갖고 이끌어야 한다고 여긴다. 성 콤플렉스는 그릇된 성규범과 성문화를 받아들여 성을 통해 남성다움을 과시하고 성적 욕구와 능력에 집착하는 심리, 혹은 자신의 성적 능력이 그러한 기준에 미치지 못하므로 위축되고 갈등하는 심리를 말한다.

지적 콤플렉스

남성은 여전히 여성보다 더 많은 지식을 지니며 여자가 감정적인 데 비해 남자는 지성적이라는 통념 또한 절대적이다. 이러한 가운데 집안에서 남편은 아내보다 더 높은 학식과 더 많은 새로운 정보를 가진 사람이어야 한다.

외모 콤플렉스

우리는 흔히 남성과 외모는 별 상관이 없는 것으로 생각하며, '치장하는 남성' 은 언제나 꼴불견 남성의 순위에 올라가는 명목이기도 하다. 그러나 모든 것이 상품화되는 현대 사회에서 성공하는 비즈니스맨의 조건으로 적극성, 자신감, 육체적 엘리트를 꼽으며, 대통령 후보들의 외모 가꾸기 역시 낯설지 않은 일이 되었다. 이른바 영상 세대에게 외모는 능력을 나타내는 또 하나의 조건이 되고 있는 것이다. 이러한 가운데 남성들은 여성에게만 요구되던 외모에 대한 사회적 기대에 부응하기 위해 많은 에너지를 쏟아야 하는 외모 콤플렉스를 느끼게 되는 것이다.

장남 콤플렉스

가부장적인 가족제도에서 장남은 태어나면서부터 이미 집안의 후계자이자 예비 가장으로 기대된다. 가족에 매이지 않고 자신의 자질과 욕구대로 자율적인 삶을 찾아 나서든, 가족에 둘러싸여 힘겨운 장남 노릇을 하든, 장남은 '모든 면에서 장남 노릇을 잘해야 한다' 거나 '장남 노릇을 잘 못한다' 는 장남 콤플렉스에 빠지기 쉽다.

만능인 콤플렉스

직장에서, 가정에서, 술자리에서, 심지어 취미 활동까지 어느 자리에서든 자신의 능력을 한껏 발휘하여 원숙하고 유능한 인물로 성공하고자 한다. 만능인은 현대 사회의 남성이 바라는 이상적인 남성상이 된 것이다. 이처럼 대다수 남성들을 사로잡고 있는 만능인에 대한 환상을 지니고 이에 갈등하는 '만능인 콤플렉스'를 갖게 된다.

(2) '남자다워야 한다'는 부담

우리 사회에서 남성은 성공과 자신에 대해 높은 자부심이 있어야 하고, 명철하고 이성적인 판단을 할 수 있어야 하고, 직장과 가정의 모든 일을 잘 해내는 슈퍼맨이어야 한다고 여겨지는 것이다.

슈퍼우먼 콤플렉스
여성의 경우 사회일, 가사일 모두를 완벽하게 해내야 한다고 생각할 때 오는 불안이나 못하는 데서 오는 심리적 열등감

다음은 한 설문조사를(교육부, 1999) 통해 드러난 고등학교 남학생의 불만사항이다.

- "남자애가 잘못해서 매를 맞으면 울지도 못해요. 울면 왜 우느냐고 하면서 다시 때려요. 아파서 울고 싶어도 꼭 참아야 해요. 그런데 여자가 울면 화장실에 가서 씻고 오라고 해요. 남자를 강하게 만들려고 한다지만 그 이유를 모르겠어요."

(3) 기대되는 성역할 변화로 인한 혼란 : 성역힐 긴장

현대에서는 남녀의 성역할에 대한 기대는 크게 변화되어 왔지만, 신체적인 힘이나 공격성 혹은 낮은 정서성 등으로 대표되던 전통적인 남성의 역할은 더 이상 힘이 소용되지 않는 경제적 성취, 정서적 민감성 등의 현대적 역할 속에서 그 힘을 잃고 있다. 이런 상황 속에서 남성들은 아동기와 청년기를 통해 습득했던 전통적 성역할과 성인기의 자신의 현실적 역할 사이에서 괴리를 발견하고, 이로 인해 **성역할 긴장**(gender-role strain)을 경험할 수 있다.

14-2-2. 상담사례

14-2-2-1. 저는 슈퍼우먼이 아닙니다. (이정수, 여, 주부)

성고민 및 문제

저는 학교 교사이자, 아이 둘의 어머니입니다. 저희 부부는 맞벌이를 하고 있습니다. 결혼 전에는 직장도 다니고 집안살림도 다 잘할 수 있을 거라고 생각했지만 막상 아이들이 태어나고부터는 모든 게 제 뜻대로 되지 않는 것입니다. 아이들을 뒷바라지한다는 게 얼마나 많은 손길을 필

요로 하는지 남편은 잘 모르는 것 같습니다. 남편과 저는 같은 교사이긴 하지만 남편은 지금 다른 지역에 있기 때문에 제가 아이들까지 다 돌봐야 하는 입장입니다. 학교 일하랴, 집안 일 하랴, 아이들 돌보랴 손이 열 개라도 모자를 정도입니다. 어제는 갑자기 제 자신이 너무 처량하게 느껴지는 겁니다. 왜 이렇게 살까, 왜 이렇게 혼자 고생 다 하며 사는 걸까 하고요. 학교를 그만둘까를 몇 번이나 생각했지만 교사 봉급으로 앞으로 아이들 교육시킬 걸 생각하니 그 생각을 접게 되더군요. 남편이나 저나 서로의 사정을 잘 아는 이상은 그렇게 쉽게 결정을 내릴 수가 없더라고요. 요즘 제가 제일 힘든 건 가족들이 저에게만 너무 많은 것을 바란다는 것입니다. 아이들은 입는 것, 먹는 것, 학교 준비물 챙기는 것까지 모든 것을 저에게 의존하려 하고, 남편 역시 "잘하잖아, 조금만 힘내자"하는 말만 할 뿐입니다. 아이들이라도 친정에 맡길까, 아이 하나는 남편에게 보낼까, 이런저런 생각을 해 봅니다. 이것도 저것도 마음에 내키지도 않으면서 고민만 해 봅니다. 저는 슈퍼우먼이 아닙니다. 모두 저에게 완벽한 사람이 되어주기를 바라는 것 같아요. 저의 이런 답답한 심정을 어떡하면 좋을까요. 도와주세요.

상담자 답변

내담자 맞아들이기

말씀하신대로 정수씨는 슈퍼우먼이 아닙니다. 결혼 전에는 직장여성의 가사일까지 감당해 낼 자신이 있었고 오히려 그런 면들이 능력이라고 생각했을 수도 있습니다. 하지만 겪어 보신 대로 현실이란 그렇지 않습니다. 정해진 시간이 있고 그 정해진 시간 내에 해낼 수 있는 일이 있고 해낼 수 없는 일이 있는 것입니다.

공감

그 동안 혼자서 너무 힘드셨겠어요. 그리고 많이 외로우셨을 것 같아요. 정수씨의 이런 심정을 누구 하나 알아주지 않고 그저 정수씨는 다 해낼 수 있는 사람이라고만 생각하고 위로해 주려 하지 않았을 테니까요. 주위의 기대, 믿음들이 정수씨를 더 외롭고 힘들게 한 것 같네요.

완벽해야 한다는 비합리적 신념

정수씨는 절대 슈퍼우먼이 아니며 그렇게 될 수도 없다는 것을 다시 한 번 더 말씀드리고 싶습니다. 여유를 가지세요. 모든 일이 완벽하게 될 수 없고 완벽하게 되어야 한다는 생각 자체가 스스로를 힘들게 만드는 비합리적인 생각인 것입니다. 정수씨 스스로는 슈퍼우먼이 아니에요라고 말씀하시지만 정수씨 말 속에서 정수씨 스스로가 이러한 면을 많이 갖고 계시다고 생각하시는 걸 알 수 있습니다.

식구들이 모두 정수씨에게 의존하고 슈퍼우먼이 되어주기를 바란다고 하셨지만 가족 중 누가 그런 말을 하고 있나요? 정수씨는 결혼 전에 두 가지 면들을 다 잘하고 싶었고 자신도 있었습니다. 결혼 후 아이들이 생기면서 정수씨의 이러한 생각들은 더 커졌으리라는 생각이 듭니다. 아이들에게도 남편에게도 학교 일에 대한 똑같은 열정과 사랑으로 대하고 싶으셨겠죠. 하지만 어머님의 에너지는 그렇게 끊임없이 흘러 넘치지는 않았을 거예요.

새로운 행동 촉구

여유를 가지시길 바랍니다. 가족들에게 정수씨의 완벽한 모습을 보여주지 않아도 가족들은 여전히 정수씨를 사랑합니다.

새로운 행동: 남편에게

남편은 오히려 멀리서 정수씨의 그런 분주하게 사는 모습이 안스러우실 것 같습니다. 남편에게는 지금 힘든 상황을 솔직하게 이야기하고 위로 받으시면 좋겠습니다. 정수씨의 완벽해지려고 하는 면은 남편에게도 완벽하기를 기대하게 됩니다. 그렇게 될 때 오히려 정수씨 쪽에서는 남편에 대한 실망감이 생기고, 더 나아가서는 자신만 늘 힘든 상황에 처해지는 것 같아 상대를 원망하게 됩니다.

남편에게 그동안 스스로가 잘하고 싶은 마음에 혼자 힘들고 외로웠다고, 지금부터는 잘하고 싶다는 마음은 당분간 접겠다고 말씀해 보세요. 남편도 정수씨의 그런 말을 들으면 정수씨가 더 사랑스럽게 여겨지실 거예요. 너무나 강하게 살아온 모습만 보았기 때문에 앞으로도 잘할 거라고만 생각하셨을 테니까요. 남편이 별로 도와주지 않아도 잘 할 거야라고요. 하지만 정수씨의 그런 면을 보여주면 남편도 정수씨에게 남편의 역할이 얼마나 필요했는가라는 걸 다시 깨닫게 될 거예요. 힘내시고요. 말씀해 보세요. 남편에게도 정수씨에게 어떻게 해 줬으면 좋겠다라고 말씀해 주세요.

새로운 행동: 아이들에게

아이들을 일일이 챙겨주지 않으셨으면 합니다. 아이들도 스스로 할 수 있지만 언제나 엄마가 다 해 주셨기 때문에 그러한 면에 익숙해져 있을 수도 있고, 그렇게 될 때 알아서 하는 게 무엇인지 잊고 있을 수도 있기 때문입니다. 지금부터라도 아이들 스스로가 자신의 학교 준비물은 챙길 수 있도록 해 주세요. "왜 그런 것도 제대로 챙기지 못하니" 하며 화를 내시는 것이 아니라 스스로 했을 때 "자기 물건을 이제는 스스로 챙길 줄 아는구나, 참 잘했어, 다음에는 더 잘할 수 있을 것 같구나, 스스로 하는 모습을 보니 엄마가 참 기분이 좋구나" 식으로 칭찬을 아낌없이 해 주세요. 아이들도 스스로 하는 것이 좋은 것이고 칭찬받을 수 있는 행동이라고 인식하기 때문에 그러한 행동이 더욱더 강화가 될 것입니다.

상담 종결

잘하고 싶다는 마음보다는 열심히, 기쁜 마음으로 매사에 임하시면 좋겠다는 말을 해 드리고 싶고요. 사랑받기 위해서 완벽할 필요는 없습니다.

14-2-2-2. 결혼을 앞두고 있는데…… (김재욱, 남, 성인)

성고민 및 문제

저는 결혼을 앞두고 있는 28세의 남성입니다.
이전에는 성관계를 가진 적이 없기 때문에 크게 관심을 두지 않았었는데 이제 결혼을 앞두게 되니까 제 성기에 관심이 가게 되었습니다. 제 성기는 다른 사람들에 비해서 너무 가는 것 같습니다. 길이는 크게 문제될 거는 없을 것 같은데 굵기는 정말 목욕탕에서 창피할 정도입니다. 그래도 뭐 어떠랴 싶어 나뒀는데 이제 결혼을 하면 제 와이프가 저를 무시할 것 같습니다. 그리고 저도 남성다움을 발휘하고 싶구요. 이것도 확대수술이 가능한가요? 가능하다면 하고 싶습니다.

상담자 답변

내담자 맞아들이기

성기의 크기에 대한 열등의식은 일반적으로 남성의 70%가량이 가지고 있는 것으로 나타나 있습니다. 즉 정상적(평균적이라고 말하는 것이 옳을 것 같습니다)인 크기를 지니고 있는 사람들도 대부분 크기에 대한 콤플렉스를 가지고 있다는 뜻이지요.

성기크기와 기능

물론 기능적인 면에서 음경이 크고 작고, 굵고 가늘고는 별로 차이가 없습니다. 여성의 경우 유방의 크기와 수유라는 기능과는 아무런 인과관계가 없는 것과 마찬가지지요.

남성의 음경은 길이가 발기 시 5cm 정도면 의학적으로 정상으로 판정합니다. 비정상적인 크기를 가진 사람은 극히 드물다고 할 수 있지요. 따라서 걱정하거나 비관하는 자체가 어리석은 일이라고 할 수도 있습니다.

콤플렉스와 확대 수술

하지만 사람들 중에는 무의식 속에 자리잡은 콤플렉스가 유난히 심해 정서적인 면이나 다른 사회생활에 지장을 주는 경우도 있습니다. 이런 경우라면 확대수술을 받아야 된다고 생각합니다. 재욱씨의 경우처럼 굵기가 문제인 경우에는 진피지방이식수술을 받으면 됩니다. 둔부나 하복부의 지방 조직을 떼어내어 음경의 둘레에 감아주는 수술입니다. 거의 부작용이 없어 안전하고 효과적인 수술입니다. 대개 국소마취로 충분하며 5~6cm의 둘레 확장효과가 있습니다.

상담 종결

결혼 전에 다시 한번 남성으로서의 나에 대해 깊이 탐색하는 시간을 가지시길 바랍니다. 남성으로서의 나는 신체적인 부분도 있지만, 배우자에게 어떤 남성이기를 원하는가보다 다양한 측면을 포함하고 있습니다.

학·습·정·리

✲ 주제 1　성차와 성역할

- **Sex와 gender의 차이**: Sex는 생물학적인 측면에서의 남녀 차이를 뜻하는 용어인 반면에 gender는 사회문화적인 측면에서의 남녀 차이를 뜻한다. 성고정관념 gender stereotype은 범문화적으로 남성성과 여성성에 대한 공통점도 있는 반면에 문화적으로 다른 특성을 갖기도 한다.
- **남성과 여성의 같음과 다름에 대한 오해**: 여성은 남성보다 언어적 능력이 더 뛰어나고 남성은 여성보다 공격적이고, 수학능력, 시공간지각능력이 더 발달된 것으로 알려진 기존 연구결과와 상반되는 결과들이 나타나고 있다.
- **가정에서의 성역할 사회화**: 부모들의 첫 대면에서의 기대, 놀이기구와의 상호작용, 과제부여에서 성역할에 대한 사회화가 이루어진다.
- **학교에서의 성역할 사회화**: 학교와 교사들은 학교의 구조와 조직, 교육과정 및 내용, 교사와 학교의 기대 및 진로지도 등에서 성역할 사회화가 이루어진다.
- **대중매체 속에서의 성역할 사회화**: 대중매체에서는 작업 참가비율에서의 남녀 차이, 남성과 여성에 대한 고정적인 묘사 등을 통해 성역할 사회화가 이루어진다.

✲ 주제 2　성역할 정형화

- **여성의 성역할 정형화의 폐해**: 여성은 착한 여자 콤플렉스, 신데렐라 콤플렉스, 성 콤플렉스, 외모 콤플렉스, 지적 콤플렉스, 맏딸 콤플렉스, 슈퍼우먼 콤플렉스, 여자다워야 한다는 부담 등의 성정형화의 폐해를 갖고 있다.
- **남성의 성역할 정형화의 폐해**: 남성은 사내대장부 콤플렉스, 온달 콤플렉스, 성 콤플렉스, 지적 콤플렉스, 외모 콤플렉스, 장남 콤플렉스, 만능인 콤플렉스, 남자다워야 한다는 부담 등의 성정형화 폐해를 갖고 있다.

학•습•평•가

※ 아래의 각 문항 내용이 옳다고 생각하면 O표, 틀리다고 생각하면 X표를 적으시오.

1. 남성 혹은 여성이 반대의 성과 비교하여 어떤 특징을 가졌다는 것은 언제나 그 특성을 가짐으로써 우월하다는 것을 의미한다. (　　)
2. 사회가 각 성에 대해 확연히 구분된 성역할을 부여하는 것은 개인들에게 긍정적인 결과만을 경험하게 한다. (　　)
3. 정형화된 성역할 정체감은 여성에게만 부정적인 영향을 준다. (　　)
4. 한 사회가 성별에 따라 지나치게 정형화된 역할을 요구하고 이것이 자신의 내면적 요구와 불일치할 때 개인은 갈등과 어려움을 겪게 된다. (　　)
5. 남자는 가정 외적인 일을, 여자는 가사일을 해야 한다는 것은 성역할 사회화의 결과이다. (　　)
6. 남녀 성역할의 차이는 남녀의 생물학적 차이 때문이다. (　　)
7. 남성과 여성은 모든 인지적 측면에서 출생 때부터 확연한 차이를 갖는다. (　　)
8. 남성과 여성이 몇 개의 사회적 행동에서 차이를 보이는 것은 상당 부분 양육되면서 받게 되는 사회 문화적 영향에 의해서이다. (　　)
9. 여성은 남성에 비해 언어적 능력이 더 뛰어나다. (　　)
10. 남아가 여아보다 더 분석적이다. (　　)
11. 남성은 남자다워야 하고 울면 안 된다는 것은 당연하다. (　　)
12. 여아는 유전에 의해 더 많은 영향을 받고 남아는 환경에 의해 더 많은 영향을 받는다. (　　)

※ 다음 질문에 알맞은 답을 고르시오.

13. 사회, 문화, 심리적으로 학습된 성을 무엇이라 하는가? (　　)
① sex　③ sexuality
② gender　④ socialization

14. 사회에서 요구하는 sexuality나 성역할에 대한 내면화를 무엇이라 하는가? (　　)
① 성역할　③ 성역할 정체감
② 성역할 사회화　④ 성 정체감

15. 성역할 정형화의 폐해가 아닌 것은? (　　)
① 남자는 창의적, 지성적이어야 한다.　③ 여자는 지적인 능력을 마음껏 발휘해야 한다.
② 여자는 친절해야 한다.　④ 남자는 성적인 행동에 적극적이어야 한다.

16. 다음에 설명된 내용에 적절한 용어를 고르시오. (　　)

여성의 경우 사회일, 가사일 모두를 완벽하게 해내야 한다고 생각하는 것.

① 슈퍼우먼 콤플렉스　③ 맏딸 콤플렉스
② 변강쇠 콤플렉스　④ 지적 콤플렉스

☞ 정답은 p.378에서 확인하세요.

참·고·문·헌

교육부 (1999). **양성평등 학교문화 선생님이 만듭니다.** 학교의 성차별 개선을 위한 연수자료.

구로청소년쉼터 (2003). **청소년 쉼터에서 꿈을 찾은 아이들.** 쉼터: 5주년 기념사례 모음집.

국가청소년위원회 (2007). **2007청소년백서.** 국가청소년2007-60. 국가청소년위원회.

김양희 (1995). **대중매체의 성차별적 편견개선을 위한 방안.** 정무 제2장관실 정책토론회 : 대중매체의 성차별적 편견 어떻게 개선할 것인가?

김태련, 방희정, 이선자, 조성원, 조숙자, 조혜자 (1996). **여성심리.** 이화여자대학교 출판부.

김혜원 (2001). 청소년들의 인터넷 이용현황과 그에 대한 원인분석: 인터넷 중독증세와 음란행위를 중심으로. **2001년 청소년문제연구세미나 자료집**, 10-66. 한국청소년단체협의회.

김혜원, 이해경 (2001). **함께 풀어가는 성 이야기-고등학교.** 교육인적자원부.

김혜원, 이해경 (2001). 학생들의 집단 괴롭힘 관련경험에 대한 예측변인들의 탐색: 초, 중, 고등학생 간 비교를 중심으로. **교육심리연구, 15권 1호**, 183-210. 한국교육심리학회.

김혜원, 이해경 (2002). 고등학생들의 성행동 경험 분석: 성별, 학교별, 거주지별 비교. **청소년학 연구, 9권 1호**, 247-272. 한국청소년학회.

김혜원, 이해경 (2003). 청소년들을 위한 성교육 활동 자료집『**함께 배우는 성**』. 학지사.

김혜원, 이해경 (2000). 청소년들의 성과 관련된 경험과 성행동 분석. **2000년 여성교육정책과제연구보고서-성교육지도지침 및 자료개발-고등학교-**, 15-24. 교육인적자원부.

노명래 (2002). **인간과 성심리.** 학지사.

대검찰청 (2008). **범죄백서.**

대한가족보건복지협회. http://www.ppfk.or.kr/counsel.

박효정, 박선환, 연은경 (2003). **사회공동체 기초역량 함양을 위한 성의식 및 성교육 실태조사연구.** 한국교육개발원.

방송통신심의위원회 (2014). **2014 인터넷 불법 · 유해정보 실태조사 보고서.** 방송통신심의위원회.

변화순, 황정임 (1998). **산업형 매매춘에 관한 연구.** 한국여성개발원.

서울특별시 교육청 (1998). **성과 행복.** 서울특별시 교육청.

송관재 (2000). **성과 심리.** 학문사.

아하청소년성문화센터(2013). **서울시 청소년 성문화 연구조사.** 아하 청소년성문화센터.

안동현, 노안영, 구본용, 임은미, 김광수 (1999). **청소년 성상담.** 한국청소년상담원.

여성가족부 (2012). **2012년 청소년유해환경 접촉 실태조사.** 여성가족부.

여성가족부 (2014). **2014년 청소년유해환경 접촉 실태조사.** 여성가족부.

여성가족부 (2014). **2014 청소년백서**. 여성가족부.

여성신문(2010.3.5일자). 음란물 모방....죄의식없는 '집단놀이 도서'

여성을 위한 모임 (1992). **일곱가지 여성 콤플렉스**. 현암사.

여성을 위한 모임 (1994). **일곱가지 여성 콤플렉스**. 현암사.

원호택 (1997). **이상심리학**. 법문사.

윤가현 (1990). **성 심리학**. 성원사.

윤가현 (1998). **성문화와 심리**. 학지사.

이수원 외 (1992). **인간의 이해-심리학-**, 정민사.

이순열, 배병주 (1997). **성! 몽땅 알려주세요**. 한빛.

이순열, 배병주 (1998). **교사용 성교육 학습지도안**. 한빛.

이영선, 권보민, 이동훈 (2012). **청소년의 동성애 경험, 성의식, 동성애 혐오, 우울의 관계, 재활심리연구, 19**(1), 129-147.

이은선 (2002). **타고난 성, 만들어진 성**. 바다출판사.

이임순 (2010). **사이버 성상담을 위한 여성의 생식생리와 피임관련 지식**. 성교육지도자워크샵자료집. 아하청소년성문화센터.

이창훈, 김은경 (2009). **청소년의 휴대폰을 이용한 음란물 유통 실태 및 원인에 대한 연구**. 연구총서 09-17, 한국형사정책연구원.

이해경 (2002). 청소년들의 음란물, 음란채팅 중독 경험에 있어서 사회심리적 예측변인들의 비교. **청소년학 연구, 9**(2), 165-190. 한국청소년학회.

이해경 (2002). 청소년들의 음란물, 음란채팅, 폭력게임 중독 경험의 비교분석. **청소년학 연구, 9권 1호**, 91-114. 한국청소년학회.

이해경 (2003). 교사용 청소년문제행동 평가척도의 개발 : 신뢰도와 타당도의 분석. **청소년학연구, 10**(4), 233-262.

이해경, 김혜원, 손경수, 강문선 (2009). **교사와 부모가 함께 하는 지적장애 청소년을 위한 성교육**. 도서출판 범한.

이해경, 신현숙, 이경성 (2004). 청소년용 자기보고용 문제행동평가척도의 개발: 신뢰도와 타당도의 분석. **한국심리학회지: 발달, 17**(1), 147-170.

이해경, 신현숙, 이경성 (2004). 청소년 성매매 경험 유무를 판별하는 사회심리적 특성연구. **청소년학 연구, 11**(1), 289-305.

이해경, 이경성, 신현숙 (2003). 청소년 문제행동 평정척도의 개발을 위한 기초연구: 청소년 자기보고 자료를 중심으로. **청소년학연구, 9**(2), 105-132.

임영식, 한상철 (2000). **청소년 심리의 이해**. 학문사.

임정빈, 정혜선 (1997). **성역할과 여성**. 학지사.

정보통신윤리위원회(2007). **2007년 불법 · 청소년유해정보 이용실태조사**. 정보통신 윤리위원회

질병관리본부 홈페이지 자료실 (2010). http://cdc.go.kr/

질병관리본부 (2013).**제 9차(2013년) 청소년건강형태 온라인조사통계**. 질병관리본부.

질병관리본부 (2014). **제 10차(2014년) 청소년건강행태온라인조사 통계**. 질병관리본부.

질병관리본부 (2014). **2014 HIV/ ADIS 신고현황 연보**. 질병관리본부.

추영국, 고현숙, 김동일, 김주칠, 김병진, 류재혁, 선우양일, 이영환, 이주하, 정해문 (2000). **신경향 성의 과학**. 아카데미서적.

충남청소년종합상담실 (2003). **사이버 세상속 넷또래 이야기: 상담사례집**. 충남청소년종합상담실.

한국성문화연구소 (1998). **성상담 원리와 실제**. 한국성문화연구소.

한국성문화연구소 (1998). **지도자용 성교육 보조자료(고등학교자료)**. 대한가족보건복지협회 부설 한국성문화연구소.

한국성폭력상담소 (2014). **2014년 한국성폭력상담소 상담통계 및 상담 동향분석**. 한국성폭력상담소.

한국에이즈 정보센터 http://aidsinto.or.kr/

한국여성개발원 (1999). **1999 여성통계연보**. 한국여성개발원.

한국여성개발원 (2000). **2000 여성통계연보**. 한국여성개발원.

한국청소년상담원 사이버상담실. http://www.kyci.or.kr/cyber

한국청소년상담원 (2000). **청소년문제 유형분류체계 개발연구 VII**. 한국청소년상담원.

홍성묵 (2003). **아름다운 사랑과 성**. 학지사.

황순길, 이은경, 권해수, 박관성 (2001). 청소년 가출과 성매매 실태분석. **청소년문제 정책포럼자료집, 17-72**. 문화관광부 한국청소년상담원.

Belsky, J., Steinberg. L., & Draper, P. (1991). Childhood experience. Intwerpersonal development, and reproductive strategy: An evolutionary theory of socialization. *Child Development*, *62*, 647-670.

Bem, S. L. (1975). Sex role adaptablility : One consequence of psychological androgyny. *Journal of Personality and Social psychology*, *31*, 634-643.

Brooks-Gunn, J.., & Reiter, E. O. (1990). The role of pubertal processes. In S. S. Feldman & G. R. Elliott (Eds.), *At the threshold: The developing adolescents* (pp. 16-53). Cambridge. MA: Havard University Press.

DSM-Ⅳ(1994). *Diagonostic Statistic Manual of mental disorder, Fore edition*, pp. 522-532, American Association, Washington D.C.

Jones. M. C. (1965). Psychological correlations of somatic development. *Child Development*, *36*, 899-911.

Jurich, A., & Jurich, J. (1974). The effect of cognitive moral development upon the selection of premarital sexual standards. *Journal of Marriage and the Family, 36(4).* 736–741.

Lynch, M, E. (1991). Gender Intensification. In R. M. Lerner, A. C. Perterson, & J. Brooks-Gunn (Eds.), *Encyclopedia of adolescence* (Vol. 1). New York: Garland.

Maccoby, E. E. & Jackin, C. N. (1974). *The psychology of sex differences.* CA: Stanford Univ. Press.

Masters W. H. & Johnson V. E. (1970). *Understanding human sexual inadequency*, Massachusetts, Little, Brown & Company.

Masters W. H. & Johnson V. E. (1980). *Human sexual inadequency*, New York, Bantam Books, Inc.

Rubin, J. Z., Provenzano, F. J., & Luria, Z.(1974). The eye of the beholder: Parents views on sex of newborns. *American Journal of Orthopsychiatry, 43,* 720~31.

Rubin, Z. (1970). Measurement of Romantic love. *Journal of Personality and Social Psychology, 16,* 265–273.

Rubin, Z. (1973). *Liking and loving: An invitation to social psychology.* NewYork: Holt, Rinehart and Winston.

Sternberg, R. J. (1988). Intellectual development: Psychometric and information– processing approaches. In M. H. Bornstein & M. E. Lamb (Eds.), *Development psychology: An advanced textbook* (pp. 261~295). Hillsdale, NY: Erlbaum.

Sullivan, H. P. (1953). *The interpersonal theory of psychiatry.* New York: Norton.

Tannen, D. (1990). *You just don't understand: Women and men in conversation.* NY : Ba.

Zajonc, R. B. (1966). *Social psychology: An experimental approach.* Belmont, Califonia: Brooks/Coles.

VTR & 동영상 자료 목록

1. 임신과 출산

- SBS 생명의 신비, SBS 프로덕션

2. 성폭력

- 한국청소년상담원(2007). "넌 장난, 난 폭력"_청소년 성폭력 예방 프로그램
  한국청소년상담원. http://www.kyci.or.kr/kyci/images/main/banner_13.gif

3. 성교와 성반응

- 만화성교육 - 3편: 젊은이를 위한 섹스 가이드. 대한가족보건복지협회 제작

4. 피임

- 만화성교육 - 4편: 콘돔을 쓰는 것이 좋을거야. 대한가족보건복지협회 제작

5. 동성애

- 송지나의 취재 파일 - 세상 속으로(19부작)「13. 여자를 사랑하는 여자 레즈비언」
  제작기관: SBS 프로덕션(1996.8.10 방영)
- 영화 : 체이싱 아미. 감독: 케빈 스미스(1997)

6. 청소년 성매매

- KBS 추적 60분 - 10대 성매매를 말한다「원조교제 15세 소녀들의 희망찾기」
  제작기관 : KBS 2TV 추적 60분(2001.4.15 방영)

7. 사이버세계와 성

- KBS 추적 60분 - 인터넷 음란물「10대들의 위험한 놀이터」
  제작기관: KBS 2TV 추적 60분(2003.4.28 방영)

10. 10대 미혼모

- SBS 그것이 알고 싶다 - 10대 미혼모문제「버림받은 어린 모성」
  제작기관: SBS 그것이 알고 싶다(2004.7.31 방영)

찾·아·보·기

용•어•해•설

1장 나의 성, 너의 성

- **성교** 여자의 질 속에 남자의 음경을 삽입하는 행위
- **임신** 수정란이 자궁내막에 착상하여 모체로부터 영양을 공급받으면서 태아로 발육을 계속하는 현상. 임신은 수정으로 시작하여 출산으로 끝남.
- **낙태** 임신한 태아를 강제적으로 물리적으로 자궁 밖으로 끌어내 임신을 중지시킴(인공임신중절)
- **피임** 인위적으로 임신되지 않도록 조치하는 일로 인공피임과 자연피임이 있음
- **성감대** 자극을 받으면 성적 흥분을 일으키는 신체부위
- **오르가슴** 성적 감정이 최고에 이른 상태
- **섹스 Sex** 성. 남녀, 즉 개인이 태어나면서부터 구분된 선천적인 성별 혹은 남녀 성행위를 뜻함
- **섹슈얼리티sexuality** 성성. 개인의 성격, 감정, 행동뿐만 아니라, 성적인 존재 및 성별을 나타내는 포괄적인 의미의 성
- **젠더 gender** 성. 사회문화적 의미에서 남성 또는 여성적인 특성을 의미

2장 성 발달과 성 심리

- **사춘기** 청소년의 신체 및 성적 발달에 급격히 변화가 일어나는 시기
- **테스토스테론** 중요한 남성 호르몬(안드로겐)으로 고환에서 생산된다. 남성의 성욕과 성성, 2차 성징에 관여된다.
- **에스트로겐** 여성 호르몬의 일종. 뇌하수체에서 분비된 성 호르몬의 영향으로 난소에서 에스트로겐을 분비한다.
- **황체형성호르몬(LH)** 여성에게는 여성의 난소에서 황체가 형성되는 것을 촉진하여 성 호르몬인 프로제스테론을 분비하게 된다.
- **고환** 두 개의 남성 성선으로 음낭 속에 들어 있으며 정자와 성호르몬을 생산한다.
- **정자** 남성의 생식세포. 여성의 난자를 수정시켜 임신하도록 하는 목적이 있다.
- **난소** 자궁의 양쪽에 위치. 남성의 고환에 해당한다.
- **난자** 난세포. 여성의 성염색체와 23개의 염색체를 담을 알로서 정자를 받아들이면(수정) 자궁내막에 착상하여 태아로 자라난다.
- **처녀막** 질의 입구에 위치하는 엷은 조직. 월경혈이 통과할 수 있고 손가락을 넣을 수도 있다.
- **몽정** 자기도 모르게 잠을 자는 도중에 사정하는 것
- **발기** 성적 자극에 의해 음경의 해면체에 혈액이 몰리면서 딱딱해지고 길이와 넓이가 점점 커지는 것
- **정낭** 정관이 끝나는 부위. 정액을 만드는 곳(사정액의 2/3이 이곳에서 분비)
- **오르가슴** 성적 흥분이 최고조에 달한 상태로 극도의 쾌감과 절정감(극치감)
- **성기크기 콤플렉스(변강쇠 콤플렉스)** 성기가 작은 남성이 가지고 있는 열등감

3장 성욕구와 성충동

- **대뇌 신피질** 인간의 뇌 가운데 구피질 이후에 발달된 새로운 뇌라 불리는 신피질은 여러 가지 감각, 기억, 판단 사고 작용, 외부 변화에 대한 적응, 창조 행위 등을 관장한다.
- **구피질** 인간의 뇌 가운데 오래된 뇌라고 불리며 구피질 영역은 식욕, 성욕, 집단을 만드는 소속 욕구와 쾌, 불쾌, 분노 등의 정서표현을 담당한다. 구피질에서 성욕구와 관련된 중추는 변연계이다.
- **성선** 여성의 난소나 남성의 고환을 가리킨다.
- **성호르몬** 성선에서 분비되어 남성, 여성의 개성과 행동에 영향을 주는 호르몬
- **사정** 남자 성기에 주어진 자극으로 성적 흥분이 극도에 달했을 때 척수의 사정 중추로부터의 반사로 정액을 분출하는 현상
- **음핵** 외음부의 상단, 요도 위에 위치하는 원통형 기관(남성의 음경에 해당)
- **질** 직장의 앞과 요도, 방광의 뒤쪽에 있는 9~10cm의 관
- **성적 환상** 남녀 성이나 성욕과 관련하여 현실로는 있을 수 없는 일을 실제 일어나는 것처럼 상상하는 일

4장 성건강

- **포경수술** 음경의 귀두를 덮고 있는 포피를 제거하는 간단한 수술. 종교적으로나 위생적인 이유로 많이 시행되는 수술이다.
- **귀두** 둥그렇고 원기둥인 음경의 머리에 해당되는 부분을 말한다.
- **할례** 오늘날의 포경수술에 해당함. 남자뿐 아니라 여자에게도 할례를 실시하는 풍습은 문화에 따라 다양하게 존재한다.
- **냉** 여성의 질분비물로서 질내를 적셔주면서 스스로 깨끗이 하는 자정 작용을 한다.
- **외음부** 남녀 생식기의 겉으로 드러나 있는 부분을 말한다.
- **월경** 수정란이 착상되지 못하면 자궁내막이 떨어져 나가면서 출혈이 생긴다. 주로 28~32일 주기로 매달마다 있다.
- **성인성 질환(성병)** 성관계로 인해 한 사람에게서 다른 사람에게 옮겨지는 병으로 임질, 매독, 클라미아 등이 있다.
- **에이즈** (AIDS, 후천성 면역 결핍증)
- **인두염** 인두에 염증이 생겨서 발갛게 붓는 병
- **림프절** 림프관의 군데군데에 존재하는 매듭 모양의 작은 조직. 2~3mm이 크기로 둥글거나 콩모양이며 림프 속의 세균을 거르는 역할을 한다. 림프선, 임파선.
- **림프구** 백혈구의 한 가지. 림프샘이나 비장에서 만들어지는 유형성분으로 일부는 혈액 속으로도 흐르며 면역에 중요한 구실을 한다.

5장 이성교제와 사랑

- **친애감** 상대방과 느끼는 친근감, 연민, 상대방에 대한 자기노출 정도
- **정열** 열정적인 감정

- **이타** 자기를 희생하여 남을 이롭게 함
- **성행동** 남녀 간에 주고받는 성적인 접촉-키스, 애무, 섹스 등을 말한다.

6장 성적 의사결정과 성행동

- **성감대** 자극을 받으면 성적 흥분을 일으키는 몸의 부위를 말한다.
- **저체중 출산** 체중이 2,500g 이하의 아이를 미숙아라 하는데 이렇게 체중이 평균 이하인 아이를 출산하는 경우를 말한다.
- **임신중독증** 임신 중에 형성된 독소가 체내에 억류되므로 나타나는 중독증세를 말한다.

7장 성교와 성반응

- **음핵** 외음부의 상단, 요도 위에 위치하는 원통형 기관. 클리토리스라고도 하며 성적 자극을 받으면 민감하게 반응하여 성적 쾌감을 제공하는 곳으로 남성의 성기에서 귀두에 해당되며 성교 시에는 2배로 커진다.
- **소음순, 대음순** 질의 개구부를 둘러싸고 포피와 회음부로 연결되는 부위를 말한다. 신경말단이 집중되어 있어 민감한 성감대 중의 하나이다.
- **쿠퍼선(Cowper' s gland)** 남성의 전립선 가까이에 있는 한 쌍의 샘(gland)을 말한다. 이것은 음경 끝을 미끄럽게 하는 데 도움을 준다.
- **바토린선(Bartholin gland)** 여성의 질 입구 양옆에 위치해 있다. 성적 흥분 시 윤활액을 분비하여 성교를 도와준다.
- **발기장애** 성교를 완료할 때까지 발기 상태를 유지할 수 없는 상태로서 성교 불능증 또는 impotence라고도 한다.
- **조루증** 너무 일찍 사정하여 여자가 오르가슴에 도달하지 못하는 현상을 가리킨다. 일반적으로는 삽입 후 1분 이내에 사정하는 것을 말하지만 5~10분 이내에 사정하는 경우로 보는 학자들도 있다.
- **절정감 장애** 성행위 중 오르가슴을 못 느끼는 장애를 말한다.

8장 임신과 낙태

- **정자** 남성의 고환에서 만들어짐. 한 번 사정으로 3~5ml 배출됨.
- **난자** 여성의 좌우 난소에 만들어짐. 월 1회씩 배출됨.
- **배란** 여성의 1달에 한 번 원시난자가 성숙하여 배출되는 것
- **팽대부** 여성의 자궁과 연결되어 있는 부위로 나팔관 끝의 1/3 지점
- **자궁** 태아가 10개월 동안 자라는 곳
- **수정** 정자와 난자가 만나는 것
- **착상** 수정란이 자궁내막에 자리를 잡는 것
- **인공임신중절** 임신한 태아를 강제적으로, 물리적으로 자궁 밖으로 끌어내 임신을 중지시킴
- **소변검사** 시중에서 판매되는 임신진단을 위한 시약으로 대부분 소변검사를 통해 이루어짐

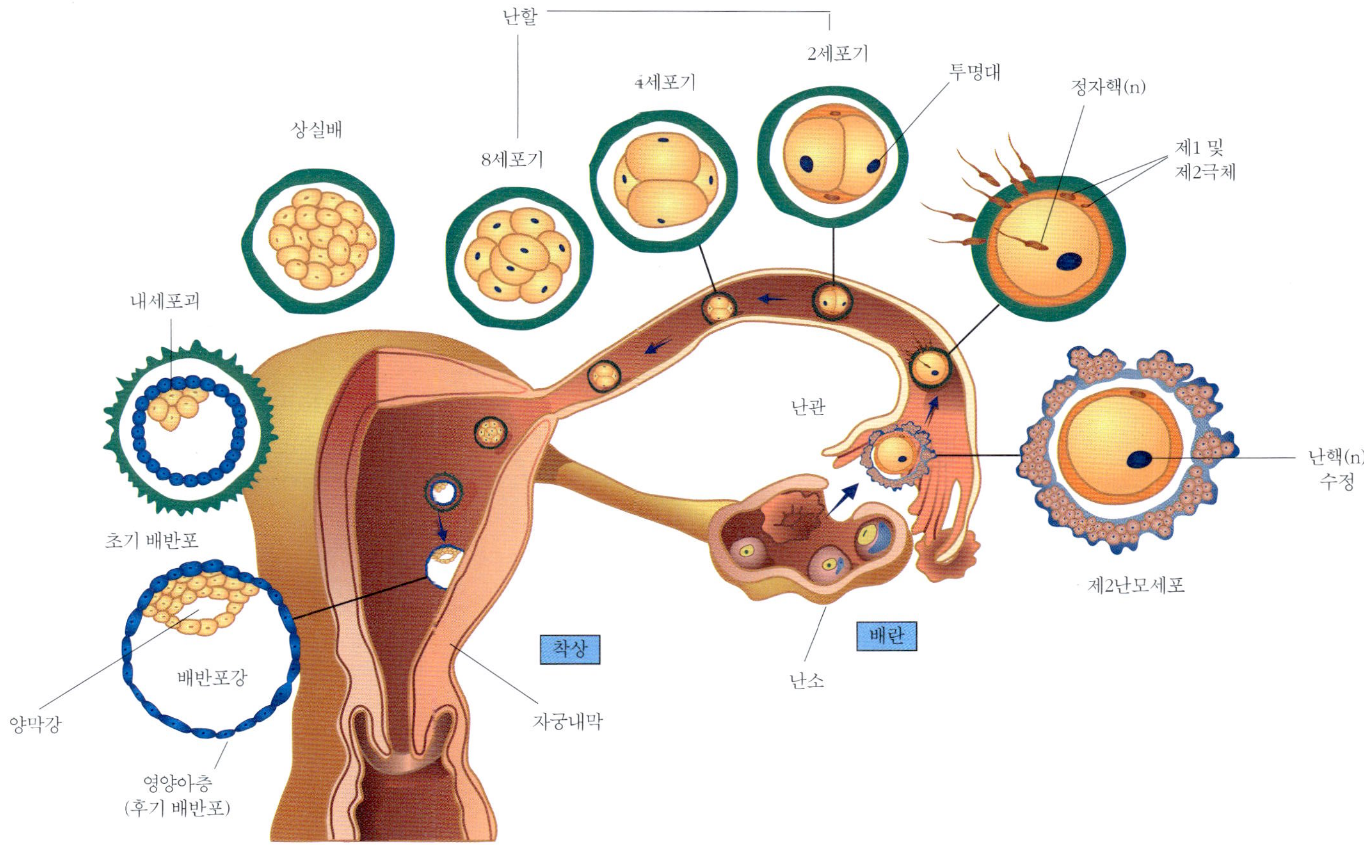

그림 8-3 수정부위, 수정란의 이동과 발생 및 배반포의 착상

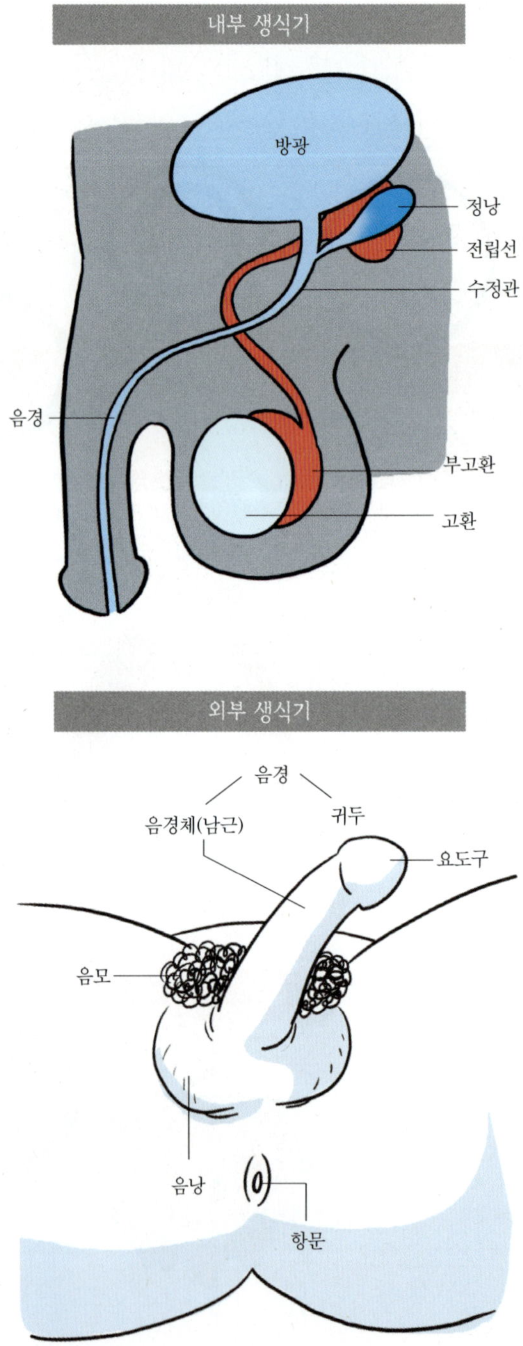

그림 2-3 남성생식기의 구조

내부 생식기

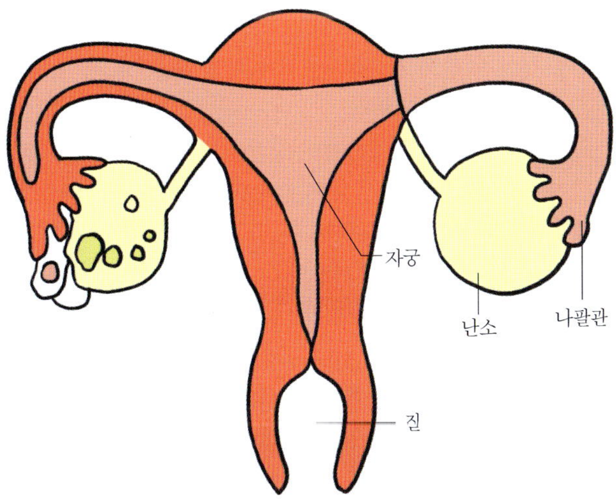

외부 생식기

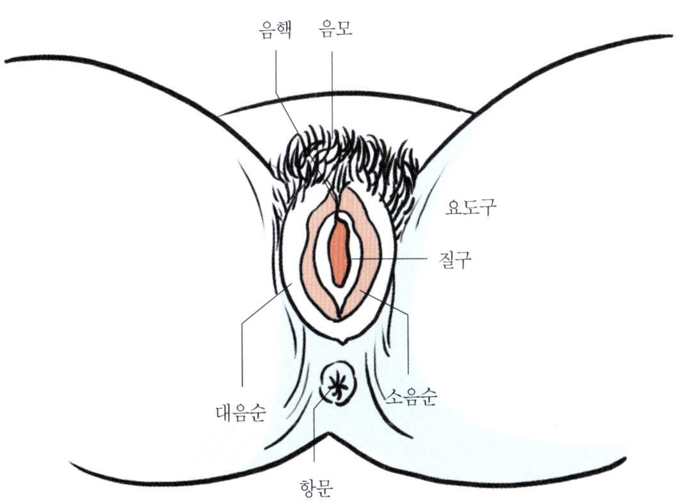

그림 2-4 여성생식기의 구조

9장 피임

- **콘돔** 정자가 질 속으로 들어가지 못하도록 막기 위해서 남성 성기를 씌우는 얇은 고무로 만들어진 덮개이다.
- **페미돔** 여성용 콘돔. 성관계 전에 여성의 질 내부를 고무로 감싸줌으로써 여성 스스로가 임신과 성병으로부터 자신을 보호할 수 있도록 고안되었다.
- **자궁내삽입장치(예, 루우프)** 자궁 내에서 삽입하여 수정란의 착상을 방해하는 피임 방법이다.
- **질 좌약(살정제)** 성교를 갖기 10~15분 전에 질 내에 깊숙이 삽입하여 질에서 정자세포를 죽이는 방법이다. 실패율이 높기 때문에 콘돔과 함께 사용하면 안전하다.
- **경구피임약** 먹는 피임약. 난소에서 배란을 억제시킨다.
- **정관수술** 남자가 하는 방법으로 약간 피부를 째고 정소에서 정낭으로 연결되는 정관을 찾아 묶은 다음 절단시키는 방법이다. 여성보다 훨씬 수술이 쉽고 후유증이 적다.
- **난관수술** 배꼽 아래의 피부를 절개하고 복강경을 넣어 난관을 찾은 다음 잘라서 묶는 방법이다.
- **질외사정** 성관계 시 남성이 여성의 질 외에 정액을 사정하는 방법을 말한다.
- **사후피임약** 성관계 후에 먹는 응급 피임약을 말한다. 성폭력과 같이 특수한 경우에 여성의 임신이 우려되는 경우 사용한다.
- **월경주기법** 월경과 월경 사이의 간격(일반적으로 28~32일)을 파악하여 배란, 임신, 피임에 활용하는 방법을 말한다.

10장 사이버 세계와 성

- **포르노** 일반적으로 성애를 다룬 예술을 의미하는데 현재는 성애를 다룬 예술 작품 중 음란한 것만 지칭한다.
- **음란물** 성적인 코드를 지나친 왜곡이나 과장으로 저급하게 다룬 영상미디어나 인쇄 매체물을 말한다.
- **예술** 어떤 일정한 재료와 양식, 기교 등에 의하여 미를 창조하고 표현하는 인간의 활동, 또는 그 산물(문화, 음악, 회화, 조각 등)
- **성기** 생식기와 성선을 포함한 남녀를 구별할 수 있는 몸 안팎의 기관. 일반적으로는 남성의 음경과 고환, 여성의 음순과 음핵을 말한다.
- **유방** 유선, 유두, 지방 조직으로 구성. 사춘기 때 유선이 발달하며 개인마다 모양, 크기에 차이가 있다.
- **스트립쇼** 음악에 맞춰 사람들 앞에서 옷을 하나씩 벗는 쇼
- **변태** 비정상적이라고 생각되는 모든 종류의 성행위
- **강간** 폭행, 협박, 그 밖에 불법적인 수단으로 부녀를 간음하는 것
- **변강쇠 콤플렉스** 남성의 성기가 작은 것에서 오는 열등감
- **성적 환상** 남녀 성이나 성욕과 관련하여 현실로는 있을 수 없는 일을 실제 일어나는 것처럼 상상하는 일
- **성애** 남녀 간의 성적인 애정, 본능적인 애욕을 말한다.
- **채팅** 전자 게시판이나 통신망에서 여러 사용자가 다양한 주제를 가지고 실시간으로 모니터 화면을 통하여 대화를 나누는 일을 지칭한다.

11장 비정상적인 성행동

- **성도착증** 성적인 행동에 있어서의 변태적인 이상습성을 말한다. 이상성욕, 변태성욕, 성적 이상, 색정도착증이라고도 한다.
- **관음증** 이성이나 동성의 나체를 훔쳐보거나 남의 성행위를 봄으로써 성적 흥분을 느끼는 이상성 행동
- **노출증** 자신의 성기를 노출시킴으로서 성적 만족을 얻는 이상성 행동
- **의상 도착증** 성적인 흥분이나 정서적인 안정을 얻기 위하여 이성의 복장으로 옷을 바꾸어 입는 행위를 말한다.
- **여성 물건애(페티시즘)** 이성이 몸에 걸치거나 입었던 것을 애무하며 만족하는 것을 말한다.
- **성적 가학증(사디즘)** 성적 대상에게 고통을 줌으로써 성적 쾌감을 얻는 이상 성행위
- **피학증** 이성으로부터 육체적 또는 정신적으로 학대를 받고 고통을 받음으로써 성적인 만족을 느끼는 병적인 심리상태
- **접촉 도착증** 동의하지 않는 사람에게 자신의 신체 등을 접촉하거나 문지르는 행위를 하는 것
- **소아기호증** 사춘기 이전의 소아(13세 이하)를 대상으로 하는 성도착증의 하나이다.
- **음란전화증** 모르는 사람에게 자신의 남성다움을 과시하려는 행위로, 자기를 방어할 능력이 없는 대상에게 전화를 걸어 성적인 내용을 말하면서 성적 만족을 얻는 성도착증의 하나이다.
- **성호르몬** 성선에서 분비되어 남성, 여성의 개성과 행동에 영향을 주는 호르몬. 주요한 성호르몬은 안드로겐과 에스트로겐이 있다.
- **구강 성교** 입으로 상대의 성기를 애무하는 행위. 흥분을 고조시키기 위한 전희의 일부분으로 이해하는 것이 좋다.

12장 성희롱 · 성폭력

- **간음** 비혼인 관계에 있는 남녀 간의 성교 행위
- **강간** 가해자가 자신의 성기를 피해자의 생식기에 강제로 삽입하는 행위
- **성희롱** 직장 등에서 상대방 의사에 반하는 성과 관련된 언동으로 불쾌하고 굴욕적인 느낌을 갖게 하거나 고용상의 불이익 등 유무형의 피해를 주는 행위
- **데이트 성폭력** 이성 간의 데이트 중에 상대방으로부터 강요나 조종에 의해 일어나는 성폭력을 말한다.
- **인신매매** 사람을 물건처럼 매매함으로써 타인에 대하여 예속적인 상태에 두는 일
- **강제매춘** 사회적 의미로는 보통 여자가 돈 등 기타 대가를 받거나 받기로 약속하고 남자에게 웃음이나 몸을 파는 행위
- **성폭력** 상대방의 의사에 반(反)하여 가하는 성적 행위로 모든 신체적, 언어적, 정신적 폭력을 포괄하는 광범위한 개념이다.
- **친고죄** 범죄의 피해자, 기타 법률이 정한 자의 고소, 고발이 있어야 공소할 수 있는 범죄를 말한다.

13장 성문화와 성심리

- **매매춘** 성을 사고파는 모든 행위를 지칭

- **청소년 성매매(원조교제)** 어른들이 어린 청소년을 상대로 금전적인 지원이나 기타 편의를 제공하는 대가로 청소년을 성행위의 대상으로 삼는 행위를 말한다.
- **윤락** 타락하여 몸을 버리거나 파는 처지에 빠짐
- **사창가** 매매춘을 하는 지역
- **강제추행** 고의적으로 폭행 또는 협박으로 사람을 추행하는 범죄 행위(강제추행죄)
- **강간** 가해자가 자신의 성기를 피해자의 생식기에 강제로 삽입하는 행위
- **미성년자** 만 19세 미만(청소년 성보호법 기준). 아직 심신의 발육이 충분하지 않아 판단능력이 부족한 민법상 행위무능력자이므로 법으로 보호한다.
- **친고죄** 범죄의 피해자, 기타 법률이 정한 자의 고소 · 고발이 있어야 공소할 수 있는 범죄를 말한다. 형법상 간통죄, 강간죄, 강제추행죄, 준강간죄, 준강제추행죄, 미성년자 등 간음죄, 혼인빙자 간음죄, 미성년(13세 미만)자에 대한 간음, 추행죄, 사자(死者)명예훼손죄, 모욕죄 등이 해당한다.
- **동성애** 같은 성인 누군가에게 성적, 감정적 매력을 지속적으로 느끼는 것을 말한다.
- **게이** 동성애자를 뜻하는 단어. 원래 남녀 동성애자 모두를 지칭하는 용어인데 우리나라에서는 남성 동성애자에 국한하여 사용한다.
- **레즈비언** 여성 동성애자
- **성적 지향성(sexual orientation)** 성욕구를 느끼는 대상이 이성으로 향해 있는지 혹은 동성으로 향해 있는지의 문제
- **성적 정체감(sexual identity)** 생물학적으로 남성 혹은 여성으로서의 자신을 정체를 명확히 인식하는 것을 말한다.
- **커밍 아웃(coming-out)** 자신이 동성애자임을 밝히는 것

14장 성차와 성역할

- **성정체감(sex identity)** 자신이 남성(male) 혹은 여성(female)이라는 것에 대한 개인의 감정을 말한다.
- **성정체감(gender identity)** 개인이 소속된 사회문화권에 통용되는 남성다움(masculinity, 남성성)과 여성다움(femininity, 여성성)을 의미
- **사회화** 특정의 사회 내에서 자신의 사회적 역할을 수행하는 데 필요한 기술, 태도, 행위, 가치를 습득하는 과정을 뜻한다.
- **고정관념** 특정 대상에 대해 갖는 정형화된 태도, 신념
- **슈퍼맨 콤플렉스** 남자가 남성다움을 과시하려면 모든 능력에서 만능인이 되어야 한다고 여기는 데서 오는 열등감
- **슈퍼우먼 콤플렉스** 여성의 경우 사회일, 가사일 모두를 완벽하게 해내야 한다고 생각할 때 오는 불안이나 못하는 데서 오는 심리적 열등감
- **지적 콤플렉스** 사회가 부여한 "여성은 남성에 비해 지적 능력에서 열등하다"는 것을 여성 스스로 내재화함으로써 나타나는 지적 열등감
- **맏딸 콤플렉스** 맏이와 딸로서 잘해야 된다는 의무감과 그 기대에 부응하지 못할 때 느끼는 자책감
- **온달 콤플렉스** 재력이나 능력이 뛰어난 여성을 배필로 만나 신분상승을 하려는 남성의 여성에 대한 의존감
- **변강쇠 콤플렉스** 성기가 작은 남성이 가지고 있는 열등감

▶ 사랑의 유형검사 결과 해석

우정적 사랑
우정적 사랑은 많이 만나고 지내다 보니 자연스럽게 친근감을 느끼게 되고 이것이 연장되어 서로 도움을 주고 받기도 하며 상대의 장단점도 있는 그대로 받아준다. 이러한 사랑의 시작은 서로의 취미 활동이 비슷했거나 같은 과 친구, 같은 신앙을 갖고 있어서 만나는 빈도가 잦아지다 보니 누가 먼저 사랑을 느꼈는지 정확히 알기 어려운 상태에서 관계가 발전하곤 한다. 열정은 없다고 하더라도 오래된 친구처럼 깊게 신뢰하고 상대방에 대한 요구도 과하지 않다. 이러한 유형의 부부는 이혼율도 낮고 커다란 다툼이 있다고 하더라도 합리적이고 타협적으로 일을 해결한다고 한다. 동료애로서의 사랑을 하는 이들은 유년기나 아동기 때에 가족 간의 유대관계가 돈독하고 서로 신뢰하며 사랑과 지지가 많았던 이들에게서 많이 발견된다.

열정적인 사랑
이 유형은 상대에 대해 관여적이고 떨어져 있는 동안 상대에 대한 이상화를 포함한다. 사랑에 대한 의미가 사랑하는 이에 대해 느끼는 감정을 강조하는 것처럼 보인다. 그러나 더욱 성숙한 사랑에서 강조되는 것은 로맨틱한 사랑에서 나타나는 상대에 대한 이상화를 덜 보이는 것으로 나타났다. 사랑하는 속도가 매우 빠르며 상대방에 대한 감정이 매우 강렬하고 그러한 감정들이 자신들의 전체 생활을 지배한다. 오직 한 사람 단 한 번의 사랑이라고 믿으며, 다른 타인에 대해서는 배타성이 강하다. 상대방에게 모든 것을 요구하거나 기대하고 숙명적, 운명적인 만남이라고 믿는다. 한꺼번에 뜨거워지는 이 유형은 결혼까지 이어지기란 그리 쉽지 않다. 왜냐하면 현실을 직시하고 상대에 대한 있는 그대로의 모습을 수용치 못한 채 맺어지는 결혼은 많은 위험요소를 지니고 있기 때문이다.

논리적인 사랑
이 유형은 사랑하는 방식이 사려 깊고 사랑이 이루어지기 위한 상황이나 조건이 갖추어지지 않는다면 사랑의 진전을 참고 견디는 입장에 있다. 여자를 데려다가 고생시키지 않을 만큼, 집을 장만하기 전까지는, 상대방이나 나의 성취를 위해서라면 장기간의 이별은 감수한다. 이 사람은 공정거래가 깨어지게 되면 많은 갈등을 겪게 되며 이들에게 상당한 인내심이 요구된다. 사랑이 깨어졌어도 자녀를 위해서 자녀가 결혼할 때까지는 이혼을 보류한다든가, 부모에게 잘하지 못하는 사람, 부모 마음에 들지 않는 사람과는 연애하지 않겠다는 이성적인 결정에 따른다. 완전하게 논리적인 사랑을 하는 이들은 적지만 이러한 유형의 사랑은 완벽주의 경향이나 사랑하는 데 있어서 내부 불안이 많은 이들에게 빈번하게 발견되다. 그러나 사랑에 따르는 사회적인 책임을 잘 이행하고 성실하게 노력하는 점에서 극단적인 경우가 아니라면 배우자로선 긍정적인 상대이고 결혼생활의 현실적인 행복을 위해서는 이런 사랑이 무시되어서는 안 된다.

소유적인 사랑
여러 유형 가운데에도 가장 위험하면서 극단적인 감정에 휘말려 감정의 노예가 되고 마는 사랑이다. 소유적인 사랑은 상대를 완전히 소유했다고 여겨지면 흥분과 환희로 잠 못 이루게 되는가 하면 이것에 실패했다고 여기면 극단적인 분노, 절망감으로 심적인 고통을 받는다. 이러한 유형은 사랑하는 사람과의 갈등 상황을 극복하기가 쉽지 않다. 극단적인 감정을 극복하기 어렵고 상대방에게 많은 정서적인 부담을 지워주고 압박감을 느끼게 하기 때문이다. 이러한 점에서 서로의 속박 때문에 사랑의 관계를 통한 각자의 성장은 거의 기대하기 어렵다. 서로가 상대방으로부터 버림 받지 않으려고 하고 상대방의 행동 하나하나에 몰두하고 사소한 변화에도 과민하게 반응한다. 예컨대 상대방이 원하면 모두 들어주어야 하고 상대가 원치 않는 것은 어떤 경우라도 하지 말아야 한다고 스스로도 자신을 속박하고 상대도 마찬가지이기를 바란다.

이타적인 사랑
이타적인 사랑은 헌신적이고 무조건적인 수용과 배려를 아끼지 않는 사랑이다. 말하자면 아가페적인 사랑이고 부모가 자식에게 조건없이 사랑을 퍼붓듯 이성 간에도 진정한 사랑은 받는 것이 아니라 주는 것이라 생각하고 이를 실천하는 사랑이다. 이러한 사랑을 하는 이들은 상대의 기쁨과 행복을 위해서는 자신의 고통이나 희생은 기꺼이 감래할 수 있고 이러한 사랑을 통해 자신도 기쁨을 느낀다. 경우에 따라서는 사랑하는 이가 나보다 다른 사람을 원한하면 물러설 수도 있다. 아무리 상대방이 나에게 고통을 안겨준다고 해도 상대의 입장을 이해하며 용서하는 사랑이다. 사랑하는 이들의 모습 속에는 전적으로 이럴 수는 없겠지만 이타성이 존재하며 사랑은 받아서 행복하기도 하지만, 줄 때가 더욱 행복한 것만은 사실이다.

유희적인 사랑
유희적인 사랑은 사랑을 정서적인 관계에서 즐기기 위한 도전이며, 이기기 위한 시합이라고 여긴다. 시합에서 이기려면 탁월한 기술과 훈련이 필요하고 숙련되어야 할 것이다. 이들은 사랑의 서약이나 약속은 하지 않기를 바란다. 여러 대상과의 만남과 사랑을 더 원하기 때문이다. 이들은 상대방의 욕구나 입장에는 관심이 별로 없으며 자기 만족이 중요하다. 이 유형은 단 한 사람과의 긴밀하고 지속적인 관계는 원치 않으며, 성적인 대상으로 즐기려할 뿐 결혼까지 가는 것을 고려치 않는다고 한다. 이들은 바람기 있다는 말을 종종 듣게 된다. 이들에게 최소한의 규칙이 있다면 상대방에게 심한 정서적인 상처를 주거나 자기만의 만족을 위해 상대방을 속이지는 말아야 한다는 것이다.

※ 참고: 사랑유형에 대한 성차
이 척도를 사용하여 우리나라 청소년들의 사랑태도를 정리한 기존의 결과는 없기 때문에 사랑의 각 유형에 대한 청소년 집단의 기준점수를 제공할 수는 없다. 대신 이 검사를 사용한 기존의 연구 결과를 살펴보면 성별과 문화권에 따른 차이가 있는 것으로 보인다. 성별에 따라서는 남학생들은 여학생보다 유희적 사랑의 형태가 많고, 여학생들은 우정적, 논리적, 소유적 사랑이 많은 반면, 열정적, 이타적 사랑에서는 남녀차이가 나타나지 않았다. 문화권에 따라서는 동양계 학생들은 다른 인종의 학생들보다 열정적 사랑에서 낮은 점수가 나타난 반면, 우정적, 논리적 사랑에서는 높은 점수가 나타났다.

▶ 학습평가 정답

1장 나의 성, 너의 성
1.③ 2.① 3.③ 4.④ 5.④

2장 성 발달과 성 심리
1.○ 2.× 3.○ 4.× 5.× 6.○ 7.× 8.○ 9.× 10.× 11.○ 12.○ 13.○ 14.× 15.× 16.× 17.× 18.× 19.× 20.× 21.× 22.×

3장 성욕구와 성충동
1.× 2.○ 3.× 4.× 5.× 6.× 7.× 8.× 9.○ 10.× 11.× 12.× 13.× 14.○ 15.○ 16.○ 17.○ 18.④

4장 성건강
1.× 2.× 3.× 4.○ 5.○ 6.× 7.× 8.× 9.○ 10.× 11.× 12.× 13.○ 14.○ 15.× 16.○ 17.○ 18.○ 19.○

5장 이성교제와 사랑
1.① 2.④ 3.○ 4.○ 5.× 6.× 7.× 8.○ 9.× 10.×

6장 성적 의사결정과 성행동
1.× 2.○ 3.○ 4.○ 5.× 6.○ 7.○ 8.○ 9.③ 10.④

7장 성교와 성반응
1.○ 2.× 3.○ 4.× 5.○ 6.○ 7.○ 8.× 9.○ 10.× 11.○ 12.○ 13.× 14.○ 15.○ 16.× 17.③ 18.① 19.③

8장 임신과 낙태
1.× 2.○ 3.× 4.○ 5.○ 6.× 7.× 8.× 9.○ 10.○ 11.× 12.× 13.○ 14.× 15.① 16.①

9장 피임
1.○ 2.× 3.× 4.○ 5.○ 6.× 7.○ 8.× 9.× 10.○ 11.× 12.○ 13.○ 14.× 15.○ 16.× 17.× 18.○ 19.○ 20.×

10장 사이버 세계와 성
1.○ 2.× 3.○ 4.× 5.○ 6.○ 7.× 8.○ 9.× 10.○ 11.○ 12.○ 13.○ 14.○ 15.○ 16.○ 17.○ 18.④ 19.②

11장 비정상적인 성행동
1.○ 2.○ 3.○ 4.○ 5.○ 6. × 7. × 8. × 9. × 10.○ 11. × 12.○ 13. ③ 14. ①

12장 성희롱 · 성폭력
1.× 2.× 3.× 4.× 5.○ 6.○ 7.× 8.× 9.× 10.× 11.○ 12.× 13.× 14.× 15.× 16.○ 17.○ 18.○ 19.× 20.× 21.× 22.○ 23.○

13장 성문화와 성심리
1.○ 2.× 3.○ 4.× 5.○ 6.○ 7.× 8.○ 9.× 10.× 11.× 12.○ 13.× 14.× 15.○

14장 성차와 성역할
1.× 2.× 3.× 4.○ 5.○ 6.× 7.× 8.○ 9.○ 10.× 11.× 12.× 13.② 14.③ 15.③ 16.①

수수께끼 한마당 정답(p. 336): 외과의사는 환자의 어머니이다.

청소년을 위한 성교육과 상담 -이론과 실제-

1판 1쇄 인쇄 2016년 1월 5일
1판 1쇄 발행 2016년 1월 10일

지 은 이 | 이해경 · 방기연
발 행 인 | 박철용
발 행 처 | 양서원
주　　소 | 경기도 파주시 문발동 499-4 파주출판문화정보산업단지
전　　화 | 031-955-8000(代)
팩　　스 | 031-955-8005
홈페이지 | www.yswpub.co.kr
이 메 일 | yswpub@chol.com
출판등록 | 1987년 11월 24일 제 406-2003-037 호

ISBN 978-89-994-0483-2

정가 20,000원